目录
Contents

U0100805

VH

海战的历史

S E
WARFAR

I

从第一次世界大战到

From World War I To The Pre

［英］罗伯特·杰克逊（Robert Jackson）

张德辉 译　徐玉辉 审校

1

海军
190

上海三联书店

目录
Contents

目录
Contents

冷战时期：
1945年以后

"二战"结束之际，对世界各国的海军来说，拥有远程打击兵力和自身空中防御力量的航空母舰将会是未来的主力军舰。

1

海军军备竞赛：
1900至1913年

19世纪的最后20年，公海上的霸权掌握在大英帝国手中。然而，战舰建造的速度太快以至于无法使用最新发展起来的技术。

←拍摄于1889年11月下水前的英国海军"前无畏"型战列舰"可畏"号（HMS Formidable）。它在1915年11月被U24号潜艇的鱼雷命中而沉没

19世纪末，新构想与新发明出现得如此之快，以至于新舰艇尚未下水就遭到淘汰。这个问题又因为英国的海军政策而恶化。英国的海军政策被称为"两强标准"（two-power standard），亦即英国皇家海军（Royal Navy）必须维持与任意其他两国海军舰艇加总起来同等的数量和作战能力。

1889年，英国《海军防御法案》（Naval Defence Act）生效之后，"两强标准"有了改变，它指示英国皇家海军必须拥有与世界第二强和第三强加总起来同等的兵力，这样的结果导致舰艇的建造迈入新一阶段。当时，英国最重要的船是"君权"（Royal Sovereign）级的战列舰，除了同名的"君权"号之外，还有7艘同等级的战列舰："印度女皇"号（HMS Empress of India）、"雷米利斯"号（HMS Ramillies）、"反击"号（HMS Repulse）、"决心"号（HMS Resolution）、"复仇"号（HMS Revenge）、"皇家橡树"号（HMS Royal Oak）与"胡德"号（HMS Hood）。"君权"级的战列舰是相当成功的设计，速度比同时代的其他战列舰都快，它们配备了4门343毫米主炮，成对地安置在露天炮座上，还有10门152毫米炮、16门6磅炮和7具457毫米鱼雷发射管。而"胡德"号的主炮则是安装在炮塔里。

在19世纪90年代，为其他主要海权国家紧追在后的英国皇家海军，发展出一种新型战列舰，即后来所谓的"前无畏"（predreadnought）舰。这类战列舰的第一艘是1892年的"声望"号（HMS Renown），但实际上它属于1893至1894年"威严"级（Majestic）战列舰，并成为日后10年战列舰设计的典范。它的排水量高达15129吨，配备4门305毫米炮、16门76毫米炮和12门47毫米炮，还有5具457毫米鱼雷发射管。直到1904年，英国皇家海军总共建造了42艘"前无畏"战列舰。

　　然而，这些巨型战列舰并没有引起19世纪的海军革命。到了19世纪80年代，所有主要海权国家都埋首在小型装备的研发战上，即自动推进的鱼雷。最新的原型鱼雷拥有500米的射程、时速18节，而且原本以空气压缩的方式的推进逐渐由电动马达所取代。主力舰和特别设计的鱼雷艇都配备了鱼雷发射管或更新的鱼雷发射架，这些装备都需要在近距离投射，因此也意味着鱼雷艇在敌舰的防御火网下容易被击沉。不过，英国皇家海军在1885年进行的一场演习显示，尽管所有进攻的鱼雷艇

↓这是打造中的一艘英国皇家海军A级潜艇。第一次世界大战爆发时，共有12艘该型潜艇在服役

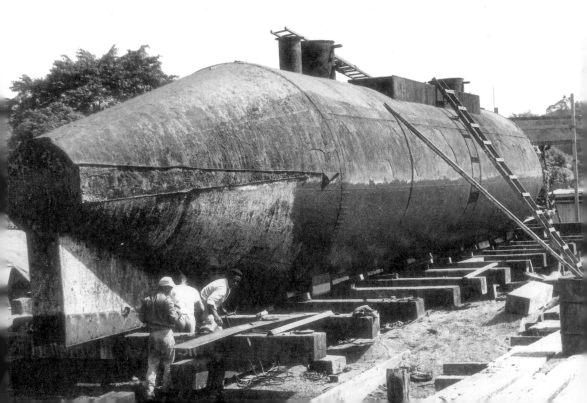

英国海军的"君权"号。此舰设计建造于1914年，有着丰富而卓越的经历。1944年"君权"号租借给苏联海军，并以"阿尔汉格尔斯克"号（Archangelsk）为名继续服役了5年

↑ 俄 罗 斯 的
"前 无 畏" 舰
"列特维赞"号
（Retvisan）于美
国建造，类似"缅
因"级军舰。1905
年时"列特维赞"
号为日本所俘虏，
并改名"肥前"号
（Hizen），在日
军旗下服役

都沉没了，但还是有一部分鱼雷可以命中目标。

反制鱼雷艇的制胜之道是派出武装的"捕手"（catchers），它们可在主力舰旁展开部署。到了19世纪90年代，这些船发展成较大且独立的舰艇，称作"鱼雷艇驱逐舰"（torpedo boat destroyers），它们被设计用来为规模较大的舰队护航。首批的6艘鱼雷艇驱逐舰在1892至1893年奉命加入英国皇家海军服役，这时它们的简称为"驱逐舰"。

不过，鱼雷艇和驱逐舰并未稳坐鱼雷载具第一把交椅。到了世纪之交，法国和美国海军都拥有为数不多的潜艇，而英国海军部（British Admiralty）再也无法漠视潜艇这项新的发明。起初，他们对潜艇兴趣寥寥，一位海军上将还形容潜艇是"卑

驱逐舰的建造

到了1895年，英国共有36艘驱逐舰下水。虽然它们拥有27节航速，但同时期建造的鱼雷艇的航速已可达到24节，所以速度上的差距愈来愈小。接着，英国又发展了另一种改良型驱逐舰，在船的中线部位设置了2具鱼雷发射管，还配备1门12磅和5门6磅炮，航速可达30节。该型驱逐舰总共建造了68艘，排水量也从285吨慢慢增加到365吨。

劣、非英国式的战争武器"。但《1901年到1902年海军预算书》（The 1901～1902 Naval Estimates）却编列了制造5艘改良"霍兰"级（Holland，以美国设计者为名）潜艇的预算。这5艘即将投入服役的潜艇在英国政府的特许下由巴洛因弗内斯（Barrowin-Furness）的维克斯公司（Vickers）建造。

1904年3月，所有5艘现称为A级的潜艇参与了海军演习，模拟攻击朴次茅斯（Portsmouth）沿海的"天后"号（Juno）驱逐舰。作战十分成功，但其中A1号却与航线上的客轮相撞，水手与潜艇皆沉入海底。英国总共造了13艘A级潜艇，还有11艘B级与38艘C级潜艇。日后，潜艇成为海战的主要武器，其发展不容停滞。在英国皇家海军中，主要的推动者之一是约翰·费希尔（Sir John Fisher）上将，他于1904年10月21日接任第一海军军务大臣（First Sea Lord），这一天正好是英国海军英雄纳尔逊（Nelson）在特拉法尔加（Trafalgar）战胜法国与西班牙联合舰队的99周年纪念日。

超级战列舰

外号"杰基"（Jackie）的费希尔上将，是英国维多利亚女王（Queen Victoria）时代海军里少见的海军战略家：他是一位对科学技术有坚定信念的资深军官。费希尔在58岁当上第一海军军务大臣前，就已经在牺牲次级武装以配置更多门254毫米炮的战列舰设计概念上投入了不少精力，而他在1904年上任后的数星期之内，更召集了委员会来设计可配备最多门305毫米炮的战列舰，这种口径的舰炮十分受海军部的喜爱。此外，委员会也着手研发另一种军舰，它可搭载305毫米的舰炮，而且航速可达到约每小时45千米。这种舰艇属于混合式，介于重巡洋舰与战列舰之间；换句话说，费希尔的委员会研发出一款战列巡洋舰（Battlecruiser）。

　　超级战列舰的构想迅速成形，其发展在国际海军军备竞赛的促进下得到激励。1905年10月，一艘原型舰于朴次茅斯造船厂（Portsmouth Dockyard）开始被设计建造。建造工

↓英国海军的1号潜艇是依据爱尔兰裔美国人霍兰（J. P. Holland）的设计而打造，上面加装了贝肯（R. Bacon）上校设计的当时尚属精密的潜望镜。贝肯上校是英国皇家海军的第一位潜艇监察长

↓费希尔上将是一位杰出的海军军官，对科学与技术有坚定的信念。他的信念带领英国发展出"无畏"舰

↑对马海峡之役显示了日本海军舰队决定性的胜利，并反映出日本海军接受大英帝国训练的成果

程在极保密和空前的速度下进行，只过了1年零1天就准备好初步海上测试。这艘令人畏惧的新军舰被命名为"无畏"号（Dreadnought）。

　　数月前，在地球另一端，几件大事正戏剧性地上演。作为现代海战的起始点，这段插曲在1905年5月27日发生，当时罗日杰斯特文斯基（Rozhdestvensky）中将率领俄国波罗的海舰队（Russian Baltic Fleet）的第2太平洋分舰队（the 2nd Pacific Squadron）穿过对马海峡（Straits of Tsushima）进入日本海（Sea of Japan）。此行是为了报复前年日本进攻俄国海军基地阿瑟港（Port Arthur），他们花了7个月的时间从俄国基地起航。

俄国拥有8艘战列舰、3艘装甲巡洋舰、6艘轻巡洋舰和10艘驱逐舰，似乎比日本指挥官东乡平八郎（Heihachiro Togo）上将麾下的4艘战列舰、7艘装甲巡洋舰和7艘轻巡洋舰来得有利。然而，东乡平八郎的舰队比起俄国对手在速度上有快3节的优势，这让他们得以迅速机动，并在任何射程范围内开火。俄国的战术与训练受到法国的影响，而日本则采用英国的训练和装备，彼此没有可比较之处。

对马海峡之战

俄国舰队排列成一线向前航行，协同最新的4艘战列舰作为前锋，它们是"苏沃洛夫公爵"号（Kniaz Suvorov，罗日杰斯特文斯基中将的旗舰）、"亚历山大三世"号（Imperator Alexander III）、"博罗季诺"号（Borodino）和"奥廖尔"

↓英国海军的"无畏"号是第一艘配备单一口径主炮的战列舰，这张照片是它于1906年下水之后不久拍摄的。"无畏"号毕生都在大舰队（British Grand Fleet）旗下服役

号（Orel）。而另外4艘旧型战列舰则跟随在后，它们是"奥斯利维亚"号（Oslyabya）、"伟大的西索伊"号（Sisoi Veliki）、"纳瓦林"号（Navarin）以及"尼古拉一世"号（Imperator Nikolai I）。其中，旗舰"尼古拉一世"号有2艘巡洋舰作为先锋，3艘装甲海岸防卫舰作为后盾，其余的巡洋舰则尾随在后。

日军指挥官东乡平八郎耐心等待所有波罗的海舰队舰艇进入目视范围之后才采取行动，他命令军舰转向左舷，以便让军舰航行到几乎与敌舰平行的状态。俄舰开火了，他们从5950米的距离朝日舰展开猛烈却不精准的炮击，因而阻止不了东乡平八郎的舰队对俄国旗舰的集中火力的攻击。"苏沃洛夫公爵"号不久便着火，在浓烟的笼罩中渐渐漂离航线。不过，即使已被一枚鱼雷命中，"苏沃洛夫公爵"号仍继续奋战。而罗日杰斯特文斯基中将则身负重伤；稍后，他被人从受创的战列舰上抬离时为日本人所俘虏。"苏沃洛夫公爵"号在19时20分沉没，当时日本鱼雷艇又发射了两三枚鱼雷再次击中它，使它翻覆并和舰上所有剩下来的船员一同沉入海底，共计有928名官兵罹难。

紧接着，噩运转向"博罗季诺"号，其舰长企图率领俄国军舰逃出日本人设下的陷阱，但其仍被击中，并起火燃烧，最后因弹药库爆炸而沉没，830名强壮的船员仅有1人生还。此刻，"亚历山大三世"号被数发305毫米炮弹击中后翻覆，823名船员无一幸免；它的沉没使得俄军仅剩下"奥廖尔"号这一艘现代化的战列舰。"奥廖尔"号伴随着其他残存的船只，在夜里不断地遭受攻击，最后于次日早晨投降。

在另一支俄国分舰队的战局中，旧式战列舰"奥斯利维亚"号遭到日本装甲巡洋舰的猛烈攻击，战斗开始15分钟之后就被命中。"奥斯利维亚"号亦沉没并损失了515名船员。而其他舰艇的下场则是："纳瓦林"号于炮火中受损，随后在鱼雷的攻击下沉没，丧失了619条性命；"伟大的西索伊"号的船员凿船而逃，50人身亡；"尼古拉一世"号则在受炮火重创后为日本海军所俘虏，并改名为"壹岐"号（Iki），在1915年作为靶舰沉没。只有那些开往中立港埠寻求避难的舰艇逃过毁灭或被俘的命运，但也遭到扣留。

日本人获得了如同一个世纪前纳尔逊在特拉法加所赢得的重大胜利。等到俄国舰队再度冒险驶离海岸进入世界的大洋，已经是半个多世纪以后的事了。

海上的试验

与此同时，英国皇家海军的"无畏"号继续进行海上试验。这艘战列舰相当具有革命性，它安装了10门305毫米炮，两两成对地配置在船身中央的5座炮塔上。事实上，第一艘"无畏"舰只能完全承载8门，但日后建造的该级舰艇弥补了这一缺陷。一旦"无畏"级军舰的设计概念得到验证，这种革命性舰艇的建造便会加速进行，并以一年3艘或4艘的速度建造。到了1913年，英国拥有31艘"无畏"舰，这些战列舰不是已经服役就是即将服役。

批评费希尔的人声称，"无畏"舰的引进将造成大批英国战列舰遭到淘汰，并使缺乏副炮的军舰易受攻击；然而费希尔的支持者明白，次级武器的重要性是愈来愈小了。鱼雷射程的增大使得近距离海战愈来愈危险，假若一艘战列舰能在极远的距离迎战，它的152毫米炮和230毫米炮就毫无用武之地。舰炮专家亦了解，在现有305毫米口径舰炮的最大射程范围内，即

12810米或更远的射程，唯有最大的火炮才值得考虑采用。有效的瞄准炮击仰赖火炮齐射和密集的落弹，"无畏"舰上的火炮齐发意味着3.85吨重的高爆弹正向14千米远的敌方射去。

另一项革命性的军舰构想是战列巡洋舰。战列巡洋舰在武装上十分近似新型的战列舰，但却更加快捷。它是一种可在舰队前方巡弋，为主力军舰充当前锋，并有能力压制传统舰艇的巡洋舰。这样的构想是由于装甲巡洋舰的体型愈来愈大且花费昂贵，已到达发展潜力的末路，因此战列巡洋舰应运而生。

第一艘新型的战列巡洋舰是"不屈"号（HMS Inflexible），1908年竣工，配备8门305毫米炮，时速26节。它的火力是"无畏"舰的4/5，却因为考虑到航速而牺牲掉许多武装。"无畏"舰的蒸汽轮机有18000马力，而"不屈"号则有41000马力，所以"不屈"号必须配有更大的船体来容纳其所需要的31座锅炉——为了提高速度而裁撤掉其余武装与牺牲装甲防护，战列巡洋舰无可避免地变得脆弱。

德国的崛起

在欧洲大陆上，德国海军力量迅速崛起，成为英国的主要对手。

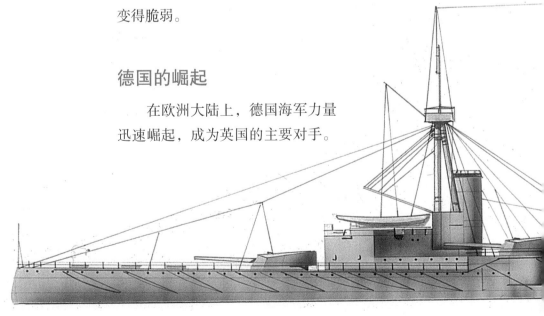

德皇威廉二世（Kaiser Wilhelm II）十分钦羡英国的海军技术，而且在其精力充沛的海军参谋长提尔皮茨（von Tirpitz）上将的领导下，德国通过了数项旨在建立现代化海军的法案。

1889至1904年期间，提尔皮茨下令建造20艘战列舰，前4艘是"勃兰登堡"（Brandenburg）级战列舰，其排水量达10174吨，船身中线的炮塔上有4门280毫米炮。接着，"德皇腓特烈三世"（Kaiser Friedrich III）级、"梅克伦堡"

"不屈"号

类　　型：战列巡洋舰	续 航 力：以10节可航行5562千米
下水日期：1907年6月26日	武　　装：16门102毫米炮，8门305毫米炮
船　　员：784名	动　　力：4部蒸汽轮机，4轴
排 水 量：20320吨	最大航速：25.5节
长、宽、吃水深度：172.8米×23.9米×8米	

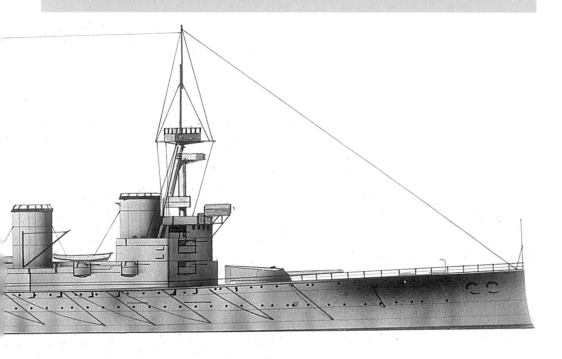

有巨大笼状桅杆的
美国无畏舰十分
易于辨识，但这类
桅杆很容易受到恶
劣天气的影响而损
坏，随即被取代

（Mecklenburg）级、"布伦瑞克"（Braunschweig）级和"德意志"（Deutschland）级的战列舰也各建造了5艘。提尔皮茨简明的论点是：拥有强大的海军舰队是攸关国家威望的问题，德国正要跻身主要工业国家，需要海军来匹配其经济实力。事实上，提尔皮茨发起的海军军备竞赛根本就无关紧要。

1908年，德国还通过了另一项《海军法案》，预备增加重型军舰的数量。1900年的《海军法案》决定要建造"大型巡洋舰"，这种舰艇可归类为战列巡洋舰。所以结合了战列舰与战列巡洋舰的力量，德意志帝国海军（Imperial German Navy）设想在接下来的数年里可提升其主力舰数量到58艘。1908年的"赫尔戈兰"（Helgoland）级军舰〔"赫尔戈兰"号、"奥登堡"号（Oldenburg）、"奥斯特弗里斯兰"号（Ostfriesland）与"图林根"号（Thüringen）〕是放大版的"拿骚"（Nassau）级战列舰，配备了305毫米的主炮。它们是德国唯一装有3具烟囱的"无畏"舰，并略快于"拿骚"级（20节：19节），排水量为23166吨，编制船员1100人。

其后建造的是"凯撒"（Kaiser）级战列舰〔"腓特烈大帝"号（Friedrich der Grosse）、"凯撒"号（Kaiser）、"凯瑟琳"号（Kaiserin）、"阿尔伯特国王"号（König Albert）与"路易特波尔德摄政王"号（Prinzregent Luitpold）〕，这些舰艇是德国第一批于舰艉配置背负式炮塔（superfiring turret），并且拥有涡轮发动机〔由泰恩赛德（Tyneside）的牧师们发明〕的战列舰。"腓特烈大帝"号于1912年下水，被指定为"公海舰队"（High Seas Fleet）的旗舰，一直担负此重责大任到1917年。

→→德皇海军参谋长提尔皮茨上将是德国发展现代化海军的推手，他致力于在新式军舰上应用最先进的技术

德国首批"无畏"舰

德国首批"无畏"舰是4艘1906年服役的"拿骚"级战列舰。体型比英国的"无畏"舰还要短胖，武装也较差，但防御力较强。除了12门280毫米主炮之外，还有12门150毫米副炮。不过，德国"无畏"舰的主炮位置分配不良，舷侧的火力受限于配置在船身中央两侧的两座炮塔，而舰艏与舰艉则仅各有一座。该级的战列舰有"拿骚"号（Nassau）、"波森"号（Posen）、"莱茵兰"号（Rheinland）与"威斯特法仑"号（Westfalen）。

海军竞争对手

1909年，法国政府大感震惊地意识到其海军力量已跌落至世界第五，因而企图亡羊补牢重建海军。不过，1907年3月的事故对资源窘迫的法国海军来说是雪上加霜。当时"前无畏"舰"耶拿"号（Iéna）在土伦（Toulon）的干船坞内，因线状无烟火药过热导致舰艉弹药库爆炸而被炸毁。更糟的是，1911年9月，另一场爆炸又摧毁了一艘"前无畏"舰"自由"号（Liberté）。这两起爆炸意外共夺走322条生命。

由于重建计划的施行，法国在1910至1911年期间着手建造首批4艘"无畏"舰，"库尔贝"号（Courbet）、"法兰西"号（France）、"让·巴尔"号（Jean Bart）与"巴黎"号（Paris）。这些船有6座炮塔，装配12门305毫米炮，在船身中部的两侧还各有一座炮塔；但只有前两艘在第一次世界大战爆发之前竣工。

意大利的第一艘"无畏"舰是排水量为19813吨的"但丁·阿利基耶里"号（Dante Alighieri），它也是第一艘将主炮装配在三联装炮塔上的战列舰。它还配备了12门305毫米炮，全都装在船身中央以发挥最大的舷侧火力，它于1910年下水，成为意大利亚得里亚海（Adriatic）舰队的旗舰，但它的服役记录并不活跃。

之后，意大利人又建造了"加富尔伯爵"（Cavour）级的军舰［"加富尔伯爵"号（Conte di Cavour）、"朱利奥·凯撒"号（Giulio Cesare）与"莱昂纳多·达·芬奇"号（Leonardo da Vinci）］，它们的排水量为23485吨，配备13门305毫米炮。两艘该级军舰，"加富尔伯爵"号与"凯撒"号，在两次大战的间隔期间进行了改装以提升性能。另外，在第一次世界大战爆发之前开始设计建造的意大利最新型"无

↓ 第一次世界大战初期，德国巡洋舰"埃姆登"号（Emden）对英国印度洋贸易线来说是一大威胁。1914年，"埃姆登"号被澳大利亚皇家海军"悉尼"号（HMAS Sydney）击沉

↑ 特拉华级战列舰，结合了新式的单一口径主炮与蒸汽轮机，是美国第一艘可与英国"无畏"舰匹敌的军舰

畏"舰是"安德烈亚·多里亚"号（Andrea Doria）与"卡约·杜伊利奥"号（Caio Duilio），它们是改良版的"加富尔"级军舰，配备了152毫米的副炮，这些舰艇也在20世纪30年代接受了现代化改造。

至于美国方面，建造新型、现代化军舰的支持声浪也慢慢地升高。尽管美国南北战争时期联邦军队装甲舰获得成功，但内战结束之后，海军对装甲舰的兴趣却逐渐消退，他们认为唯一有需要的军舰是巡视海岸防卫的浅水重炮舰（Monitor）。美国没有经费再建造新的舰艇，包括5艘浅水重炮舰在内的新船，都是偷偷摸摸挪用旧船的维修费所打造。直到1883年，才通过建立一支"新海军"的法案，首批军舰将以国外的设计为基础。然而，或许是美国人的"浅水重炮舰情结"依旧强烈，首批的新船，即"印第安纳"（Indiana）级战列舰，采用与"浅水重炮舰"这种近岸岸防军舰相同的低干舷①设计。

1898年，美国与西班牙之间爆发美西战争，导火线是美国在哈瓦那（Havana）的战列舰"缅因"号（Maine）被毁。在马尼拉湾之役（Battle of Manila Bay）中，由于西班牙海军装备过时，因此当西班牙海军太平洋分舰队的旧式防护巡洋舰与炮艇都被摧毁后，他们只好黯然而归。虽然又有一支配备新型装甲巡洋舰的分舰队被派到加勒比海（Caribbean）支援，但均被守株待兔的美舰击沉。战败加上舰队与殖民地的损失，使西班牙在长达几年的时间里都对建构海军失去了兴趣。直到1909年，它才再度展开新型战列舰"西班牙"号（España）的建造。

反之，此时美国海军拥有7艘新型现代化的军舰，加上马尼拉湾战役的出色表现使其跻身海上强国之列，美国海军的声望高涨，还被授权建造一系列新型舰艇。在曾于美西战争时任海军助理部长的西奥多·罗斯福（Theodore Roosevelt）总统的带领下，巴拿马运河（Panama Canal）工程着手展开；1907年由16艘美国军舰组成的"大白舰队"（Great White Fleet）亦被派往世界各地巡访以显示美国的海上力量。尽管这些船在两年"前无畏"舰问世之后已经过时，但这趟巡航仍然相当成功。

推进系统

美国第一批"无畏"战列舰是"密歇根"号（Michigan）和"南卡罗来纳"号（South Carolina）。虽然设计建造晚于英国海军的无畏号，但事实上，它们才是最早采用全单一口

---

① 低干舷是指从船吃水线以上至甲板间的舷侧低矮，这是浅水重炮舰的主要特征。——译者注

图为美国战列舰发射主炮时引人注目的一瞬间。美国军舰是第一款采用背负式炮塔设计的军舰，并为各国所仿效

径巨炮（8门305毫米）和背负式炮塔设计的舰艇，这些特点后来为世界各国仿效。"密歇根"号和"南卡罗来纳"号的推进系统是采用双螺旋桨的立式三胀蒸汽机，但性能有许多不足之处，最大航速只有17节。接下来的另一级舰艇"特拉华"（Delaware）级和"达科他"（Dakota）级，尽管配备了较大口径的副炮，而且整体来说还是很成功的舰艇，但也有类似的毛病。美国在第一次世界大战爆发前设计建造的其他"无畏"舰还有："佛罗里达"号（Florida）、"犹他"号（Utah）、"阿肯色"号（Arkansas）、"怀俄明"号（Wyoming）、"纽约"号（New York）、"得克萨斯"号（Texas）、"内华达"号（Nevada）、"俄克拉荷马"号（Oklahoma）、"亚利桑那"号（Arizona）与"宾夕法尼亚"号（Pennsylvania），全都可由庞大的笼状桅杆辨认出来。

美国所有的"无畏"舰都配备10或12门355毫米主炮，赋予它们可媲美太平洋另一侧的日舰火力，足以让日军三思而后行。对马海峡的胜利，使日本海军在太平洋上坐大，他们也决定要维持这样的权势。日本帝国海军（Imperial Japanese Navy）第一批"无畏"舰是"河内"号（Kawachi）与"摄津"号（Settsu），于1910年设计建造，配备12门305毫米炮，安置在双联装的6座炮塔上，舰艏与舰艉各1座，船舷两侧也各有2座。它们的装甲厚重，航速可达到21节。但是1910至1911年设计的"金刚"（Kongo）级战列巡洋舰"榛名"号（Haruna）、"比睿"号（Hiei）、"雾岛"号（Kirishima）与"金刚"号（Kongo）才是日军超越自我的杰作。

由瑟斯顿爵士（Sir G. R. Thurston）设计的"金刚"号，是该级战列巡洋舰的指挥舰，由英国维克斯公司建造（这是日本最后一艘境外制造的主力舰）。"金刚"号是改良版的英国

"狮"（Lion）级战列巡洋舰，是第一艘在尺寸上超越战列舰的舰艇。"金刚"级的排水量为27940吨，配备8门355毫米主炮和16门152毫米副炮，航速30节。船员编制1437人，远远超越同时代的舰艇。在第一次世界大战爆发前几年，巨大的"无畏"舰和战列巡洋舰是海上强国常见的展示品。然而，在这个光鲜夺目的场景背后所隐藏的事实是，50年之内它们都将遭到淘汰。

↑图为日本战列巡洋舰"金刚"号，这张照片是在1912年下水时所拍摄的。"金刚"号由英国的维克斯公司建造

水上飞机运输舰

1912年5月4日，新成立的英国皇家空军海上飞行大队

→E.20号潜艇设计建造于1914年11月，次年8月30日开始服役。1915年11月6日，E.20号于马尔马拉海（Sea of Marmara）被德国UB-14号潜艇的鱼雷击中沉没

（Naval Wing of the Royal Flying Corps）[即英国皇家海军航空队（Royal Naval Air Service）的前身]的飞行员萨姆森（C. R. Samson）中校，在威茅斯（Weymouth）的《舰队评论》（Fleet Review）中发表了一篇相当醒目的报告，那就是一架肖特（Short）S27型双翼机从一艘以时速10节逆风航行的"前无畏"战列舰"爱尔兰"号（HMS Hibernia）的前甲板上起飞。这是英国飞机首次从航行中的舰艇上升空。

一年之后，英国旧式航空母舰"竞技神"号（HMS Hermes）担任海上飞行大队的旗舰。它的前甲板上安装了一具轨道，一架高德隆式（Caudron）水陆两用飞机于1913年从上面试飞了好几次，其后这艘航空母舰又配备了肖特S41型水上飞机。1913年7月，英国皇家海军在一连串的舰队演习中第一次让飞机与水面舰艇进行协同作战。另外，从"竞技神"号上起飞的飞机

亦进行了无线电通信试验。1913年夏，英国海军部购买了另一艘水上飞机运输舰，这艘运输舰原本是一艘7518吨的商船，当时正在诺森伯兰郡（Northumberland）的布莱斯（Blyth）进行改装。它于1914年开始服役，并荣幸地被授予一个非常著名的称号："皇家方舟"号（HMS Ark Royal）。为了发展这种海战的新形态，英国又在1914年夏征收3艘跨海峡的邮船，改装成水上飞机运输舰："女皇"号（HMS Empress）、"恩加丁"号（HMS Engadine）和"里维埃拉"号（HMS Riviera）。当时，没有人能够预料到，海军飞机有朝一日会成为强而有力的打击力量，不但能够决定作战胜负，还能追击敌方主力舰直到其沉没为止。

不过，1914年，在战争的阴影笼罩之际，真正被视为能主宰海洋的首要威胁是潜艇。自从费希尔上将担任第一海军军务大臣以来，英国皇家海军的潜艇舰队已在前10年里走了相当长的一段路程。费希尔首先采取的措施之一就是积极投入一项大规模的造潜计划。到了1910年，英国皇家海军的潜艇舰队共有12艘A级潜艇，11艘B级和37艘C级潜艇，它们全都是由霍兰设计的原型潜艇逐步改良而成。而新型的D级潜艇也开始设计建造。设计用来远洋航行的D级潜艇长50.2米，水上排水量达503

德国的潜艇

虽然德国人在第一次世界大战前的潜艇建造计划起步较晚，但从一开始他们的潜艇就经过精密设计，还采用双层船壳和双螺旋桨。德国的工程师在早期的潜艇设计中拒绝使用汽油引擎，而偏好以较难闻却较安全的煤油为燃料。1908年，他们又设计出合适的柴油发动机，并安装在4艘U19级的潜艇上，之后其成为潜艇专用的发动机。

吨。它们是英国第一批双螺旋桨潜艇，并为了在海面上航行而以重油（柴油）引擎取代汽油引擎。尽管一开始并不顺利，但它们比汽油引擎安全得多，也较少排出恼人的烟，大大改善了船员的工作环境。1910年演习期间，D1号潜艇表现出色，尽管一具引擎发生故障，船员们还是开着他们的船从朴次茅斯到达苏格兰西岸，并以"敌舰"的身份停泊了3天，还宣称对2艘巡洋舰发动39次的模拟鱼雷攻击。

直接发展自D级的E级潜艇，在第一次世界大战爆发时刚开始服役。它们的水上排水量达677吨，可搭载30名船员，配备5具鱼雷发射管，2具在船头、2具在船身、1具在船艉。这样的配置代表着潜艇转向不用超过45度就可对准任何目标。英国在1913至1916年间共生产了55艘E级潜艇，它们是第一次世界大战中英国皇家海军潜艇舰队的支柱，活跃在战场的每一个角落，创下了传奇。

然而，在大战中打出了第一炮的却是德国潜艇，证明对未受保护的水面舰艇来说，潜艇足以致命。最奇怪的是，德国海军参谋部（German Naval Staff）于世纪之交时并没有正确认识到潜艇的潜力，在德国境内建造的第一批潜艇还是帝俄海军（Imperial Russian Navy）所订购的3艘"卡普"（Karp）级潜艇。而德国第一艘实际可用的潜艇是直到1906年才完工的U1号，但它已是当时世上最成功与最可靠的潜艇之一。U1号的2具煤油发动机可产出400马力，其电动马达功率相当，水下的潜航航程达80千米。它在1906年12月开始服役，作为试验与训练之用。

2

北海与大西洋战区：1914至1918年

虽然"一战"是一场世界范围的大战，但只有英德两国的海军进行了史诗性的大对决。

←图为一架索普威斯"幼犬"式飞机从英国海军航空母舰"暴怒"号的机库里吊上来。1917年8月2日，飞行中队的艾德温·邓宁（Edwin Dunning）中校成功地驾驶一架"幼犬"式飞机降落到"暴怒"号上

一开始，英国皇家海军所面临的任务就相当繁重：保卫英国海岸抵御侵略的威胁、为运输国家必需品的海上船队护航，还有确保英吉利海峡海域的安全，使运往西线战场的补给与兵员不会中断。

就德国而言，由于舰艇数量被远远超越，他们十分担忧主要海军基地威廉港（Wilhelmshaven）会遭受基地位于奥克尼群岛（Orkneys）附近斯卡帕湾（Scapa Flow）里的英国大舰队（British Grand Fleet）的攻击。

果然不出德国所料，英国皇家海军正打算采取进攻策略：1914年8月28日，一支由哈里奇（Harwich）起航的英国舰队扫荡了赫尔戈兰湾（Heligoland Bight），并达到出其不意的效果。在这次战斗中，以巡洋舰"水神"号（HMS Arethusa）与"无惧"号（HMS Fearless）为先锋的英国皇家海军第1与第2舰队驱逐舰与德国驱逐舰、巡洋舰进行激烈交战。虽然"水神"号受创，但德国巡洋舰"美因茨"号（SMS Mainz）与驱逐舰指挥舰V.187号被击沉。其后，戴维·贝蒂（Sir David Beatty）上将麾下的5艘英国战列巡洋舰前来支援，并击沉巡洋舰"科隆"号（SMS Köln）和阿里阿德涅号（SMS Ariadne），另2艘德国轻型巡洋舰和3艘驱逐舰也受损。

不过，英国胜利的喜悦很快就烟消云散了。1914年9月22日，英国装甲巡洋舰"阿布基尔"号（HMS Aboukir）、

↑1901年下水的英国海军"好望角"号是"德雷克"（Drake）级装甲巡洋舰，1914年11月1日在科罗内尔沿海的战斗中遭受重创，起火爆炸后沉没

"克雷西"号（HMS Crecy）和"霍格"号（HMS Hougue）在荷兰艾默伊登（Ijmuiden）西南方约48千米处接连沉没，它们的吨位皆为12192吨，并损失了60位军官和1400名水手。这是德国海军中校奥图·威迪根（Otto Weddigen）指挥下U9号潜艇的杰作。数星期后，南大西洋上又传来英国大败的噩耗。

科罗内尔之役

第一次世界大战爆发之际，一支已部署在中国青岛的德国海军分舰队在施佩（Graf von Spee）中将的率领下起程返航。这支舰队有装甲巡洋舰"沙恩霍斯特"号（SMS Scharnhorst）与"格奈森瑙"号（SMS Gneisenau）和轻巡洋舰"莱比锡"号（SMS Leipzig）、"德累斯顿"号（SMS Dresden）和"纽

↓ 德国轻巡洋舰"莱比锡"号是福克兰（阿根廷称马尔维纳斯群岛）战役中的牺牲品，1914年12月8日在英国巡洋舰"克伦威尔"号和"格拉斯哥"号的炮击下沉没

英国的危机

克拉多克（Cradock）上将的分舰队在南大西洋的毁灭造成了英国的危机。这时，施佩能够使在南美海域上的英国船只瘫痪，他甚至还有能力越过大西洋袭击南非的商船。当施佩的军舰在智利沿海再次进行补给并让船员休息之后，他便打算进攻福克兰群岛（阿根廷称马尔维纳斯群岛），夺取那里的各项设施。福克兰群岛（阿根廷称马尔维纳斯群岛）储藏着珍贵的煤矿和石油，能够作为他们进一步行动的基地。

伦堡"号（SMS Nürnberg）。到了1914年10月底，他们避开了一支日本战列巡洋舰中队，并准备在南美洲西岸沿海进入大西洋。英国为了阻挠他们前进，仓促召集了一支海军分舰队（由克拉多克上将指挥），包括装甲巡洋舰"好望角"号（HMS Good Hope）与"蒙默斯"号（HMS Monmouth）和轻巡洋舰"格拉斯哥"号（HMS Glasgow）及辅助舰"奥特兰托"号（HMS Otranto），还有旧型的"前无畏"舰"卡诺帕斯"号（HMS Canopus）。

1914年11月1日，"好望角"号、"蒙默斯"号、"格拉斯哥"号和"奥特兰托"号在智利海岸的科罗内尔（Coronel）沿海发现了施佩中将的舰队。由于他们的火力与射程都比不上德国军舰，"好望角"号和"蒙默斯"号立刻陷入火海。傍晚，"好望角"号爆炸沉没。"蒙默斯"号不久亦沉入海底，于是，"格拉斯哥"号停止战斗转而与"卡诺帕斯"号会合。这两艘军舰驶向福克兰群岛（阿根廷称马尔维纳斯群岛），以守护那里的无线电发报站和煤油储槽。

在伦敦，约翰·费希尔上将预料到施佩中将的下一步棋，并派他的参谋长弗雷德里克·多夫顿·斯特迪（Sir

Frederick Doveton Sturdee）中将率领的战列巡洋舰"无敌"号（HMS Invincible）与"不屈"号驶向南方。与此同时，在中南美海岸外的英国巡洋舰"克伦威尔"号（HMS Cornwall）、"肯特"号（HMS Kent）、"卡那封"号（HMS Caernarvon）与布里斯托号（HMS Bristol）也奉命全速赶赴福克兰群岛（阿根廷称马尔维纳斯群岛）与"格拉斯哥"号和"卡诺帕斯"号会合。

←←战斗的损伤：在1914年福克兰群岛（阿根廷称马尔维纳斯群岛）战役期间，英国海军巡洋舰"肯特"号被德舰炮火击中船舷，轰出数个大洞

　　斯特迪中将在12时与敌舰交手，他采取施佩中将对付克拉多克上将的战术加以应付，期望能利用舰队的优势火力与速度达到最佳效果。16时17分，在持续了约3个小时的战斗之后，"沙恩霍斯特"号从船艉沉没，2艘英国战列巡洋舰于是合攻"格奈森瑙"号，"格奈森瑙"号虽奋战不懈，却因遭受连续的猛轰而成为一团炽热的火球，直到18时左右沉没。舰上800名健壮的船员约有200人获救；但"沙恩霍斯特"号上的860名船员则无一幸免。

　　同时，英国巡洋舰追上了溃逃的敌舰。在接踵而来的战斗中，"莱比锡"号遭"格拉斯哥"号与"克伦威尔"号击沉，而"纽伦堡"号亦被"肯特"号追击了5个小时后沉没。"肯特"号的舰长艾伦（Allen）激励他的轮机手与添煤工完成了不可能的任务。"肯特"号与"蒙默斯"号是姐妹舰，"纽伦堡"号先前击沉"蒙默斯"号时，对该舰上的生还者见死不救，所以"肯特"号的船员急于复仇，他们将船上所有可烧的东西都丢进锅炉里。有一段时间，他们驱动着这艘老巡洋舰比它刚下水的时候还要快上一两节，"纽伦堡"号最终未能逃出英军军舰的射程。施佩的太平洋分舰队只有"德累斯顿"号脱身，但也只是苟延残喘而已。1915年3月14日，"肯特"号与"格拉斯哥"号在胡安·费尔南德斯群岛（Juan Fernandez）沿

英国海军的巡洋舰
"肯特"号于1906
至1913年间驻守中
国。1914年经过整
修之后，参与了福
克兰（阿根廷称马
尔维纳斯群岛）海
战，并在12月8日
击沉德国轻巡洋舰
"纽伦堡"号

海追上"德累斯顿"号，其遭受重创之后被船员们凿沉。

打了就跑

斯特迪在福克兰（阿根廷称马尔维纳斯）群岛沿海获胜的消息很快就在一个星期之后为另一场震撼事件所湮没。德国希望诱出一部分英国舰队加以伏击，因而决定对英国东岸的小镇实施一连串"打了就跑"行动。虽然英国海军部专家已掌握了德国海军的密码电文而知悉这项计谋，但德国军舰的突击还是让他们感到出其不意。1914年12月16日清晨，德国的战列巡洋舰"塞德利兹"号（SMS Seydlitz）、"毛奇"号（SMS Moltke）与"布吕歇尔"号（SMS Blücher）炮轰西哈特尔普

↓1914年12月，哈特利普东北岸的小镇正遭受德国战列巡洋舰的攻击。对英国人民来说，东岸城镇遭到炮轰是震撼人心、影响深远的

（West Hartlepool），而"德福林格"号（SMS Derfflinger）与"冯·德·坦恩"号（SMS von der Tann）则袭击斯卡布罗（Scarborough）与惠特比（Whitby），造成127位平民死亡，567人受伤。"毛奇"号与"布吕歇尔"号虽被岸炮击中，但所有的德国军舰都在薄雾掩护下逃离。

英国皇家海军贝蒂上将麾下的第1战列巡洋舰中队（the 1st Battlecruiser Squadron）和沃伦德（Warrender）上将的第2战列舰中队（the 2nd Battle Squadron）已在海上准备截击入侵者，英国的驱逐舰目击到这群不速之客正向海岸靠近。4时45分，英国驱逐舰和德国巡洋舰"汉堡"号（SMS Hamburg）与护卫的轻型舰艇交火，这些护航船重创了驱逐舰"哈迪"号（HMS

↑ 显示1914至1915年间德国战列巡洋舰侵犯北海的范围的示意图

Hardy）并打伤"伏击"号（HMS Ambuscade）与"山猫"号（HMS Lynx）。上午，德国战列巡洋舰完成突击任务返航，当它们行经第2战列舰中队尾端的数英里处时，被英国舰艇发现并转向追击，但由于恶劣的天气阻挠和贝蒂模糊的信号，导致轻巡洋舰的追击中断，因此错失了绝佳的机会。

　　1915年1月24日，英国又错过另一次良机。当时德国军舰正要对英国东南方的多格浅滩（Dogger Bank）展开进攻性的扫荡。贝蒂的第1战列巡洋舰中队，包括他的旗舰"狮"号（HMS Lion），还有"皇家公主"号（HMS Princess Royal）、"虎"号（HMS Tiger）、"新西兰"号（HMS New Zealand）和"无敌"号，目击到德国战列巡洋舰"塞德利兹"号、"毛奇"号与"德福林格"号、装甲巡洋舰"布吕歇尔"号，以及6艘轻巡洋舰和一群驱逐舰正向西航行。德国船队一见到英国军舰便调头返航，但一直遭受时速28节的敌船追击。9时整时，双方于多格浅滩东方交火，"狮"号率领英国舰艇作战，但是被击中退出战场，贝蒂因此移转他的军旗到"皇家公主"号上。战斗期间，"布吕歇尔"号沉没，"德福林格"号与"塞德利兹"号也严重受创。然而，要不是贝蒂以为他瞧见了一具潜艇的潜望镜，因此并未改变航向，而让敌舰逃之夭夭，德国人或许将受到更严厉的痛击。

日德兰之役

　　直到1916年5月31日，英国与德国的主力舰才在丹麦西方的海面上交锋。英国的兵力包括战列巡洋舰舰队（第1与第2战巡中队），下辖"狮"号（由贝蒂上将指挥）、"皇家公主"号［由布洛克（Brock）上将指挥］、"虎"号、"玛

丽女王"号（HMS Queen Mary）、"新西兰"号［由帕肯汉（Pakenham）上将指挥］与"不倦"号（Indefatigable），还有第5战列舰中队的战列舰"巴勒姆"号（HMS Barham）［由埃文−托马斯（Evan-Thomas）上将率领］、"厌战"号（HMS Warspite）、"勇士"号（HMS Valiant）与"马来亚"号（HMS Malaya）支援，而杰利科（Lord Jellicoe）上将统率的主力舰队（Main Fleet）则尾随在后。

14时20分，位于英国战列巡洋舰舰队前端的轻武装侦察舰，发现德国船只正向东南东航行，并打出信号知会贝蒂上将。贝蒂转向东南南去截击，15分钟后，贝蒂再次转向，往东

↑在日德兰半岛（Jutland），德国的战列巡洋舰"塞德利兹"号比其他幸存的主力舰承受了更大的损害，虽然船舱进水，但它还是设法缓慢而费力地回到港口

北东方向急驶，烟囱冒出来的浓烟大老远就看得见。另外，水上飞机运输舰"恩加丁"号还让侦察机升空，这是首次在实战中以如此方式进行侦察任务。

15时31分，贝蒂看见了德国战列巡洋舰中队，包括"吕佐夫"号〔（SMS Lützow），由希佩尔（Hipper）上将率领〕、"德福林格"号、"塞德利兹"号、"毛奇"号与"冯·德·坦恩"号正驶向东北东方向。英国数艘战列巡洋舰从21000米的距离，以时速25节由四面八方逼近它们，而在英船后方9150米处的第5战列舰中队也急起直追。15时48分，2支战列巡洋舰舰队几乎同时在17000米的射程开火，10分钟后，双方的距离就缩小到14600米。

16时6分，英国皇家海军的"不倦"号被"冯·德·坦恩"号打出的齐射炮火命中。这艘战列巡洋舰的弹药库爆炸，第二轮的齐射炮火便将它彻底摧毁。数分钟之内"不倦"号就与舰上的1017人一同沉没。

16时8分，英国第5战列舰中队在17380米至18300米的射程范围加入作战，它们的火炮精准地射向德国轻巡洋舰中队（Light Cruiser Squadron），并迫使敌舰撤离到东方。大约20分钟之后，悲剧再度上演，"狮"级的战列巡洋舰"玛丽女王"号被德国战列巡洋舰"德福林格"号的炮弹直接命中殉爆沉没，1266名船员中只有9人生还。

16时42分，贝蒂上将发现莱茵哈特·舍尔（Reinhard Scheer）上将率领的德国公海舰队（他的旗舰是"腓特烈大帝"号）。这支舰队由第3分舰队领头，正向北方航行。英国军舰转向右舷16度追击，德国战列巡洋舰也跟着依样画葫芦，挡在英舰前方以掩护公海舰队。在这场海上机动战中，贝蒂上将的舰艇与杰利科上将的主力战列舰队从相距80千米处的海面

← 舍尔上将自1916
年1月起指挥德国
公海舰队。日德兰
海战让他深信英国
皇家海军在海上所
向披靡

↑贝蒂上将在日德兰战役中指挥英国战列巡洋舰舰队。他的舰队蒙受了惨重的损失，得为战斗期间英国的伤亡负最大责任

→→杰利科上将在日德兰海战中统率英国海军。虽然历史证明这场战役对英国是有利的，但严格来说这是一场德国的胜利，因为他们遭受的损失较少

上以20节左右的航速接近彼此。到了16时45分时，第5战列舰中队的"伊丽莎白女王"（Queen Elizabeth）级战列舰已经就位准备和敌舰交锋。"巴勒姆"号与"勇士"号前来支援战列巡洋舰舰队，而"厌战"号与"马来亚"号则在17380米的距离和德国公海舰队第1与第3分舰队作战。"巴勒姆"号很快便击中"塞德利兹"号，接着，这艘军舰又被英国驱逐舰的鱼雷命中，而"勇士"号也在射程范围内发现了德国军舰"毛奇"号。

18时，杰利科上将率领的主力舰队［他的旗舰是"铁公爵"号（Iron Duke）］抵达战场，这支主力舰队自16时以来一直维持20节的航速（fleet speed），向东南方行进，并与前方的战列舰队（Battle Fleet）分开航行。杰利科上将一接到贝

战略上的胜利

在日德兰海战中，德国的损失远较英国来得轻微。德国损失1艘战列舰〔波美拉尼亚号（Pommern）在夜间遭到鱼雷攻击而沉没〕、1艘战列巡洋舰、4艘巡洋舰与5艘驱逐舰，而英国则失去了3艘战列巡洋舰、3艘巡洋舰与8艘驱逐舰。英国人员的伤亡高达6097人，而德国总共只有2551人丧生。即便如此，英国皇家海军在日德兰战役中还是赢得战略上的胜利：德国公海舰队一直到1918年11月，即德国投降后甫能再度全军驶出威廉港。他们驶向英国海军基地斯卡帕湾，并在此地遭受扣留。

蒂上将通报的公海舰队行踪，便向战列舰队发出信号，摆出战斗队形。这时候，德国军舰对英国舰队施加更大的打击。"腓特烈大帝"号击沉了装甲巡洋舰"防卫"号〔（HMS Defence），由罗伯特·阿布斯诺特（Sir Robert Arbuthnot）少将指挥〕，893人死亡，它还重创另一艘装甲巡洋舰"勇士"号（HMS Warrior）。该舰才在18时5分后不久，从左舷越过了"狮"号的船头到右舷以便歼灭在其火网下的德国轻巡洋舰"威斯巴登"号（SMS Wiesbaden）。"跛足"的"勇士"号行经第5战列舰中队的尾端〔它又转向左舷以编成第6分舰队（6th

Division）的后卫］，这时候"厌战"号的舵柄正好卡住。这场灾难迫使后者继续转向，并导致它遭受猛烈的炮击，但却让"勇士"号因此脱身。不过，"勇士"号到次日仍因浸水严重而沉没。

早在16时，英国第3战列巡洋舰中队，包括"无敌"号［由胡德（Hood）少将指挥］与"不屈"号（Indomitable），奉杰利科上将之命前去支援贝蒂，他们从东方现身，但这支舰队的先锋"坎特伯雷"号（HMS Canterbury）与"切斯特"号（HMS Chester）已与德国的轻巡洋舰群苦战，驱逐舰"鲨"号（HMS Shark）还被击沉。16时，胡德少将一见到贝蒂的"狮"号就亲上火线指挥战列巡洋舰舰队，并与德国的战列巡洋舰于7870米的距离交锋。18时30分之后不久，"无敌"号暴露在了一连串齐射炮火的轰炸下，尤其是"德福林格"号的齐

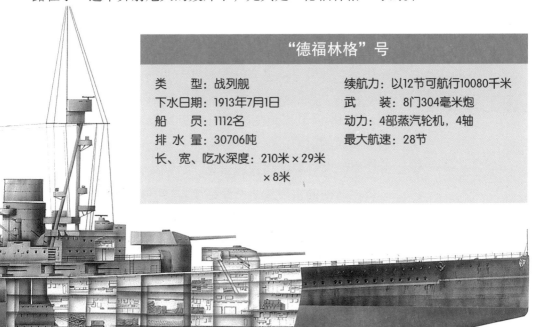

"德福林格"号

类　　型：战列舰
下水日期：1913年7月1日
船　　员：1112名
排 水 量：30706吨
长、宽、吃水深度：210米×29米
　　　　　　　　　×8米

续航力：以12节可航行10080千米
武　　装：8门304毫米炮
动力：4部蒸汽轮机，4轴
最大航速：28节

射炮火，爆炸沉没，1026位官兵丧生。即便如此，胡德少将的出现（相对于德国舰队来说，他出现的位置是指挥方位）还是迫使德国军舰大幅转向右舷逃逸，德国人大概误以为胡德的分舰队是英国的战列舰队。

18时31分，"铁公爵"号与德国分舰队的指挥舰"国王"号（SMS König）于11000米的距离交战。而在它们的右舷，英国皇家海军的"马尔博罗"号［（HMS Marlborough），由伯尼（Burney）上将指挥］也早在18时17分，于11900米的距离对德军舰艇开火。2分钟内，航速增加到17节的战列舰队也加入了战局，尽管它们炮手的视线被烟雾所阻碍。

在德国战列巡洋舰舰队的前端，"吕佐夫"号严重受创而偏离航道，"德福林格"号也无法再开火。数分钟后，英国舰队转向南方分开进攻以截断德国舰艇的退路。"吕佐夫"号这时冒出熊熊大火并严重倾斜，水手们不得不弃舰，使得己方的驱逐舰将其击沉。19时，杰利科上将下令第2战列舰中队驶到"铁公爵"号的前方，进入战斗位置，而第1战列舰中队则担当后卫。在接下来的30分钟里，英国军舰锁定了目标，从距前卫舰艇13700米的射程到距后卫舰艇7800米的射程范围内，展开间断却有效的射击。约15分钟后，舍尔上将撤离他的主力舰队，并命令已被打扁的战列巡洋舰"封锁敌舰的退路"，但实际上日德兰海战的主要战斗已经结束。19时37分，德国战列巡洋舰便终止了任务。

在零星的夜间战斗中，又有许多舰艇沉没。6月1日，太阳从北海海面缓缓升起，舰队也渐渐散开。到了中午，双方都回到了各自的基地。杰利科原本打算追击并消灭公海舰队，但由于报告含糊、他旗下某些舰长无法积极执行任务以及英国海军部无法再提供关于敌舰活动的关键情报等而失败。

潜艇的威胁

由于德国海面上的舰艇被英国皇家海军封锁在威廉港里，潜艇便成为英国海上贸易的主要威胁。随着第一次世界大战的持续进行，德国海军的潜艇愈来愈能够胜任作战，同时德国的潜艇技术也比较超前。到了1916年底，潜艇成为德国海军主要的进攻力量。这款大型、远程的"巡洋舰"，对英国来说是出乎意料的威胁，假若战争结束之前德国有数量庞大的潜艇可用，那么将会严重影响到英国的生存，因为英国十分依赖海外的补给。

德国人很快便意识到大型货运潜艇的潜力，它们能够突破英国皇家海军对其港口的封锁，于是德国在1917年改装了2艘U–151级的潜艇，即U–151号与U–155号，作为远洋货运船只。其中的一艘"德意志"号（Deutschland），在美国参战之前做了两次商运航行到达美国，成功完成冒险。它和姐妹舰"奥登堡"号（Oldenburg）重回海军并被加以利用，这些船也重新归类为潜水巡洋舰（submarine cruiser）。

德国开始设计建造更多的潜艇，包括U–139号、U–140号与U–141号，前两艘还是极少数被赋予名字的德国潜艇，或许是因为它们打算被当成水面战斗艇之用。U–139号被命名为"施威格海军上尉"号（SMS Kapitänleutnant Schweiger），而U–140号则被命名为"魏丁根海军上尉"号（SMS Kapitänleutnant Weddingen）。经过改装之后，这两艘船也成为7款不同等级潜艇（从U–151到U–157级）其中一级的2艘。

1917年，潜艇对英国商船的威胁愈来愈严重，同年4月它们就击沉了总吨位高达907000吨的协约国舰艇，其中有564019吨是英国的船。于是英国发展出反制措施，攻击英吉利海峡对岸位于奥斯坦德（Ostend）与泽布吕赫（Zeebrugge）的潜艇主要基地，并设立了所谓的"多佛障碍"（Dover Barrage），即以绳索连接多艘重武装舰艇成一线，横越英吉利海峡，并布下水雷、陷阱以及其他阻碍物。这道障碍十分成功，1918年1月1日至8月18日间，有30艘德国潜艇在企图闯关时遭到摧毁。

然而，对付潜艇的主要利器还是护航体系。1917年，美国对德宣战之后，美国军舰开始与英国皇家海军分担护航的责任。美国首次参与大战的行动就是在1917年4月13日派遣6艘驱逐舰到欧洲海域；同年12月31日，4艘美国军舰由纽约号领军［罗德曼（Rodman）上将的旗舰］，抵达了英国水域，并与英国大舰队联合，编成第6战列舰中队。

海军航空兵

到了这个时候，飞机与飞艇在对付潜艇上扮演着愈来愈重要的角色。1917年，海军航空兵的发展迈入了重要的一年。此时，英国皇家海军较其他也在发展真正可以称为航空母舰的国家领先一大截——英国皇家海军安置了飞行甲板，可让飞机从上面起降。

第一艘采用专门航空用设计的舰艇是英国海军的轻巡洋舰"暴怒"号（HMS Furious），在大战刚爆发不久开始设计建造，1916年8月15日下水。起初，"暴怒"号只在船艏的上层

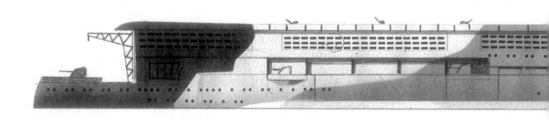

结构上安置飞行甲板，但到最后飞行甲板扩建至船艉，内部还设有机棚，可容纳14架索普威斯"3/2"式（Sopwith One-and-a-Half）飞机和2架索普威斯"幼犬"式（Pups）飞机［1918年初为索普威斯"骆驼"式（Camel）飞机取代］。"暴怒"号上亦配置了一处维修厂，还有电力推动的升降台好将飞机从机棚运到甲板，以及早期型的飞机阻拦装置——从当中悬过甲板的结实绳网。

　　1918年7月17日，2支由杰克森（W. D. Jackson）上校与斯马特（B. A. Smart）上校率领的索普威斯"骆驼"式飞行小队从"暴怒"号上起飞，前去攻击东登（Tondern）的齐柏林飞艇（Zeppelin）机库。这6架飞机全都挂载了2颗22千克的炸弹，并成功完成任务。2座机库与1座弹药堆置所被命中起火，齐柏林飞艇L.54号与L.60号亦被摧毁。但是只有2名英国飞行

"暴怒"号		
类　　型：航空母舰	续 航 力：以19节可航行5929千米	
下水日期：1915年8月15日	武　　装：6门102毫米炮，36架飞机	
船　　员：1218名	动　　力：4部蒸汽轮机，4轴	
排 水 量：22758吨	最大航速：30节	
长、宽、吃水深度：239.6米×27.4米×7.3米		

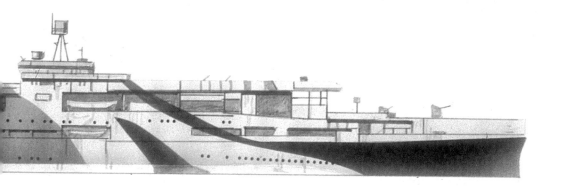

员回到航空母舰上，另外3人因恶劣的气候降落到丹麦，还有1人因迫降在海上而溺水身亡。

　　另一艘接受类似改装的船，即英国海军"卡文迪什"号（HMS Cavendish），在1918年10月开始服役，并更名为"复仇"号（HMS Vindictive）。不过，其作战经历仅限于1918至1920年间在俄国北部与波罗的海支持"协约国干涉部队"（Allied Intervention Force）。英国最重要的发展集中在新的3艘航空母舰上：11025吨的"竞技神"号（HMS Hermes）、"百眼巨人"号（HMS Argus）和"鹰"号（HMS Eagle）均设置了全通式飞行甲板。这3艘航空母舰中，只有"百眼巨人"号在第一次世界大战结束前加入舰队行列。

　　当第一次世界大战在1914年8月爆发之际，两艘强大的德国军舰，战列巡洋舰"戈本"号（Goeben）和巡洋舰"布雷斯劳"号（SMS Breslau）正在地中海海域活动。"戈本"号是两艘"毛奇"级军舰的其中一艘，它是为了迅速扩张"德意志帝国海军"而建造的，并组成了第二批的战列巡洋舰群。第一次世界大战爆发后，这两艘军舰被英国战列巡洋舰"不屈"号与"不倦"号追赶到地中海，但它们成功地逃过英舰追杀，驶进土耳其君士坦丁堡［Constantinople，今伊斯坦布尔（Istanbul）］。德国将两艘军

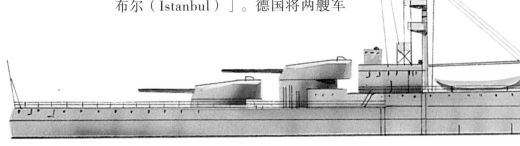

舰都转交给土耳其海军，"戈本"号也在1914年8月16日被改
名为"雅芙兹·苏丹·塞利姆"号（Yavuz Sultan Selim）。

　　在地中海战区里，主要的战场是在达达尼尔海峡
（Dardanelles）。土耳其站在"同盟国"（Central Powers，
德国与奥地利）这一边，而同盟国军队在高加索地区
（Caucasus）对俄军造成强大的压力。为了减轻俄国的压力，
英、法展开联合行动，他们的目标是强行通过达达尼尔海
峡——这是从爱琴海（Aegean）到马摩拉海，既迂回又危险，
长达64千米的水域——并派远征部队登陆到君士坦丁堡。英、
法的设想是，如此展示实力将会很快地迫使土耳其退出战斗。

　　然而，土耳其人已经准备好面对这样的计策。在德国人
的协助下，他们于海域四周布满水雷，并在岸边设置重炮以掩
护水雷区，所以任何想要拆除水雷的行动都会遭受毁灭性的炮
击。在清除土军布下的水雷之前必须消灭土耳其碉堡，而这项

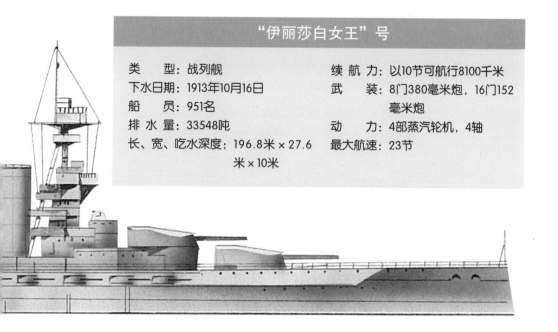

"伊丽莎白女王"号

类　　型：	战列舰	续 航 力：	以10节可航行8100千米
下水日期：	1913年10月16日	武　　装：	8门380毫米炮，16门152
船　　员：	951名		毫米炮
排 水 量：	33548吨	动　　力：	4部蒸汽轮机，4轴
长、宽、吃水深度：	196.8米 × 27.6	最大航速：	23节
	米 × 10米		

任务也唯有海军的舰炮才办得到。一支强大的英法联合舰队因此形成了，包括14艘"前无畏"舰（4艘来自法国），还有战列巡洋舰"不屈"号及新型的"无畏"舰"伊丽莎白女王"号（HMS Queen Elizabeth）。

1915年2月19日，协约国展开针对达达尼尔海峡入口碉堡的炮击行动，从航空母舰"皇家方舟"号上起飞的侦察机也为火炮的定位进行观测。土耳其碉堡被炸得粉碎，拖网船得以先扫除海峡内6.4千米的障碍。2月26日，"前无畏"级的"阿尔比恩"号（HMS Albion）、"威严"号（HMS Majestic）与"复仇"号（HMS Vengeance）前往扫雷区外缘继续炮轰达耳达诺斯（Dardanus）的碉堡。炮轰行动持续了整个3月，所有的战列舰都投入战斗，包括"伊丽莎白女王"号。它的380毫米炮的火力强大，在空中定位的协助之下，能够直接射过半岛，袭击土耳其防御工事脆弱的背面。

↓协约国对达达尼尔海峡的登陆作战计划制订不周详且执行拙劣。协约国的情报严重低估了此处敌军水雷区的范围

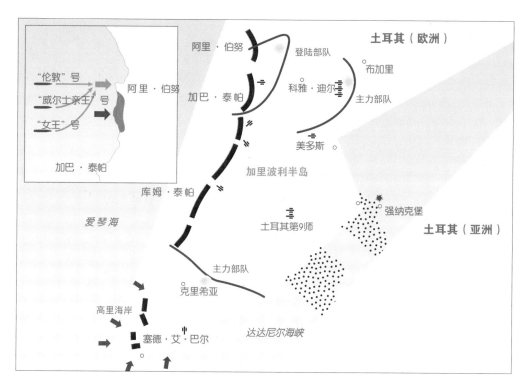

尽管协约国有强大的舰炮火力，但他们的作战进度十分缓慢，而且扫雷行动也受到强力探照灯与敌军精确火炮的阻碍。为了打破僵局，协约国集结了3支分舰队，于1915年3月18日全力展开攻击。不过，这场战役的结局是个大灾难，"无阻"号（HMS Irresistible）、"海洋"号（HMS Ocean）与法国的"布维"号（HMS Bouvet）误触水雷沉没，"不屈"号与法舰"高卢"号（Gaulois）也负伤。英国不得不调派"前无畏"舰女王号（Queen）和"无赦"号（Implacable）以弥补其损失。

协约国认识到，没有岸上的军队支持，任何强行通过达达尼尔海峡的企图都终将失败。因此，1915年4月，惨烈的加里波利（Gallipoli）战役展开。协约国部队登上半岛，这是当时史上最大的一场两栖登陆行动。然而，由于作战计划制订不

↑1915年协约国登陆加里波利半岛的示意图。作战失败的原因之一是协约国部队不了解：一旦初期登陆成功之后，就得赶紧离开海岸

周详与执行不当，这场冒险从一开始就注定失败。协约国的军舰持续支援地面部队直到后者于1916年1月撤离为止，他们在敌军发动的攻势和疾病的侵扰之下遭受骇人的损失。在这场战役中，英国皇家海军又失去了另外3艘"前无畏"战列舰："歌利亚"号（HMS Goliath）于1915年5月被土耳其驱逐舰"穆阿凡涅"号（HMS Muavenet）的鱼雷命中，750名船员丧命，而"凯旋"号（HMS Triumph）与"威严"号也在同月被德国潜艇U-21号的鱼雷击沉，分别夺走73条与40条人命。

"班·米·克利"号

在达达尼尔海峡上，出现了一艘足以名垂青史的英国皇家海军舰艇，那就是水上飞机运输舰"班·米·克利"号

↓1914年8月于波罗的海，德国轻巡洋舰马格德堡号（Magdeburg）在迷雾中搁浅。俄国人登上了这艘船，随后将之摧毁

（HMS Ben-my-Chree）。它在1915年6月12日来到此处，并载运了2架改装鱼雷的肖特水上飞机，成功地突击敌方运输舰。8月12日，这支飞行小队的埃德蒙斯（C. H. K. Edmonds）中校从克塞罗斯湾（Gulf of Xeros）起飞，飞越布莱尔半岛（Bulair Peninsula）进入海峡，并在那里发现了敌军的运输舰。埃德蒙斯下降至海平面6米的高度，在100米外的距离投下鱼雷，直接命中目标。5天后，他又用鱼雷轰炸了另一艘运输舰，使其陷入火海之中。

　　同一日，当另一架肖特机由于引擎故障正要迫降在海面上时，飞行员发现了一艘敌军的拖船就在数百码之外。他滑翔过去并投射鱼雷，亲眼目睹敌船爆炸沉没。"班·米·克利"号接着在地中海东方、红海（Red Sea）与印度洋（Indian Ocean）活动，直到它在小亚细亚（Asia Minor）的卡斯特洛里佐（Castellorizo）沿海被敌舰的炮火击沉为止。

↑ 水上飞机运输舰"班·米·克利"号原是马恩岛（Island of Man）的蒸汽邮轮，后来经常在地中海出没；1916年被土耳其的重炮击中而起火燃烧，最后爆炸沉没

除了在达达尼尔海峡作战之外，英国皇家海军航空队的侦察机也在非洲服役。1915年7月，3架肖特827型水上飞机抵达蒙巴萨岛（Mombasa），并运上武装班轮"拉哥尼亚"号（HMS Laconia）协助英国浅水重炮舰"塞文"号（HMS Severn）与"默西"号（HMS Mersey），全力迫使德国巡洋舰"柯尼斯堡"号（SMS Königsberg）离开它位于坦噶尼喀（Tanganyika）鲁菲吉河（Rufiji River）上游11千米的藏身处。其中一架是由格尔（J. T. Cull）上尉驾驶的水上飞机，在为浅水重炮舰执行最后一次火炮定位任务时被击中，并坠毁在河上，但格尔与他的观测员都被"默西"号安全救起。

亚得里亚海、黑海与波罗的海的行动

与其他战区相比，亚得里亚海的海军行动是断断续续的。当意大利于1915年参战之时，其海军舰队拥有6艘"无畏"舰，另外4艘正在建造当中。尽管拥有这批潜力十足的军舰，但意大利舰队在大战期间并未取得什么成果，因为意

破解德军密码

虽然德国海军在波罗的海占有压倒性优势，但是俄国有时会对协约国做出不少贡献。其中之一发生在1914年9月，当时巡洋舰"马德堡"号正驶进芬兰湾，却在奥斯穆斯岛（Odensholm）遇难。船上一名军官的尸体被俄国人打捞上岸，他们在这名军官身上发现了密码簿、密码文件和详细的北海与赫尔戈兰湾方格图。俄国人立刻进行译码，并将数据传送给海军盟友，这份情报对他们来说珍贵无比。

军指挥官没能利用他们的军舰采取进攻性的策略，反而浪费太多精力在防御任务上，还转移他们的主力舰基地到塔兰托（Taranto），而那里完全不受奥地利空军的威胁。

　　至于奥地利，其海军在战争爆发时正处于转型期。新舰艇的建造虽在加速进行，但发展却时常因资金短缺而受阻。在这期间，海军有两位重要的支持者：弗朗茨·斐迪南大公（Archduke Franz Ferdinand）与海军司令蒙特库科利（Montecuccoli）上将，后者在政府尚未批准之前便担起建造新军舰的重责大任。除了战争一开始的大规模海上军事演习之外，亚得里亚海上的主要海军行动只有一些驱逐舰与巡逻机活动，而当时奥匈帝国还在广泛地使用飞机。

↓图为英国潜艇E.11号在爱琴海执行战斗巡逻后返航。E级潜艇十分出色，在地中海与波罗的海上相当活跃

↑图为一艘急驰中的海岸汽艇。英国海军远征队的这种小艇在1918至1920年于波罗的海行动中能力不凡；海岸汽艇还曾经成功地突击了喀琅施塔得的俄国军舰

在黑海，先前的"戈本"号十分活跃，尽管有了新的土耳其名字，但它还是保留了德国船员，在大战期间仍由德国人操控。1914年10月29日，"戈本"号炮轰塞瓦斯托波尔（Sevastopol），并击沉了1艘俄国的布雷舰，但11月时于克里米亚（Crimea）沿海为俄国军舰重创，115名船员阵亡。

"戈本"号曾数次与俄国战列舰交手，尤其在1916年1月还与"叶卡捷琳娜二世"号（Imperatritsa Ekaterina II）发生交火。1920年1月20日，它在穆德罗斯（Mudros）击沉了英国浅水重炮舰"拉格伦"号（HMS Raglan）与M28号。"戈本"号一生璀璨，在炮弹与水雷的摧残中幸存了下来，并于1918年11月正式交予土耳其海军，直到1945年才退役。不过它的护航船"布雷斯劳"号，就比较不幸。"布雷斯劳"号并入土耳其海军之后，更名为"米底里"号（Midilli），在突击印布罗斯岛（Imbros Island）期间误触了5枚水雷而沉没。

从一开始，俄军就十分依赖水雷。他们奉命在波罗的海部署了4艘战列舰、4艘巡洋舰、6艘潜艇和超过60艘的驱逐舰与鱼雷艇，但10年前对马海战的挫败一直是俄国人心头挥之不去的阴影，他们不再企图夺取战略上的先机，即使见到德舰处于不利情况，他们也鲜少展现战技，就连俄国海军企图干涉以瑞典为开端的重要铁矿运输航线也都徒劳无功。俄国潜艇的指挥塔经常在投射鱼雷之后浮出水面，这是能力不足的俄国潜艇指挥官无法掌握潜艇平衡的必然迹象。

1915年夏，在俄国政府的请求下，一批英国潜艇被派往波罗的海。其中，以马克斯·霍顿（Max Horton）少校指挥的E.9号潜艇战果最为辉煌，它击沉了1艘驱逐舰、装甲巡洋舰"阿德尔伯特亲王"号（SMS Prinz Adalbert）和一些商船。

活跃的作战行动

奇怪的是，波罗的海最活跃的一些海军行动，是在1918年11月大战结束之后才展开的。1919年夏，一支英国皇家海军特遣舰队驶入波罗的海以保卫爱沙尼亚。英国海军的首要任务是封锁苏俄波罗的海舰队位于芬兰湾（Gulf of Finland）最东端喀琅施塔得（Kronstadt）的基地。一支由中队长唐纳德（D. G. Donald）指挥的英国皇家空军分遣队配备了索普威斯骆驼式与肖特水上飞机，被航空母舰"复仇"号与"百眼巨人"号运送至该区，并停在岸边的简便跑道上。

在早期行动中，英国皇家空军的飞机主要从毕沃克（Biorko）基地起飞进行侦察与反潜巡逻。然而，1919年7月30日，海军舰队的指挥官考恩（Cowan）上将决定对喀琅施塔得发动一场攻势以防范苏俄海军的袭击。一支11架飞机的混合部队执行了突击行动任务，他们对补给舰"帕姆亚特·亚左娃"号（Pamyat Azova）和邻近的干船坞投下10颗50千克与6颗29千克的炸弹。飞机组员回报命中了5颗，并引发两处大火。所有的飞机都安全返航。

1919年8月间，除了例行巡逻之外，英国空军又发动了8次日间、2次夜间攻击。其后，在8月17日至18日晚，所有可用的飞机（此时减为8架）展开了一场牵制性进攻，它们配合英国皇家海军的海岸汽艇（Coastal Motor Boat, CMB）对喀琅施塔得的苏俄舰队进行了一次大胆且成功的鱼雷突击。另一方面，拥有2艘12米长海岸汽艇的一支分遣队以捷里欧基（Terrioki）为基地，那是一座靠近芬兰边界的村庄，约在毕沃克东方48千米处。在奥古斯都·阿格尔（Augustus Agar）上尉的指挥下，他们的任务是载送英国特务渡过彼得格勒湾（Petrograd Bay）。海岸汽艇非常适合这项工作，因为它们的体积不大，能够在夜色掩护下滑行通过布尔什维克（Bolshevik）的堡垒，不怕被察觉，而且它们吃水很浅，能安然无恙地穿越敌军的水雷区。

考恩上将意识到海岸汽艇不仅可以用来执行情报工作，每艘还可搭载两枚鱼雷，这时他从雷瓦尔（Reval）接收了一批鱼雷，以备不时之需。行动果真发生了，1919年6月13日，阿格尔的汽艇已渡过海湾执行了两趟巡航，此时，护卫着彼得格勒入口［红色峭壁（Krasnaya Gorka）］其中一座堡垒上的布尔什维克突击队爆发叛变，并将炮口转向试图抵挡爱沙尼亚部队进犯的红军。3天之后，苏俄波罗的海舰队总司令杰廉诺伊（A. P. Zelenoy）上将下令战列舰"彼得巴甫洛夫斯克"号（Petropavlovsk）与"安德烈·佩尔沃兹凡尼"号（Andrei Pervozvanni）炮轰反叛的堡垒，直到他们投降为止。

然而，一次奇袭两艘大型战列舰的大好机会却丧失了。6

月16日晚，搭载鱼雷的4号与7号海岸汽艇从捷里欧基出击。不幸的是，7号汽艇碰触到水下障碍物使得螺旋桨推进轴受损而不得不终止任务。次日，他们企图再次发动突击，可是一大早两艘战列舰就返回了喀琅施塔得；数小时之后，苏俄改派巡洋舰"奥列格"号（Oleg）取代，继续炮轰堡垒。尽管7号汽艇尚未修复，阿格尔仍决定在当晚发动攻击。

23时整，阿格尔上尉、汉布希尔（J. Hampsheir）中尉和引擎技工长比利（M. Beeley）驾驶4号汽艇驶出捷里欧基，汽艇有惊无险地越过水雷区和一艘敌军驱逐舰，"奥列格"号庞大的身影就在眼前，阿格尔就攻击位置投射了鱼雷，套句他的话："这好像一场普通的训练。"当汽艇掉头离开之际，"奥列格"号爆炸沉没，浓烟从沉船处升起。它的船侧被炸出一个大洞，12分钟内就沉入海底，仅有5名船员被救上来。汽艇在彻底惊醒的驱逐舰与堡垒的交叉火网下返航，在3时左右安全回到捷里欧基。为了表扬这次英勇的行动，阿格尔获颁了维多利亚十字勋章（Victoria Cross），而汉布希尔收到特殊功勋勋章（Distinguished Service Order），比利则获得杰出英勇奖章（Conspicuous Gallantry Medal）。

英国撤军

1919年12月，当海军基地被冰封之后，对喀琅施塔得的空袭行动亦宣告终止。在5个月于波罗的海的活跃作战期间，英国皇家空军累计有837个飞行时数。原本部署的55架飞机有33架折损，只有3架被击落。当爱沙尼亚政府与布尔什维克政府签订了和平条约之后，英军也于1920年2月2日撤出波罗的海。

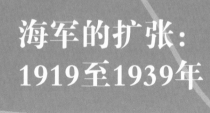

3

海军的扩张：
1919至1939年

德国纳粹党掌握政权，新总理希特勒着手的第一件事就是实施大规模重新武装计划。德国海军立即建造出新一级的战列巡洋舰。

←图为横越基尔运河（Kiel Canal）的战列巡洋舰"格奈森瑙"号。由于改装计划终止，它在1942年7月退役，其炮塔被移置到岸防阵地

1918年11月，第一次世界大战结束之际，德国的公海舰队依旧强大，这主要是1916年5月31日日德兰战役的结果，因为德国公海舰队不再进行大规模的海战，并被英国的海军封锁在威廉港的基地。

在停战协议之下，德国舰队被迅速解散，最新与最强大的舰艇遭到瓜分，包括11艘战列舰、5艘战列巡洋舰、8艘巡洋舰与50艘驱逐舰，它们被迫驶向奥克尼群岛的斯卡帕湾，但舰上的船员在那里将船凿沉以示最后的反抗。所有德意志帝国海军潜艇也在哈里奇交付英国人之手，剩余的舰队有7艘巡洋舰给了法国与意大利海军，一些驱逐舰与潜艇亦被接管而在他国服役。几乎全数的其他船舶都被报废。

和平条约规定，德国禁止拥有潜艇舰队或海军航空武力，德国海军能够保留的是岸防舰类或将要淘汰的船，包括战前建造的8艘旧型战列舰、8艘轻巡洋舰和32艘驱逐舰与鱼雷艇，还有一些扫雷舰和辅助舰。协约国决议不再让德国海军拥有可与诸国匹敌的军舰，并限制新造德国军舰的规格为：主力舰的排水量不得超过10160吨，而巡洋舰不得超过9096吨。

就在这紧要关头，《华盛顿海军条约》（*Washington Naval Treaty*）于1922年2月6日签订了。这项由美国精心策划的协议实际上是有史以来第一个裁军条约，目的是在限制5个主要海权国家，即英、美、法、意与日的海军规模。就英国

→→图为德国战列舰"巴伐利亚"号（Bayern）于斯卡帕湾被自己的船员凿沉。它在1934年时被打捞上来，并于次年报废

来说，他们将借由报废现有的军舰和放弃新的造舰计划来裁减战列舰到20艘，但由于英国的主力舰比美国的主力舰旧且武装较轻，所以被允许再建造2艘新舰作为替代。其他国家也允许建造新的主力舰来取代舰龄超过20年的老舰。

条约的限制

这项裁军条约让法国与意大利在1927年开始设计建造2艘新的军舰，而英、美、日在1931年之前将不需再打造任何军舰。新造的主力舰不得超过35561吨或是安装超过410毫米口径的主炮。虽然增加甲板的装甲厚度以防范空中攻击是被允许的，但现存的主力舰不得进行现代化改装。另外，为了反制鱼雷而在军舰舷侧突出部位增加的装甲也不得超过3048吨。

同时，《华盛顿海军条约》也限制了航空母舰的吨位。每一个签约国得以建造2艘33530吨航空母舰，但其他舰艇不可超过27433吨。英国与美国航空母舰的总吨位不得超过137167吨，日本是82300吨，而法国与意大利则各为60963吨。另外，每艘航空母舰不可配备超过8门200毫米口径的火炮，舰龄未超过20年的航空母舰也不能汰换。最后，其他军舰不得超过10160吨，也不能配备超过200毫米口径的火炮。

《华盛顿海军条约》当中一项可断定的结果是，所有5大海权国家都同意其巡洋舰吨位缩减在10160吨之内，但是能配备最重的武装，像是英国设计建造了7艘10038吨的"肯特"级巡洋舰，每艘装8门200毫米炮，以及6艘"伦敦"级轻巡洋舰。另外，每年9艘的驱逐舰汰换方案亦于1929年开始进行，各艘的排水量为1372吨，安装4门119毫米炮和8具鱼雷发射管。除此之外，他们也决议让老旧的英国潜艇舰队再打造9艘

↑图为在英吉利海峡的德国鱼雷艇。最靠近镜头的是一艘早期型的快艇（Schnellboot）。最外面的则是早期型的T艇，中间是"狼"级艇

↓轻巡洋舰"埃姆登"号是德国在第一次世界大战后建造的第一艘新军舰，"埃姆登"号参与了整个第二次世界大战，主要作为训练之用，直到1945年5月遭受重创

O级与6艘P级潜艇。

与此同时，在《华盛顿海军条约》规范之外，一支新的德国舰队也诞生了。第一次世界大战后德国所建造的第一艘中型军舰是1925年1月在威廉港造船厂（Wilhelmshaven Dockyard）竣工的轻巡洋舰"埃姆登"号（Emden）。"埃姆登"号原本以煤炭为动力，1934年改为石油。它主要是用来在海外服役，自1926年起以训练舰的名义做了9次海外巡航，且继续活跃到第二次世界大战。"埃姆登"号在1939年9月及1940年4月的挪威战役中执行了布雷任务，其后，又在波罗的海的教导分舰队（Fleet Training Squadron）下服役，并支援德军入侵苏联的作战。"埃姆登"号出色的行动之一是在1945年1月，当苏军挺进德国之际，从东普鲁士的柯尼斯堡（Königsberg）运离不久

↓装甲巡洋舰"德意志"号、"舍尔海军上将"号和"施佩伯爵"号的设计十分精巧，为了减轻重量，采用焊接技术而不是铆钉来建造。

之前才从坦能堡纪念馆（Tannenberg Memorial）运抵的兴登堡（Hindenburg）元帅灵柩。1945年4月，"埃姆登"号在基尔（Kiel）遭受重炮攻击却成功脱逃，最后在1949年被拆解。

鱼雷艇

1924年，威廉港造船厂开始建造12艘新型的鱼雷艇，分别是6艘狼（Wolf）级艇与6艘海鸥（Möwe）级艇。它们的排水量约945吨，由双轴传动的涡轮机来推动，时速可达61千米（33节）。这些鱼雷艇全都配备了6具530毫米鱼雷发射管、3门104毫米炮和4门20毫米机关炮。它们可搭载129名船员，全都在1929年竣工。

同年，在基尔德意志工厂（Deutsch Werke）动工兴建的首艘新一级军舰，让德国海军向前迈进了一大步，这就是德国人所设计的装甲舰（Panzerschiffe），亦即后来著名的"袖珍型

经济的束缚

1930年，所有海上列强的造舰计划都受到了经济拮据的严重影响，世界各国都为大萧条所束缚。虽然《华盛顿海军条约》允许造舰，但除了日本以外，所有海权国家都急于摆脱打造替补主力舰的资金问题。1930年4月22日，5个主要海权国在伦敦签订了一项新条约。英、美、日同意在1936年之前不再建造新的主力舰，而法国与意大利则决议只打造2艘已被允许的舰艇。此外，英、美、日三国同意进一步裁减现有的军舰数量：英国将报废"虎"号与3艘"铁公爵"（Iron Duke）级的战舰以裁减其主力舰数至15艘，并将"铁公爵"号降级为训练舰和补给舰，而美国与日本也同意将他们的主力舰数分别裁减到15艘与9艘。

战列舰"（Pocket Battleships）。第一艘该级战列舰是11888吨的"德意志"号（KMS Deutschland）[后来更名为"吕佐夫"号（KMS Lützow）]，其他的同级舰还有"舍尔海军上将"号（KMS Admiral Scheer）与"施佩伯爵"号（KMS Admiral Graf Spee）。这些船一开始就是作为能在大范围经济海域上活动的商船袭击舰[可以时速35千米（19节）航行16677千米]而设计的，而且是采用电焊技术来减轻重量，并配备柴油引擎。它们的航速够快[每小时48千米（26节）]，因而得以逃脱任何能在火力上压制它们的舰艇。其武装包括了6门280毫米炮、8门150毫米炮、6门104毫米高射炮、8门37毫米防空机炮与10门（后来增为28门）20毫米防空机关炮，还有8具530毫米鱼雷发射管。编制船员为1150人。

另一件非常重要的事为埃里希·雷德尔（Erich Raeder）上将于1929年奉命统率德意志海军（Reichsmarine）。雷德尔在第一次世界大战时身为弗兰茨·冯·希佩尔（Franz von Hipper）上将的参谋，后来被指派撰写德国官方的海军史。通过这份差事，他首度意识到少数德国远洋商船袭击舰的成就。它们不仅击沉总吨位可观的商船，而且牵制住许多转而去搜寻它们的协约国主力舰与巡洋舰。就是雷德尔授权建造"德意志"号的两艘姐妹舰，"舍尔海军上将"号与"施佩伯爵"号，要不是1933年希特勒（Adolf Hitler）上台之后政治环境改变导致海军政策跟着变动，他肯定会下令建造更多商船突袭舰。

与此同时，德国违抗《凡尔赛和约》（Versailles Treaty），在极其保密的情况下开始重建潜艇舰队。早在1922年，一家德国的潜艇设计室以荷兰公司为幌子于海牙（Hague）成立。就在为外国海军建造潜艇的掩饰下，德国的

←←雷德尔上将是1928至1935年德国海军参谋长，他后来晋升为海军总司令直到1943年。他极力反对两线作战，但对希特勒依旧忠心耿耿

设计师与造船技师——他们自第一次世界大战结束后依旧与祖国保持密切的联系——着手研发真正可为新潜艇舰队效劳的原型船只。在1928至1930年间，他们为土耳其与芬兰各造了1艘与5艘潜艇。

德国为土耳其建造的潜艇——"古尔"号（Gur），于1932年在西班牙设计建造，但机械配备主要是在荷兰研发。事实上，古尔号是1936年建造的两艘876吨德国IA型潜艇的雏形，这两艘潜艇在1939年大战爆发之际都被归类为训练舰。而德国为芬兰建造的潜艇更值得一提，其中最后一款，即258吨的"维希科"号（Vessiko），是由位于芬兰西南端图尔库（Turku）的德国克里希顿-沃肯公司（Chrichton-Vulcan AB）制造的。这种潜艇正是德国IIA型潜艇的雏形，被命名为707号。为了充实托词，德方就放出风说它是为爱沙尼亚建造的。

↓图为一艘德国早期型潜艇。由于《凡尔赛和约》的限制，德国不得生产此类船艇，所以早期的德国潜艇都是在芬兰或西班牙建造

一位德国军官巴腾伯格（Barttenburg）中校和一位助理工程师被派往芬兰的海军参谋部，而且在1931年春，一组德国船员甚至前来试乘707号潜艇。除了轮机手之外，组员还包括年轻的德国军官。其后每一年，新的船员都会被送往芬兰，借由这样的模式，20位潜艇指挥官在芬兰人的出资下得到了6个月的最新技战训练，并未引起外界的任何异议。同时，在芬兰人的赞助下，他们亦进行了一艘498吨远洋潜艇的测试，这艘远洋潜艇就是"维特希伦"号（Vetehinen），并成为德国主要作战用的潜艇VII型的原型。

局势的发展

仅仅在3年之内，《华盛顿海军条约》与《伦敦条约》被撕得粉碎。首先，在1933年，日本入侵中国东北，向世界各国显示了其掌控远东的企图，并退出国际联盟（League of Nations）。之后，日本又宣布终止信守《华盛顿海军条约》与《伦敦条约》的承诺，更打算建立与英国和美国势均力敌的海军。而法国于1935年初在警觉到意大利法西斯政府日益高涨的敌意的情况下，也跟进日本的脚步。同样在1935年，意大利藐视国际联盟，开始对阿比西尼亚（Abyssinia）发动侵略。还有，在1936年德国拒绝接受《凡尔赛和约》，重新夺取莱茵兰（Rhineland）。

此时，德国纳粹党掌握政权。新总理希特勒所着手的第一件事就是大规模重启武装计划。德国海军立即建造出新一级的战列巡洋舰（Schlachtkreuzer），他们推出了5艘舰艇的生产计划，但实际上只有两项在进行。在这些舰艇之中，第一艘是32514吨的"沙恩霍斯特"号（KMS Scharnhorst），1934年4月于

↑ 图为舰艏平直却又略带弧形的"沙恩霍斯特"号。它对大西洋的护航船队是巨大的威胁

威廉港设计建造。一年后，德国又打造了另一艘"格奈森瑙"号（KMS Gneisenau）。

强大的军舰

这批强大的军舰是以第一次世界大战未完成的"马肯森"（Mackensen）级战列巡洋舰为基础来设计的，而该级舰又是以1912年的"德福林格"号为蓝本（这是当时最佳的战列巡洋舰）。新型的军舰采用蒸汽轮机动力，三轴驱动，在时速19节下的航行半径可达18530千米。它们的武装包括9门280毫米炮、12门150毫米炮、14门105毫米高射炮、16门37毫米高射炮与10门（后来增加为38门）20毫米机关炮，还有6具530毫米鱼雷发射管。每艘舰可搭载4架侦察机，编制船员1800人。航速可达57千米（31节）。"沙恩霍斯特"号在1936年10月下水，而"格奈森瑙"号则在同年12月下水。

20世纪30年代中期，新一级的重型巡洋舰（Schwerer Kreuzer）也开始设计建造，它们总共有5艘，分别命名为"吕佐夫"号（KMS Lützow）、"塞德利兹"号（KMS Seydlitz）、"欧根亲王"号（KMS Prinz Eugen）、"布吕歇尔"号（KMS Blücher）与"希佩尔海军上将"号（KMS Admiral Hipper）。"吕佐夫"号在1939年7月下水，并于1940年时卖给苏联海军，它在服役期间相继改名为"彼得罗巴甫洛

↓ 图为德国袖珍战列舰"吕佐夫"号。在北极圈海域活动的德国军舰都涂上了绿色与灰色相间的伪装迷彩

↑图为通过基尔运河的轻巡洋舰"纽伦堡"号。第二次世界大战后它被转让给苏联，以马卡洛夫海军上将号（Admiral Makarov）的名称编入苏联海军，于1959年被拆解

夫斯克"号（Petropavlovsk）与"塔林"号（Tallinn）。[1]

除"吕佐夫"号外的4艘舰都在1937至1939年间下水，它们的航速可达59千米（32节），配备8门200毫米炮、12门105毫米高射炮、12门37毫米防空炮与8门（后来增加为28门）20毫米机关炮，还有12具530毫米鱼雷发射管。每艘舰可搭载3架侦察机，编制船员1600人。

介绍两次大战间隔期的德国主要水上舰艇，不得不提轻巡洋舰。1925年建造的"埃姆登"号已经说明过了，接下来登场的是"卡尔斯鲁厄"号（KMS Karlsruhe），它在1927年下水，还有1928年的"科隆"号（KMS Köln）与1929年的

---

[1] 重巡洋舰"吕佐夫"号卖给苏联之后，另一艘盟军戏称为袖珍型战列舰的"德意志"号即更名为"吕佐夫"号，并且重新定级为重巡洋舰，所以下文所提之重巡洋舰"吕佐夫"号皆是指袖珍型战列舰"吕佐夫"号。——译者注

"莱比锡"号（KMS Leipzig）。接着，"纽伦堡"号（KMS Nürnberg）于1934年下水，还有1937年的"柯尼斯堡"号（KMS Königsberg）。

这些舰中最大的是"纽伦堡"号与"柯尼斯堡"号，排水量6700吨，编制船员850人，其武装包括9门150毫米炮、8门89毫米高射炮、8门37毫米防空机炮，还有12具530毫米鱼雷发射管。最高航速可达每小时59千米（32节）。其他的舰艇则比较小，排水量约5690吨，编制船员630人。它们的武装为8门150毫米炮、3门89毫米高射炮、4门37毫米防空机炮，再加上4具530毫米鱼雷发射管。其他3艘未命名的轻型巡洋舰从未完工，并在1943年于存放地被拆散。而另外3艘则仍处于计划阶段。

整军备武

1935年6月20日，英国与德国签订了一项新协议。在这项协议的规范下，德国军舰的总吨位限制在英国各级军舰总量的35%；但潜艇例外，可达到英国军舰总量的45%。这代表德国可以光明正大地建造总吨位高达24385吨的潜艇。

此时的英国皇家海军有59艘潜艇正在服役，其中的20艘吨位介于1372吨至1834吨之间，其余的则在416吨至680吨。英国并未咨询各个自治领、法国或美国就签订了该协议，也不清楚是为何而签，只是英国海军部相信此举会使德国潜艇在数目上而非吨位上仅有他们的45%，也就是只有26艘潜艇，但实际上这项协议等于打开了德国大规模增加潜艇的大门，因为早在协议之前他们已经有12艘254吨的潜艇在设计建造中，而且同年又增加了12艘。

1935年7月，距离英德协议签订不到一个月，有一位卡

尔·邓尼茨（Karl Dönitz）上校被召唤到雷德尔上将的办公室，他奉命肩负起领导尚未成熟的潜艇舰队的任务。第一次世界大战期间，邓尼茨曾在潜艇上服役，虽然他的履历并不出色，却展现了卓越的领导力与组织才能。起初，他对手边的工作不是很有兴趣，但仍精力充沛地埋首于任务中，并鼓励300艘潜艇的艇长，如有必要的话，对商船进行无情的攻击。

事实上，到了1939年9月，德国海军只有56艘潜艇，其中46艘正在服役，不过只有22艘是适合在大西洋上服役的远洋潜艇。这批潜艇是VII型，续航力可以10节航行16000千米，航速最高可达17节。其露出水面的指挥塔只有5.2米高，即使是在白天也不容易被发现，在夜里就差不多是隐形的了。它们下潜的速度不到半分钟，不费吹灰之力就可下潜100米，若增压的话甚至可潜到200米深。在水下，它们可维持7.6节的速度长达2小时；4节可达80小时；2节时更可达到130小时。事实上，它们无论是下潜深度还是高速潜航的续航力都比其他潜艇的表现好上两倍。就是这些潜艇让邓尼茨很快晋升到上将并在水下进行他的战争。

技术上的优势

正当邓尼茨在密谋策划他的水下潜艇舰队之际，雷德尔上将与他的海军参谋正在加紧完成一项计划，这项计划将使德国海军在公海上拥有技术性的优势。它是以两艘超强的战列舰为中心，即"俾斯麦"号（KMS Bismarck）与"提尔皮茨"号（KMS Tirpitz）。"俾斯麦"号的排水量达42370吨，而"提尔皮茨"号为43589吨。它们的速度最高可达29节，在19节的航速下作战半径为16677千米。它们装备了令人畏惧的8门380

←←图为邓尼茨上将正与海军幕僚进行商讨。1945年希特勒自杀之后他当了几天的国家领袖，后来因战争罪被判入狱

毫米炮、12门150毫米炮、16门105毫米高射炮、16门37毫米防空机炮与16门（后来增加为58门）20毫米机关炮，还有8具530毫米鱼雷发射管，编制船员为2400名官兵。这两艘战列舰都在1936年开始设计建造，但只有"俾斯麦"号在第二次世界大战爆发前下水。

另外，德国原先计划打造6艘更大的战列舰（57100吨），它们简单地以字母H、J、K、L、M与O来命名，但只有H与J号在1938年开始设计建造，1940年夏于造船台上拆解，因为德国一度相信他们已经打赢了这场战争。据推测，前两艘战列舰将会命名为"腓特烈大帝"号（KMS Friedrich der Grosse）与"大德意志"号（KMS Gross Deutschland）。

到了最后，德国也计划兴建少数的航空母舰。结果，

↓图为德国航空母舰"齐柏林伯爵"号。它是组成强大战列舰队的核心，但却从未完工。2006年，它的残骸在波罗的海南方被发现

只打造出来一艘23370吨的"齐柏林伯爵"号（KMS Graf Zeppelin），它于1936年开始设计建造，1938年12月下水。"齐柏林伯爵"号采用蒸汽轮机驱动的4具螺旋桨使其航速最高可达33节，在19节下的作战半径为14824千米。原先德国打算让"齐柏林伯爵"号航空母舰搭载一支包括12架容克（Junkers）公司的Ju-87D型俯冲轰炸机和30架梅塞施密特（Messerschmitt）Bf-109F型战斗机的飞行大队，后来改为28架Ju-87D和12架Bf-109G型。

"齐柏林伯爵"号从未竣工，当它的建造工程完成了85%时，却于1940年5月停工。其后，它被拖运到格丁尼亚（Gdynia），再到什切青（Stettin）。1942年，它来到基尔，在那里继续未完成的组装，但1943年又再度停工。之后，它被拖到奥得河（Oder River），于1945年4月在什切青附近凿沉。1946年3月，苏联将它打捞上来，并拖到斯维内明德（Swinemünde）河口。随后作为靶舰被苏军击沉。"齐柏林伯爵"号的残骸沉没地点多年来一直是个谜，直到2006年才在波罗的海南方找到。它的另一艘姐妹舰虽完成了飞行甲板，但是从未下水，1940年在造船台上被拆解。据推测，这艘航空母舰将以第一次世界大战德国海军水上飞机分舰队（Naval Airship

德国的海军力量

当德国于1939年9月迈入战争之际，其在各方面都没有占据数量优势。然而，在接下来的漫长战争里，它却几乎使英国人因为挨饿而投降。在残酷的战斗中，即后来为人所称的大西洋海战中，德国最主要的利器就是潜艇。不过在大战初期，主要是德国海军的水上军舰让盟军的船舶付出惨重的代价。

Division）的指挥官彼得·史特拉瑟（Peter Strasser）之名来命名。

1942年，德国将重巡洋舰"塞德利兹"号改装为航空母舰的工程也开始进行，但仅做了一小部分就于1945年4月在柯尼斯堡将其凿沉，苏联同样将它打捞上来。另外，德国亦打算将邮轮"欧罗巴"号（Europa）、"格奈森瑙"号（Gneisenau）与"波茨坦"号（Potsdam）改装成航空母舰作为紧急措施之用，可是都没有下文。

英国皇家海军

当第一次世界大战结束之后，英国皇家海军拥有44艘主力舰，还有1艘正在建造当中。到了1920年，数量却减为29艘。这个逐渐为英国皇家海军所接受的数字，是他们必须捍卫英国在全球的利益以及维持与迅速扩张的美、日海军均势的最小数目。然而，1922年2月6日，随着《华盛顿海军条约》的签订，英国皇家海军可保有的主力舰数量再次缩

←英国海军战列舰"乔治五世国王"号在大战中的各个战区里服役。它参与了1941年5月的猎杀"俾斯麦"号和1945年的炮轰冲绳岛与日本本岛的行动

减，到了1930年，他们的兵力只剩下16艘战列舰、4艘战列巡洋舰、6艘航空母舰和20艘舰炮口径在190毫米或203毫米以下的巡洋舰（包括3艘正在建造），还有40艘其他类型的巡洋舰及146艘驱逐舰（包括10艘正在建造）。

20世纪30年代中期，英国的地位不只在远东地区面临潜在挑战，就连本土也受到愈来愈具有侵略性的德国与野心勃勃的意大利的威胁。所以英国重启军备武装，他们开始设计建造5艘35560吨的"乔治五世国王"（King George V）级快速战列舰，每艘配备10门356毫米炮和16门133毫米双用途炮（DP）。继日本抛弃合约限额之后，英国又开工了4艘40642吨的"狮"（Lion）级战列舰，配备9门406毫米炮，但该级战列舰的建造计划日后被取消。

与此同时，英国将现有的主力舰加装额外的装甲来增强防护力，并改良火炮，巡洋舰舰队亦大幅升级。他们建造了8艘7112吨的"利安德"（Leander）级轻巡洋舰，配备8门152毫米炮，接着又打造了4艘有6门炮的5303吨"水神"（Arethusa）级轻巡洋舰。如此，巡洋舰的总吨位维持在《伦敦条约》所限制的范围之内，但随后突如其来的重新武装计划中又建造出了8艘9246吨的"南安普敦"（Southampton）级轻巡洋舰，每艘配备12门152毫米炮，接着又有2艘稍大的"爱丁堡"（Edinburgh）级和11艘"斐济"（Fiji）级舰，它们的排水量约为8941吨，武装配备与"南安普敦"级舰相同。此外，11艘"黛朵"（Dido）级舰也开始设计建造，每艘5862吨，配备10门133毫米双用途炮，它们的首要功能将是用来防范空中攻击。

除了这批新的军舰，配备203毫米炮的旧型巡洋舰于大战后仍在服役，即23艘C级、D级与E级舰，其中的6艘还装配

了8门102毫米高射炮以作为防空巡洋舰。此外，还有3艘幸存的"豪金斯"（Hawkins）级巡洋舰，当中的"英富汉姆"号（Effingham）亦加装了9门152毫米炮。

在海军军备竞赛中，驱逐舰同样是重要的参与者。为了跟上其他国家驱逐舰发展的进度，英国开始设计建造16艘1899吨的大型"部族"（Tribal）级驱逐舰，它们配备8门119毫米炮和4具鱼雷发射管；接着，又有1717吨的J级与K级驱逐舰，配备6门119毫米炮和8具鱼雷发射管。另外，他们也推出一款全新设计的轻巧快速驱逐舰（915吨，32节），即"狩猎"（Hunt）级舰。第二次世界大战爆发时共有20艘该级驱逐舰正在造船台上赶工，虽然它们的续航力有限，但在英国海域上的

↑ "鞑靼人"号（Tartar）是英国皇家海军火力强大的"部族"级驱逐舰之一，它在第二次世界大战最黑暗的日子里勇敢地执行护航任务

图为英国海军航空母舰"皇家方舟"号正遭受空袭。第二次世界大战初期，德国数次宣称击沉了"皇家方舟"号，但直到1941年11月它才成为鱼雷攻击下的牺牲品

表现却十分出色。

为了保护贸易线，英国海军部还订购了许多艘被称为"近海巡逻舰"（sloop）的船。这种船的排水量约在1016吨到1270吨之间，它们的航速虽慢，但有很好的续航力。1939年时，共有53艘在服役。最后，自1939年起，英国也开始采用一种全新的小型远程舰艇，它的设计基于捕鲸船，并被称为轻型护卫舰（corvette）[①]。

海军航空兵

第一次世界大战结束之后，英国皇家海军确立了海军航空兵的领导地位，但在接下来的数年中却陷入停滞：到了1930年，国家财政的匮乏意味着三军得为生存而争斗，政客们也主张裁减军备。英国海军部想要的全都无法批准，即使是最节省开支的英国海军航空兵（Fleet Air Arm）亦是如此。

结果，1939年初服役的6艘航空母舰，只有一艘"皇家方舟"号（Ark Royal）是专门建造的现代化的航空母舰。它于1935年开始设计建造，并随着时间的推移完成了测试。其他的4艘航空母舰是从战列舰或战列巡洋舰的船身改装而成，第5艘"暴怒"号则因太小而派不上用场。5艘23368吨的新型航空母舰不是正在建造当中就是处于计划阶段，在第一艘新的航空母舰准备好服役之前它们还得等上18个月。

至于前线的舰载机，英国海军航空兵于1939年初配备了费尔雷"剑鱼"式（Fairey Swordfish）鱼雷轰炸机、布莱克本"贼鸥"式（Blackburn Skua）战斗机/俯冲轰炸机和格洛斯特

---

① 轻型护卫舰（巡逻舰）是一种用来执行防空与反潜任务的小型武装护航船。——译者注

"海斗士"（Gloster Sea Gladiator）战斗机，但所有的飞机都已经过时。

当战争来临之际，英国皇家海军承担了北海与大西洋海上作战的责任，但人们也设想到法国海军在护卫大西洋更南端的航线与追击敌方商船袭击舰上会扮演重要的角色。虽然法国海军渡过第一次世界大战之后软弱无力的状态崭露头角，但他们仍要设法压制漠不关心的政客并在接下来的20年间重新获得兵力——多亏有几位继杰出指挥官的努力。

1939年，法国海军有175艘军舰可供其调遣，包括5艘旧型战列舰，其中的3艘，"布列塔尼"号（Bretagne）、"普罗旺斯"号（Provence）与"洛林"号（Lorraine）经过大幅改装。除此之外，法国也有2艘新的快速战列舰〔"敦刻尔克"号（Dunkerque）与"斯特拉斯堡"号（Strasbourg）〕、2艘旧型航空母舰〔"贝亚恩"号（Béarn）与"塔斯特司令官"号（Commandant Teste）〕、7艘重巡洋舰、12艘轻巡洋舰和70艘各式驱逐舰。法国还有77艘潜艇，包括巨大的"苏尔古夫"号（Surcouf）。"苏尔古夫"号事实上是一艘试验性的潜艇，且只生产了一艘，法国海军形容它为"海盗潜艇"（Corsair submarine）。它在《华盛顿海军条约》允许的条款下装配了最大口径的火炮，在1939年时是世界上最大、最重的潜艇，该纪录直到第二次世界大战日本伊400型系列的潜艇开始服役才被打破。另外，数艘巨大的新型战列舰不是正在建造当中就是已经订购，包括4艘35560吨的快速战列舰："黎塞留"号（Richelieu）、"让·巴尔"号（Jean Bart）、"克莱蒙梭"号（Clemenceau）与"加斯科涅"号（Gascogne）。

在地中海，虽然有计划让几艘法国的军舰接受英国地中海舰队（British Mediterranean Fleet）的指挥，但军事行动是由英国与法国来分摊，法国负责西半部而英国负责东半部。意大利海军（Regia Marina）被视为是巨大的威胁，他们拥有现代化的战列舰、巡洋舰和驱逐舰，还有超过100艘潜艇，更有数量庞大的意大利空军（Regia Aeronautica）轰炸机作为后援。面对这样的威胁，英、法的海军部联合决议，一旦战事爆发，在地中海区域所有与中东贸易联系的航线都将被封锁。如此一来，船舶只好绕道好望角（Cape of Good Hope），这是一段17700千米的航程，而且不得不赶紧在非洲的东、西两岸建立基地。英、法海军的计划者认定他们的结合会胜过意大利海军，但即便如此，意大利的作战能力依旧是个未知数，因为英国与法国都从未对付过他们。

日本的战略

就英、法两国而言，日本海军与其航空兵力的实际情形同

日本帝国海军"凤翔"号

船籍：日本
类　　型：轻型航空母舰
下水日期：1932年11月13日
船　　员：550名
排 水 量：标准7470吨；满载10000吨
长、宽、吃水深度：168.1米×18米×6.2米
续 航 力：以10节可航行13300千米

武　　装：4门140毫米炮，2门80毫米高射炮（1941年）；8座双联装25毫米防空机炮
舰载机：11架"凯特"鱼雷轰炸机
发 动 机：输出功率22370千瓦的双轴传动蒸汽轮机
最大航速：25节

样也是未知数。20世纪初，大英帝国在协助日本建立现代化的海军上扮演了相当重要的角色，但他们的合作于日本军国主义崛起之后便宣告结束。到了20世纪30年代，日本海军的军事行动对外界都保持极度的隐秘性。日本海军的航空部队是其战略核心，他们在1922年时就完成了第一艘航空母舰"凤翔"号（Hosho），接着又打造更大更强的航空母舰，例如38812吨的"加贺"号（Kaga）。1920年11月17日下水的"加贺"号原先是要建造为改良版的"长门"型（Nagato）无畏舰，它将拥有增厚的装甲与口径加大的舰炮。为了遵守《华盛顿海军条约》的规范，"加贺"号的建造工程于1922年2月终止。不过，日本海军参谋并没有弃置它，而是决定将它改装成航空母舰以替代另一艘也在建造当中却因大地震而摧毁的"天城"号（Amagi）航空母舰。"加贺"号在1928年3月竣工，并于1930年进入联合舰队（Combined Fleet）服役。1934至1935年间它进行重造，配置了全通式的飞行甲板与侧置式舰桥，1935年6月重回海军，与"赤城"号（Akagi）一同加入第1航空战队（First Carrier Division）。其舰载飞行队还参与过中日战争。

日本快速攻击航空母舰的建造在1939年时达到顶峰，他们建成了39800吨的"翔鹤"号（Shokaku）与"瑞鹤"号（Zuikaku）。在两次大战间歇期，即使日本海军还有重建过的强大战列舰与战列巡洋舰舰队，但他们仍着重于航空母舰的建造。除此之外，2艘新型的

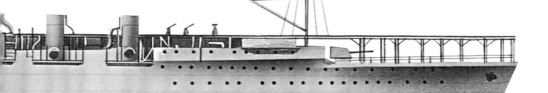

战列舰"大和"号（Yamato）与"武藏"号（Musashi）也在1937年开始设计建造，它们的排水量高达71695吨，是史上最大最强的战列舰，而且工程还是在极其保密的情况下进行的。

侵略的威胁

美国建构海军的发展速度受到日本的影响，其海军需要与愈来愈强大和愈来愈具有侵略性的日本海军并驾齐驱。美国第一艘航空母舰是"兰利"号（USS Langley），它是由舰队运煤船"朱庇特"号（USS Jupiter）改装而成，在1912年下水，其后作为电动涡轮推进的测试平台。这艘运煤船的上层结构被拆除，并沿着船的总身长设置了飞行甲板，它的起重机也被移除，煤仓则用来容纳飞机。这艘航空母舰没有舰桥，船烟从左舷装有铰链的烟囱排出，后来又加装了另一具烟囱，改装工作于1922年3月完成。兰利号在1924年进入太平洋舰队（Pacific Fleet）服役。

1916至1917年间，美国海军参谋部订购了6艘新一级的战列舰以抗衡日本强大的"金刚"级军舰，它们被命名为"星座"号（USS Constellation）、

美国的航空母舰

　　美国第一艘完全专门作为航母建造的航空母舰是1930年的"突击者"号（Ranger），可是它的航速太慢而无法有效地在前线服役。然而，1933年，美国发展出成功的"约克城"（Yorktown）级航空母舰［"企业"号（Enterprise）、"大黄蜂"号（Hornet）与"约克城"号］，接着还有1934年的"黄蜂"号（Wasp）。同时，战列舰的发展亦没有被忽略。20世纪30年代末期，美国开工了3种不同等级的快速战列舰：1937年的"北卡罗来纳"（North Carolina）级、1938年的"南达科他"（South Dakota）级与1939年的"依阿华"（Iowa）级。航母特混舰队已经打下了根基，他们在日后主宰了整个太平洋。

"宪法"号（USS Constitution）、"列克星敦"号（USS Lexington）、"突击者"号（USS Ranger）、"萨拉托加"号（USS Saratoga）与"合众国"号（USS United States）。然而，为了遵守1922年的《华盛顿海军条约》，这批战列舰在部分快要完工之际停工，合约也随之取消。不过，美国决定完成其中的两艘以作为航空母舰之用，它们是"宪法"号（之后它改名为"列克星敦"号）与"萨拉托加"号。

　　1922年7月，美国再下订单将"列克星敦"号改装成航空母舰，并命名为CV-2号，而"萨拉托加"号则命名为CV-3号，但实际上是"萨拉托加"号率先于1925年4月7日下水的，"列克星敦"号则在同年10月3日下水。它与它的姐妹舰于1929年1月的美国太平洋舰队演习中首次现身。这两艘航空母舰在最后竣工时都配备了203毫米炮而不是152毫米炮，这种武器是为新一代重巡洋舰设计的，"列克星敦"级同样安装了该型炮。另外，美国亦计划加装鱼雷发射管以作为自卫武装，但并没有实行。竣工之际，它们是世界上最大的两艘航空母舰。

"列克星敦"号

类　　型：航空母舰	续 航 力：以10节可航行18900千米
下水日期：1925年10月3日	武　　装：8门203毫米炮，12门127毫米炮，
船　　员：2327名	80架飞机
排 水 量：48463吨	动　　力：4部蒸汽轮机驱动的电动机，4轴
长、宽、吃水深度：270.6米×32.2米×9.9米	最大航速：33.2节

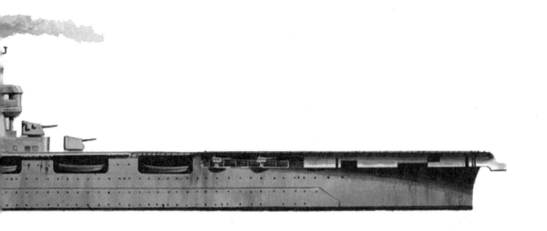

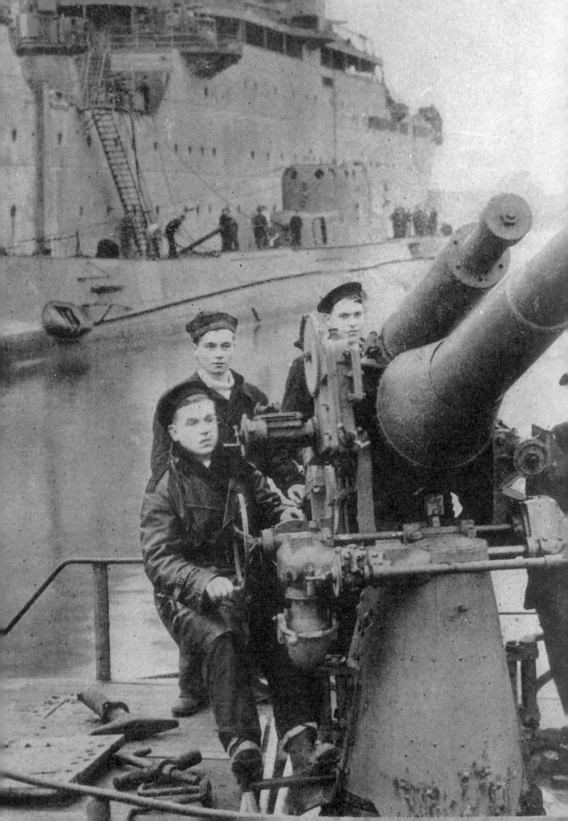

4

第二次世界大战
初期战役：
1939至1941年

1939年9月第一天的黎明，第二次世界大战的海上战役在波罗的海岸边爆发。在开战首日的攻势当中，德军便在波罗的海的空中与海上展开行动，给予波兰海军沉重打击。

←图为波罗的海舰队教导分舰队的德国海军军官生正在学习操作一门高射炮。由于苏联海军舰队受困在喀琅施塔得，所以波罗的海是十分安全的训练海域

战争爆发第一天，德国的旧式战列舰"石勒苏益格—荷尔斯泰因"号（KMS Schleswig-Holstein）向威斯特普拉特（Westerplatte）的波兰要塞发射了齐射炮火，掌控住但泽湾（Danzig Bay）的出入口。德国空军（Luftwaffe）企图让波兰海军丧失兵力，可是在能见度不佳与气候愈来愈恶劣的情况下，9月1日的空军作战受到不少阻碍。不过，第1教导联队第4飞行大队（IV Gruppe，Lehrgeschwader 1，IV/LG 1）的容克（Junkers）Ju-87型"斯图卡"（Stuka）俯冲轰炸机，在科格尔（Kogl）上尉的率领下，于14时左右在奥克斯维（Oksywie）海港击沉了波兰的鱼雷艇"马佐"号（Mazur）。

事实上，波兰海军总司令乌恩鲁格（Unrug）少将考虑到他的舰队在规模庞大的德国空军威胁下十分脆弱，并且了解到海上行动在即将展开的侵略中不会扮演太大的角色，所以他早已下令波兰舰队的主要单位驶离危险海域。8月30日，驱逐舰"闪电"号（Blyskawica）、"暴风雪"号（Burza）与

→图为德国战列舰"俾斯麦"号，拍摄于1939年2月刚下水之前。它在1940年夏竣工

"雷电"号（Grom）驶向英国，只留下1艘驱逐舰"旋风"号（Wicher），还有1艘布雷舰、5艘潜艇、2艘旧式鱼雷艇、2艘炮艇、6艘小型扫雷艇和一些辅助舰与训练舰。

早在9月3日清晨，鱼雷艇指挥官冈瑟·吕特晏斯（Günter Lütjens）少将就突击了位于维斯瓦河（Vistula）赫拉半岛

德国"前无畏"舰
"石勒苏益格–荷
尔斯泰因"号对波
兰的威斯特普拉特
要塞打出了第二次
世界大战海战的第
一炮

（Hela Peninsula）的一群驱逐舰。他们和波兰的布雷舰"葛利夫"号（Gryf）、驱逐舰"旋风"号与岸上的排炮交战，岸炮阵地发射的150毫米炮弹击中了驱逐舰"雷伯瑞希特·马斯"号（Leberecht Maas），4名德国水手阵亡。

德国立刻采取复仇行动。当日晚间，驱逐舰"旋风"号、"布雷舰葛利夫"号、炮艇"哈勒将军"号（General Haller）和一些停泊在赫拉半岛沿海的小型舰艇遭到德军战机的奇袭，它们是隶属于第186舰载机大队第4中队（4/Trägergruppe 186，为正在建造中的德国航空母舰"齐柏林伯爵"号所编制的部队）的Ju-87"斯图卡"俯冲轰炸机和隶属第506与第706海岸飞行大队（Küstenfliegergruppen）的亨克尔（Heinkel）He-115型浮筒水上飞机。所有波兰舰艇都被击沉。

之后，战局有了新的发展。9月3日下午，吕特晏斯少将奉

↓图为1940年4月的纳尔维克峡湾，一艘雷伯瑞希特·马斯级的德国驱逐舰在遭受英国驱逐舰的攻击后搁浅并起火。16艘该级驱逐舰中有6艘在挪威之役中损失

命协同驱逐舰舰队开赴威廉港，他们将从那里展开北海的布雷行动，因为德国此时得与英、法作战。次日，从波罗的海到新战区的舰队机动提前展开。

远洋潜艇

驱逐舰的驶离让波兰海军的潜艇得以开赴更高纬度行动。早在20世纪20年代初期，波兰海军就把潜艇舰队视为其海防战略的中坚力量，而且1924年的亲法国政策导致两年后波兰政府决定采购3艘诺曼-芬瑙型（Normand-Fenaux）布雷潜艇。该潜艇在波兰服役期间被命名为"狼"（Wilk）级潜艇，除了同名的"狼"号之外，它的另两艘姐妹舰则命名为"山猫"号（Rys）与"野猫"号（Zbik）。

波兰的军官与水手学会了水下作战的技巧与经验之后，波兰政府又决定购买两艘更大型的远洋潜艇。建造潜艇的合约给了荷兰，而第一艘潜艇"鹰"号（Orzel）在公募基金的赞助下开始建造。它于1938年1月15日下水，1939年2月2日开始服役。"鹰"号是在弗利辛恩（Vlissingen）［即法拉盛（Flushing）］的须尔德海军造船厂（De Schelde Navy Yard）打造的；而它的姐妹舰"秃鹰"号（Sep）则是在鹿特丹造船厂（Rotterdam Dockyard）组装，可是"秃鹰"号的工程进度缓慢，部分原因为荷兰造船厂的工人里有亲德分子存在。

1939年3月德国占领捷克斯洛伐克（Czechoslovakia）之后，波兰人唯恐他们建造中的潜艇会遭到破坏，于是当4月2日"秃鹰"号下水进行测试以后，便不驶回鹿特丹而是载着船上一群既错愕又愤慨的荷兰工人驶向波罗的海。剩下160千米的时候，它的燃料已经用尽，必须拖回格丁尼亚；最终它在4月

18日抵达该地。

9月4日与5日，当"石勒苏益格-荷尔斯泰因"号与其他军舰持续猛轰威斯特普拉特的防御工事之际，"山猫"号、"狼"号与"野猫"号在维斯瓦河的出海口湾北部、赫拉半岛东部和海斯特纳斯特（Heisternest）东北部海域敷设了50枚水雷。"山猫"号、"狼"号与"秃鹰"号遭受深水炸弹的攻击，并被第1扫雷艇队（the 1st Minesweeping Flotilla）的军舰重创，大部分的水雷也立即遭到清除。不过，在10月1日，有一艘德国M85型扫雷舰误触了水雷，24名水手丧生。9月5日晚，所有5艘潜艇都奉命驶向波罗的海北方以缓解被德国攻击的压力，并修复它们所受的损伤。

9月11日，波兰军队已呈现溃败状态，而且德军已突破他们的所有防线，于是波兰潜艇就奉命逃往英国或是到中立的波罗的海港口接受扣留。"狼"号立刻起程，并在9月20日抵达罗塞斯（Rosyth）；受创的"秃鹰"号和"山猫"号以及未受损的"野猫"号则驶向瑞典，并在那里被扣留。而"鹰"号〔由格鲁迪辛斯基（Grudzinski）少校指挥〕在一番缺乏航海图的冒险下于10月14日经过雷瓦尔来到了英国。

战斗岗位

1939年8月，随着入侵波兰日期的逼近，德国海军参谋部（German Naval Staff）分秒必争地部署德国海军（Kriegsmarine）舰队到大西洋的作战岗位，准备随时袭击盟军的舰艇。8月19日，14艘潜艇从威廉港与基尔起航；两天之后，13208吨的袖珍型战列舰"施佩伯爵"号也在夜色的掩护下偷偷摸摸地从威廉港驶出，并在南大西洋与它的补给舰艇队油轮"阿尔特马克"号（Altmark）会合。接着，8月24日，第二艘袖珍型战列舰"德意志"号驶向它的战斗岗位，亦即希腊南方海域；不久，其专属的补给舰，舰队油轮"韦斯特瓦尔德"号（Westerwald）也加入了它的行列。接下来的24小时之内，所有的德国商船都接到了信号，要求它们全速返航或驶向友邦与中立国的港湾。

9月3日，英、法对德宣战之后，英国海军的轻巡洋舰"阿贾克斯"号（HMS Ajax）让敌人流下了第一滴血，不过并非在北方海域而是在南大西洋，它在那里截击了2艘德国货轮。货轮船长下令将船凿沉以免落入敌军手中。同一天，德国的潜艇也发出了它们的第一击。由伦普（Lemp）少尉指挥的U-30号潜艇在罗科尔浅滩（Rockall Bank）以鱼雷击沉了英国客轮"雅典娜"号（Athenia）。约1300名生还者被驱逐舰"伊莱

↓图为在挪威峡湾的德国补给船"阿尔特马克"号被英国皇家空军的侦察机捕获。它所搭载的战俘主要是"施佩伯爵"号击沉的商船水手。他们后来被英国皇家海军解救

克特拉"号（Electra）与"护卫"号（Escort）和一些外国船只救起，但仍有112人罹难。虽然德国对外宣称伦普是因为误认该船是武装商用巡洋舰而发动攻击，但实情很可能是他误解了上级的命令，并相信这样的攻击行动是纳粹政府所允许的。无论真相如何，英国海军部视该事件为德国展开无限制潜艇作战的证据，这个看法导致英国为了保护商业贸易而提前建立起完整的护航体系。事实上，第一支英国护卫船队在9月6日时就从福斯湾（Firth of Forth）出发到泰晤士河河口（Thames Estuary）；而次日，3支大西洋护航船队也分别起航到直布罗陀（Gibraltar）、哈利法克斯（Halifax）与塞拉利昂（Sierra Leone）。

虽然德国商轮"不来梅"号（Bremen）在从纽约返航的途中逃过了英国本土舰队（Home Fleet）的耳目〔它在摩尔曼斯克（Murmansk）避风头〕，但9月间英国海军的封锁仍有相当丰硕的成果。英国军舰总共拦截了108艘商船，并押送其中的28艘前往奥克尼的柯克沃尔（Kirkwall）接受调查。另外，英国潜艇在设德兰群岛（Shetlands）与挪威之间以及德国北岸的沿海进行牵制性部署，可是成效不大，自身反而受到相当损失。9月10日，潜艇"海神"号（Triton）在看来是误判的悲剧下击沉了一艘英国潜艇"奥克斯利"号（HMS Oxley），仅有两人生还；4天之后，英国海军"剑鱼"号（HMS Swordfish）几乎遇上同样的噩运，它遭到己方舰艇"鲟鱼"号（HMS Sturgeon）的鱼雷攻击；9月17日，英国海军"海马"号（HMS Seahorse）亦遭英国皇家空军岸防司令部（RAF Coastal Command）的一架阿芙罗安森（Avro Anson）战机轰炸，但幸存了下来。

→→图为"施佩伯爵"号的重装甲指挥塔特写。这张照片是当它停靠在蒙得维的亚（Montevideo）港期间由美国海军摄影师拍摄的

猎杀群

英国本土舰队继续他们的北方巡航，并在9月间因为担忧会遭空袭而将他们的主要作战基地斯卡帕湾移往克莱德河（Clyde）河口的艾维湾（Loch Ewe），奥克尼基地当时的防卫力量是非常薄弱的。不过，英国组织了2支猎杀群来对付在西部航道（Western Approaches）与英吉利海峡海域出没的德国潜艇，每支舰队都拥有1艘航空母舰和4艘驱逐舰。他们的布雷作战有效制止了潜艇的活动，但水雷也得为在9月间于该区迷失而沉没的25艘商船负起最大责任。另一方面，德国潜艇第2艇队的11艘潜艇来到了英国西方小岛附近展开军事行动。同时，在大西洋比斯开湾（Bay of Biscay）西方与伊比利亚半岛（Iberian Peninsula）海域活动的潜艇第6与第7艇队的11艘潜艇则击沉了7艘商船并俘虏2艘。

9月14日，德国潜艇队错失了给予英国皇家海军重重一击的机会。那时在赫布里底群岛（Hebrides）海中的U-39号向英国航空母舰"皇家方舟"号齐射了一排鱼雷，然而，鱼雷过早引爆（一种装了磁性引信的新型鱼雷），这艘潜艇反而被护卫的驱逐舰"富尔克努"号（HMS Faulknor）、"猎狐犬"号（HMS Foxhound）与"喷火龙"号（HMS Firedrake）击沉，船员都成了阶下囚。3天之后，英国皇家海军的好运用完了。就在9月17日，航空母舰"勇敢"号（Courageous）在英吉利海峡西方被U-29号的3枚鱼雷命中，它和515位船员一同沉到海底。这场悲剧的直接后果是航空母舰退出了反潜作战。9月22日，英国皇家海军驱逐舰或多或少报了一箭之仇。当时弗兰茨（Franz）上尉指挥的U-27号在苏格兰西岸沿海被"福耳图那"号（HMS Fortuna）与"福雷斯特"号（HMS Forester）击

沉。

　　9月25日，英国皇家海军展开了大战中的第一次空战行动。该日，一架道尼尔（Dornier）Do-18型海上侦察机遭到英国海军航空兵第803中队的布莱克本"贼鸥"式战机击落，这群"贼鸥"式战机从"皇家方舟"号上起飞，由埃文斯（C. L. G. Evans）上尉领队。第二天，"皇家方舟"号编入了英国本土舰队，并前往掩护第2巡洋舰中队（the 2nd Cruiser Squadron），它们正忙着回收在北海中央遭受重创的潜艇"旗鱼"号（Spearfish）。"皇家方舟"号遇上第30轰炸联队第一大队（I/KG 30）的容克Ju-88型轰炸机的袭击，但未被击中；一颗炸弹虽命中了战列巡洋舰"胡德"号，却被弹开来。第26轰炸联队第一大队（I/KG 26）的9架亨克尔He-111型轰炸机也被派去攻击第2巡洋舰中队，但它们没能找出敌舰的行踪。

↑ 图为战争初期的海上牺牲者。1939年9月17日，英国海军航空母舰"勇敢"号在西部航道被德国潜艇U-29号击沉

冰岛

欧洲

北美洲

8月24日

1939年8月21日"施佩伯爵"号起航

伦敦　威廉港

"施佩伯爵"号的航海日志
9月30日"克里门"号沉没
10月5日登上"牛顿·毕屈"号
10月7日"牛顿·毕屈"号沉没
10月7日"阿什利亚"号沉没
10月10日登上"狩猎者"号
10月17日"狩猎者"号沉没
10月22日"崔凡尼恩"号沉没
11月14日目击"霍兰"号
11月15日击沉"非洲"号
11月16日击沉"马皮亚"号
12月2日"多利克之星"号沉没
12月3日"泰罗亚"号沉没
12月7日"史崔昂薛尔"号沉没

8月28日

L舰队
"敦刻尔克"号（B/c）
"贝昂"号（A/c）
3艘法国巡洋舰

纽约

F舰队
"伯立克"号（C）
"约克"号（C）

M与N舰队
"竞技神"号（A/c）
2艘法国巡洋舰

西印度群岛

达喀尔

非洲

自由城

K舰队
"声望"号（B/c）
"皇家方舟"号（A/c）

Y舰队
"史特拉斯堡"号（B/c）
"海王星"号（C）

阿森松岛　10月10日

10月7日
10月7日

9月30日

10月5日
圣赫勒拿岛

伯南布哥

10月17日
10月22日　12月2日

南美洲

12月3日

11月15日

12月7日

11月14日

11月15日

G舰队
"坎伯兰"号（C）
"埃克塞特"号（C）
"阿贾克斯"号（C）
"阿基里斯"号

12月13日普拉塔河之役

开普敦

11月20日

11月2日

H舰队
"索塞克斯"号（C）
"希罗普郡"号（C）

1939年12月23日至1940年1月21日
"阿尔特马克"号等候的海域

←—"施佩伯爵"号的巡航路线
英国猎杀群：A/c＝航空母舰
B/c＝战列巡洋舰
C＝巡洋舰

↑商船袭击舰"施佩伯爵"号行经的航线，还有它在前往蒙得维的亚港前所击沉的商船地点以及蒙得维的亚港外沉没的示意图

到了9月21日，英国海军情报单位察觉到有2艘强大的商船袭击舰，"施佩伯爵"号与"德意志"号在海上巡航。于是英国海军部被迫部署大批的军舰，包括从地中海调派的一些舰艇来搜寻它们。10月7日，德国海军参谋部忧虑袖珍型战列舰所承受的压力，下令德国舰队突进到挪威南方沿岸。这支舰队包括战列巡洋舰"沙恩霍斯特"号、轻巡洋舰"科隆"号与9艘驱逐舰，它们企图引诱英国本土舰队到4艘潜艇集结的海域和德国空军的打击范围之内。

查尔斯·福布斯上将一得知敌军出击，就部署他的主力舰队到设德兰东北方护卫驶向大西洋的通道。这支舰队有战列舰"纳尔逊"号与"罗德尼"号，战列巡洋舰"胡德"号与"反击"号，巡洋舰"曙光女神"号（HMS Aurora）、"谢菲尔德"号（HMS Sheffield）与"纽卡瑟尔"号（HMS Newcastle）以及航空母舰"暴怒"号，还有12艘驱逐舰伴随。同时，他也调遣了亨伯舰队（Humber Force）的军舰，包括轻巡洋舰"爱丁堡"号（Edinburgh）、"格拉斯哥"号（Glasgow）与"南安普敦"号（Southampton）来搜索德国舰艇。

这次行动是徒劳无功的，双方派出的轰炸机也没能找到它们各自的目标。10月9日天黑之后，德国舰队转向返回基尔；10月11日，英国本土舰队的主力单位也回到了艾维湾，而轻巡洋舰则返回亨伯舰队。

"皇家橡树"号

这次徒劳无功的行动还导致了另一个悲剧。福布斯舰队的其中一艘战列舰从主力单位调离以守卫设德兰群岛与奥克尼群岛间的费尔岛海峡（Fair Isle Channel），当威胁降低之际，

又再度起程前往斯卡帕湾下锚——这艘军舰就是"皇家橡树"号。10月13日至14日晚间，由冈瑟·普利恩（Günther Prien）上尉指挥的U-47号潜艇突破了斯卡帕湾的反潜网，并用3枚鱼雷击沉了"皇家橡树"号。这场夺走833条人命的突击行动是以无比的冷静、技巧与勇气达成的，并让英国人大感震惊。

这场悲剧发生后两天，第30轰炸联队的容克Ju-88型轰炸机在福斯湾对英国本土舰队的军舰发动攻击，"胡德"号是首要的目标。攻击行动并不成功，轰炸机只轻伤了巡洋舰"南安普敦"号与"爱丁堡"号以及驱逐舰"莫霍克"号（HMS Mohawk），"喷火"式（Spitfire）战斗机击落了2架Ju-88。次日，第30轰炸联队又袭击了斯卡帕湾，但除了补给船"铁公爵"号（HMS Iron Duke）被近失弹损伤外，英国海军的巢穴早已人去楼空。

敌方的水雷一直是英国船只在其领海的主要威胁，德国有一阵子因为采用了磁性水雷而占尽优势，任何船舶一靠近磁性水雷的磁场它就会引爆。这种水雷在1939年9月与10月间总共造成了59974吨英国沿海舰艇的损失。为了化解这个问题，所有的扫雷单位以缆绳系住

←图为一位年轻且颇矮小的人物——冈瑟·普利恩上尉（左二）。他击沉了"皇家橡树"号，成为当时德国的英雄，但却在日后的战斗中失去性命

图为火力强大的英
国海军战列舰 "纳
尔逊" 号正在展示
主炮开火时的威
力。在远距离作战
时，重炮的猛击能
毁坏敌方船体结构

↑ 英国海军战列舰"皇家橡树"号是在斯卡帕湾舰艇停泊的安全区内下锚时遭德国潜艇U–47号的鱼雷攻击而沉没

触发式水雷，让它在磁性水雷的作用下一同引爆。11月间，潜艇与驱逐舰的布雷行动增加，潜艇在多佛海峡（Straits of Dover）、福斯湾、克罗默蒂（Cromarty）沿海和英国本土舰队的新避风港艾维湾都有活动。11月21日，一艘巡洋舰"贝尔法斯特"号（Belfast）在福斯湾遭水雷重创；12月4日，战列舰"纳尔逊"号亦于艾维湾被U–31号施放的水雷所伤。

同时，在11月21日，战列巡洋舰"沙恩霍斯特"号和"格奈森瑙"号从威廉港驶向北大西洋，它们的目的是为了转移英国人对在南大西洋活动的袖珍型战列舰"施佩伯爵"号的注意。它们未被察觉地驶过设德兰群岛与法罗群岛的北方，可是武装商用巡洋舰"拉瓦尔品第"号（Rawalpindi）［由肯尼迪（E. C. Kennedy）上校指挥］于23日发现了他们的行踪。"拉瓦尔品第"号英勇地在实力悬殊的状况下和战列巡洋舰交战，在被"沙恩霍斯特"号击沉之前争取到时间用无线电向斯卡帕湾通报情况。福布斯上将立刻下令英国本土舰队全员出动，试图拦截这两艘战列巡洋舰。事实上，于邻近海域巡逻的巡洋舰"纽卡瑟尔"号在前往营救"拉瓦尔品第"号的生还者时就已经目击到它们，只是战列巡洋舰在暴风雨中避开了"纽卡瑟尔"号，并撤离到北极圈内的待命位置。

搜寻失败

　　26日，德国战列巡洋舰再度南下，越过了福布斯上将在挪威沿海设立的巡洋舰与驱逐舰巡逻线，并于次日返回到威廉港。英国虽部署了不少于60艘的军舰［6艘战列舰（3艘是法国舰）、2艘战列巡洋舰、20艘巡洋舰（2艘法国舰）、28艘驱逐舰（8艘法国舰）、3艘潜艇和1艘航空母舰］到北大西洋与北

↓图为在普拉塔河一战成名的"利安得"级巡洋舰"阿基里斯"号，它在第二次世界大战中于皇家新西兰海军服役，稍后又在太平洋上活动

→《每日邮报》
（*Daily Express*）
宣告德军在挪威的
成功。在拙劣的领
导下，盟军于挪威
之役中由于缺乏足
够的空中支持和重
要的战斗装备是注
定要失败的

海各处去搜索"沙恩霍斯特"号与"格奈森瑙"号，不过德国
人还是巧妙地溜走了。

　　尽管未能搜寻到敌方的战列巡洋舰，这次行动却显示出此
时英国皇家海军与法国海军合作密切。10月5日，英国海军部
联合法国海军编了8支由航空母舰与巡洋舰组成的大西洋"猎

猎杀德国商船队

　　如果德国海军参谋部决定带回大部分的商船队（他们都载运着对德国战事极其重要的原料），那么英国海军部同样也决定夺取它们，尤其是德国商船中的旗舰——大西洋快速商轮"不来梅"号。从8月31日起，英国本土舰队的总司令查尔斯·福布斯上将（Sir Charles Forbes）部署了战列舰"纳尔逊"号（Nelson）、"拉米利斯"号（Ramillies）、"罗德尼"号（Rodney）、"皇家橡树"号（Royal Oak）与"君权"号（Royal Sovereign），以及战列巡洋舰"胡德"号（Hood）、"反击"号与航空母舰"皇家方舟"号，12艘巡洋舰和16艘驱逐舰到封锁冰岛—法罗群岛（Faeroes）—英国缺口的区域，彻底搜寻在高纬度那里躲藏的德国商船。

杀群"保护海上的贸易线不受掠夺。3个群由南大西洋总司令指挥，总部设在塞拉利昂的自由城（Freetown）。G群（Group G）包括重巡洋舰"埃克塞特"号（HMS Exeter）与"坎伯兰"号（HMS Cumberland），以及后来增援的轻巡洋舰"阿贾克斯"号与"阿基里斯"号（HMS Achilles），后者隶属于皇家新西兰海军（Royal New Zealand Navy，RNZN），负责巡逻南美东岸沿海的水域，那里也是"施佩伯爵"号横冲直撞最后倒下的地方。

　　9月30日，德国的袖珍型战列舰"施佩伯爵"号在伯南布哥（Pernambuco）沿海击沉了它的第一艘商船。10月5日到12日间，它在停止战斗与油轮"阿尔特马克"号进行补给之前又击沉了4艘。11月15日它再次出击，并在莫桑比克海峡（Mozambique Channel）击沉一艘小型油轮。之后便音讯全无，直到12月2日，它又于圣赫勒拿岛（St Helena）与南非之间击沉了货轮"多利克之星"号（Doric Star）与"泰罗

↑ 图为一架装配了"消磁环"的维克斯威灵顿飞机，它是被设计用来引爆磁性水雷的利器。这种飞机必须低空飞行，而且得冒着被水雷引爆波及的风险

亚"号（Tairoa）。接到这些沉船事件的情报，南大西洋总司令多伊利·莱昂（d'Oyly Lyon）中将下令H舰队（Force H）协同巡洋舰"希罗普郡"号（Shropshire）与"苏塞克斯"号（Sussex）继续前往开普敦（Cape Town）与圣赫勒拿岛间的海域。另外，K舰队，包括战列巡洋舰"声望"号（HMS Renown）、航空母舰"皇家方舟"号和巡洋舰"海王星"号（HMS Neptune）也被派往自由城航线到南大西洋中心一带进行搜索。

同时，G舰队（Force G，G群此时的称呼）在普拉塔河（River Plate）沿海集结了巡洋舰"阿基里斯"号、"阿贾克斯"号、"埃克塞特"号与"坎伯兰"号，它们被派去支援福克兰群岛（阿根廷称马尔维纳斯群岛）。普拉塔河河口附近有庞大的商运交通，而且G舰队的资深长官哈伍德（H. Harwood）准将判断"施佩伯爵"号的舰长朗斯多夫（Langsdorff）上校迟早会进攻那里。他没料错。朗斯多夫在大西洋中央击沉了2艘船之后，选择直接驶向普拉塔河河口。这艘袖珍型战列舰在12月13日6时8分被发现。

3艘英国巡洋舰立即与G舰队交战，它们从不同的方位开火。朗斯多夫一开始分散他的防御力量，但随后便集中火力对付"埃克塞特"号。280毫米炮弹给予了"埃克塞特"号重重一击。即便如此，该舰的舰长贝尔（F. S. Bell）上校仍持续与敌人彻夜交锋，最后这艘巡洋舰起火，仅有左舷的一座炮塔还能运作。朗斯多夫可以轻易地终结它的性命，但它起航转向西方，让"埃克塞特"号得以加速逃到东南方进行维修，舰上有61名船员阵亡，23人受伤。

火网下

"施佩伯爵"号此时驶向乌拉圭（Uruguay）海岸，它一直处在轻巡洋舰"阿贾克斯"号与"阿基里斯"号的火网之下。7时25分，一颗280毫米炮弹击中了"阿贾克斯"号，让它舰艉的两座炮塔失去作用。不过，朗斯多夫没有趁机夺走敌人的性命，"阿贾克斯"号此时可用的武器仅比"施佩伯爵"号的副炮好一些。2艘巡洋舰继续尾随在"施佩伯爵"号之后，还不时遭受它的齐射炮火，直到这艘袖珍型战列舰驶进了普拉塔河河口。哈伍德准将取消追击，并建立一道巡逻线，因为他知道朗斯多夫若选择突围到大海之外，局势将十分不利。

"施佩伯爵"号受创，它被击中了大约70次，36名船员阵亡，60人受伤，弹药存量亦告急。朗斯多夫于是决定驶向可让他进行短暂修复的中立国港口，然后再突围到北大西洋返回德国。他在12月14日傍晚来到了蒙得维的亚。延长停留时间的外

反水雷行动

1939年11月，敌军的布雷行动变得如此密集，以至于进入泰晤士河的航道仅剩下一条仍旧是开放的，而且在该月水雷也造成了27艘舰艇、总吨位达122899吨的损失。正如同海军官方历史学家罗斯基尔（S. W. Roskill）上校在日后所写道：

"在等待新一波扫雷行动到来之际，海军已采用了许多临时措施，这些措施成功地让东海岸的海运交通保持畅通。虽然新年时持续大量损失，而且在大战爆发后的7个月里至少有128艘总吨位达429899吨的舰艇成为水雷的牺牲品，但我们不用再面对如第一个秋天时所遭遇到的严重危机。"

交努力无果，只能合法停在港口72小时，可是这艘袖珍型战列舰必要的修复时间预估得花上2个星期才能完工。同时，英国不断宣传放话，制造假象，说有一大群的英国舰队正在等候"施佩伯爵"号，它一出现在拉普拉塔河（La Plata）①河口就展开伏击。

此外，德军情报显示英国航空母舰"皇家方舟"号与战列巡洋舰"声望"号即将抵达里约热内卢（Rio de Janeiro），但事实上它们还在4020千米的距离之外，英国的巡洋舰舰队也仅增派了另一艘巡洋舰"坎伯兰"号而已。可是朗斯多夫上了他们的当，12月16日，他发出以下讯息给柏林：

1. 蒙得维的亚沿海的战略情况：除了巡洋舰与驱逐舰之外，还有"皇家方舟"号与"声望"号。夜间的封锁严密。逃至大洋并突围返国无望。

2. 提议尽可能驶向中立国海域。若能以剩余的弹药自行突

---

① 即普拉塔河。——译者注

围则尝试开赴布宜诺斯艾利斯（Buenos Aires）。

3.若突围造成"施佩伯爵"号一定程度的损毁，且没有机会创伤敌人，请求不管本舰是否处于拉普拉塔河河口外水深够深之处凿沉本舰或宁可遭受扣留。

来自柏林的回复十分明确。在中立港遭受扣留是不可能的选项，但万一蒙得维的亚的德国公使没能争取更多的时间让他留在中立国的海域则授权凿沉该舰。到12月17日傍晚，乌拉圭当局明确表示不允许停泊时间延长。

第二日早晨，在众目睽睽下，"施佩伯爵"号起航。英国军舰获准采取行动，但在他们能与敌人交战之前，侦察机回报"施佩伯爵"号已被自己的船员凿沉炸毁。不久，他们也接到消息得知朗斯多夫舰长已自尽身亡。"施佩伯爵"号的船员稍后被移往阿根廷拘留。他们一直待到1946年，900名船员才搭乘"高地君王"号（Highland Monarch）返回德国。

磁性水雷

"施佩伯爵"号的毁灭是英国皇家海军最漂亮的一击。另一次成功之举是在1939年11月23日，从舒伯里内斯（Shoeburyness）沙滩所取得的两颗德国磁性水雷。当时，一支勇敢的英国皇家海军队伍［乌弗里（Ouvry）少校、士官长刘易斯·鲍德温（CPO Lewis Baldwin）与二等水兵文康伯（AB Vearncombe）］冒险拆除了雷管，并送到朴次茅斯进行详细的研究。一旦磁性水雷的秘密被揭开，英国海军部就动用所有的专业措施来对付它。很快，一支由韦克-沃克（W. F. Wake-Walker）少将率领的研究团队想出了一套有效的反制方法，即以所谓的"消磁带"（degaussing girdle）来抵消磁性水雷的磁力，它是一种装在船体上通了电流的缆线。另外，这种消磁带也装在英国皇家空军岸防司令部第1侦察总队（No.1 General Reconnaissance Unit）的维克斯"威灵顿"式（Vickers Wellington）水上飞机上，它们的任务是低空飞过海面，并通过消磁带产生的电磁场触发水雷的雷管将之引爆。

显著的成功

1939年12月，英国皇家海军与英国皇家空军岸防司令部合作，逐步缩小他们在北大西洋与北海航线对德国潜艇的封锁。在这段时间里，英国潜艇取得了一些显著的成功。在海戈兰湾，英国海军"鲑鱼"号（HMS Salmon）在毕克福特（Bickford）少校的指挥下击沉了U-36号，而且12月12日毕克福特还差点成功拦截从科拉湾（Kola Inlet）返航的商轮"不来梅"号，只因一架道尼尔Do-18型巡逻机飞过上空而受挫。次日，毕克福特遇见了一支有3艘轻巡洋舰与5艘护航驱逐舰的舰队，它们正执行布雷任务。"鲑鱼"号齐射了一排鱼雷，重重地打中"莱比锡"号的船身，"纽伦堡"号的船头亦受创。然后，这支舰队又遭到英国海军"乌苏拉"号（HMS Ursula）［由飞利浦（Phillips）少校指挥］的攻击，造成护卫舰F9号沉没。

英国胜利的气势在1940年1月因连续损失了3艘潜艇而减弱。"水女神"号（HMS Undine）与"海星"号（HMS Starfish）皆在深水炸弹的攻击下被迫浮出海面并自沉，"海马"号也沉没。这些损失使得英国本土舰队突然间终止潜艇在海戈兰湾内的行动。

1940年的最初几个星期里，波罗的海依旧处于冰封状态，

失去机会

　　福布斯上将策划以4艘巡洋舰和7艘驱逐舰在1940年4月9日清晨突袭位于卑尔根的敌方舰队，这或许可以证明是予以敌人重重一击的行动，却因海军部接到空中侦察的报告说有2艘德国巡洋舰也在港内而取消。4月9日下午，英国本土舰队的单位遭到第26轰炸联队的41架亨克尔He-111型轰炸机与第30轰炸联队的47架容克Ju-88型轰炸机连续3个小时几乎没有停顿的攻击。战列舰"罗德尼"号被一枚500千克的炸弹直接命中，它贯穿了甲板，但没有引爆；巡洋舰"德文郡"号（HMS Devonshire）、"南安普敦"号与"格拉斯哥"号都被近失弹所伤；驱逐舰"廓尔喀"号（HMS Gurkha）则在斯塔凡格（Stavanger）西方沉没。而德国仅损失4架Ju-88。在首次的这场交战中，英国皇家海军得到的教训是：在敌方陆基轰炸机的航程范围之内，没有空中掩护的行动是极其愚蠢的。

冰冻的持续时间不寻常的长。所以德国改由另一条经过北挪威海港纳尔维克（Narvik）的航道来运送瑞典的铁矿，它对德国的战争工业极其重要。因此，英国海军部打算将封锁扩大到敌方商船行经挪威的海岸线，但这项计划的实施非常困难。对大部分的航线来说，货轮能够利用那里陆地与近海岛屿之间的狭窄通道［即被称为"静水区"（Inner Lead）的海域］留在挪威的领海里。此外，逃避封锁的敌方船只躲进挪威港口也是恼人的问题。1940年2月14日，问题到了非解决不可的时候，当时有艘油轮"阿尔特马克"号——"施佩伯爵"号的补给船，载了约300名被该艘袖珍战列舰击沉而俘虏的商船船员——在挪威的护航下于特隆赫姆（Trondheim）寻求庇护。"阿尔特马克"号的舰长道（Dau）无视朗斯多夫舰长生前载其俘虏到中立海港下船的命令，反而留在南大西洋直到柏林方面打来信号告知他们可以安全返航。"阿尔特马克"号经过了丹麦海峡（Denmark Strait）进入挪威领海，遭到挪威的鱼雷艇拦截，但是道舰长不允许对他的船进行搜查。

2月15日，英国本土舰队总司令查尔斯·福布斯上将得知"阿尔特马克"号在卑尔根（Bergen）沿海的消息，便指示原本出发到斯卡格拉克海峡（Skagerrak）的巡洋舰"水神"号（Arethusa）舰长格林汉姆（Q. D. Graham）和5艘驱逐舰掉头去拦截它。次日，英军目击到"阿尔特马克"号，它随即驶入内水道，英国驱逐舰想要接近它的企图遭到并排航行的挪威鱼雷艇阻挠。在暗夜的掩护下，油轮开进了约辛峡湾（Josing fjord），维安（P. L. Vian）舰长的驱逐舰"哥萨克"号（Cossack）紧跟在后。在知会了挪威高级军官"阿尔特马克"号上有英国俘虏之后，维安要求搜索德船。挪威方面则回复他们接到的命令是拒绝其要求，并将鱼雷发射管对准了驱逐舰。

面对这样的困境，维安撤退并寻求英国海军部的指示。3个小时之后，他们接通了电话，讯息是由果敢的丘吉尔（Winston Churchill）所写的，这位第一海军大臣（First Lord of the Admiralty）写道：

"除非挪威的鱼雷艇协同英、挪人员上船，并在共同的监视下护送'阿尔特马克'号到卑尔根，否则你应该登上'阿尔特马克'号，释放俘虏，并占领该船直到收到进一步的指示。若挪威鱼雷艇干涉，你应该警告他们不要插手。若对方开火，除非攻势猛烈，你应该使用必要的适当武力自卫，并在对方打消念头后立即停火，否则不可还击。"

对同样果敢的维安来说，这样的指示就足够了。他说服挪

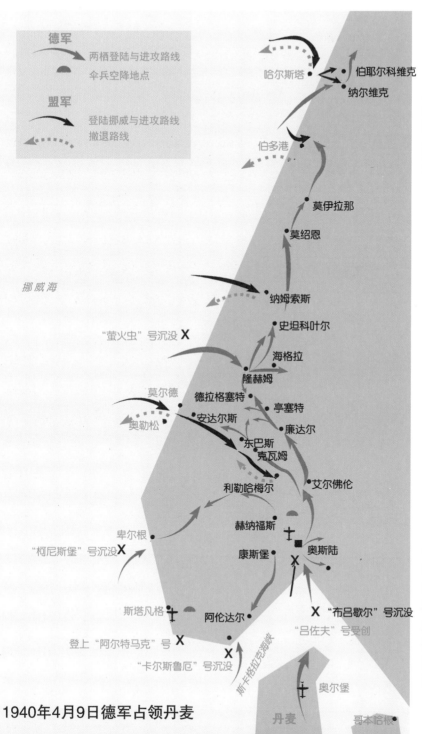

德军
两栖登陆与进攻路线
伞兵空降地点

盟军
登陆挪威与进攻路线
撤退路线

哈尔斯塔　　伯耶尔科维克
纳尔维克

伯多港

莫伊拉那

莫绍恩

挪威海

纳姆索斯

"萤火虫"号沉没 X

史坦科叶尔

海格拉

隆赫姆

莫尔德　德拉格塞特
安达尔斯　　亭塞特

奥勒松　　　　　廉达尔

东巴斯
克瓦姆

利勒哈梅尔　艾尔佛伦

赫纳福斯

卑尔根　　康斯堡　　奥斯陆

"柯尼斯堡"号沉没 X

斯塔凡格　　　　　　　　　X "布吕歇尔"号沉没
阿伦达尔　　　　　"吕佐夫"号受创

登上"阿尔特马克"号 X
"卡尔斯鲁厄"号沉没 X

斯卡格拉克海峡

1940年4月9日德军占领丹麦

丹麦　　哥本哈根

奥尔堡

←1940年4月9日
德军同步登陆奥斯
陆、克欣松、斯塔
凡格、卑尔根、特
隆赫姆与纳尔维克
作战示意图

←德军入侵挪威
示意图。与盟军
杂乱无章的反应
相比，这场行动
是计划好的杰
作。德军利用空
降与两栖登陆进
行作战

图为正率领一支小
舰队的英国海军驱
逐舰"勇敢"号。
它在1940年4月的
纳尔维克之役中沉
没

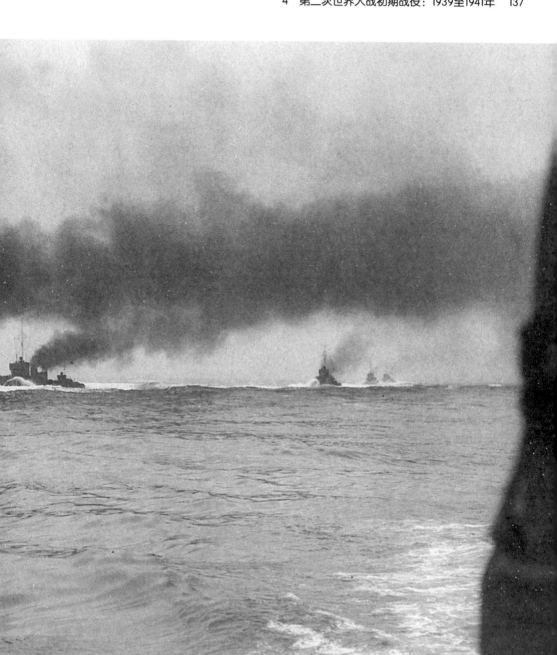

威鱼雷艇撤退，并率领"哥萨克"号进入约辛峡湾，驶到"阿尔特马克"号的旁边，避开了道舰长企图对他进行的冲撞，派了一批武装人员登船。在德国船员逃上岸之前，有6名警卫被击毙，6人负伤，英国水手也得以打开"阿尔特马克"号的船舱。当有人问道是否有其他的英国人在甲板下时，巨大的呐喊声让他们确认了所有的俘虏都是英国人。接下来他所说的话成为英国海军的传统名言："上来吧，英国海军来了！（Come on up, then the Navy's here!）"

1940年，挪威与航道口岸

被称为"假战争"（Phony War）的时期，在1940年4月9日德军入侵挪威与丹麦之后画下休止符。占据挪威的决定并非只为了确保重要铁矿运输线的安全而已，这是源于德国海军总司令雷德尔上将从历史中得到的教训，或者不如说是在1929年出版的《第一次世界大战的海军战略》（*Maritime Strategy of the Great War*）中得知的教训。书中，魏格纳（Wegener）中将主张德国早应于1914年占领挪威，让公海舰队得以利用那里的海港来对抗英国北大西洋的护航舰队，而不是被基地远在斯卡帕湾的英国皇家海军本土舰队封锁在北德的港口里。

1940年春，大量的警告显示德国打算入侵挪威。4月初，英国政府就接到了情报指出德国在波罗的海的港口内有不寻常的活动，但它却被错误解读成是德国舰队的主力单位正准备突进到大西洋。4月7日，大批的敌军侵略部队已经在海上，他们正乘风破浪地向北航行。这批侵略部队分为5个特混大队（Task Group），第一作战群以纳尔维克为目标，也是最远的目的地，大约有1600千米。他们有战列巡洋舰"沙恩霍斯特"

←←图为遭受空袭的纳尔维克港，那里很快就被失事的舰艇堵塞。海军部第一大臣丘吉尔视夺取纳尔维克为挪威战役成败的关键

号与"格奈森瑙"号和10艘驱逐舰的强力护航。第二作战群正开赴特隆赫姆，由重巡洋舰"希佩尔海军上将"号和4艘驱逐舰护卫。而第三作战群则驶向卑尔根，由巡洋舰"科隆"号与"柯尼斯堡"号和成群的鱼雷艇保护。派往克里斯蒂安桑（Kristiansand）与奥斯陆（Oslo）的第四和第五作战群并没有那么早起航，德国的计划是5个特混大队要在同一个时间抵达目的地。

与此同时，英国的战时内阁（War Cabinet）最后在第一海军大臣丘吉尔的压力下，同意从4月8日起展开内水道的布雷作战。水雷（有些是哑弹）将会部署在挪威海岸外的3处重要海域。此外，4月5日时2支布雷舰队业已起程执行一项代号为"威尔弗雷德"（Wilfred）的行动。其中一支布

↓图为战列舰"声望"号，这张照片拍摄于第二次世界大战刚爆发时。它的服役记录十分活跃，本土海域、地中海和印度洋都有它的行踪

雷舰队虽被召回，但另一支包括布雷驱逐舰"艾斯克"号（HMS Esk）、"伊卡鲁斯"号（HMS Icarus）、"冲动"号（HMS Impulsive）与"艾凡赫"号（HMS Ivanhoe），还有护卫的驱逐舰"勇敢"号（HMS Hardy）、"浩劫"号（HMS Havock）、"热刺"号（HMS Hotspur）与"狩猎者"号（HMS Hunter）的舰队于4月8日在博德港（Bodo）沿海布下了水雷阻击敌军。

　　另一方面，战列巡洋舰"声望"号和驱逐舰"海伯利恩"号（HMS Hyperion）、"英雄"号（HMS Hero）、"灰狗"号（HMS Greyhound）与"萤火虫"号（HMS Glowworm）亦前往支援，后者与德国军舰进行了第一次接触。

↑英国海军驱逐舰"热刺"号是纳尔维克之役的英雄，它在大战中幸存了下来，并于日后被卖给多米尼加海军（Dominican Navy），在那儿服役期间它改名为"特鲁希略"号（Trujillo）

第一次接触

　　4月8日薄暮时分，"萤火虫"号自负地前去搜索"声望"

号上水手眺望时所看见的黑影，它目击了正前往特隆赫姆的第二特混大队军舰。"萤火虫"号在敌船尚未消失在波涛汹涌的大海与迷雾之前向驱逐舰打出了两次齐射炮火；2分钟后，第二艘驱逐舰映入眼帘，"萤火虫"号急起直追，两艘军舰相互炮击。这艘较大的德国驱逐舰加速，企图摆脱它的敌手，可是大浪不断拍击船头，迫使它减慢速度。"萤火虫"号逼近，舰长鲁普（G. B. Roope）少校试着将船开到鱼雷可以发射的位置。

此时，在前方的一段距离突然有一个巨大的黑影从迷雾中现身。"萤火虫"号舰桥里的船员们还得意扬扬地以为那是英国海军的"声望"号；然而，一排齐射炮火重重地打向这艘驱逐舰，使它起火燃烧。这艘新来的军舰是"希佩尔海军上将"号。鲁普紧急转向远处以进行无线电通报，然后他再朝德国巡洋舰驶去，希望能以鱼雷击沉它。当此举无效时，鲁普便驾着他燃烧的船直冲向"希佩尔海军上将"号，撞进它的船身右舷，扯下了它40米的装甲带，还有右舷的鱼雷发射管。"萤火虫"号漂离、着火且已经可以确定被击沉之后，巡洋舰的舰长海耶（H. Heye）下令他的炮手停火。数分钟后，在9时，它爆炸了。海耶舰长派他的船员寻找生还者，他们从大海上救起了38名船员，鲁普少校自己游到巡洋舰的船边，但已经筋疲力尽，握不住德国水手丢给他的绳索而溺水。鲁普无与伦比的勇气让他在死后获得维多利亚十字勋章，是第二次世界大战中英国皇家海军第一位获此殊荣的人。

同时，英国政府在咨询了盟友法国与波兰之后，计划一旦有确切证据显示德国有意侵略挪威，就运送18000名的英、法、波部队支援斯塔凡格、卑尔根、特隆赫姆与纳尔维克的要塞。4月6日，巡洋舰"德文郡"号、"贝里克"号（HMS Berwick）、"约克"号（HMS York）与"格拉斯哥"号和6艘

驱逐舰前往罗塞斯让部队登船。可供福布斯上将差遣的有战列舰"罗德尼"号与"勇敢"号，战列巡洋舰"反击"号以及巡洋舰"佩内洛珀"号（HMS Penelope）与"谢菲尔德"号，还有10艘驱逐舰，加上法国的巡洋舰"埃米尔·贝尔坦"号（Emile Bertin）和2艘驱逐舰。

4月7日，他指示舰队离开斯卡帕湾开赴北方，而巡洋舰"水神"号与"加拉提亚"号（HMS Galatea）则随着3艘驱逐舰驶向斯塔凡格。一支前往卑尔根的运兵护航船队被撤回，而他们的护卫舰，即巡洋舰"曼彻斯特"号（HMS Manchester）与"南安普敦"号和4艘驱逐舰，则奉命在驱逐舰掩护布雷舰执行任务之后，驶向北方与英国本土舰队的主要单位会合。除此之外，马克斯·霍顿（Sir Max Horton）中将亦部署了他的26艘潜艇到作战海域。

↑ 英国海军战列舰"罗德尼"号大部分的军旅生涯皆在英国本土舰队里度过。它是以18世纪英国海军著名指挥官罗德尼上将（Admiral Lord Rodney）之名而命名

→→图为英国海军
"暴怒"号准备接
回一架费尔雷"剑
鱼"式鱼雷轰炸
机。"暴怒"号是
英国皇家海军第一
艘真正的航空母舰

首要目标

4月8日，接到"萤火虫"号的发现敌舰通报与遇难消息的福布斯上将，命令从罗塞斯起航的军舰让船上士兵登陆并回到海上，同时指派"反击"号、"佩内洛珀"号和4艘驱逐舰加入"声望"号与驱逐舰舰队的行列。傍晚，依旧相信德国舰队将要突进大西洋的英国海军部指示福布斯上将首要目标是拦截"沙恩霍斯特"号与"格奈森瑙"号。进一步的证据显示，在当天下午德国的意图似乎即将显现，那时英国皇家空军的侦察机回报说1艘敌方战列巡洋舰与2艘巡洋舰在特隆赫姆沿海正向西方挺进。事实上，这些船是掩护第二作战群侵略部队的"希佩尔海军上将"号和伴随它的驱逐舰。然而，德国真正的意图在4月8日下午已经赤裸裸地表露出来。当时，波兰的潜艇"鹰"号（马克斯·霍顿掩护舰队的一部分）在挪威海岸南方的利勒桑（Lillesand）沿海以鱼雷击沉了"里约热内卢"号（Rio de Janeiro）运输舰。挪威的渔夫救起了大约100名生还者，有些还遭到军方的询问，透露他们正前往卑尔根"保卫挪威不受英国的侵略"。军方立刻请求挪威武装部队总动员，并在通往挪威海港的通道上布雷。然而，即使是在这么危险的时

占领海峡的港口

1940年5月10日，德军入侵荷兰与法国，在10天之内他们就威胁到通向英吉利海峡的港口加莱（Calais）与布隆涅（Boulogne）。尽管法军与英国增援部队英勇抵抗，但盟军阵地仍很快失守，盟军也奉命撤退。这次撤离行动主要是由8艘英国驱逐舰与3艘法国驱逐舰来执行。英国海军的"威塞克斯"号（Wessex）在5月24日的加莱撤退中遭空袭而沉没。

刻，反战的挪威政府依然唯恐激怒纳粹德国而没有采取任何行动。

直到4月8日19时，英国海军部才认定德国的侵略行动正在进行，接着他们进一步评估关于德国舰艇的动向报告［包括一艘英国海军潜艇"三叉戟"号（Trident）以鱼雷攻击正驶向奥斯陆峡湾（Oslo Fjord）的德国军舰"吕佐夫"号失败的情报］。即便如此，敌军同时突进到大西洋的可能性也不能完全忽略。英国海军"声望"号以闪光信号向最北方的舰艇指挥官威廉·惠特沃斯（William Whitworth）中将通报：

特急。在您指挥下的舰队准备全力防范德国部队向纳尔维克前进。

但是太迟了。午夜之前，德国的侵略部队已经进入了可让

↓和"暴怒"号一样，英国海军"光荣"号（Glorious）在改装成航空母舰之前是一艘轻型巡洋舰。"光荣"号在挪威沿海容易成为德国战列巡洋舰重炮下的牺牲品

他们直达目的地的峡湾。不过，4月9日3时37分，位于威斯特峡湾（Vestfjord）入口外80千米处的"声望"号发现了"沙恩霍斯特"号与"格奈森瑙"号，它们正驶向西北以严防英军对纳尔维克突击群的干涉。误认为其中一艘军舰是"希佩尔海军上将"号的英国战列巡洋舰在17366米的距离开火，将3发炮弹重重地打在"格奈森瑙"号上。德国军舰以它们的18门280毫米炮还击，有2发炮弹命中了"声望"号，但损伤不大，然后向东北方驶去。德舰指挥官吕特晏斯上将决定不做任何不必要的冒险对抗他以为是"反击"号的英国战列舰。

雷达范围

对"声望"号来说，幸运的或许是，它的一发炮弹击中了"格奈森瑙"号的希塔克（Seetakt）搜索雷达，并且使它的联合火炮控制系统也失去作用。这个时候的"声望"号还没有配备雷达，事实上，仅有7艘英国皇家海军舰艇［"罗德尼"号、"勇敢"号、"谢菲尔德"号、"萨福克"号（HMS Suffolk）、"麻鹬"号（HMS Curlew）、"卡莱尔"号（HMS Carlisle）与"柑香酒"号（HMS Curacao）］在挪威战役一开始时配有雷达装置，而且它主要还是作为防空之用，因为事实证明了舰艇在靠近峭壁的海域行动时，雷达的功能会严重受限。另外，航空母舰"暴怒"号的飞机实际上已奉命从克莱德河前去与它会合，但"暴怒"号离开得太匆促，根本没有时间装载这批飞机到船上。

了解"暴怒"号可能对舰队的安全使不上力之后，福布斯上将命令它待在作战海域之外直到它的飞行大队抵达。9日傍晚，福布斯带领他的主力舰队驶向西方去和位于设德兰群岛北

图为大战初期北大西洋的一支护航舰队。第一次世界大战中，英国的护航体系非常成功，所以这项策略立刻就被采用

方的航空母舰与战列舰"厌战"号会合。但到了4月9日傍晚，德国的侵略部队已经确保了首要目的地的安全，不过他们的行动并非没有损失。在向奥斯陆逼近时，新型的重巡洋舰"布吕歇尔"号被挪威要塞的火炮打跛，接着又被鱼雷击中，与1000多名船员一同沉入海底；而轻巡洋舰"卡尔斯鲁厄"号也被潜艇"游荡"号（HMS Truant）的鱼雷重创，不得不在卡特加特海峡（Kattegat）为己方的鱼雷艇击沉。其他的军舰包括"吕佐夫"号与轻巡洋舰"柯尼斯堡"号亦被挪威海岸防御工事的炮弹所伤。

纳尔维克之役

与此同时，第一作战群德国侵略部队［由佛瑞德里希·邦特（Friedrich Bonte）准将麾下10艘驱逐舰所搭载的2000名迪特尔（Dietl）将军第3山地师人员组成］未遭受抵抗便通过了罗弗敦群岛（Lofoten Islands）与挪威大陆间的狭窄水道。在他们进入奥福特峡湾（Ofotfjord）进逼纳尔维克之际，邦特派遣了7艘驱逐舰：其中3艘前去对抗据说防卫着拉姆纳斯海峡（Ramnes Narrows）的挪威要塞（事实上根本没有要塞）；4艘则去攻占位于赫尔扬斯峡湾（Herjangsfjord）内的艾尔维加德（Elvegaard）小镇；剩下的3艘，即邦特的旗舰"威廉·海德坎姆"号（KMS Wilhelm Heidkamp）、"伯恩德·冯·阿尼姆"号（KMS Berndt von Arnim）与"乔治·蒂勒"号（KMS Georg Thiele）继续向纳尔维克施压，它们在入港时击沉了挪威的防卫舰"埃得斯沃德"号（Eidsvold）与"诺尔治"号（Norge）。挪威一小队的要塞驻军很快被压制，邦特将士兵送下船后重新部署他的驱逐舰"安东·施密特"号（KMS

Anton Schmitt）、"迪特尔·冯·罗德尔"号（KMS Diether von Roeder）与"汉斯·吕德曼"号（KMS Hans Ludemann）进入纳尔维克。

一旦德军部队上岸，驱逐舰应快速返回德国，但在它们奉命行事之前需要补充燃料，可是原先约定的油轮却只有一艘出现。于是邦特决定将回程时间延后到次日，而他的驱逐舰则依序加油。他没有想到会遇上麻烦；U-51号潜艇于20时22分回报说在威斯特峡湾发现了5艘英国驱逐舰，不过信息指出它们正朝西南方航行，远离奥福特峡湾。事实上，英国的驱逐舰正准备驶向纳尔维克，奉命"确保敌军部队无法登陆"，或若敌人已经上岸，那么"从在场的敌方数目判断，如果你能收复纳尔维克，即击沉或俘虏敌舰与登陆部队"。

沃伯顿-李（B. A. Warburton-Lee）上校指挥的第2驱逐舰舰队（the 2nd Destroyer Flotilla）有"勇敢"号、"狩猎者"号、"浩劫"号、"热刺"号与"敌忾"号（HMS Hostile）。他发出信号表明他将在高水位时展开拂晓攻击，如此不但能出其不意地袭击敌军，也能让他的舰艇比较安全地通过水雷区。沃伯顿-李率领驱逐舰整齐缓慢地驶过奥福特峡湾，下雪使得能见度变差，却让它们安然抵达纳尔维克入口而未被察觉。他令"热刺"号与"敌忾"号留守并摧毁岸上的炮台，他自己则在4时30分搭乘"勇敢"号进入海港，并向停泊的舰艇发射了7枚鱼雷。一枚鱼雷贯穿了"海德坎姆"号的装甲，在船艉的弹药库里爆炸，当场炸死邦特和大部分身处梦乡的船员，另外2枚鱼雷也击毁了"安东·施密特"号。其他的4枚鱼雷则是命中了商船或者是错失目标而在岩岸边炸毁。"勇敢"号小幅度地转了一圈，并以119毫米炮扫射，"狩猎者"号与"浩劫"号则依次驶入。它们的鱼雷让"汉斯·吕德曼"号起火燃烧，然后它们转向"迪特尔·冯·罗德尔"号，在"热刺"号与"敌忾"号的协助下使它变成炽热的火球，它的舰长正设法将它开抵岸边。只有一艘德国驱逐舰"赫尔曼·库纳"号（Hermann Kunne）躲过了袭击，即使如此，它还是因为被击沉"施密特"号的鱼雷波及而使引擎受损，从而失去了航行动力。

致命的创伤

当英国驱逐舰从海港撤退，以时速15节驶离奥福特峡湾，它们仍有足够的弹药。当英船经过赫尔扬斯峡湾航向右舷之际，德国的驱逐舰"沃夫冈·岑克尔"号（Wolfgang Zenker）、

↓图为筋疲力尽的英军回到英国的景象。事与愿违，在法国的英国远征军（British Expeditionary Force）虽有精良的武器，但因缺乏足够的空中支援而败北

"埃里希·吉泽"号（Erich Giese）与"埃里希·克勒纳"号（Erich Koellner）现身，双方展开激战，英国军舰将航速增为30节。在它们的前方，另外2艘德国驱逐舰"乔治·蒂勒"号与"伯恩德·冯·阿尼姆"号神不知鬼不觉地从巴朗恩峡湾（Ballangenfjord）驶到英国驱逐舰的航线上，让英国军舰陷入两面夹击的陷阱里。在接踵而来的猛烈战斗中，英国海军"勇敢"号遭到"蒂勒"号与"阿尼姆"号的全力攻击，舰长身受重伤，操纵装置也被损毁，最后于海岸外274米（约300码）处搁浅。约170名船员奋力游上岸，还背着沃伯顿-李上校，海浪猛烈地把他们拍打到卡尔雷浮标（Carley Float）旁，但船员刚把舰长抬上岸，他便断气了。

"狩猎者"号的戴·维勒（L. de Villiers）少校此时接替指挥英国驱逐舰舰队。由于"狩猎者"号的船身倾斜且着火，很快便失去动力，颠簸而行后停了下来。它的后方紧跟着"热刺"号，其舰长赖曼（H. F. Layman）少校紧急下令采取闪避动作，但此时一发德国炮弹打断了操纵装置，"热刺"号的船头直冲向前方那艘无助的船。2艘驱逐舰此时都陷入了火海，炮弹还不断地在舰上四周炸开。赖曼设法从舰桥走到船艉操纵室，经过一番努力之后，他成功地将严重受创的船驶离下沉中的"狩猎者"号。另外2艘英国驱逐舰"浩劫"号与"敌忾"号前来解救"热刺"号，并和"蒂勒"号与"阿尼姆"号交战，这两艘德舰顺着峡湾从反方向驶来，但它们都受到重创。德国驱逐舰消失在黑暗中，英国军舰得以继续乘风破浪地驶向大海。"狩猎者"号上近200名船员当中，有50名被德国人从冰冷的海水中救起。

这场交战还没有完全结束。当英国驱逐舰朝大海的方向驶去之时，它们看到了大型德国商船"劳恩菲尔斯"号（Rauenfels）

正要开进峡湾。2发炮弹迫使它的船员弃船，另2发炮弹导致它爆炸沉没。

德国人或许能占领纳尔维克，但他们幸存的驱逐舰无法再依赖弹药的补给来填满不断缩减的库存，所以这场后来被称为"第一次纳尔维克之役"的行动结束了。该场战役中德国的2艘驱逐舰沉没，3艘严重损毁以至于无法在海上航行，1艘驱逐舰的弹药库进水，另1艘驱逐舰的引擎也失去作用。而英国仅损失了2艘驱逐舰，显然是这场战役的赢家。沃伯顿-李上校亦在死后被追授了维多利亚十字勋章。

俯冲轰炸机的攻击

英国并非只有在4月10日沃伯顿-李驱逐舰的英勇行动中获得胜利。早在那天清晨，英国海军航空兵的16架布莱克本"贼鸥"式俯冲轰炸机［7架隶属于第800中队，由英国皇家海军鲁

↓图为各式各样的船只都被迫投入使用来运送敦刻尔克（Dunkirk）海岸上的英、法部队。小船是用来运送岸上人员到沿海上等候大型舰艇的

希（W. P. Lucy）上尉率领；9架隶属于第803中队，由英国皇家海军陆战队帕特里奇（R. T. Patridge）上校率领〕从奥克尼群岛克尔克瓦北方的哈特斯顿（Hatston）起飞，每架战机都搭载了225千克的炸弹。他们的目标是卑尔根的德国海军舰队，包括轻巡洋舰"柯尼斯堡"号、"科隆"号和重炮训练舰"布雷姆泽"号（Bremse）。这批船曾在夜里遭受英国皇家空军轰炸机司令部（RAF Bomber Command）"汉普顿"式（Hampden）轰炸机的攻击，但是并未成功。

经过480千米的夜间疲劳飞行后，在太阳刚升起之际，"贼鸥"式俯冲轰炸机（由于一架飞机的引擎出问题，所以数目减为15架）接近了挪威海岸。飞行员将战机拉到2440米的高空，然后对德国舰队尾端的"柯尼斯堡"号进行俯冲攻击。轰炸十分精确，3颗炸弹直接命中了这艘巡洋舰，还有12

↑法兰西战役期间，容克Ju-87型斯图卡俯冲轰炸机令盟军地面部队甚感畏惧，但它在战斗机的攻击下非常脆弱，如同接下来于不列颠大空战中所显现的一样

↑布莱克本"贼鸥"式是精巧的俯冲轰炸机，并在挪威战役中创下几次成功轰炸的纪录。布莱克本"贼鸥"式也被当作战斗机使用，但并不能胜任

颗炸弹差点击中目标。"柯尼斯堡"号爆炸沉没，它是大战中第一艘遭空袭而沉没的主要军舰。德国舰队撑过了战机第一波奇袭攻势之后，即以密集的防空炮火将一架"贼鸥"式击落，另外2架受损。遗憾的是当攻击进行时，"科隆"号并不在卑尔根的海港里，它与"布雷姆泽"号和一些小型舰艇奉指挥卑尔根特混大队的施密特（Schmundt）少将之命提前驶离。

与此同时，马克斯·霍顿中将的牵制潜艇舰队也是胜负皆有。英国海军的潜艇"游荡"号击沉了先前提过的"卡

尔斯鲁厄"号，而且在战役初期，它们也摧毁了12艘敌方运输船、U-1号潜艇和1艘油轮。然而，英国胜利的光环因损失了3艘船黯淡下来："蓟"号（HMS Thistle，4月11日被U-4号击沉）、"大海鲢"号（HMS Tarpon，4月14日被深水炸弹炸沉）与"小鳟鱼"号（HMS Sterlet，4月18日被深水炸弹炸沉）。

英国记载的另一次重大胜利是由"剑鱼"号［福布斯（J. G. Forbes）少校率领］所创下。早在4月11日，"剑鱼"号于海上航行，它在躲过敌舰的多方攻击之后重新装填鱼雷。其后，它发现了重巡洋舰"吕佐夫"号正以高速返回德国。福布斯少校向它齐射了一排鱼雷，其中一枚击中它的船艉右舷，造成其推进器与方向舵损坏，无法修理。福布斯没有察觉这艘军舰并无反潜护航舰随行，而且它的鱼雷管亦未再装填，便停止了攻击，让"吕佐夫"号颠簸地在海上航行。"吕佐夫"号请求救援并在将要沉没的状态下被拖回基尔港，等它再次准备出海已

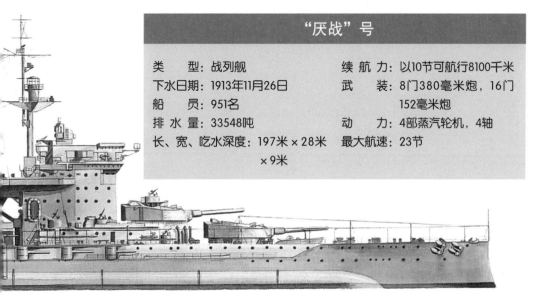

"厌战"号

类　　　型：战列舰	续　航　力：以10节可航行8100千米
下水日期：1913年11月26日	武　　　装：8门380毫米炮，16门152毫米炮
船　　　员：951名	
排　水　量：33548吨	动　　　力：4部蒸汽轮机，4轴
长、宽、吃水深度：197米×28米×9米	最大航速：23节

经是一年后的事了——如果不是这样，或许这一年中它会对英国的护航船队大肆掠夺。

同样在4月11日，福布斯上将奉命协同"罗德尼"号、"勇敢"号与"厌战"号和航空母舰"暴怒"号及重巡洋舰"贝里克"号、"德文郡"号与"约克"号对特隆赫姆展开突击。航空母舰上的第816中队与第818中队共18架费尔雷"剑鱼"式轰炸机出击，对付据报将在特隆赫姆出没的"希佩尔海军上将"号。不过，这艘德国巡洋舰已与驱逐舰"弗里德里希·埃科尔特"号（KMS Friedrich Eckoldt）返回德国，只有3艘驱逐舰"保罗·雅各比"号（KMS Paul Jacobi）、"西奥多·里德尔"号（KMS Theodor Riedel）与"布鲁诺·海纳曼"号（KMS Bruno Heidemann）仍停留在特隆赫姆，等候油轮。这批驱逐舰遭受攻击，但那里的水域太浅以至于空投的鱼雷无法完全运作而是在海底炸开，并未对舰艇造成任何损害。

同时，英国海军部急着要结束由沃伯顿-李上校在4月10日时于纳尔维克展开的任务。13日，驱逐舰"贝都因"号（HMS Bedouin）、"哥萨克"号、"爱斯基摩"号（HMS Eskimo）、"福雷斯特"号、"猎狐犬"号、"英雄"号、"伊卡鲁斯"号、"金伯利"号（HMS Kimberley）与"旁遮普"号（HMS Punjabi）在"厌战"号的掩护下彻底搜查峡湾周遭8艘幸存的德国舰艇。"厌战"号上为舰炮定位的"剑鱼"式水上飞机发现了潜艇U-64号，并将之击沉；而驱逐舰舰队则突击燃料和弹药都已短缺的敌船。德舰奋战到底，但仍不敌英国驱逐舰和战列舰的火炮，全数被歼灭或凿沉。3艘英国舰艇也受创，有两艘特别严重。另外，"暴怒"号的"剑鱼"轰炸机虽也参与了第二次纳尔维克之役，但它们没有取得成功，还折损了2架飞机。接着，当英国舰队返回斯卡帕湾进

行补给之后，航空母舰则留在特隆索（Tromso）几天作为空中
侦察机的起降设施，它还在一场空袭中被近失弹击伤。"暴
怒"号总共执行了14天的任务，在这段时间里它折损了9架
"剑鱼"机，3名飞行员阵亡，9人受伤，其余的飞机全都受到
不同程度的损坏。

在4月14日到5月2日之间，11000名盟军登陆翁达尔斯内
斯（Aandalsnes）、莫尔德（Molde）["镰刀"部队（Sickle
Force）]和纳姆索斯（Namsos）[莫里斯部队（Maurice
Force）]，由英国海军"光荣"号飞行中队（第263中队）
的格罗斯特"海斗士"（Gloster Gladiator）战斗机负责空中支
援。然而，两处登陆港口很快因德国空军的轰炸而无法使用，
因此他们的轰炸机主要是从斯塔凡格的机场起飞。为了不让这
些基地再被德国人利用，在一场计划拙劣的行动中，英国海军
巡洋舰"索福克"号[杜恩福特（J. Durnford）上校]于4月17
日被派去轰炸该地。可想而知，它被俯冲轰炸机袭击，而且受
创严重，甲板进水，只能设法一瘸一拐地返回基地。

守不住的阵地

4月结束之前，战况愈来愈明朗，在特隆赫姆的盟军部队
再也守不住那里的阵地。28日，福布斯上将下令尽速撤离那
里的军队。5月3日，他们完成了目标，几乎所有人都被8艘巡
洋舰、7艘驱逐舰、1艘近海巡逻舰和2艘运兵舰撤离。挪威国
王与王储也由巡洋舰"格拉斯哥"号送到特隆索。但英国驱
逐舰"阿弗里迪人"号（Afridi）与法国近海巡逻舰"毕腾"号
（Bittern）在这次行动期间遭到空袭而沉没。

同时，其他的海军舰队正在支援更北方的登陆部队，他

↑驱逐舰"阿卡斯塔"号（HMS Acasta）在试图捍卫注定毁灭的英国海军航空母舰"光荣"号时被"沙恩霍斯特"号击沉，但它在沉没之前向敌舰发射了鱼雷

们的目标是夺取纳尔维克。这次行动中，海军是由寇克-奥勒利（Lord Cork and Orrery）上将率领，他在稍后被任命为远征军的指挥官。空中支援再度由第263中队的格罗斯特"海斗士"战斗机担当，但这次联合了第46中队的霍克"飓风"式（Hawker Hurricane）战斗机，它们从航空母舰"暴怒"号与"光荣"号上起飞，转场到巴尔杜福司（Bardufoss）与斯康兰（Skaanland）的简易机场作战。在5月21日登陆期间，巡洋舰"埃芬厄姆"号（Effingham）于一场空袭中因采取闪避措施而在博德沿海的浅水海域搁浅并倾覆。

　　5月26日，将成为寇克上将旗舰的英国海军防空巡洋舰"麻鹬"号在斯康兰沿海遭到第30轰炸联队的Ju-88型轰炸机袭击而沉没。于是寇克转移他的指挥旗到防空巡洋舰"开罗"号（Cairo）上。5月27日至28日晚，该舰与巡洋舰"考文垂"号（Coventry）、"南安普敦"号和5艘驱逐舰以及1艘近海巡逻舰予以挺进纳尔维克的法国外籍兵团（French Foreign Legion）和波兰部队火力支持，并在28日夺得目标。不过，还是太迟了。

到了这个时候，盟军的行动都聚焦在2个星期前德军所展开的入侵法国与荷兰的行动之上。盟军需要所有可调派的兵力来阻击德国侵略，这让同盟国政府别无选择地就在港口设施已经遭到摧毁的当下，以及刚夺下当地城镇不久的时刻撤离25000名盟军精锐部队。此次撤离任务是由15艘大型运兵舰来执行，由岸上所剩无几的战斗机和航空母舰"皇家方舟"号与"光荣"号上幸存的战斗机提供空中掩护，海军巡洋舰"南安普敦"号与"考文垂"号及5艘驱逐舰予以护航。

6月7日，两艘主要的军舰独自起航。其中一艘是正驶向斯卡帕湾的巡洋舰"德文郡"号，它载着挪威的哈康国王（King Haakon）和政府阁员；另一艘是正返航的航空母舰"光荣"号，由于缺乏油料而以低速前进，它载着幸存的"海斗士"与"飓风"战机，还有2支战斗机中队的飞行员，只有2艘驱逐舰"热心"号（HMS Ardent）与"阿卡斯塔"号护航。

6月8日下午，"光荣"号与它的护卫舰遭遇到从哈尔斯塔（Harstad）西边向盟军运兵舰突击的"沙恩霍斯特"号与"格奈森瑙"号。航空母舰完全没有察觉（原因为何始终不得而知），也没有任何一架"剑鱼"侦察机在空中巡逻。当敌方的战列巡洋舰进入眼帘之际，舰上人员孤注一掷地试图备战并派出战斗机，不过在能够反击之前就被强大的火力压制而沉没。它的护航驱逐舰同样被击沉，但阿卡斯塔号在沉没前发射鱼雷命中了"沙恩霍斯特"号。该艘军舰困难地回到特隆赫

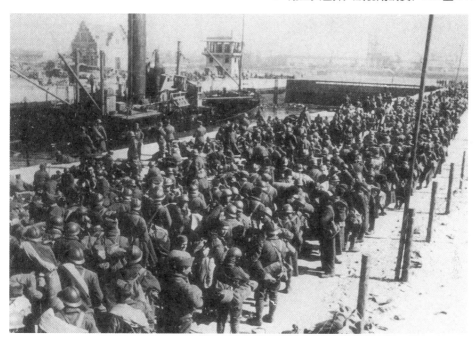

姆，6月13日，"皇家方舟"号上的第800中队与第803中队的15架"贼鸥"轰炸机前去报复。一颗225千克重的炸弹击中了战列巡洋舰，但却没有爆炸，反而有8架"贼鸥"式被击落。

6月21日，一架"桑德兰"式（Sunderland）侦察机回报说"沙恩霍斯特"号驶离了特隆赫姆，由8艘驱逐舰与鱼雷艇护航，缓缓驶向南方。英国皇家空军的"波弗特"（Beaufort）鱼雷轰炸机与英国海军航空兵的"剑鱼"式轰炸机前往攻击却被击退并蒙受惨重的损失。"沙恩霍斯特"号在6月23日抵达基尔港，没有再受到损伤。不过，重要的是，几乎可以肯定"阿卡斯塔"号的鱼雷让撤离的护航船队逃过被毁灭的命运，因为它们是德国战列巡洋舰的首要目标。"阿卡斯塔"号要进行最后一搏之前，它的舰长以下面这席话勉励船员：

"你们或许会以为我们在躲避敌人，但并不是这样的。我们的友舰（"热心"号）沉没了，"光荣"号也正在下沉；我

↑图为敦刻尔克大撤退中留下来的军队。最后一批撤离舰艇驶离之后，数千名盟军作战部队于敦刻尔克被俘

←←图为在法国上船的英、法部队准备驶向英国。在撤退的最后阶段，由法军士兵守卫的敦刻尔克周边阵地是"发电机行动"成功的关键

↑在敦刻尔克大撤退期间，英国皇家空军的各式飞机出动，执行后来被称为"沙滩巡逻"（sands patrol）的任务。照片中，一架英国皇家空军岸防司令部的洛克希德"哈德森"式（Lockheed Hudson）战机飞过撤离舰队的上空

们至少可以展现实力。"

他们确实做到了。当这艘驱逐舰下沉时，幸存者看到舰长查尔斯·葛拉斯福德（Charles Glasfurd）准将独自站在毁损的舰桥里，抽着烟，向他们挥手，祝他们好运。之后没有人再见到他。

加莱与布洛涅

同时，5月19日，指望大规模撤军为挽救英国远征军唯一方式的预期成为事实。当天，这项行动计划交由多佛的海军将官伯特伦·拉姆齐（Sir Bertram Ramsay）执行。拉姆齐将军和诺尔地区（Nore）的总司令雷金纳德·德拉克斯（Sir Reginald Drax）上将负责的海军单位（主要是从斯卡帕湾派出去的驱

其他的撤离行动

　　英国皇家海军在敦刻尔克大撤退后还参与了其他撤离行动。1940年6月4日至25日，英国舰艇执行了一系列的撤离任务。它们从勒阿弗尔（Le Havre）开始，向西到圣马洛湾（Gulf of St Malo），包括海峡群岛（Channel Islands）与瑟堡（Cherbourg），韦桑岛（Ushant）周围到布列斯特（Brest），沿着法国的比斯开湾海岸到圣纳泽尔（St Nazaire）与拉·帕利斯（La Pallice），最后从巴约讷（Bayonne）到西班牙边界附近的圣·让·德·吕兹（St Jean de Luz）。这些撤离行动总结为一个代号——"天线"（Aerial），其成果是又营救出另外的191870名战斗人员与35000名平民。它们最大的损失发生在圣纳泽尔的撤离阶段，当时载着9000人的运兵船"兰开斯特里亚"号（Lancastria）沉没，5000人死亡或失踪。

逐舰）迄今已为海军与陆军人员提供往返艾默伊登、荷兰角（Hook）、法鲁辛与安特卫普（Antwerp）的服务。随着荷兰的溃败，这些舰艇就得参与军事人员与大人物，包括荷兰皇室的撤离行动，还要撤离海港内所有可用的船舶并将荷兰储存的黄金与钻石运送到英国。至于比利时港口方面，海军当局已成功地从安特卫普撤离了大量的商船、大型平底船与拖船。相对小型的驱逐舰舰队不知疲倦地工作，它们让部队上下船，将盟国的使节与外国国民送出国外，炮轰岸上目标，还执行额外的防空任务来对抗德国空军愈来愈狂暴的攻击。

敦刻尔克

　　尽管加莱与布洛涅仍在盟军的手中，但盟军的大撤退很

↑ 本照片拍摄于1940年。英国海军鲣鱼号（HMS Skipjack）是翠鸟（Halcyon）级的扫雷船，它在1940年6月的敦刻尔克沿海遭轰炸而沉没

明显仍得从敦刻尔克，或更确切地说，从毗连的海岸进行。想要利用当地的主要海港和7个船坞撤军是不可能的，它们已于5月20日遭受空袭而被封锁。要是没有法国海军舰队（French Naval Force）总司令让·阿比利尔（Jean Abrial）上将所采取的行动（他下令攻击行动一展开，一些商船与法国海军舰艇就驶出海），港口的阻塞情况肯定会更加严重。

在拉姆齐的计划中，驱逐舰是极其重要的，虽然它们不是理想的运兵船，但仍可以搭载一定数量的兵员，而且由于驱逐舰的速度快且灵活，很难成为攻击的目标。何况，驱逐舰的火力是无价的资产，尤其是在防空任务中。问题是，1940年5月时，一艘驱逐舰几乎比与它等重的黄金还有价值。那时，英国皇家海军编制清单上虽有220艘驱逐舰，但主要部署在地中海或远东地区，许多在英国本土舰队里服役的驱逐舰则被派往挪威作战。从英国本土舰队调来驱逐舰和巡洋舰投入诺尔与多佛

↑图为撤离行动结束之后，敦刻尔克港已被沉没的船只堵塞。英国皇家海军花了好长一段时间才从损失若干最新驱逐舰的状况中恢复过来

的舰队是不可大意的一步棋，因为在那个时期保卫大西洋航线对英国的生存来说也是至关重要的。所以，他们必须冒险。幸运的是，尽管英国人当时并不知情，但德国海军在挪威战役中承受了太大的损失，在好长一段时间之内，英国足以防范他们向大西洋的突进。

当德军的钳形攻势变得愈来愈紧时，每拖延一小时，就会有更多人员伤亡。5月26日18时57分，"发电机行动"（Operation Dynamo）开始。这个由拉姆齐参谋部里的人所想出的代号格外确切，因为多佛城堡（Dover Castle）里的作战会议室就曾经是发电机室。

"发电机行动"的先锋船只[曼岛（Isle of Man）的旧式蒸汽邮轮"梦娜岛"号（Mona's Isle）与"欧里王"号（King Orry）]已经在海上。它们于入夜后不久停靠在敦刻尔克，并立刻让那里的部队登船。"梦娜岛"号是第一个离开的，它在27日黎明时载了1420名士兵起程。当它沿着Z航道（Route Z）折返回去之际，敌人的火炮对它展开夹击炮击；几分钟后，低空飞行的梅塞施密特战斗机也朝它的甲板扫射。"梦娜岛"号抵达多佛时，有23名乘客死亡，另60人负伤。

同时，另外5艘运输船在当天早晨试图驶向敦刻尔克，但没有成功。它们驶进格雷夫防线（Gravelines）的炮台火网里。摩托船"塞夸希提"号（Sequacity）数分钟内就中弹沉没。炮弹打在海上激起骇人的浪花，剩下的船无法突破这水幕只好返回多佛。很显然，Z航道的封闭只是时间问题。这意味着英国之后得利用更远的航线，况且，大批的船队暴露在漫长

↓英国班轮兰开斯特里亚号在圣纳泽尔沿海遭Ju-88轰炸机攻击而沉没，近2000人丧命，而且该船罹难的消息被隐瞒了许久

的航道上数小时之久，更容易遭受德国空军的袭击。对大半仍
在周边阵地对抗德军的英国远征部队来说，幸存的机会似乎真
的是愈来愈渺茫了。

极度危险

在主要撤离行动的第一天，拉姆齐派去执行"发电机行
动"的海军舰队包括了1艘防空巡洋舰［加尔各答号（HMS
Calcutta）］、9艘驱逐舰与4艘扫雷舰，所有的舰艇都奉命靠
近海岸，再利用它们的小艇去支援已坐满人的跨海峡蒸汽船和
漂网渔船。不过，在低潮时，军舰无法接近到离岸不及一英
里的距离，这意味着划船的桨手得花上20分钟的时间才到得了
岸，而小艇最多只能载25人。以这样的方式，驱逐舰载满其最
大容纳人数1000人恐怕要花上6个多小时的时间，而且还得考
虑到天气状况。可想而知，小艇划向海岸已经够难应付了，若
再加上目前本从东吹来又转向北方的风，小艇在浅海上的行
动将变得极危险。

另一个唯一可行的方法是利用东防波堤（East Mole），虽
然不能肯定船只能否安然地沿着那里停泊，不过他们还是得冒
险。27日22时30分，坦南特（Tennant）下令运兵舰"海峡女
王"号（Queen of the Channel）［欧德尔（W. J. Odell）上校指
挥］开到防波堤边，该舰成功的停靠给了坦南特一丝希望。
一艘船成功之后，其他的船就会跟进，而且防波堤的长度够
长，一次可排满16艘船。5月28日的前几个小时，5艘首当其冲
的驱逐舰［"警觉"号（HMS Wakeful）、"麦凯"号（HMS
McKay）、"收割机"号（HMS Harvester）、"科登顿"号
（HMS Codrington）与"军刀"号（HMS Sabre）］展开撤离行

↑图为英国皇家海军的一艘旧式驱逐舰"真实"号。此舰建造于1919年，与它的姐妹舰都在本土海域上服役，并在1943年被归类为训练艇

动。更多的船只紧急从多佛和其他英国南部港口出发，它们的船长没有时间接收除前往敦刻尔克载运部队以外的任何简报。

在"发电机行动"中，给予英国皇家海军首次惨痛打击的并非德国空军。5月29日的前几个小时，驱逐舰"警觉"号与舰上正返英的640名士兵被德国摩托鱼雷快艇（MTB）S30号的鱼雷击沉，这艘摩托鱼雷快艇是前一天下午从威廉港起航，并在入夜后驶进作战海域的3艘远洋鱼雷艇（Schnellboote）〔或称为E艇（Eboats）〕之一。"警觉"号被炸成两半，不到一分钟便带着700多人一同沉没。一会儿，前来搜寻"警觉"号上生还者的驱逐舰"格拉夫顿"号（Grafton）亦被德国的潜艇U-62号鱼雷攻击而丧失动力。它和扫雷舰"里德"号（Lydd）对轮廓看起来像是鱼雷艇的船开火，该艇还遭到"里德"号的撞击而沉没。然而，这艘"闯入的敌船"实际上是满载警觉号船员的漂网渔船"安逸"号（Comfort）。在这场悲剧中只有5个人生还，其中有"警觉"号的舰长拉尔芙·费雪（Ralph Fisher）中校。至于受创的"格拉夫顿"号则在幸存者被接走之后，为己方驱逐舰"伊凡霍"号击沉。

"斯图卡"的攻击

这个数据只是英国舰艇在5月29日行动惨重伤亡的开端而已。下午，敦刻尔克遭到了180架"斯图卡"俯冲轰炸机的攻击，在东防波堤接军队上船的驱逐舰"手榴弹"号（HMS Grenade）是这场屠杀最早的牺牲品。它被3颗炸弹击中，火海从舰艏延伸到舰艉，它在爆炸之前数分钟被拖网渔船拖离。

↓图为返抵英国的一些士兵几乎没有穿任何衣服，他们在游向等待撤离的救生艇时抛弃了所有的东西

要起航时被直接命中而遭弃船，但它仍于海上漂流，稍后被解救。另一艘驱逐舰"真实"号（HMS Verity）在近失弹的狂轰滥炸中成功脱离，不过却在港外搁浅而受损。武装登陆舰"欧里王"号、拖网渔船"卡尔维"号（Calvi）、扫雷明轮"葛瑞希原野"号（Gracie Fields）与运兵舰"费内拉"号（Fenella）都在"斯图卡"的袭击下沉没。"欧里王"号被击中后撞上了防波堤使撤离行动暂时中断。

"斯图卡"的攻击结束之后，又来了亨克尔与道尼尔水平轰炸机，还有更多的俯冲轰炸机，这一回是双引擎的容克Ju-88。后者袭击了敦刻尔克大撤退中最大的英军舰船，即7010吨的格拉斯哥货轮"麦卡阿里斯特部族"号（Clan Mac Alister），并使它起火燃烧，1/3的船员和许多刚登上船的士兵丧命。舰

←图为英吉利海峡的一支护航舰队。随着法国海岸为德国人所掌控，英国不可能再派没有护卫的商船队不受伤害地越过海峡

上幸存的人被扫雷舰"潘伯纳"号（Pangbourne）救起，它已经载了"葛瑞希原野"号的生还者。大约在敦刻尔克西方10千米处的海域，亨克尔轰炸机在马尔迪克（Mardyck）沿海捕捉到南方铁路公司（Southern Railway）的船"诺曼尼亚"号（Normannia），数分钟之后，它的姐妹舰"洛丽娜"号（Lorina）也遭受类似的命运；而载着约800人部队的扫雷舰"威佛雷"号（Waverley）也在同一波的大轰炸中沉没。另外，在无情的海岸旁，载满了军队和"费内拉"号生还者的泰晤士河旧式明轮汽艇"冠鹰"号（Crested Eagle）被一颗炸弹击中，火焰四起。在这炽热的火炉上，着火的船员跳入浮着油渍的海水，它的船长布斯（Booth）少校将船缓缓靠近岸边。最后它搁浅，幸存者才得以游过浅滩回到岸上。

↓图为在一支护航船队横渡英吉利海峡之际，一艘英国军舰上的船员正对敌机与S艇保持警戒

可怕的伤亡

上述就是5月29日这一天的可怕伤亡。除了沉没的船只之外，还有许多舰艇受损。当29日的黄昏降临时，敦刻尔克海滩外的景象可说是一场大屠杀。然而，那天，47310人被撤离，其中33558人是在东防波堤不能再被运用之前从那里撤走的。可是，这天的损失让第一海军军务大臣杜德利·庞德（Sir Dudley Pound）上将把海军的8艘最新型驱逐舰从"发电机行动"中召回。这意味着，此时撤退任务的重担将落在15艘还在拉姆齐手下的旧式驱逐舰上，接下来的24小时内，它们的总载运能力将不到17000人。

5月30日清晨，海岸上起了雾，小型舰艇得以不受德国空军的骚扰继续进行它们的营救任务。大雾持续不散，第一海军军务大臣于是决定解除他对G、H、I与J级等新式驱逐舰的派用限制，让撤离行动的效率有了意想不到的提升。禁令的解除只是暂时的，可是，发电机行动对驱逐舰的需求在下一个24小时中是如此紧迫，所以它们的投入能持续到最后。

另外，营救船队此时有了弗雷德里克·瓦克-沃克（Frederick Wake-Walker）少将的协助，他掌管参谋部的80名军官与水兵。瓦克-沃克首要的考虑是让东防波堤能够再被运用。5月30日20时30分，防波堤被迅速修补之后，他判定这是再度利用驱逐舰与扫雷舰撤离部队的好时机（后者在撤离任务期间工作特别卖力），便传送讯息给在多佛的拉姆齐上将。东防波堤再次运作，使得撤离的人数大幅增多。到了午夜，当日的撤离总数已达到53823人，约有30000人是从海岸上撤离的。

5月31日，尽管撤离舰队的损失已十分惨重，包括相撞、搁浅与机械问题，还有敌人的攻击行动，但撤离的人数倍增，因为他们此时决定也载走同样数目的法国军队。然而，由于有

图为驱逐舰"沃切斯特"号（Worcester）与跟随在后面的"沃波尔"号（Walpole）。它们虽然是老船，但在整场第二次世界大战中于领海水域上的护航表现却十分出色

沉船的残骸，向敦刻尔克的航行变得极度危险；更糟的是，已经达到3级的风力使在浅海的小型船只作业更加困难。形势似乎是严峻的，不过到了下午，敌人的活动与海浪都有所减弱，当天结束时，至少有68104人被撤离，是整场行动中单日的最高人数。

一齐投弹

6月1日清晨，天才刚明，德国空军就随着第一道曙光出现在海岸上空。这是可怕的一天，它以英国海军扫雷舰"跳鱼"号的沉没为开端。它载着军队尚未起锚，突然间遭到一架俯冲轰炸机投弹攻击而炸毁，很快就和船上275人一同沉没，仅有少数的人生还。大屠杀继续肆无忌惮地进行。一些正在接士兵的船无法采取回避行动，而其他船的船长，例如扫雷舰"丹多克"号（HMS Dundalk）的克尔克派崔克（Kirkpatrick）少校则立刻中止任务，并开船移动，沿着海岸在枪林弹雨中曲折行进。驱逐舰"哈凡特"号（Havant）载满了部队起航进入航道，船的上面像是涂了一层卡其色的迷彩。一刹那间，一齐投下的炸弹击中了"哈凡特"号，2颗打中轮机室，轮机手当场毙命，而第3颗则在它回避时炸开。2艘扫雷舰立刻靠过来，士兵们从受创的船上跳到它们的甲板上。扫雷舰"萨塔许"号（HMS Saltash）试图拖着它，但无济于事。10时15分，经过另一场的空袭之后，它与34名船员一同沉到海底。

其他的船则幸运得多。一颗炸弹掉进了驱逐舰"伊凡霍"号的前排烟囱里，并在锅炉室内爆炸，胆战心惊的水手仓皇地爬出下船舱，跳到靠过来的扫雷舰"斯比威尔"号（HMS Speedwell）上。尽管受创，这艘驱逐舰还是漂浮着，并由"波斯"号（HMS Persia）拖行。空袭进行了一整天，夺走不少生命。法国驱逐舰"闪光"号（Foudroyant）被3颗炮弹直接命中，在数分钟内沉没，船上的生还者在随潮水漂流的残骸与浮油上勇敢地唱着马赛曲（La Marseillaise）。

　　并非只有军舰遭受攻击，尽管它们是轰炸机的主要目标。旧式的"布莱顿女王"号（Brighton Queen）是一艘改装为扫雷船的明轮推进的船。它载着700名左右的法国士兵刚要动身前往多佛，"斯图卡"轰炸机就对它猛攻，一颗225千克的炸弹击中它的后甲板，造成可怕的伤亡。"布莱顿女王"号沉没之前，船上的生还者被扫雷舰"萨塔许"号救起。另外，客轮"布拉格"号（Prague）也有惨重的伤亡，它载着3000名法军正要驶离敦刻尔克却遭命中受损；另一艘载着2000名法军的商船"斯科提亚"号（Scotia）亦被击中，不少人在惊恐抢登小艇时溺水。英国海军驱逐舰"艾斯克"号救起了大多数的生还者。3500吨的"斯科提亚"号是那天损失的最大舰艇。

重炮轰击

　　一些艰难返回多佛的舰艇的伤亡情况亦颇为骇人。旧式驱逐舰"沃切斯特"号遭俯冲轰炸机无情地摧残了30分钟，使其航速仅有10节。即使如此，"沃切斯特"号还是载着350具尸首与400名伤员越过海峡。6月1日当天，撤离舰队总共有31艘舰艇沉没，11艘受创，但这天海军单位亦载走了64429人的英、法部队。此刻，敦刻尔克海滩最尾端的区域仍在盟军手中，船只也尚在海上，并且正在装载重炮。拉姆齐上将打算在6月1日至2日晚间趁着黑夜集中所有可用的船只再进行一次救援行动，尽可能撤出敦刻尔克与圣马洛（St Malo）地区的人

→→图中这艘船前来抢救在西部航道上被击沉的商船上的生还者，他们幸运地被及时救起

↓德国占领了法国和荷兰的海峡与北海的港口之后，他们的远洋鱼雷艇，即英国人所称的E艇，对近岸的护航船队来说是主要的威胁

员。在这场行动中，拉姆齐麾下的舰艇约有60艘，还有许多仍在执行营救任务的小船，另外，法国同时可以提供10艘舰船和大约120余艘的渔船。到了6月2日午夜，又有26256名士兵被撤离。

6月3日，还有约30000名的法军继续防卫敦刻尔克周边阵地。拉姆齐最后一次大规模的撤离行动势必得在6月3日至4日晚间成功，不过能够用来执行任务的舰艇已严重匮乏。原本配给"发电机行动"的41艘驱逐舰仅剩下9艘，45艘的运兵船也只剩下5艘。然而，它们在最后一夜的表现极为出色，而且当最后一艘船，即旧式驱逐舰"狩猎向导"号（Shikari）于6月4日黎明前驶离东防波堤之际，它所载运的兵员数让当晚撤离的总数达到26209人（7支法军部队除外）。9时，敦刻尔克的守军投降。同日14时23分，英国海军部宣布"发电机行

↑图为英国驱逐舰上的两名炮手经过了夜间演练之后在休息

动"结束。

在9天的营救行动中，他们难以置信地撤出了198284名英军官兵。若加上撤离行动真正展开前载走的26042名重伤员，撤离的英国远征军部队就有224686人之多，其中13053人负伤。除此之外，最后还有141445人的其他盟军部队被运走，所以加起来总共达366131人。

参与"发电机行动"的海军舰队付出了高昂的代价。英国共投入693艘大小舰艇，有226艘沉没，其中56艘是驱逐舰、扫雷舰和运兵船。但对英国皇家海军的小型军舰来说，敦刻尔克大撤退是既勇敢又具有成就的历史一页，远胜过接下来更严酷的年代。

护航：1940至1941年

敦刻尔克大撤退之后的数个月里，英国皇家海军片刻不得闲。当英国陆军奋力填补他们在法国海岸的损失并加强英国海防以抵御预料中的入侵之际，英国海军同样努力地组织了有4支驱逐舰舰队的防御力量（总共32艘舰艇），分别以哈里奇（Harwich）、多佛、朴次茅斯与普利茅斯（Plymouth）为基地。这是一项极困难的工作，因为大部分于敦刻尔克行动中残存下来的驱逐舰都在进行维修，而其他的则仍在执行撤离比斯开港区与海峡群岛英籍人员的任务。幸好，由于挪威战役中所遭受的耗损，德国海军未对英国皇家海军提出真正的挑战。1940年6月，德国只有1支大型驱逐舰舰队、2支小型驱逐舰舰队和一群摩托鱼雷快艇（即S艇），不过大多数的英国人都误称它为E艇。就是这群快艇成为英国皇家海军的最大威胁，尤其是它们此时有能力从刚夺得的法国港口出击。

6月19日，德国S艇首次出动袭击英吉利海峡商贸航线上的船只，当时S19号与S26号于邓杰内斯（Dungeness）沿海击沉了货轮"罗瑟邦"号（Roseburn）。6月24日至25日晚，S36号与S19号又击沉了油轮"阿布威耳"号（Albuera）和在同一海域活动的沿岸贸易船"鱼狗"号（Kingfisher）。到了这个时候，一支由5艘摩托鱼雷快艇组成的英国小艇队开始从多佛反制S艇的威胁。可是他们在有足够数量的快艇来影响敌人之前，还有一段时间。无论如何，S艇是比英国快艇更大、更快而且武装更优越的船，需要技巧与判断——只有在实战中才能获得经验——才能够击败它们。

密集的空袭

7月初，德国空军开始对英国东岸的护航船队发动一连串密集的空袭。在这些日子里，他们的行动造成了40艘盟军的商船、总计76912吨的损失，还有驱逐舰"黄铜"号（HMS Brazen，7月20日）、"科登顿"号（7月27日）、"欣喜"号（HMS Delight，7月29日）与"鹪鹩"号（HMS Wren，7月27日）沉没。

另外，水雷依旧是英国人挥之不去的梦魇。7月中旬，德军战机于泰晤士河河口与哈里奇（Harwich）沿海布雷；而海上舰艇亦在英吉利海峡新设了两处水雷区，8月又在北海西南方设立了两处。同样在8月，德国的布雷机扩大它们的活动范围到贝尔法斯特（Belfast）、法茅斯（Falmouth）、利物浦

↓图为英国海军战列舰"复仇"号于1942年加入东方舰队之前，在本土海域和大西洋上进行护航任务。它后来作为训练舰使用，并在1948年报废

海狮行动：海军史学家的观点

我们这些经历过动荡日子的人或许会相当懊悔德军没能驾船来袭；因为如果他们入侵的话，几乎可以确信的是，英国将取得好比巴夫勒尔（Barfleur）海战或基伯龙湾（Quiberon Bay）之役的决定性胜利。而且无疑的是，如此的胜利将会改变整场大战的进程。在今日，这一点更是明白无误，在所有导致希特勒浮夸的侵略计划失败的因素当中，没有一项比缺乏合适的海上力量工具及德国未正确认识如何使用它们还重要。

（Liverpool）、彭赞斯（Penzance）、普利茅斯与南安普敦的港外入口。8月31日，在特塞尔（Texel）沿海的一处德军水雷区，驱逐舰"艾斯克"号与"伊凡霍"号沉没，第3艘驱逐舰"快捷"号（HMS Express）也严重受创。扫雷行动是当务之急，英国皇家海军当前约有700艘的扫雷船可供差遣，它们大多是由非战斗舰艇如拖船或漂网渔船改装而成。除了执行任务时固有的危险性之外，它们也不断遭受空中、水上舰艇与潜艇的袭击，其损失绝对是不轻的。但英勇的扫雷艇却是英国生存奋斗史中经常被遗忘的一页。

正当英国皇家空军在英国领空进行艰苦的战斗之际，即使是空袭让海峡的作战条件变得十分恶劣，英国皇家海军还是利用每一次可行的机会打击离开敌军海岸的舰艇。例如，在1940年9月8日，3艘鱼雷快艇（MTB 14号、MTB 15号、MTB 17号）从多佛起程去突击正向奥斯坦德航行的30艘小型舰艇组成的德国护卫船队。2艘英国快艇——MTB 15号与MTB 17号在黑夜与英国皇家空军突袭的掩护下溜进奥斯坦德港，并投射了鱼雷，击中2艘身份不明的舰艇。这是英国鱼雷快艇在大战中的首次胜利。

9月10日至11日晚间，一支包括驱逐舰"马尔科姆"号（HMS Malcolm）、"老兵"号（HMS Veteran）与"野天鹅"号（HMS Wild Swan）的攻击舰队起航巡逻奥斯坦德沿海的海峡区时，奥斯坦德又再次遭受空袭。驱逐舰的领队"马尔科姆"号以雷达搜索到了敌方护航船队，很快地，它们在英国皇家空军战机投下的照明弹中看到了敌舰。英国驱逐舰开火，击沉了1艘护航舰、2艘拖着大型平底船的拖船和1艘大型平底货船。类似这样的突击扫荡在1940年9月是很普遍的现象。当德国侵略的威胁达到顶峰时，英国皇家海军的舰队通常都是从哈里奇或朴次茅斯展开行动；但当他们遭受惨痛的空中攻击之后，多佛的驱逐舰舰队就遭到解散。与此同时，从岸上基地起飞作战的英国海军航空兵战机加入了英国皇家空军的行列，一同突击敌方所占领的海峡港埠。德国正在那里集结一支平底船队，准备运兵入侵。

英国海军能予以敌方海岸目标沉重压力的最大火炮装配在2艘第一次世界大战的老式军舰上，即战列舰"复仇"号与浅水重炮舰"艾力布斯"号（HMS Erebus）。它们都装载了381毫米口径的舰炮。艾力布斯号设了1座双联炮塔来承载它的主炮，还有4座双联102毫米炮塔和2具单门76毫米高射炮，编制船员为300人。9月20日，它从施尔尼斯（Sheerness）起航准备前去炮轰位于灰鼻岬（Cap Gris Nez）的德国炮台，可是由于天气不佳，出击任务取消。然而，9月30日，它在加莱船坞地区向一支集结中的侵略船队打出了17发炮弹，并由"剑鱼"式侦察机来进行炮击方位指引。次日，在韦桑岛（Ushant）的德国炮台也向多佛发射了同样数量的炮弹以作为报复。

10月10日，轮到"复仇"号战列舰出击了。这艘老船

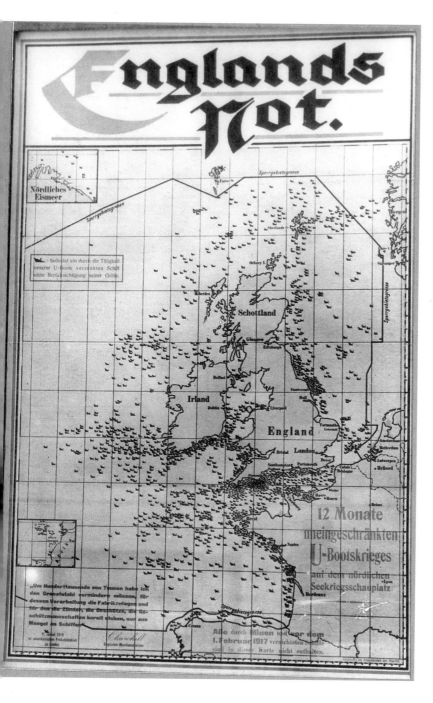

←图为英国的危机：一张德国的宣传海报呈现出经过一年的潜艇作战之后，英国小岛被击沉的船只包围的情形。英国的情况在1940年底十分危急

从普利茅斯起航，并有第5分舰队（the 5th Flotilla）的驱逐舰协同："豺狼"号（HMS Jackal）、"吉普林"号（HMS Kipling）、"朱比特"号（HMS Jupiter）、"美洲豹"号、"克什米尔"号（HMS Kashmir）与"克尔文"号（HMS Kelvin）。另外，巡洋舰"新城堡"号与"绿宝石"号（HMS Emerald）也在海上保护它们的西翼；同时，一支有6艘摩托鱼雷快艇的艇队亦从波特兰（Portland）出发，提供掩护以防范S艇的袭击。

瞄准瑟堡

"复仇"号的目标是瑟堡，它在10月11日3时33分展开了持续18分钟的炮击，并发出120发越过拥挤港埠的381毫米炮弹。7艘护卫的驱逐舰也前来助阵，总共射出801发119毫米炮弹。炮轰造成的大火远在65千米外的海上都看得到。尽管德国重炮亦于16千米处展开回击，英国舰队还是一丝未损地在8时撤离到斯皮特黑德（Spithead）。10月16日，由驱逐舰"中庭"号（Garth）

→图为凯旋的德国潜艇船员受到法国基地岸上人群的欢迎。他们的胜利是短暂的。有3/4的德国潜艇船员都没能在大战中存活下来

图为在汪洋上的英国海军驱逐舰"标枪"号。"标枪"号后来被部署到地中海，其船员在那里蒙受了惨重的伤亡。"标枪"号幸运地在战争中存活下来，并于1949年报废

与"华尔波尔"号护航的"艾力布斯"号再次炮轰加莱周围的海岸，并有空中侦察机的定位协助。从1时起直到英国舰队撤退，它发出了45发的齐射炮弹。之后，"艾力布斯"号与"复仇"号就不再进行这样的突击，即使10月间英国海岸边的重炮防御能力仍十分薄弱。

正当英国展开突击以瓦解德国的侵略计划之际，德国驱逐舰在1940年9月与10月间于海峡附近的活动也极为频繁，而且布下了更多的水雷以保护他们规划的入侵航线侧翼，还对英国舰艇进行"打了就跑"的突袭。一次特别成功的出击是在10月11日至12日晚间，从瑟堡出发的德国第5舰队，包括鱼雷艇"狮面鹫"号（KMS Greif）、"兀鹰"号（KMS Kondor）、"隼"号（KMS Falke）、"海鹰"号（KMS Seeadler）与"狼"号（KMS Wolf）以火炮和鱼雷击沉了武装拖船"里斯崔

→正如这张照片所显示的，北大西洋尽是一片无情的海域。大西洋的商船水手必须不断与狂风暴雨和潜艇搏斗

克"号（HMS Listrac）与"沃立克·第平"号（HMS Warwick Deeping），接着又摧毁了自由法国的猎潜艇CH6号与CH7号，它们由法国人与波兰人操纵。尽管德国舰艇又和英国的驱逐舰"豺狼"号、"美洲豹"号、"朱比特"号、"克尔文"号与"吉普林"号交战，但最终安全撤离，英国驱逐舰仅在德舰旁打出巨大的浪花却没有任何成果。另一场非决定性的行动发生在10月17日的布列斯特沿海，有轻巡洋舰"新城堡"号与"绿宝石"号支援的英国驱逐舰第5舰队和敌方驱逐舰"卡尔·加尔斯特"号（KMS Karl Galster）、"汉斯·罗狄"号（KMS Hans Lody）、"佛瑞德里希·茵"号（KMS Friedrich Ihn）与"埃里希·史坦布尔克"号（KMS Erich Steinbrinck）交战，双方都无任何损失。

英国第5舰队的驱逐舰于1940年11月27日至28日晚间再次

↓图为另一艘德国商船袭击舰"雷神"号（Thor），它在两次巡航中击沉了22艘商船

展开行动，拦截上述4艘向普利茅斯突进的德国驱逐舰。为了捍卫那里的安全，英国海军的"标枪"号（Javelin）挨了2枚鱼雷，船舯与船艉被炸毁，弹药库里的弹药被引爆，船身上层结构全毁，还有3名军官与43名水兵牺牲。不过，令人惊讶的是，它仍在海上漂浮，被拖回港口之后，在船坞里花了13个月的时间进行差不多是重造的整修。"标枪"号最后重返战场，并在大战中幸存了下来。尽管如此，在1940年最后几个月里造成英国舰艇最大损失的仍是敌军的水雷。那年，从9月1日起到年底，英国皇家海军在海峡上总共失去了42艘舰艇，其中有28艘是因误触水雷而沉没。

英国的胜利

到了1940年10月底，德国侵略的威胁消退，希特勒的注意力也转移到了东方。但我们禁不住要问的是，假如计划中的侵略真的发生的话，德国人是否能够得逞。英国皇家海军官方的历史学家史蒂芬·罗斯基尔（Stephen Roskill）上校的看法是，德国将不会成功：

"讲好听点，而且不得不承认，德国人永远没搞清楚如何善用他们所拥有的海上力量。不过，挫败德国侵略计划的主要因素还是英国皇家空军战斗机飞行员愈挫愈勇的决心与毅力；至于英国皇家海军，尽管他们有了挪威与敦刻尔克沿海的经验，但他们还得汲取敌方战机夺走空中掩护之后就能痛击军舰的教训。"

1940年的最后几个月里，英国的生命源泉，即护航商船队，在许多方面都面临很大的威胁。首先，涵盖北海与大西洋的航道都有潜艇出没；其次是水上突击舰，包括袖珍型战列舰和重巡洋舰及快速商船改装而成的武装掠夺舰；最后，随着德国占领了北海、英吉利海峡沿岸和法国大西洋海岸的空军基地，德国空军亦成为一大威胁。在英国皇家空军战斗机司令部（RAF Fighter Command）的支持下，于泰晤士河与福斯湾之间进行2天一趟任务的东岸护航船队，尚可免受敌方战机的袭击，尽管他们在德国S艇"打了就跑"的战术中总是相当脆弱，尤其是在晚上得不到空中掩护时。另一方面，海峡的护航船队在1940年7月就遭到猛烈的空袭，英国海军部一度中止船队的出航。只有在不列颠大空战的危机过后，英国皇家空军才能够提供足够的战斗机保护，让这群护航舰队在强大的空中与海上护卫下继续执行任务。所以，就这点来说，水雷与S艇才是他们要面对的主要危险。

大西洋护航队

大西洋护航舰队分为几类。首先，从新斯科舍（Nova Scotia）的哈利法克斯出发的护航舰队以9节到10节的航速前进，而从

大西洋掠夺者

1941年1月22日，"沙恩霍斯特"号与"格奈森瑙"号离开了基尔港，并突进到北海，向北大西洋的商船航线驶去。次日，它们的行踪暴露，于是约翰·托维（Sir John Tovey）上将率领英国本土舰队起航至冰岛南方拦截它们。当德国战列巡洋舰企图闯关之时，巡逻的巡洋舰发现了它们，却无法联络到舰队，而且德舰也撤离到北极进行补给。2月3日至4日晚间，它们未被察觉地通过了丹麦海峡，它们对大西洋航运的猖狂袭击即将展开。

布列塔尼岛岬（Cape Breton Island）的悉尼①西北方出发的护航舰队以稍慢的7节到8节航行。接着，还有行进速度更慢的护航舰队，它们从狮子山的自由城出发往返英国，以及来往直布罗陀的护航舰队。由于潜艇和反舰机此时于法国大西洋海岸建立起据点，所以所有的护航船队不得不改道航行。英国海军部认为爱尔兰西南方的航道太危险，所以令大批船队开进西北方的通道和通向爱尔兰海（Irish Sea）的北方海峡（North Channel）。

　　由于英国必须集结军舰到本土海域以应付侵略的威胁，此时几乎没有护卫舰可供调遣，敌方潜艇因此得以享受丰硕的成果。1940年6月，它们击沉了58艘船，总吨位几乎达到304814吨，是到1940年6月为止的最大胜利。此时德国的潜艇聚集4艘或以上一齐行动，于夜晚在海面上展开突击。这样的战术让英国护卫舰搭载的潜艇探测器（ASDIC）毫无用武之地。德国曾在第一次世界大战中使用过类似的战术，两次大战间隔期又毫不避讳地透露他们将会再次运用；德国潜艇指挥官，邓尼茨上将甚至在1939年出版的书中写过水面上夜袭的作战方法。然而，英国皇家海军的反潜队员只受过如何对付潜入水中的潜艇的训练，所以他们在缺乏准备的状况下遭受打击。其结果是，在数月里，德国潜艇享有完全的战术优势，并让北大西洋的护航舰队蒙受巨大损失，而且任何时候在海上活动的潜艇从来都没有超过15艘。

　　然而，并非每一项因素都有利于德国。在9月初，英、美两国政府达成了一项协议，美国将予以英国皇家海军50多艘驱逐舰来租借西半球的英军基地。虽然这批驱逐舰无疑是旧式且武器装备不佳的，但对财政紧迫的英国来说，它们简直是天赐之

① 这里指的是加拿大的悉尼，非澳大利亚。——译者注

物，而且很快便被部署到大西洋航线服役。除此之外，新型的
驱逐舰、近海巡逻舰与轻型反潜护卫舰的大量投入，让护航舰
队的规模得以扩大；英军的反潜训练愈来愈熟练；英国皇家海
军与英国皇家空军岸防司令部的协同作战也在稳健改善当中。

　　尽管德国持续获得胜利，但他们的潜艇作战在整个1940年
就是因缺乏可用的潜艇而受阻碍。的确，由于德国潜艇的建造
在大战初期并不具有优先性（部分原因是德国海军的计划制订
者没料到战争在1944年之前就爆发），这意味着德国没有足够
的潜艇从造船台上下海来弥补战争前15个月内所造成的31艘舰
艇的损失。德国的训练体制亦造成不小影响，它要求德国的潜
艇队员得在波罗的海进行9个月的训练，还要执行66次模拟攻
击才被认为是够资格参战。这所有的因素都导致德国在1940年
底时可派遣的潜艇仅有22艘而已。

大西洋生命线

　　对英国来说这倒是一件好事。因为德国在1940年秋时快要
切断了英国在大西洋的生命线之时，几乎耗尽了可用的潜艇资
源。举一个例子来说，在10月18日至20日，SC7与HX71护航舰
队就因潜艇的袭击而损失了31艘舰艇。更何况，德国潜艇并
非英国皇家海军唯一得应付的。1940年7月和8月，意大利的
海军部——超级海军（Supermarina）在经过几次穿越直布罗
陀海峡进行试验性的突击之后，开始部署大批潜艇到波尔多
（Bordeaux），从那里对大西洋护航舰队展开攻击。到了10月
底，有17艘意大利潜艇在比斯开湾西部活动，在这个特别的时
期里比在该海域活动的德国潜艇还多。意大利潜艇在德国海军
的战术指挥下，于11月间在北大西洋取得了首次成功。

德国大部分的主要军舰在1940年的最后几个月里都极少出动，但武装商船掠夺舰却正好相反。这些快速的重武装商船配备了6至8门火炮及鱼雷发射管，通常还搭载侦察用的水上飞机。其中第一艘，"亚特兰蒂斯"号（Atlantis）于1940年3月31日起航，它在622天的行动中击沉了22艘总吨位高达148034吨的船。到了1940年底时，另外6艘也被部署："猎户座"号、"白羊座"号（KMS Widder）、"雷神"号、"企鹅"号（KMS Pinguin）、"彗星"号（KMS Komet）与"鸬鹚"号（KMS Kormoran）。它们在海上的秘密集合地点会合，进行补给之后谨慎地伪装，在全球各大洋上掠夺落单、未受护航的舰艇。这些舰队具有非常了不起的航海经历，以"鸬鹚"号为例，它在1940年7月9日驶离卑尔根，在苏联破冰船的协助下，借由西伯利亚海的航道抵达其在太平洋的作战海域。

英国海军部对这群商船袭击舰所做的反制是派武装商船

↓ 图中为德国商船袭击舰"猎户座"号（Orion），亦即36号船（Schiff 36）与它的船长，威赫尔（Weyher）中校。"猎户座"号总是在公海上航行，所以有时被称为"没有港口的船"

巡洋舰进行一次大规模的搜寻，其中50艘改装自快速班轮，但它们不是装甲薄弱就是火力不足，根本无法与对手匹敌。一直到1940年底，在这些舰艇的几次交战中，结果都是英船遭受重创，没能击败任何一艘敌舰。它们的处境在遇上德国主力舰时更是凄惨，正如1940年11月5日所发生的事件一样。当时"舍尔海军上将"号痛击了正打算从哈利法克斯返航的HX84护航舰队。这支船队有37艘商船，却仅有武装商船巡洋舰"杰维斯湾"号（Jervis Bay）护航。"杰维斯湾"号的舰长费根（E. S. F. Fegen）立刻下令船队在烟幕的掩护下散开，并与"舍尔海军上将"号交战。"杰维斯湾"号被击沉，失去了191名船员，但费根的行动（他在死后被追授维多利亚十字勋章）为船队争取到了宝贵的时间，它们在"舍尔海军上将"号重火炮的肆虐下仅仅损失5艘船而已，另有3艘负伤，其中的一艘是油轮"圣德梅特里奥"号（San Demetrio）。"圣德梅特里奥"号上的16名船员逃离着火的船，但在20小时之后他们又见到了"圣德梅特里奥"号，于是船员把救生艇划到船边，登上船，并在两天的奋斗之后扑灭了火势，将它带回北爱尔兰的港埠。他们的英勇行为还被拍成宣传电影，可是"圣德梅特里奥"号故事的结局是场悲剧，1942年3月17日，它在切萨皮克湾（Chesapeake Bay）东方被U-404号的鱼雷命中，这次它没能幸存。

德国空军造成的损失

在1941年上半年，德国空军是大西洋与北海航运的首要威胁，并且造成了最惨重的损失。只是在4月，它们就击沉了116艘总吨位高达328183吨的船，这个数字是其在整场大战中的最高纪录。这些损失的罪魁祸首是第40轰炸联队，其装备的

↑ 福 克 - 沃 尔 夫
（Focke-Wulf）
的Fw-200型"兀
鹰"式远程海上巡
逻机在1941年的最
初几个月里所击沉
的盟军船只比潜艇
和军舰加起来还多

4具引擎的福克·沃尔夫Fw-200型"兀鹰"式轰炸机从波尔多与斯塔凡格起飞作战，飞行航程远达爱尔兰西部。它们随机搜寻目标，并可作为潜艇群的侦察设施。第40轰炸联队早就取得了丰硕的战果，它们声称在1940年8月到1941年2月间共击沉368825吨的盟军舰艇。自1941年1月1日起，第40轰炸联队编入海军指挥部，即大西洋航空指挥部（Fliegerführer Atlantik），并由其直接掌控。

不过，英国在1941年春于北爱尔兰奥尔德格罗夫（Aldergrove）成立了第252中队之后，Fw-200型轰炸机的威胁略为降低。他们配备了远程、重武装的布里斯托"英俊战士"式（Bristol Beaufighter）战斗机，使这支中队与其后继者在德国轰炸机与遭威胁的护航舰队之间形成一道屏障。然而，在早期，他们的兵力由于英国皇家空军不允许护航舰队的船只与战机直接联系而大打折扣，并错失了许多拦截的机会。直到1941

年中期他们才制定出一套战斗机指挥程序来解决问题。

护航战斗机

　　另一个解决德国远程轰炸机问题的方法，正如同英国海军部所设想的，是让护航舰队配备防卫的战机。但由于缺乏合适的护航机，他们想出了一个权宜之计，那就是在商船上架设飞机弹射器，从它上面可以火箭投射装置弹射一架战斗机——"管鼻鹱"（Fulmar）式或"飓风"式战斗机。在执行拦截任务之后，飞行员不是得迫降在海上就是得跳伞逃生。35艘商船架设了这样的装置，每艘都搭载一架"史培克基式商船战斗机部队"（Spekebased Merchant Service Fighter Unit）的飞机。这批舰艇不是被称为"战斗机弹射船"（Fighter Catapult，FC），由海军人员操纵，并挂英国皇家海军军旗（White Ensign），就是被称为"弹射飞机商船"（Catapult Aircraft Merchantmen，MAC），载着一般的货物，并挂英国商船旗（Red Ensign）。另外，他们还装配英国皇家空军的地面截击引导系统（Ground Controlled Interception，GCI）或是海军的286P型雷达来警戒敌机的逼近。1941年8月3日，他们取得了首次成功，当时一架由英国海军艾佛瑞特（Everett）上尉（第804中队）驾驶的"飓风"式战斗机从英国皇家海军人员操纵的"马普林"号（Maplin，一艘改装的运香蕉船）上起飞，并在离岸400英里处摧毁了一架Fw-200型轰炸机。虽然只有5架"兀鹰"式轰炸机被弹射的战斗机所击落，但得知护航舰队有战斗机的伴随，对双方的士气都造成了很大的影响。

　　1940年末到1941年初的冬天，敌军S艇对英国海岸护航船队的突击也是严重的威胁。于是英国在1940年12月成立了第6摩托炮艇队（Motor Gunboat，MGB）来应对。这支艇队包括3艘先前改装过的快艇，配备4挺刘易斯（Lewis）机枪和1门厄利空（Oerlikon）机炮；另有5艘原本是为法国海军打造的快艇，配备4挺刘易斯机枪，还有一座安置4挺0.303英寸勃朗宁机枪（Browning）的伯顿·保罗（Boulton Paul）动力炮塔。1941年3月，第6摩托炮艇队被部署到弗利克斯托（Felixstowe），并立即投入作战对付敌船。他们加入了现有的摩托鱼雷艇队，在亨伯（Humber）至荷兰角一带和特塞尔至泰晤士河一带的巡逻线执行任务。这群轻型快艇队众所周知，被称为"海岸防卫队"（Coastal Forces），他们的阵容在1941年底之前将大幅扩张。

与此同时，英国大西洋航线上的护航舰队将要面对至此

↓战列舰"俾斯麦"号对攸关英国存亡的大西洋护航舰队是巨大的威胁。它是强大战斗群的一部分

时为止最严峻的威胁。1941年3月，强大的德国战列舰"俾斯麦"号在波罗的海完成了试航。接着，14224吨的新型重巡洋舰"欧根亲王"号也加入了它的行列。这艘重巡洋舰的舰长是来自吕北克（Lübeck）的赫尔穆特·布林克曼（Helmuth Brinkmann），他曾是"俾斯麦"号舰长，即莱茵兰的恩斯特·林德曼（Ernst Lindemann）在海军学院的同学。"欧根亲王"号就其本身的条件来说亦是十分令人畏惧的军舰。

1941年4月2日，德国海军参谋部发出了预备命令，将"俾斯麦"号和其他海军单位部署至大西洋。月底时，"俾斯麦"号、"欧根亲王"号与战列巡洋舰"格奈森瑙"号就将在大西洋会合，对盟军的舰艇发动联合攻击。

"格奈森瑙"号和姐妹舰"沙恩霍斯特"号当时在法国布

↓ 图为希特勒在"俾斯麦"号竣工时进行参观。他对战列舰非常着迷，并记下了大量有关它们的技术信息

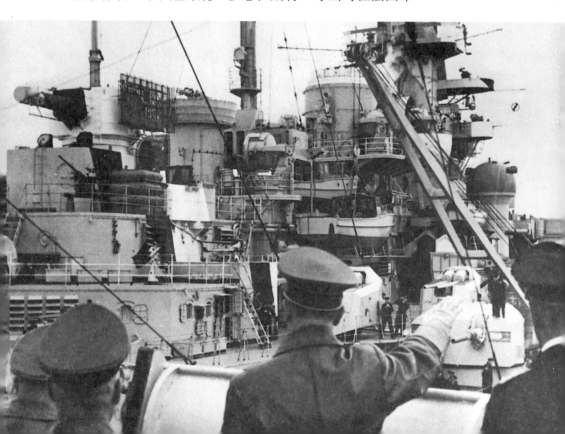

列斯特的大西洋港埠，但"沙恩霍斯特"号的锅炉正在维修，所以无法一齐作战。然而，即使没有"沙恩霍斯特"号，这还是一支可畏的 战列舰中队，而且它们已准备好起航。若它们全员到齐，对英国而言将会是场大灾难，因为"俾斯麦"号拥有独自迎击护航军舰的能力，而它的两艘随行舰艇则可趁机攻击商船队。这将会是一场骇人的屠杀，英国相当清楚这一点，因为他们已领教过德国大型水面舰艇对海运的毁灭性破坏了。

尽情肆虐

早在2月8日，于北大西洋上，"格奈森瑙"号与"沙恩霍斯特"号在纽芬兰（Newfoundland）东方遇上了英国HX 106护航舰队，但德国舰队的指挥官冈瑟·吕特晏斯上将审慎地考虑到这些商船有英国海军战列舰"拉米利斯"号的护航而未采取行动。然而，2月22日，依旧是在纽芬兰东方500海里处，他们突击了正向西航行的分散船队，并击沉其中5艘船，总吨位高

"俾斯麦"号

类　　　型：战列舰	续航力：以18节可航行15000千米
下水日期：1939年2月14日	武　　　装：8门380毫米炮，12门152
船　　　员：2039名	毫米炮，6架飞机
排水量：50955吨	动力：蒸汽轮机，三轴
长、宽、吃水深度：250米×36米	最大航速：29节
×9米	

达26198吨。

　　1941年3月15日，星期六，战列巡洋舰于北大西洋中央和它们所遇上的另一群零星疏散的护航舰队交火，结果便是一场大屠杀。"格奈森瑙"号击沉了7艘货轮，总吨位达27121吨，并俘虏了3艘重达20462吨的油轮，而"沙恩霍斯特"号则击沉了6艘总吨位达35642吨的船。"格奈森瑙"号千钧一发地躲过了一次攻击：当它正在营救它最后的生还者时，突然遭到英国海军战列舰"罗德尼"号的袭击，"罗德尼"号的舰长接到了求救信号，就指挥他的船驶离XH114护航舰队赶赴现场。"格奈森瑙"号的舰长菲恩（Fein）上校善加利用战列巡洋舰的优势航速与机动性，设法避开火力强大的对手而逃之夭夭。

　　英国海军部立刻展开行动打算设陷擒获这两

↑ 图为下锚中的英国海军战列舰"拉米利斯"号。"拉米利斯"号是"君权"级的军舰之一，于1916年完工。"拉米利斯"号在大西洋、地中海与印度洋服役

艘德国战列巡洋舰。他们令战列舰"罗德尼"号与"乔治五世国王"号驶向北方，去和掩护冰岛航线的第3艘战列舰"纳尔逊"号与1艘巡洋舰及2艘驱逐舰会合。同时，拥有战列巡洋舰"声望"号、航空母舰"皇家方舟"号、巡洋舰"谢菲尔德"号与一批驱逐舰的H舰队（Force H）亦从直布罗陀起航，护卫法国北大西洋港埠的航道。3月20日，一架从航空母舰上起飞的"剑鱼"式侦察机发现了遭"格奈森瑙"号俘虏的油轮。随着H舰队迅速赶来，捕获油轮的船员不得不凿沉2艘船，但第3艘设法躲避了英国军舰，成功抵达纪龙德（Gironde）河口。同日稍后，2艘德国战列巡洋舰也被"剑鱼"机发现，但由于飞机的无线电设备失灵，等它发送目击报告时，它们早就消失得无影无踪。3月22日，"格奈森瑙"号与"沙恩霍斯特"号和鱼雷艇"伊尔提斯"号（Iltis）与"美洲豹"号

←—图为第二次世界大战中英国最强大的战列舰"乔治五世国王"号。它在大战的最后几个月里被部署到太平洋，作为英国太平洋舰队的旗舰

↓图为英国海军战列舰"纳尔逊"号。"纳尔逊"号服役于英国本土舰队，并在地中海活动。1945年"纳尔逊"号在美国进行改装之后被部署到东印度群岛

↑航空母舰"皇家方舟"号在击沉"俾斯麦"号的行动中扮演着关键的角色。请注意图中甲板上收起机翼的"剑鱼"式轰炸机。"皇家方舟"号在数月之后被一艘潜艇击沉

（Jaguar），还有一些扫雷艇会合，并在它们的护送下返回布列斯特。这两艘德国战列巡洋舰的出击总共造成了盟军22艘船，共117474吨的损失。

直到3月28日，英国皇家空军喷火式战斗机的航拍侦察都没有发现德国军舰从布列斯特出航。丘吉尔得知这个消息之后，就下了一道指令，将战列巡洋舰视为英国皇家空军轰炸机司令部的首要目标。对付它们的空袭行动于3月30日至31日展开，当时109架飞机被派去轰炸布列斯特港，可是没有任何成果。4月4日至5日，54架飞机又进行了另一次失败的攻击，它们的炸弹给小镇造成了相当大的破坏，其中一颗还掉进干船坞里，落在"格奈森瑙"号的旁边，但是没有爆炸。其舰长认为将船移至港外是明智的选择，因为在卸除武装时若引爆了炸弹，在外面会是比较安全的。

英勇的行动

"格奈森瑙"号被一架"喷火"式航拍侦察机探出位置，英国皇家空军岸防司令部于是派出战机攻击。1941年4月6日黎明，6架第22飞行中队的布里斯托"波弗特"鱼雷轰炸机从克伦威尔郡（Cornwall）的圣艾瓦尔（St Eval）出击，可是只有一架在视线很糟的情况下找到目标。这架波弗特机的飞行员肯尼斯·坎贝尔（Kenneth Campbell）中尉在制高点启动了鱼雷，并飞过密集的防空火网，包括停泊舰艇四周250多门的高射炮，还有3艘防空舰以及"格奈森瑙"号上的火炮。波弗特式全部被击落，机上组员全数阵亡，但坎贝尔在被击落之前于457米处投下了鱼雷。鱼雷在"格奈森瑙"号船舷的吃水线下方炸开，让这艘战列巡洋舰数个月内动弹不得。由于坎贝尔的英勇表现，他在身亡后被追授了维多利亚十字勋章。机上的其他组员还有斯考特（J. P. Scott）中士、莫里斯（W. Mullis）与希尔曼（R. W. Hillman）。这是大战中最英勇，意义最为重大的壮举之一。

由于"格奈森瑙"号与"沙恩霍斯特"号无法出航，德国海军总司令雷德尔上将此时处于两难境地。他可以延后大西洋突击计划直到"俾斯麦"号的姐妹舰"提尔皮茨"号准备好与它会合，但"提尔皮茨"号才刚要开始试航而已，而且任务拖延得愈久，军舰想要不被发现地突围到大西洋的机会也就愈小，因为北方的夜晚是愈来愈短了。更何况，由于此刻德军部队正展开对希腊的侵略行动，立即出击还能够转移英国皇家海军对地中海的注意力。

1941年4月8日，刚协同战列巡洋舰经历了大西洋掠夺的德国舰队指挥官吕特晏斯上将飞到巴黎与邓尼茨上将商谈关于

"俾斯麦"号与潜艇协同作战的事宜。其后，在4月24日，德国又遭受一次挫败，当时"欧根亲王"号为磁性水雷所伤，需要两个星期的时间修复。再一次，雷德尔被迫考虑延后行动，这正合吕特晏斯之意——至少等到"沙恩霍斯特"号或"提尔皮茨"号准备好——但雷德尔最后还是决定趁早出击。5月初，吕特晏斯飞到哥腾港（Gotenhafen），与参谋官们一同登上了"俾斯麦"号。即将展开的行动被赋予一个代号，即"莱茵演练"（Rheinübung），它将在1941年5月18日启动。

随着"俾斯麦"号起航日子的逼近，将与它随行一段距离的小型护航舰队也开始集合。其中最重要的是3艘德国最新驱逐舰：Z10"汉斯·罗狄"号、Z16"佛瑞德里希·艾科

"欧根亲王"号

类　　型：重巡洋舰	毫米炮，17门40毫米高射炮，8门37毫米炮，28门20毫米机枪，12枚533毫米鱼雷，3架阿拉度（Arado）Ar 196型飞机
下水日期：1938年8月22日	
船　　员：1600名	
排 水 量：16692吨	
长、宽、吃水深度：212.5米 × 21.8米 × 12.45米	
续 航 力：以10节可航行11587千米	发 动 机：3组日耳曼尼亚（Germania）蒸汽轮机
武　　装：8门203毫米炮，12门105	最大航速：33.5节

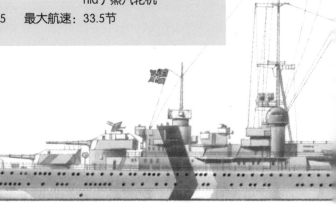

"德特"号与Z23号。第5扫雷艇队亦将负责为军舰清出一条航道，而3艘小型的防空舰则护卫它们的侧翼。另外，16艘潜艇已经被部署到"俾斯麦"号行动的海域上阻拦英国的军舰；而一支拥有20艘油轮、补给船与气象船的舰队也沿着军舰的航道开出，从北极海前去大西洋中央。

5月18日星期天早晨，吕特晏斯上将

↑ 图为在波罗的海试航期间，从"欧根亲王"号甲板上拍摄的"俾斯麦"号。这两艘船是令人畏惧的组合，几乎所向无敌

在他的船舱内举行了最后一次会议，他的参谋官和"俾斯麦"号与"欧根亲王"号的舰长都出席了。他的作战简报来自威廉港北方海军战斗群司令部（Naval Group Command North）的卡尔斯（Carls）上将，他在军舰通过南格陵兰（Greenland）与赫布里底群岛间的界限之前对这次出击拥有领导权，之后则由巴黎的西方战斗群司令部（Group Command West）掌控。卡尔斯建议他们直接驶向卑尔根附近的柯尔斯峡湾（Korsfjord），在那里停留一天，等待作战半径有限的"欧根亲王"号与它的油轮进行补给，然后再通过冰岛—法罗群岛缺口，直接驶向大西洋。然而，吕特晏斯打算绕过柯尔斯峡湾继续驶向北冰洋，再由位于扬·马延岛（Jan Mayen Island）附近的油轮"怀森堡"号（KMS Weissenburg）加油，然后再乘风破浪以全速通过丹麦海峡，进入大西洋。会议之后，吕特晏斯登上"欧根亲王"号进行视察。

11时后不久，两艘军舰离开了港口，并在停泊处下锚，11时30分，它们的船员被告知"莱茵演练行动"即将展开。下午，"俾斯麦"号与"欧根亲王"号和"提尔皮茨"号进行演练，"欧根亲王"号还测试了它的防磁设备，并于停泊处再次下锚，它在接下来的数小时中静待加油。

↓ "俾斯麦"号被"威尔士亲王"号的炮弹命中，它在丹麦海峡之役后舰艉下沉。德国人称丹麦海峡之役为冰岛海域之战

1941年5月19日星期一，约2时左右，两艘军舰各自起锚，继续向西航行。11时，它们在阿尔科纳（Arkona）沿海，即普鲁士最北边的海岬会合，且持续接受扫雷艇与驱逐舰的护航。当天一整天，包括夜晚，这支分舰队以阵形向西和向北航行，它们绕过基尔湾（Kiel Bay）的东缘，约在星期二凌晨2时通过分隔丹麦成两个部分的航道，即大贝尔特海峡（Great Belt）。

↑ 图为英国海军战列舰"声望"号。1942年3月，"声望"号成了一支庞大舰队的一部分，其他还有战列舰、巡洋舰与驱逐舰，准备猎杀德国最新的海上威胁——"提尔皮茨"号

向北移动

5月20日，瑞典的巡洋舰"哥特兰"号（Gotland）回报德国军舰于卡特加特海峡出没，第二天一早敌舰向北移动的情报立刻传到英国海军部的手中。此时身为英国本土舰队总司令的约翰·托维上将赶紧强化进入大西洋北方航道的监视，并下令战列舰"威尔士亲王"号、战列巡洋舰"胡德"号与6艘驱逐舰在霍兰（L. E. Holland）中将的指挥下从斯卡帕湾起

↑德国战列巡洋舰"沙恩霍斯特"号依旧是盟军北极护航舰队的一大威胁，直到1943年12月它于北角战役（Battle of North Cape）中被英国战列舰"约克公爵"号（Duke of York）击沉为止

航，同时派遣侦察机搜寻敌舰。当天下午，"俾斯麦"号与随行舰艇在卑尔根附近的柯尔斯峡湾加油时，被照相侦察单位（PRU）的一架"喷火"式战机发现。该机飞行员麦克·苏克林（Michael Suckling）中尉于苏格兰东北方的维克（Wick）降落，并在那里冲洗底片，然后他火速将这张珍贵的照片送往南方，却因云层太厚而不得不降落在英格兰中部。5月22日10时，他乘车疾驰完成了行程。苏克林穿着飞行衣风尘仆仆地走进伦敦的"空军部"（Air Ministry），并亲手将照片递交给岸防司令部的指挥官空军上将弗雷德里克·鲍威尔（Sir Frederick Bowhill）上将。

　　苏克林走进鲍威尔办公室不到两个小时，岸防司令部的飞机就已在前往攻击德国军舰的途中了，但由于天气不佳，攻击行动受挫。接着，22日傍晚前不久，第771海军航空中队的一架马丁"马里兰"式（Martin Maryland）侦察机从奥克尼群岛的哈特斯顿飞越柯尔斯峡湾。机组员英国皇家海军志愿后备军（RNVR）的哥达（N. E. Goddard）上尉（飞行员）与罗瑟罕（G. A. Rotherham）中校（观察员）返航之后回报说已看不见"俾斯麦"号与"欧根亲王"号。

22时45分，托维上将协同英国本土舰队的主力驶离斯卡帕湾，驶向冰岛海域支援正在巡逻丹麦海峡的重巡洋舰"诺福克"号（Norfolk）与"索福克"号。另外3艘巡洋舰则正监视着吕特晏斯可能选择的另一条位于冰岛与法罗群岛之间的通道。首先抵达的是英国本土舰队两艘最快的军舰，"威尔士亲王"号与"胡德"号，它们在主力舰队之前动身；尾随其后的则是托维的旗舰，新型战列舰"乔治五世国王"号，还有航空母舰"胜利"号（HMS Victorious）、4艘巡洋舰与6艘驱逐舰。航空母舰尚未完全准备好，它的飞行大队仅有9架

"威尔士亲王"号

类　　型：战列舰	续航力：以10节可航行25942千米
下水日期：1939年5月3日	武　　装：10门356毫米炮，16门131毫米炮
船　　员：1422名	
排 水 量：43786吨	发 动 机：4轴传动涡轮机
长、宽、吃水深度：227.1米×31.4米×9.9米	最大航速：28节

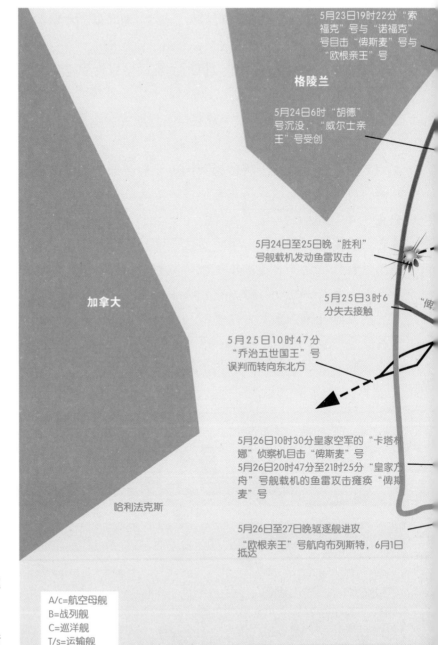

5月23日19时22分"索福克"号与"诺福克"号目击"俾斯麦"号与"欧根亲王"号

格陵兰

5月24日6时"胡德"号沉没，"威尔士亲王"号受创

5月24日至25日晚"胜利"号舰载机发动鱼雷攻击

5月25日3时6分失去接触

"俾

5月25日10时47分"乔治五世国王"号误判而转向东北方

加拿大

5月26日10时30分皇家空军的"卡塔林娜"侦察机目击"俾斯麦"号

5月26日20时47分至21时25分"皇家方舟"号舰载机的鱼雷攻击瘫痪"俾斯麦"号

5月26日至27日晚驱逐舰进攻"欧根亲王"号航向布列斯特，6月1日抵达

哈利法克斯

A/c=航空母舰
B=战列舰
C=巡洋舰
T/s=运输舰

→围歼"俾斯麦"号与其僚舰重巡洋舰"欧根亲王"号的进程示意图。难逃一死的"俾斯麦"号是这支强大战斗群的核心

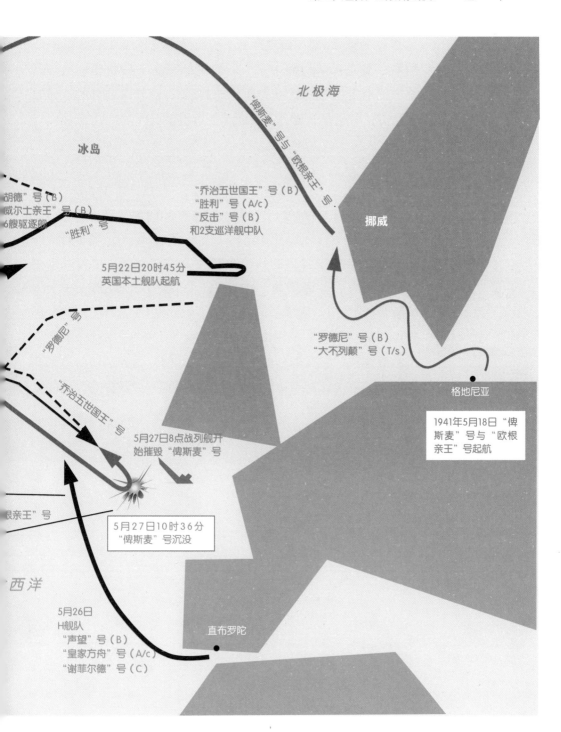

北极海

"俾斯麦"号与"欧根亲王"号

冰岛

挪威

"胡德"号（B）
"威尔士亲王"号（B）
6艘驱逐舰

"乔治五世国王"号（B）
"胜利"号（A/c）
"反击"号（B）
和2支巡洋舰中队

"胜利"号

5月22日20时45分
英国本土舰队起航

"罗德尼"号

"罗德尼"号（B）
"大不列颠"号（T/s）

"乔治五世国王"号

格地尼亚

5月27日8点战列舰开
始摧毁"俾斯麦"号

1941年5月18日"俾
斯麦"号与"欧根
亲王"号起航

5月27日10时36分
"俾斯麦"号沉没

根亲王"号

西洋

5月26日
H舰队
"声望"号（B）
"皇家方舟"号（A/c）
"谢菲尔德"号（C）

直布罗陀

"剑鱼"机和6架"海燕"机。它原先是要为WS.8B护航舰队护航，载送部队前往中东，但海军部解除了命令要它参与猎杀"俾斯麦"号的行动；而伴随3艘驱逐舰驶向北方的巡洋舰"反击"号也是一样，它从西部航道上被召回。

目击报告

　　5月23日19时22分，艾里斯（R. M. Ellis）上校指挥的巡洋舰"索福克"号看见"俾斯麦"号与"欧根亲王"号于丹麦海峡的暴风雪中现身。约一个小时后，"索福克"号与"诺福克"号会合，"诺福克"号由菲利普（A. J. L. Phillips）上校率领，于第1巡洋舰中队的指挥下作战，舰上还悬挂着瓦克-沃克少将的少将旗。英国海军的"诺福克"号在11882米的距离遭敌舰炮击，它在烟幕的掩护下撤退之前，受到3波381毫米齐射炮弹的攻击，却奇迹般地未受任何损伤。"诺福克"号以无

↓图为一支在加拿大东岸沿海的护航船队。一旦英国皇家空军封锁大西洋中央的缺口，德国潜艇狼群就将开始蒙受惨重的损失

"胡德"号的毁灭

5时37分，英、德舰队于相距27千米的范围内相遇，它们在5时53分交火。德国的两艘军舰都集中火力对付"胡德"号，多亏有立体测距仪，它们得以立即向目标展开夹差射击（跨射）。"俾斯麦"号的第二与第三波齐射炮弹击中了这艘战列巡洋舰的船身，而"欧根亲王"号的齐射炮弹也引燃了该舰防火措施疏忽的高射炮弹药库。6时，英国军舰改变航向以便发扬齐射火力，但此刻"胡德"号又挨了一记齐射炮弹，炮弹贯穿了它的轻装甲甲板，并引爆了舰艉的弹药库。"胡德"号在轰然巨响中爆炸，随即以令在场所有人目瞪口呆的速度消失。在1419名军官与水手中，只有3个人生还。

线电向托维上将回报了敌舰的动向，托维的主力舰队仍在西南方965千米处。2艘巡洋舰持续高速彻夜尾随吕特晏斯的军舰，"索福克"号也以它的284型雷达维持接触。

同时，"威尔士亲王"号与"胡德"号火速赶来，霍兰中将的船在首次目击回报时说目标约在354千米远处，并预计会在夜间交锋。他的计划是集中他重型军舰的火力至"俾斯麦"号上，而"欧根亲王"号则留给瓦克-沃克的巡洋舰。但霍兰有所不知，"俾斯麦"号已不在舰队的前头，火炮的射击使它的前导雷达失去作用，所以吕特晏斯下令"欧根亲王"号与他交换位置。

当霍兰中将逼近时，他意识到必须出其不意，所以实施严格的无线电与雷达静默，只依靠"索福克"号的回报让他持续掌握敌舰的方位。然而，午夜后不久，"索福克"号失去联系，直到2时47分才重新联络上它。先前，霍兰将他的舰艇转向南方等待天明，但当讯号再次从"索福克"号传来后，他加速到28节，再转向拦截航线。这时是3时40分，能见度只有19

↑图为在斯卡帕湾停泊的英国海军战列巡洋舰"胡德"号。"胡德"号在全盛时期是世界上最大、最强的军舰，亦是大英帝国海权的同义词

千米。

　　不久，双方交火，"胡德"号立刻就被击沉。"威尔士亲王"号为了避开"胡德"号失事的残骸而紧急改变航道，却让自己暴露在猛烈的炮火之下。数分钟内，它被4发381毫米炮弹与3发203毫米炮弹命中，其中的一发打到舰桥，除了舰长利奇（J. C. Leach）之外，里面所有人非死即伤，利奇下令军舰在烟幕的掩护下撤退。"威尔士亲王"号是刚刚竣工，还没有渡过战前适应期，它出航时，承包商还在为356毫米炮的炮塔赶工，所以它尚未具有完全的战斗能力，这是利奇上校明白的事实。战斗的损伤使"威尔士亲王"号更加脆弱，但利奇此时仍打算利用他受创的船协助瓦克–沃克的巡洋舰维持与敌舰接触，直到托维的主力舰队赶抵现场。

"胡德"号

类　　型：战列巡洋舰		续航力：以10节可航行7200千米	
下水日期：1918年8月22日		武　　装：12门140毫米炮，8门	
船　　员：1477名		381毫米炮	
排 水 量：45923吨		动　　力：4部蒸汽轮机，4轴	
长、宽、吃水深度：262米×31.7		最大航速：32节	
米×8.7米			

逼近宰杀

利奇不知道的是，他的炮手也击中了"俾斯麦"号3次，使它的两个油槽漏油，并污染了其他的油槽。因此，吕特晏斯决定放弃突围，并驶向西南方到圣纳泽尔，那里是法国大西洋沿岸唯一有足够大可容纳他的旗舰进行修复的干船坞的海港。此刻，托维的舰队仍在东南方530千米处，最快在5月25日7时才能接触。不过，其他的英国军舰也正赶赴现场。索姆维尔（Somerville）上将的H舰队奉海军部之命从直布罗陀向北拦截德国的分舰队，而且战列舰"罗德尼"号、"复仇"号与"拉米利斯"号和巡洋舰"爱丁堡"号亦解除了护航任务参与追击。此时他们关切的是减缓"俾斯麦"号的速度，让猎杀者有机会逼近并围歼。5月24日14时40分，托维上将下令航空母舰"胜利"号向前急驰到距敌舰160千米处的起飞点，并向它们发动一次"剑鱼"机攻击。

22时10分，航空母舰派出了第835中队的9架"剑鱼"轰炸

↑图为受创商船的船员准备弃船。第一艘救生艇已载满了人，悬吊在船外准备降下

机，由尤金·埃斯蒙得（Eugene Esmonde）少校率领。他们在雨和雪中飞行，于23时37分时取得和敌舰的雷达接触，并短暂地目击到"俾斯麦"号，但又再次跟丢。20分钟之后，尾随的英国巡洋舰引导"剑鱼"机找到目标，他们在强大的防御火网下展开攻击。一枚鱼雷命中了"俾斯麦"号的船身，但没有造成重大的损害，其他的8枚都未命中。所有的"剑鱼"机都安然返回航空母舰上，但它派出去的6架"海燕"侦察机之中有2架没有回来。返航的机组人员回报说并未看到"欧根亲王"号的身影，因为"欧根亲王"号奉吕特晏斯上将的命令独自航行。

5月25日3时，吕特晏斯转向东南方，就在这个紧要关头，一直在雷达扫描最大范围内尾随的巡洋舰却失去了联系。"俾斯麦"号的猎捕者所面临的问题又因收到了海军部传来的错误方位而更趋复杂，导致托维上将相信敌舰正朝向东北方进入大西洋。结果，25日，托维的旗舰和其他不少追击舰艇都花了

大半天的时间进行着错误的尝试，直到18时左右，托维才断定
"俾斯麦"号或许是驶向了布列斯特而改变了航线。一份于19
时24分接到的讯息亦指出海军部认同这项判断；事实上，英国
海军部在该日稍早就已指示索姆维尔的H舰队在其舰艇与飞机
可拦截"俾斯麦"号的航线上就战斗位置，以防"俾斯麦"号
驶向比斯开湾。

作战经验

这是幸运的一步。尽管托维的舰队在向东北搜寻期间失去
了宝贵的机会，但猎捕"俾斯麦"号的网渐渐要收起来了。此
时，一位富有作战经验并善于用计的人物登场了，他就是空军
上将鲍威尔。鲍威尔自年轻时就已在英国皇家海军服役，他说
服海军部里的同事，吕特晏斯上将不会直接前往布列斯特，
而会在芬尼斯特岬（Cape Finisterre）靠岸。于是，岸防司令
部的侦察机奉命往南方进行仔细的搜索。26日10时30分，一架
从北爱尔兰阿奇代尔堡（Castle Archdale）［即海鹭湖（Lough
Erne）］起飞的第209中队"卡塔琳娜"（Catalina）水上飞机
在布列斯特西方约1126千米处发现了"俾斯麦"号。它的机长
是丹尼斯·布里格斯（Dennis Briggs）中尉，但德国战列舰事
实上是被他的同僚美国海军少尉李奥纳德·史密斯（Leonard
B. Smith）所发现，史密斯是美国海军少数在英国皇家空军岸
防司令部里得到作战经验的飞行员之一。由于美国仍然保持中
立，史密斯出现在该机上的事情就一直被严格保密。

"卡塔琳娜"机的组员发现了"俾斯麦"号后不久，H舰
队的航空母舰"皇家方舟"号的"剑鱼"侦察机也搜索到了这
艘战列舰。于是，索姆维尔上将派出"谢菲尔德"号以它的

79Y型雷达跟踪，一有机会就指示航空母舰的"剑鱼"轰炸机出击。14时50分，14架"剑鱼"机在风势强劲、大雨狂啸与海浪波涛汹涌的情况下升空。几分钟后，它们的雷达上出现了光点，飞行组员以为那是"俾斯麦"号，但事实上是"谢菲尔德"号，它在该海域的活动并没有向"皇家方舟"号发出信号通报。"剑鱼"机下降，从低云层里钻出来，并从四面八方展开攻击；几架飞机在察觉弄错之前已投下了鱼雷，幸运的是，多亏巡洋舰有效的闪避和装在鱼雷上的磁性引信失灵，所以没有造成任何损伤。

弄错对象的第一波攻击部队回到航空母舰上，19时10分又出动了第二波的15架"剑鱼"机。这群轰炸机在柯德（T. P. Coode）少校的带领下，由"谢菲尔德"号引导找到目标，但因为天气不佳，加上天色变暗和密集的火网，他们没有机会进行协同攻击。不过，两枚鱼雷还是击中了目标，其中一枚命中"俾斯麦"号的装甲带，没有造成损伤，但另一枚打中了船

↓图为救生艇上的幸存者生怕潜艇会再发射第二枚鱼雷而使劲划船，以尽可能远离遭受攻击的船

艉，造成其螺旋桨损毁，并让方向舵卡在左舷15度的位置。21时40分，吕特晏斯上将向柏林发了一通电报：

"舰艇无法机动。我们将战斗到最后一发炮弹。元首万岁。"

其后不久，5艘解除了护航职责的驱逐舰在"哥萨克人"号舰长菲利普·维安上校的指挥下抵达了战斗现场。它们与"俾斯麦"号建立接触，并彻夜尾随，定时回报它的动向，还靠近展开一连串果断的鱼雷攻击，可是都被强大与精确的雷达引导射击挡下。夜间，战列舰"乔治五世国王"号与"罗德尼"号进入了作战距离。然而，托维上将意识到"俾斯麦"号雷达引导火炮的精确性，决定天明之后再与它进行交战；此刻"俾斯麦"号绝对逃不出它的手掌心。

燃烧的废铁

没过多久，在5月27日黎明，托维从西北方接近"俾斯麦"号，他的2艘战列舰约在8时45分时于14600米的射程范围开火。10时20分，"俾斯麦"号已经变成炽热的废铁，所有的火炮都失去了作用，但它仍然漂泊在海上，尽管2艘英国战列舰已向它发射了700多发炮弹，但仅有少部分的炮弹击中目标而已。托维上将大动肝火，他对舰队炮术军官说，他把望远镜丢向"俾斯麦"号的命中率都比炮弹击中率要高。最后，英国战列舰没有受损，只是因严重缺乏油料而被迫中止战斗，让巡洋舰"诺福克"号与"多塞特郡"号（Dorsetshire）接近它，以鱼雷了结它的性命。（然而，有些"俾斯麦"号的幸存者日后宣称是船员把它凿沉的）10时36分，"俾斯麦"号于北纬48.10度，西经16.12度的方位沉没，它的舰旗还在飘扬，2000

↑ 图为一艘浮出海面的德国潜艇。许多潜艇的攻击行动都发生在浮出海面之际，尤其是在夜晚，这时候潜艇很难被发现

多名军官与水手中，除了119人幸存之外，其余都和它一同沉入海底。"俾斯麦"号的残骸静静地躺在那里几乎长达半个世纪之久，直到一支水下考古探险队找到它并拍下照片时，漆在舰艏的纳粹党徽依旧清晰可见。

　　同时，"欧根亲王"号在5月24日驶离"俾斯麦"号后便驶向南方到大西洋中央加油，但由于它的发动机一直出问题，所以该舰的舰长布尔克曼决定放弃突击，并驶向布列斯特。虽然"欧根亲王"号被一架岸防司令部的侦察机发现，但它还是于6月1日未受打扰地抵达了港口，因为，那时不少英国军舰在追击"俾斯麦"号之后返回到港内加油、补充弹药。在该年剩下的日子里，"欧根亲王"号，还有战列巡洋舰"沙恩霍斯特"号与"格奈森瑙"号都在比斯开湾的港内，它们在那里承受英国皇家空军轰炸机司令部惨重与代价高昂的攻击，3艘军舰都负了伤。为了确保德国水面破交船只未来不会再度出击，英国皇家海军于"俾斯麦"号沉没后开始有系统地猎杀它们的

油轮与补给舰。1941年6月，德国的
5艘油轮和3艘补给舰，加上2艘气象
观测船在被拦截后遭击沉或是自行凿
沉。

鱼雷命中

6月12日，由5艘驱逐舰护航的
德国重巡洋舰"吕佐夫"号［克莱许
（Kreisch）为舰长］企图突围进入北
大西洋攻击商船。午夜前不久，它在
林德斯内斯（Lindesnes）沿海被一架
英国皇家空军的侦察机发现，于是14
架第22与第42飞行中队的"波弗特"
鱼雷轰炸机前往攻击。第42中队的洛
威特（R. H. Loveitt）上士找出"吕佐
夫"号的位置，并投下一枚鱼雷命中

↑图为"俾斯麦"
号的一些生还者被
救起。"俾斯麦"
号上超过2000名的
船员中仅有119人生
还。它的残骸静静
地躺在海底几乎达
半个世纪之久

它的船身。这艘重巡洋舰靠着尚未完全失去动力的发动机和严
重倾斜的船身挣扎着返回基尔港，并于6月14日下午抵达。它
待在船坞里长达6个月，而洛威特也因此被授予了应得的"空
军杰出勋章"（DFM）。这是德国海上突击舰最后一次打扰大
西洋护航舰队，等到下一次德国海军的重型军舰于1942年重返
战场时，它们的作战焦点将是在北极海，配合德军入侵苏联。

在大西洋，英国皇家空军的远程战斗机虽让福克·沃尔夫
"兀鹰"式轰炸机愈来愈难生存，可是德国与意大利潜艇的威
胁依旧没有解除。1941年夏，被潜艇击沉的船的总吨位有了令
人欣喜的下降，这归功于几项因素。例如，从5月底开始，英

国开往北大西洋的护航舰队都有加拿大与英国军舰的持续护航，这是先前由于护航舰的匮乏所无法办到的。另外，他们也在5月间创立了大西洋"掩护大队"（support groups），即借由调派其他护航船队的护卫舰来强化仅有一支护航队时处于威胁中的防御力。这套体系在1941年6月23日到28日首次进行实战测试，当时HX133护航队在格陵兰南方遭到10艘潜艇的袭击。在5个昼夜里，德国潜艇与13艘护卫舰激烈交战，英国虽损失5艘商船，但也击沉了U-556号与U-651号。

意外的收获

1941年5月8日，布莱奇利公园（Bletchley Park）的专家获得一个天大的意外收获，当时OB318护航舰队的驱逐舰"牛头犬"号（HMS Bulldog）迫使一艘德国潜艇浮出水面，这艘潜艇是U-110号［由尤力乌斯·伦普（Julius Lemp）上尉指挥］。德国人设好定时炸弹并弃船逃逸，但它的雷管却失灵。"牛头犬"号的登船小组有惊无险地登上了这艘潜艇，并取走代码簿和"恩尼格玛"（Enigma）密码机。以下引用英国官方的历史

破解密码

1941年夏，被击沉的盟军舰艇数目减少，主要是因为盟军实施愈来愈有效率的护航体系。然而，盟军看似转败为胜的真正关键在于情报部门。尽管"极"（Ultra）和布莱奇利公园破解密码的行动此时已是众所周知的故事，但它于战后仍持续在严密的监控下保密长达30多年之久。没有这群奉献心力的专家，大西洋战役的结果或许会有很大的不同。

论述他们这次捕获：

　　……短期代码簿的结果，它使"政府代码暨密码学校"（GC & CS）可以读取自5月以来的德文简讯（Kurzsignale），简讯中有潜艇发送的目击报告和天气数据。这个俘虏又让政府代码暨密码学校能够解读6月与7月的所有当前电信，包括军官才可以看的讯息。到了8月初，学校终于掌握了它对本土海域的设定（德国海军密码机使用的代号），并能够解读大战中剩余时间所有的海军信号指示。除了1941年下半年有偶尔几天要耽搁一些时间，最多是耽搁72小时，一般则更少，通常只有几个小时。

　　德军本土海域设定的密码数字每天都会更换，它占了德国海军无线电通信流量的95%。"谜"和其他敌军高级密码产出的结果被称为"极"（Ultra）。1941年5月的这项突破使整场对抗潜艇的战争进入了一个新的局面。解码员与海军部潜艇追踪室（Admiralty Submarine Tracking Room）的参谋此时能够洞悉一

↓图中这艘潜艇遭到深水炸弹攻击后浮出水面，并被它的船员遗弃。一艘美国护卫舰正在待命准备把生还者救上来

A German Naval Enigma Machine. It has four rotors and was known at the Mk. 0 was introduced on Atlantic U-boats in February 1942 & was not broken until December 1942 after the capture of cypher documents from U-559 in the Mediterranean.

U-47号

类　型：攻击潜艇	武　装：5具533毫米鱼雷发射管，一门
下水日期：1938年	88毫米（3.5英寸）炮，一门20
船　员：44名	毫米机关炮
排水量：水上765吨，水下871吨	动　力：双轴螺旋桨柴油/电力发动机
长、宽、吃水深度：66.5米×6.2米×4.7米	最大航速：水上17.2节，水下8节
续航力：以12节可航行10454千米	

艘潜艇的整个作战流程，虽然在潜艇追踪室声称比邓尼茨上将的参谋知道更多关于潜艇的部署之前需要几个月的时间，但1941年夏仍是个转折点。从"极"中可推导出潜艇的移动和位置，并使海军部得以重新修改护航舰队的航线避开潜艇的袭击，就是"极"的讯息让他们能够加强HX133护航舰队的防御力，其结局不言而喻。

潜艇追踪室

对敌方海军信号指示的解码绝非新闻。对敌国无线电信号的监听与解译最早可追溯到1914年8月。第一次世界大战中的反潜作战经验或许对英国与盟军的胜利有重大贡献。在1941年下半年，借着非常谨慎的推测，海军部潜艇追踪室利用"极"的解码电文，十分巧妙地于德国"狼群"（wolfpacks）周围重新更改护航舰队的航线，有300多艘船因此逃过了被摧毁的命

←←图中为德国的"恩尼格玛"（德语：Enigma，即"谜"）密码机。成功破解德国海军的密码是盟军在大西洋和其他地方得以获胜的重要因素

运，这对大西洋战争的结果无疑具有决定性的影响。邓尼茨上将原本就预料在1941年春发动的潜艇攻势可能无法轻易维持先前对商船的高击沉率，但也因为部署了更多的潜艇而使击沉数目不断上升。德国的海军指挥官期望在美国的援助到来之前，尽可能削弱英国的兵力，避免两线作战，并让德军得以游刃有余地对付苏联。

当德国的侵略正如火如荼地展开之际，白厅（Whitehall）的当权者都不看好他们的前景。1941年初，英国食物储量低得危险：小麦可维持15个星期；肉类（配额是每人每星期一先令的量）仅有2个星期的量；奶油的配额可达8个星期；熏猪肉的配额则有27个星期。他们已经没有进口水果的储存。这些数据揭示出一个可怕的事实，除非商船沉没的数目下降，否则，在新的商船能够快点建造出来以维持英国赖以生存的进口之前，英国人就要挨饿了。

幸好，就在这么关键的时刻，"极"有了突破。它所产出的情报可以分为两类。第一类，也是最重要的一类是直接的战争用途。由于潜艇使用的狼群战术必须仰赖目击回报的传送和

↓图为正当一架"卡塔琳娜"水上飞机在上空盘旋监视之际，一艘拖船正在待命准备把投降的U–570号潜艇拖走。这艘潜艇被拖至冰岛，后来改名为格拉夫号进入英国皇家海军服役

潜艇间的导航讯号，才得以在岸基飞机航程之外的海域上集结起来于夜间展开袭击。当时护航舰队对这套战术几乎是无能为力。不过，突击的成功与否依赖于潜艇指挥部紧密的中央管控，还有战术命令、巡逻指示、战情回报和其他信息的流通传递，这让它们在"极"与高频方位测定仪（HF/DF）的收发之下变得脆弱。第二类，"极"提供了大量有价值的背景数据，包括潜艇进出基地的航向细节，巡逻的频率和新船投入作战的比率。它也揭露了它们的作战特性，比如各种不同的潜艇的航速、潜水深度、自持力、武装、信号与雷达设备，以及目前在海上作战的潜艇状况。

危机解除

尽管有"极"的情报，但1941年6月商船的沉没数目依旧居高不下，有一部分原因是德国人在航海网格线图上有加密的参照而使有关潜艇位置的密码电文解译困难；还有一部分原因是敌方潜艇在西非海域的活动增加，英国在那里的防御准备不当，许多船只仍然是单独航行的。由于德军被派去支持潜艇（还有"俾斯麦"号）的油轮都被击沉了，参与这次作战的潜艇缺乏海上加油设施，不得不于6月底返回基地。当它们在9月重回该区执行任务时，护航舰队的支援群体系已经建立，潜艇取得的战果相对降低，而且多亏"极"，盟军舰艇此时能够循着没有危险的航道航行。

更重要的是，自6月底以来，北大西洋上的沉船数目开始下滑。虽然部分原因是英国海军采取行动减少单独航行的船数，但主要还是因为"极"的指引，让它们避开了可能遭大规模突击的航线。到了1941年夏，岸防司令部已迫使潜艇驶向西方，让它们处于己方空中巡逻机的航程范围之外，这给了护航舰队更多回避航线可选，所以立即导致船队遇袭的次数急遽下滑。沉船总吨位从5月、6月的304814吨掉到7月、8月的101604吨。

邓尼茨极为困惑地来回调动他的潜艇，努力地想找出躲避不见的护航舰队，却是徒劳。虽然德国当局知道英国获取了珍贵的情报信息，但他们从来没怀疑过海军的密码已经遭到泄密。德国人也知悉，英国掳获了一台"谜"密码机，却不知道他们也已取得每日密钥；没有密钥，密码机根本一文不值。所以他们推断，数据一定是从其他通信中流出。邓尼茨因为英国人经常传送潜艇的精确方位而暴怒（讽刺的是，英国的电文密码在大战之前就已被德国人破解），他采取严厉的手段来阻止泄密，甚至到连他自己都接受调查是否可能为源头之一的程度。

潜艇的部署

然而，德国所犯下的最大错误是将调查交到密码分析师的手里。因为这些人对"谜"有着不可动摇的信念，并认为其密码即使是在一定的时间范围内可能产生有用的蛛丝马迹，但依旧是破解不了的。于是他们浪费大量的时间在追踪一个接着一个的错误线索上。他们也没察觉高频方位测定仪在英国人判断潜艇部署时的重要性。此外，他们的气象码讯息亦助了英国分析师一臂之力。

1941年9月，击沉船数再次攀升，这主要是因为航海网格线图加密参照的更新，但到了10月时这些问题都被克服了。回避航线得以再重设，沉船率下滑，尽管此时在海上活动的潜艇数目（此时为80艘）是攻击开始时的两倍。11月，沉船总吨位跌到62994吨，这是18个月以来的新低。此刻，不少潜艇已被调派至北极海与地中海，至于其他的则大多集中在直布罗陀沿海，那里英国皇家空军岸防司令部的巡逻机能立即监控。德国差不多已暂时放弃了在跨大西洋航线上的攻势。

在8月，英国情报部门对抗潜艇的行动由于军方俘虏了一艘完好的潜艇而得到不少帮助。这艘潜艇是U-570号，它属于冰岛西南方活动对付HX145护航舰队的一支战斗群，这支护航舰队已被德国的B信号情报部（B Signals Intelligence Service）探出位置。德国潜艇在恶劣的天气下遭到第269中队一架由汤普森（J. H. Thompson）中队长驾驶的"哈德森"式战机攻击，但未受损。潜艇的指挥官汉斯·拉姆洛（Hans Rahmlow）少尉升起白旗投降，"哈德森"飞机持续在上空盘旋直到第209中队的一架"卡塔琳娜"飞机来接替。8月27日，第一艘接替的武装拖船抵达了现场，船员们被载走，潜艇也被拖到冰岛靠岸。虽然船员已摧毁了潜艇上大部分的机密资料，但俘虏完好无缺的德国潜艇仍是一项重大的成就。它在英国皇家海军旗下以格拉夫号（HMS Graph）为名继续服役，退役之后被当作深水炸弹测试船，让英国人得到了关于爆炸对其加压船壳的影响的重要数据。

尽管英方此后的损失依旧高昂，但有些德国的历史学家视1941年末为大西洋战役的转折点：回避航线所挽救的舰艇不只是挫败了邓尼茨的攻势，还为未来大量的损失做缓冲。盟军在1941年下半年也得以有喘息的空间，如此他们便可随着反潜武器与战术的发展继续这场战争，并为日后大量建造的商船打下基础，这将确保他们的胜利。1941年的胜利是属于"极"的，而且这个胜利也扩大到英国皇家海军在平静的地中海海域的行动。

5

地中海战区：
1940至1941年

意大利领袖墨索里尼渴望能在战争的掠夺物中分到一杯羹而向英、法宣战，盟军在地中海战场上遭受猛攻。

←图为英国海军航空母舰"光辉"号和它的费尔雷大青花鱼（Fairey Albacore）鱼雷轰炸机。"光辉"号在护送补给船队到马耳他期间惨遭重创，并在美国维修

最后一批部队才刚从敦刻尔克岸上撤离，英国人就发现他们面临新的敌人。1940年6月10日，墨索里尼（Benito Mussolini）显然相信战争已经打赢了，于是向英、法宣战。这个时候，意大利部署了6艘战列舰（但只有2艘准备好作战）、7艘重巡洋舰、12艘轻巡洋舰、59艘驱逐舰、67艘鱼雷艇和116艘潜艇。相对地，英国在东地中海上只有4艘战列舰、9艘轻巡洋舰、21艘驱逐舰和6艘潜艇，再加上法国的1艘战列舰、3艘重巡洋舰、1艘轻巡洋舰、1艘驱逐舰和6艘潜艇。另外，还有6艘英国潜艇与1艘驱逐舰在马耳他（Malta）。

在地中海西方，英、法海军联合起来拥有5艘战列舰（1

→图为目击意大利的军舰之后，一艘英国驱逐舰便施放出烟幕以保护一支从亚历山大港（Alexandria）到马耳他的补给船队

艘是法国的）、1艘航空母舰、4艘重巡洋舰、7艘轻巡洋舰（6艘是法国的）、46艘驱逐舰（37艘是法国的）和36艘潜艇（全是法国的）。到了6月10日，意大利海军布下了广泛的水雷障碍在意大利地中海海岸与亚得里亚海。除此之外，54艘潜艇也在它们的作战位置就位。6月12日，其中的一艘潜艇"巴格诺里尼"号（RN Bagnolini）击沉了英国轻巡洋舰"克里普索"号（HMS Calypso）而取得了初期的胜利。紧接着，英国又失去了3艘潜艇："奥丁"号（HMS Odin）于6月13日在塔兰托湾（Gulf of Taranto）沿海被驱逐舰"斯特拉"号（RN Strale）击沉，3天之后，"逆戟鲸"号（HMS Grampus）在叙拉古（Syracuse）沿海被鱼雷击沉，而"奥菲斯"号（HMS Orpheus）则在托布鲁克（Tobruk）沿海被意军驱逐舰"涡轮机"号（RN Turbine）击沉。

在意大利宣战前不久，英国地中海舰队总司令安德鲁·坎宁安（Sir Andrew Cunningham）上将决定调派他舰队中一支强大武力到可以挑战意大利的地中海中央海域。6月11日，舰队发动了第一波的攻势打击正驶向利比亚（Libya）的意大利舰队，这是一支已被派去炮轰托布鲁克的巡洋舰与驱逐舰舰队。不过，这次行动是失败的，他们只击沉了1艘意大利小型扫雷艇，而自己则损失了"克里普索"号。14日，4艘法国重巡洋舰与11艘驱逐舰从土伦出击，它们前往炮轰意大利沿岸的目标，包括热那亚港（Genoa）。

1940年6月底，正值法国溃败之际，一支强大的英国皇家海军分舰队在詹姆斯·索姆维尔（Sir James Somerville）中将的指挥下集结于直布罗陀海峡。这支舰队被称为H舰队（Force H），它包括了刚从英国调来的航空母舰"皇家方舟"号、战列舰"勇敢"号与"决心"号、2艘巡洋舰和11艘驱逐舰，还

有战列巡洋舰"胡德"号。H舰队要执行英国皇家海军史上最
悲惨与最让人郁闷的任务之一时，仅成军了一个星期而已。这
次作战即是"弩炮行动"（Operation Catapult），他们试图在
奥伦（Oran）与米尔兹比克（Mersel Kebir）摧毁法国舰队。
索姆维尔奉命和他的分舰队驶向奥伦，并给予法国指挥官金
索尔（Gensoul）上将一封最后通牒：要么加入英国；要么与
投降的船员一同驶向法属西印度群岛；要么凿沉他们的船或
面临被摧毁的命运。7月3日，"皇家方舟"号的霍兰（C. S.
Holland）上校被派往奥伦与金索尔谈判，但这位法国上将拒
绝考虑任何选项。18时前不久，"勇敢"号、"决心"号和
"胡德"号开火，它们的舰炮由"皇家方舟"号的"剑鱼"机
做定位引导，而另一波次的"剑鱼"机则在米尔兹比克附近的
港埠入口投下水雷。强大的火力击中了战列舰"布列塔尼"号
的弹药库，将它炸毁，"敦刻尔克"号与"普罗旺斯"号严重
受创，2艘驱逐舰也被击沉。

← ← 安德鲁·坎宁
安上将在1940至1942
年严酷的战役期间
指挥着英国地中海
舰队

"敦刻尔克"号

类　　型：战列舰	续航力：以15节可航行13897千米
下水日期：1935年10月2日	武　　装：16门127毫米炮，8门330毫米炮
船　　员：1431名	炮
排水量：36068吨	动力：4部蒸汽轮机，4轴
长、宽、吃水深度：214.5米×31米×8.6米	最大航速：29.5节

太阳西沉时,战列舰"斯特拉斯堡"号与5艘驱逐舰仓皇地寻求安全庇护。它们被"皇家方舟"号的"剑鱼"机袭击,但由于强大的防空火网和愈来愈暗的天色,飞行员难以瞄准目标,法国军舰亦得以逃脱至土伦。次日清晨,"皇家方舟"号出动另一批携带鱼雷的"剑鱼",打算终结金索尔的旗舰,即在奥伦港搁浅的"敦刻尔克"号。4枚鱼雷命中了"敦刻尔克"号旁边的辅助舰"新大地"号(Terre Neuve),它载着深水炸弹,爆炸与碎片撕开了这艘战列舰的船侧,使它无法继续作战。

另一支法国分舰队,包括战列舰"洛林"号、4艘巡洋舰和一些小型的军舰于亚历山大港活动。在坎宁安上将的指挥下,它于法国溃败之前带领着英国东地中海舰队(British Eastern Mediterranean Fleet)。坎宁安设法和法方职务与他相称的人,即高伏罗(Godfroy)上将达成和平的解决方式,并

将法国军舰遣散。另一方面，法国仍有新型战列舰"让·巴尔"号与"黎塞留"号的问题有待解决：它们在德国占领布列斯特港之前逃离了那里，此时正处于西非的卡萨布兰卡（Casablanca）与达喀尔（Dakar）港。7月8日，"竞技神"号上的一艘舰载快艇开进了达喀尔港，并在"黎塞留"号的船艉投下深水炸弹企图让它的船舵与螺旋桨失去作用，可是深水炸弹并没有引爆，而且尽管这艘战列舰在稍后遭到"竞技神"号的"剑鱼"机攻击，也仅受到了轻微的损伤而已。2个月之后，在一次英军登陆塞内加尔（Sen-egal）失败的行动期间，"黎塞留"号又遭受攻击，这次是由"皇家方舟"号所为。然而，空袭被证明是无效的，还有9架"剑鱼"机与"贼鸥"机被击落。

↑ "黎塞留"号是法国最新投入服役的战列舰。它逃到了达喀尔，并遭英国舰队攻击，不过仅遭受轻微的损伤

不幸的事件

7月7日，坎宁安上将从亚历山大港起航，他有双重的目的，其一是为两支从马耳他开赴亚历山大港且载着补给的船

队护航，其二是借由在意大利南岸的视线范围内活动来向意大利海军挑战。坎宁安的舰队分为3支：领队［A舰队（Force A）］包括了5艘巡洋舰；中央舰队（B舰队）由战列舰"厌战"号与驱逐舰群掩护；而C舰队则殿后，它还包括了航空母舰"鹰"号、10艘驱逐舰和身经百战的战列舰"马来亚"号与"君权"号。英国舰队的空中支持包括15架"剑鱼"机和3架"海斗士"机所组成的"鹰"号飞行大队。两天前，"剑鱼"机就取得了一次令人瞩目的成功，当时它们从埃及的一座英国皇家空军机场起飞作战，在托布鲁克港的一波鱼雷攻击中击沉了意大利的驱逐舰"西风"号（RN Zeffiro）和一艘4064吨的货轮"曼佐尼"号（Manzoni），还重创了驱逐舰"欧罗"号（RN Euro）和15240吨的运兵船"里古利亚"号（Liguria）。

早在7月8日，一艘巡逻的潜艇就报告说一支包括两艘战列舰的强大敌方舰队正驶向南方，他们的位置在塔兰托与班加西（Benghazi）之间。于是英国派出"剑鱼"侦察机，他们返

英国无情的决定

英国摧毁法国舰队造成法国海军1297人丧命的不幸事件引发不少争论。包括3位牵扯在内的资深海军军官［身在直布罗陀北部的杜德利（Sir Dudley）上将、坎宁安上将与索姆维尔上将］都表示反对，他们相信问题会及时以非武力的方式解决。但在1940年夏，英国政府不知道贝当（Petain）元帅在停战后的政治态度会转向哪边，只有一件事是确定的：若法国舰队不再保持中立，他们的力量会让地中海的权力平衡倾向敌方。在这样的情况下，英国政府的决定仅有一个可能，该决定向世界展示了，若有必要，英国（即便是势单力孤）也会毅然发动无情的行动。

航之后回报敌船正沿着东方航线驶去，这让坎宁安相信意大利正在护送一支船队到班加西。他延迟了马耳他护航船队的起航，并下令舰队转向，让他的位置处于敌舰与他们在塔兰托的基地之间。当天下午，英国舰队遭到126架意大利轰炸机一连串的高空轰炸。"鹰"号被挑选为主要目标，尽管差点被数颗炸弹命中，但它还是毫发无伤。只有一艘巡洋舰"格罗斯特"号（HMS Gloucester）被击中而毁损。即便如此，意大利的轰炸还算准确，他们在超过3048米的高空作战让英国军舰大部分的防空火炮无用武之地。

　　7月9日黎明，坎宁安位于希腊西南端沿海96千米处，而敌方（2艘战列舰、16艘巡洋舰与32艘驱逐舰）则大约在他的前方240千米，位于爱奥尼亚海（Ionian Sea）。11时45分，两

↓ "朱利奥·凯撒"号战列舰在20世纪30年代进行重造。它在瘫痪塔兰托的意大利舰队空袭战中逃过了一劫，依旧是一个令人畏惧的对手

支舰队之间只剩下145千米的距离，于是"鹰"号派出9架"剑鱼"机发动攻击，试图让敌舰的速度减慢，但由于敌舰主力转向而没能找到它们所在的位置。不过，"剑鱼"机还是穿过层层的弹幕向一艘殿后的意大利巡洋舰投下鱼雷，可是并未击中。"剑鱼"轰炸机返回"鹰"号上加油并补充弹药。

15时15分，坎宁安的先遣巡洋舰舰队发现了敌方，敌舰立刻向它们开火。10分钟之后，"厌战"号抵达现场，并以它的381毫米炮与意大利巡洋舰交战，直到意舰在烟幕的掩护下撤退为止。15时45分，"剑鱼"轰炸机升空发动第二波的攻击，当他们飞离了3分钟之后，"厌战"号与意大利旗舰"朱利奥·凯撒"号接触，并在23764米（26000码）的距离处向它开火。"厌战"号重创了"西泽"号，还使它的航速降为18节。意大利的指挥官康比欧尼（Campioni）上将立刻下令中止任务，在姐妹舰"康提·迪·加富尔"号的协同下朝意大利海岸驶去。他还下令他的驱逐舰舰队反击以牵制，并施放烟幕作为掩护。

烟幕

16时15分，9架"剑鱼"轰炸机在德贝汉姆（Debenham）少校的带领下抵达了意大利军舰附近的海域，飞行员在海面上浓密的烟幕中奋力去寻找目标。几分钟之后，德贝汉姆发现了两艘大型军舰出现在烟雾里，便引领他的轰炸机进行攻击。事实上，这两艘船是巡洋舰"特伦托"号（RN Trento）与博尔扎诺号（Bolzano），它们立刻转向再次躲进烟雾之中，并在来袭"剑鱼"机的飞行航线上发射了密集的弹幕。鱼雷没能击中目标，所有的轰炸机也安然返回到航空母舰上。它们在17时5分时于另一波意大利轰炸机的高空轰炸中降落，虽然"鹰"号与"厌战"号都被落在旁边的炸弹撼动，但幸好没有任何英国军舰被击中。

17时30分，坎宁安放弃追击，并设定航线返回马耳他，因为没有足够的战斗机掩护，再靠近意大利海岸航行就等于是自杀。不过，第二天下午，"鹰"号上的"剑鱼"机再次起飞发动攻势，这一次要对付的是据报在奥古斯塔（Augusta）的西西里港（Sicilian Harbour）聚集的巡洋舰与驱逐舰。轰炸机在黄昏时抵达海港的上空，却只发现一艘驱逐舰和一艘油轮仍在那里。这两艘船都遭到鱼雷攻击，驱逐舰累奥内·潘卡耳德号（RN Leone Pancaldo）在数分钟内就翻覆沉没。

坎宁安让他的舰队在马耳他加油并补充弹药之后，将他

↓图为英国海军战列舰"厌战"号的主炮正在进行半齐射。它在1943年于萨莱诺（Salerno）沿海遭到无线电遥控的滑翔翼炸弹重创，但只进行了部分维修

的首要任务转移到护送开往亚历山大港的护航舰队上。在接下来的3天里，船队不断地遭受意大利空军的攻击，但他们还是在7月14日毫发未损地抵达了亚历山大港。这场坎宁安与意大利人的冲突，就是后人所知的"卡拉布里亚战斗"（Action of Calabria），是首次有航空母舰舰载机参与作战的舰队行动。后来的研究者们认为，由于"剑鱼"机的飞行员缺乏经验，英国海军航空兵没有做出什么实质的贡献，只让敌人确信在面对鱼雷无效的反复攻击之下，撤退是最好的策略。若意大利拥有一艘载满战斗机的航空母舰（即使是像"鹰"号那样过时），那么结果很可能会大为不同，更会让"剑鱼"轰炸机蒙受相当大的损失。

高空轰炸

对意大利空军而言，他们曾对高空轰炸的精确度与密集

"鹰" 号		
类　　型：航空母舰	续 航 力：以15节可航行5559千米	
下水日期：1918年6月8日	武　　装：5门102毫米炮，9门152毫米炮	
船　　员：950名	动　　力：4部蒸汽轮机，4轴	
排 水 量：27664吨	最大航速：22.5节	
长、宽、吃水深度：203.4米×32米×8米		

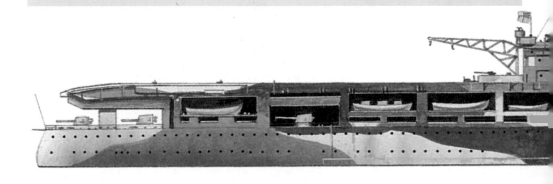

度寄予厚望，但以此对付采取闪避动作的敌舰目标是完全无效的。意大利空军对坎宁安舰队的袭击没有成功，但却有一个破坏性的影响，它引发了英国人自满的念头，相信轰炸机不会严重妨碍英国皇家海军在地中海活动的自由。这样的信念又在8月17日得以强化。战列舰"厌战"号、"马来亚"号、"拉米利斯"号和重巡洋舰"肯特"号及12艘驱逐舰在对昔兰尼加（Cyrenaica）的巴迪亚（Bardia）与卡普佐堡（Fort Capuzzo）展开炮轰之后，英国舰队遭受意大利空军的攻击，但毫无损失。而且，12架敌方轰炸机还被以沿岸为基地的"鹰"号战斗机大队摧毁。然而，这样的自满还没过几个月就被动摇，因为首批德国俯冲轰炸机中队抵达了西西里岛（Sicily）和意大利。

到了月底，英国皇家海军在地中海的打击力量有了新的阵容，即强大的装甲航空母舰"光辉"号（Illustrous）。它的排水量达23369吨，除了本身的2支剑鱼飞行中队，第815与第819中队之外，还搭载了第806中队，它是第一个配备费尔雷"海燕"（Fairey Fulmar）单翼战斗机的单位。配备劳斯莱斯梅林（Rolls-Royce Merlin）引擎的"海燕"战斗机有8挺0.303英寸勃朗宁机枪，最高时速仅435千米，部分原因是它要承载两名飞行员，所以比当

时其他的陆基战斗机如霍克飓风还要慢许多。然而，"海燕"的性能很明显地胜过"海斗士"或"贼鸥"，14支英国海军航空兵的中队最后都采用了"海燕"。多亏"海燕"战斗机，坎宁安上将此时有了有效的工具来反制飞越他舰队上空的意大利高空轰炸机与侦察机。在大约两个月的战斗中，第806中队就宣称击落了20多架敌军的战机。

在9月，从"光辉"号和"鹰"号上起飞的"剑鱼"轰炸机对位于多德坎尼斯（Dodecanese）的意大利机场进行了数次俯冲轰炸。其中的一回合，在袭击位于罗德岛（Island of Rhodes）的马里萨（Maritza）机场时，"剑鱼"机于日出之前没能扫荡敌军的领域，并遭意大利的CR.42型战斗机攻击。

↓ 在地中海，英国皇家海军的航空母舰拥有决定性的优势。照片前方的是英国海军"鹰"号，它在1942年8月11日于巴利阿里群岛被U–73号潜艇击沉

13架"剑鱼"机中有4架被击落，全都是"鹰"号上的飞机。不过，英国海军航空兵在9月17日晚报了一箭之仇，当时"光辉"号的15架"剑鱼"机击沉了两艘意大利驱逐舰，还使班加西港的其他几艘船舶受创。"皇家方舟"号的"剑鱼"机也在同时段展开行动，它们对西西里岛的机场进行一连串的轰炸突击，好让意大利转移对航空母舰"暴怒"号与"百眼巨人"号的注意力。这两艘航空母舰刚从英国载着支援的"飓风"式战斗机到达马耳他。自意大利在6月加入战局之后马耳他岛就一直遭受意大利空军的袭击。而且直到此时的3个星期里，岛上单独的防空力量都是由3架"海斗士"来担当，另一架飞机则被保留以作为后备之用。

↑ 图中为1940年11月，英国海军航空兵攻击塔兰托之后，受损的意大利军舰的燃油大量外泄。日本人以塔兰托的教训为蓝本来策划对珍珠港的奇袭

　　马耳他最严峻的考验还没有来到，但此时，地中海的大事都聚焦在其中的一项行动上，该行动在往后的日子里成了英国海军航空兵永垂史册的荣耀：奇袭停泊在塔兰托的意大利舰队。

攻击塔兰托

　　英国海军由航空母舰舰载机对塔兰托进行攻击的计划早在1935年意大利部队入侵阿比西尼亚时就已开始策划。事实上，意大利有两处重要的海军基地，一处在那不勒斯（Naples），另一处就在塔兰托。1940年秋，意大利开始召集大批的海军单位到塔兰托以抗衡英国地中海舰队的威胁。那时坎宁安上将可支配的航空母舰只有一艘旧式的"鹰"号，所以对广大的意大利基地发动攻击被视为是不切实际的。然而，"光辉"号的到来让局势得到改观。英国的攻击计划经过修正之后，他们决定于10月21日晚间，即特拉法尔加战役的100周年庆时，从"光辉"号与"鹰"号上发动攻击。可是，在进攻日前，意大利一连串的炮火击中了"光辉"号的机库，几架飞机被毁，而其他飞机则暂时无法参战，攻击行动不得不延后3个星期。

　　空中侦察显示意大利舰队6艘战列舰的其中5艘都停泊在塔兰托，还有大批的巡洋舰与驱逐舰。战列舰和一些巡洋舰停在较外侧的港区［格兰德海（Mar Grande），那里是一个马蹄形的广阔海域，而且水相当浅］，而其他的巡洋舰与驱逐舰则停靠在内侧的皮克罗海（Mar Piccolo）。停泊在外侧的船四周都布有防鱼雷网和好几排的防空气球保护，这些气球或许比防空火炮更能给低空飞行的"剑鱼"机造成致命威胁。代号为"审判行动"（Operation Judgment）的作战日期定在11月11日晚。

"鹰"号由于遭到数颗近失弹攻击而损毁，在最后一刻退出了攻击行动，舰上的其中5架飞机也转移到另一艘航空母舰上。"光辉"号与舰队于11月6日从亚历山大港起航，两天之后，它们在爱奥尼亚海和几支正从马耳他开赴亚历山大港与希腊的护航船队会合。这群聚集在一起的舰队被意大利人发现，而且在两天后就遭受意大利空军的突击。不过，意大利的攻势为第806中队的"海燕"战斗机所粉碎，英国宣称击落了10架敌机而己方并无损失。

11日18时，随着护航船队的安全离开，"光辉"号也驶离了舰队主力前往战机起飞的作战位置，那里距塔兰托274千米，并在四周部署了4艘巡洋舰与4艘驱逐舰。英国有21架飞机可执行任务：第815中队12架，由威廉森（K. Williamson）少校率领；第819中队9架，由黑尔（J. W. Hale）少校指挥。由于目标上空的空间有限，每一波的攻势只有6架飞机可以搭载鱼雷，其他

↑ 图为在马耳他首都瓦莱塔（Valletta）的意大利战列舰"康提·迪·加富尔"号。这张照片是它在战前参访时所拍摄。意大利投降之后，"加富尔"号为德国夺取，1945年2月在的里雅斯特（Trieste）遭空袭沉没

↑ 图为开火中的战列舰"维托里奥·维内托"号。在塔兰托之役后，它活跃地进行战斗直到意大利投降。当时，它在苏伊士运河（Suez Canal）的亚马洛湖（Lake Amaro）遭到扣留

的飞机则在格兰德海东方投下照明弹，照出下锚在那里的军舰或对停在皮可罗港的船只进行俯冲轰炸。

　　"剑鱼"轰炸机的第一波攻击于20时40分展开，它们在无云的天空中设定好航线，并攀升到2438米的高空，于22时20分抵达了敌方海岸。"剑鱼"机的编队此时分成两群，搭载鱼雷的轰炸机转向，从西方接近目标，而投射照明弹的"剑鱼"机则飞向格兰德海东方的位置。23时整，鱼雷机就位，并开始发动攻击，它们成排地向下俯冲，把引擎的节流阀拉到底。威廉森的飞机下降到10米的高度，掠过塔兰托堤坝（Diga di Tarantola）的尾端，并向驱逐舰"富明"号（Fulmine）投下了鱼雷。鱼雷虽错失了目标，却继续冲向前去命中更大的战列舰"康提·迪·加富尔"号的船舷。其后，这架"剑鱼"机被

防空火网击落，并迫降在海上，威廉森与他的观察员史考雷特（N. J. Scarlett）上尉一道被俘。而其他"剑鱼"机的两枚鱼雷也击中了新出厂的战列舰"利托里奥"号（Littorio），并全都逃离了目标区，设定好航向返回航空母舰。另外的6架"剑鱼"机也是一样，它们的炸弹摧毁了一些油轮，并让皮可罗港旁的水上飞机基地发生了火灾。

↓襲击塔兰托海军基地示意图。1940年11月，英国海军航空兵的"剑鱼"轰炸机在此地发动一场著名的突击

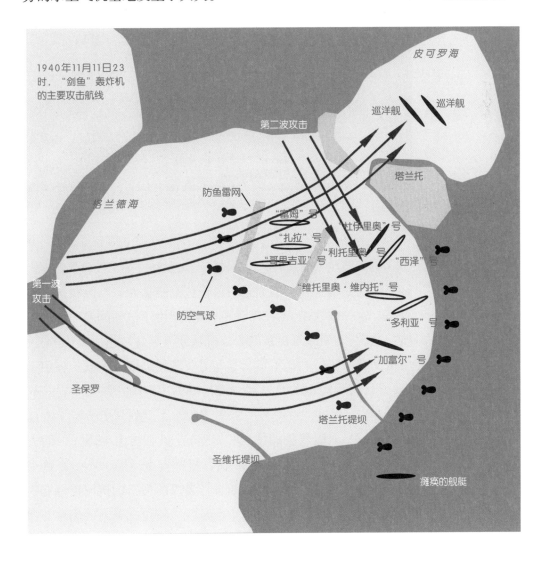

1940年11月11日23时，"剑鱼"轰炸机的主要攻击航线

皮可罗海

巡洋舰

巡洋舰

第二波攻击

塔兰托

格兰德海

防鱼雷网

"富姆"号

"杜伊里奥"号

"扎拉"号

"利托里奥"号

"西泽"号

"哥里吉亚"号

第一波攻击

"维托里奥·维内托"号

防空气球

"多利亚"号

"加富尔"号

圣保罗

塔兰托堤坝

圣维托堤坝

瘫痪的舰艇

→图为1941年1月10日，英国海军"光辉"号遭"斯图卡"轰炸机攻击之后起火燃烧。德国俯冲轰炸机突然在地中海现身，让英国人感到十分意外

耀眼的火势

第一波攻击结束后约50分钟，英国发动了第二波攻势，他们轻易地找到塔兰托，因为整个目标区都被探照灯与耀眼的火势点亮。这一波攻击只有8架飞机，第9架由于机械问题而被迫返航。这次，5架载着鱼雷的轰炸机从北方展开攻击，其中的2枚鱼雷又命中了"利托里奥"号与另一艘战列舰"卡欧·杜伊里奥"号，第4枚也差点打到"维托里奥·维内托"号（Vittorio Veneto）。不过，由贝利（G. W. Bayley）上尉与史劳特（H. G. Slaughter）上尉驾驶的第5架"剑鱼"机则被击中爆炸，两人双双阵亡。3时，其余的"剑鱼"机都安全返航，不过有些受创不轻。几名对皮可罗港船舶进行轰炸的飞行组员回报说有些炸弹并未引爆，其中一枚击中巡洋舰"特伦托"号的船身却弹

入水里，而击中驱逐舰"西南风"号（Libeccio）的那枚亦如出一辙。

第二天，英国皇家空军侦察机的航拍照揭示了他们作战的成果。庞大的"利托里奥"号船舷遭3枚鱼雷撕裂，船艏严重下沉，还在大量漏油，需要4个月的时间才能修复。"卡欧·杜伊里奥"号与"康提·迪·加富尔"号也都各被一枚鱼雷击中，前者搁浅，后者沉没。"杜伊里奥"号在6个月之后修复，重回意大利海军服役；而"加富尔"号也在稍后被打捞上来，并拖往的里雅斯特，它一直待在那里直到1945年2月17日遭到英国皇家空军的轰炸而再次沉没。

英国海军航空兵这次的辉煌战果向全世界的海军指挥官传达了一项警讯，但却有一个人尤其视这项成就为解决一个两难困境的蓝本，这个人就是日本帝国海军联合舰队（Combined Fleet of the Imperial Japanese Navy）的指挥官山本五十六（Isoroku Yamamoto）大将。

1941年1月9日，由英国海军"皇家方舟"号和其他H舰队军舰护送的4艘大型补给舰进入了西西里岛与突尼斯（Tunis）之间的狭窄海域，它们正要前往马耳他与比雷埃夫斯（Piraeus）。这些船的航线将会经过地中海中央最危险的海域［该行动称为"超越行动"（Operation Excess）］，它们依照着先前护航船队的模式通过。9日下午，习以为常的萨伏亚（Savoia）SM-79型轰炸机现身，并从高空投弹，但英国没有任何一艘船损毁，其中的2架SM-79还被"皇家方舟"号的"海燕"战斗机拦截击落。

"光辉"号退出战场

由于"光辉"号退出战斗，坎宁安上将在缺乏空中掩护的情况下，被迫限制东地中海舰队的行动长达数星期之久。在"光辉"号的姐妹舰"可畏"号（HMS Formidable）于3月抵达以前，英国皇家海军在地中海的空中行动全都是由"皇家方舟"号来担当。这艘航空母舰最近接收了两支新的"海燕"中队（第807与第808中队）。这群战斗机确保了H舰队的空防。索姆维尔上将此时得以利用他的"剑鱼"轰炸机策划更具攻击性的行动，例如打击意大利本土与撒丁岛。

危险的海域

当暗夜降临之际，H舰队掉头返回直布罗陀，让巡洋舰"邦纳文彻"号（HMS Bonaventure）与驱逐舰"美洲豹"号、"赫尔瓦德"号（HMS Hereward）、"黑斯提"号（HMS Hasty）与"英雄"号在夜色的掩护下继续护送护航船队穿过狭窄的海域。10日黎明时，运输舰在马耳他西方96千米处和东地中海舰队的船只（即A舰队）会合，它们包括航空母舰"光辉"号、战列舰"厌战"号与"勇敢"号和7艘驱逐舰。坎宁安上将的船业已受创，就在破晓没多久，驱逐舰"侠士"号（Gallant）误触了水雷而严重损毁，必须要"莫霍克人"号（Mohawk）拖行。

清早时分，10架SM-79型轰炸机被击退，意大利的鱼雷快艇"维加"号（RN Vega）也被"邦纳文彻"号击沉。之后，"光辉"号的雷达接触到另一群新的敌机，很快地，它们在3658米的距离被发现正向船队逼近。曾在挪威与敦刻尔克沿海作战的水手一眼就认出这群敌机是"斯图卡"Ju-87俯冲轰炸机。

这群"斯图卡"俯冲轰炸机隶属于德国空军第1俯冲轰炸联队（StG 1）与第2俯冲轰炸联队（StG 2），由魏纳·霍佐尔（Werner Hozzel）上尉与华尔特·恩涅塞鲁斯（Walter Enneccerus）少校率领，他们组成了德国空军的专门反舰部队第10航空军（Fliegerkorps X）的骨干力量。他们抵达西西里岛的特拉帕尼（Trapani）不到一个星期，不过他们的出现不应该令人感到意外。多亏"极"的情报拦截，空军部情报局（Air Ministry Intelligence）早在1月4日就知道了第10航空军从挪威南部调离，他们也知道这个单位的特殊用途。不幸的是，地中海舰队仍免不了遭受威胁，就这点来说，空军部与海军部之间的情报传递似乎出了问题。"斯图卡"轰炸机这群不速之客让英国人大感震惊。

此刻，当"斯图卡"轰炸机展开俯冲攻击之际，它们很明显会挑选"光辉"号作为首要目标。第一枚炸弹贯穿了这艘航空母舰左舷的S1多管防空机炮，在它穿过平台于海里爆炸之前让这门武器变成一团扭曲的残骸，并使两名射手丧命；另一枚炸弹在S2多管防空机炮上爆炸，消灭掉它和它的射手；第3枚则击中了后方升降井的平台和一架正要升到飞行甲板的"海燕"战斗机。残骸与燃烧的油料倾注到下方的机棚内，火势使那里很快便成为飞机的炼狱，并使油箱炸毁。碎片击破了舰艇8门114毫米炮的炮塔，让它们全都失去了作用。第4枚炸弹砸在飞行甲板上，一直波形弹跳到船的一边，再掉入水中爆炸，其碎片贯穿了船身，爆炸的震波造成机棚更大的损坏。第5枚炸弹也击中了飞行甲板与机棚，并在军官室里炸开，里面所有的人都死了，烈焰亦从那里直冲到邻近的通道。第6枚又投入了后方升降井里，在下层隔间内爆炸，并让操纵装置失灵。

↑ 德国调派最凶悍的空中打击部队来对付马耳他。照片中，英国海军"光辉"号与皇家澳大利亚海军巡洋舰"珀斯"号（HMAS Perth）在1941年1月16日于该岛的伟大港惨遭空袭

重装甲防护的价值

　　"光辉"号严重受创，可是它的重装甲拯救了它。渐渐地，船员们找到了控制的方法，将它转向马耳他。仍在狂烧的烈焰形成了烟幕笼罩着"光辉"号，轮机组员在浓密、令人窒息的烟雾里操纵主发动机，他们努力在温度高达60摄氏度（华氏140度）的轮机室里维持锅炉的运作。2个小时之后，"斯图卡"再度来袭，"光辉"号又挨了一击。此时它严重倾斜，但仍可漂浮。当黑夜降临时，它艰难驶到了瓦莱塔的伟大港（Grand Harbour），并在造船厂的旁边停靠下来。

　　接下来的数星期里，"光辉"号在维修期间又多次被炸弹击中，但它没有被重创，还于1月23日恢复到适合航行的状态而驶向亚历山大港。它后来又从那里开往位于弗吉尼亚州（Virginia）诺福克（Norfolk）的美国海军修船厂进行更长久的修复，然后才回到现役。

2月2日，8架"剑鱼"机从"皇家方舟"号上起飞，设定航向为前往撒丁岛（Sardinia），它们的目标是提尔索（Tirso）水坝。这个水坝位于河流注入的奥莫代奥湖（Lake Omodeo）旁，那里是该岛唯一主要的水力发电厂。这趟任务一开始就不顺遂，"剑鱼"机的飞行员沿着提尔索山谷（Tirso Valley）费劲地飞行，雨水阻碍了视线，当他们抵达湖畔时又遇上十分警觉的密集防空网。只有4架"剑鱼"机能够设法投射鱼雷，但水坝依旧岿然不动，一架飞机还遭击落。当这场失败的攻击如火如荼地进行之际，另一群"剑鱼"机也前往轰炸一座位于里窝那（Livorno）［即莱戈恩（Leghorn）］的石油提炼厂。

2月6日到11日之间，索姆维尔的H舰队执行了一项仔细策划的热那亚突击行动，受创的"卡欧·杜伊里奥"号正躺在那边的船坞里。索姆维尔将他的舰队分为三群，第一群包括了"皇家方舟"号、战列舰"马来亚"号与轻巡洋舰"谢菲尔德"号，而其他两群则各有6艘和4艘驱逐舰。

2月6日，第一群与第二群从直布罗陀向西航行，表面上是要前去护送驶向英国的HG53护航队，然而，到了夜里，它们却转向溜了回来，穿过海峡与第三群会合。第三群已派出潜艇到洛克（Rock）的东方进行搜索。2月8日，意大利超级海军（Supermarina）接到英国海军战机在巴利阿里群岛（Balearics）南方活动的回报，于是他们派出一支强大的舰队。在伊阿金诺（Iachino）上将的指挥下，该舰队包括了战列舰"维托里奥·维内托"号、"安德里亚·多利亚"号与"朱利奥·凯撒"号和10艘驱逐舰以及3艘重巡洋舰，它们在撒丁岛的西南方会合，以拦截确信会在那里出没的马耳他护航队。

→图为意大利驱逐舰准备向一支从亚历山大港驶向马耳他的英国护航队开火。意大利海军坚持作战，但在塔兰托的悲剧之后，他们的水面作战力量无法再与英国匹敌

不过，这正是索姆维尔要让意大利人这么想的。与此同时，H舰队驶向东北方，接近意大利海岸并炮轰热那亚港，不但击沉了4艘货轮、损毁超过18艘船只，还让这座城市满目疮痍。伊阿金诺的舰队姗姗来迟地驶向北方前去拦阻英舰，但由于没有雷达，未能在迷雾中找到它们。到了2月11日，H舰队已回到直布罗陀。

3月9日，航空母舰的兵力缺口在"可畏"号加入地中海舰队之后得到了弥补。不过，它只载来4架"剑鱼"机，其余的编制载机则以"皇家方舟"号上13架第803中队的"海燕"机来替代；还有10架第826中队的费尔雷"大青花鱼"机（这种双翼机类似"剑鱼"机，但要大得多、快得多，航程也较远，还有全封闭式的驾驶舱）。接下来的数月里，在第806中队从马耳他加入航空母舰的阵容之后，这批替补的战斗机将让它发挥最大的兵力。不过，在那之前，"可畏"号与它的战机将在另一场更大规模的战斗中扮演决定性的角色。

　　3月28日黎明，当地中海舰队正忙着掩护从亚历山大港载运英联邦（British Commonwealth）部队的护航船队到希腊以反制德国入侵之际，一架"可畏"号的"大青花鱼"侦察机回报一支有巡洋舰与驱逐舰的敌方舰队正驶向克里特岛（Crete）南方。这支包括了战列舰"维托里奥·维内托"号（伊阿金诺上将的旗舰）、6艘重巡洋舰、2艘轻巡洋舰与13艘驱逐舰的舰队分别从塔兰托、那不勒斯、布林迪西（Brindisi）与墨西拿（Messina）起航，并在3月27日于墨西拿海峡（Straits of Messina）南方会合，其目的是截击英国的护航船队。伊阿金诺同意，只有在德国空军承诺给予广泛的战斗机支持与侦察设

↓图为英国海军航空兵的飞行员登上"不屈"号（HMS Indo-mitable）的费尔雷"大青花鱼"鱼雷轰炸机。大青花鱼轰炸机是"剑鱼"机的改良机种，有着全封闭式的驾驶舱

施的情况下，伊阿金诺才会参与作战，而且两架He-III型轰炸机的组员错报了他们在执行武装侦察任务期间，于3月16日在克里特岛西方55.5千米处以鱼雷击中了两艘大型军舰——可能是战列舰。这个错误将对这位意大利上将的判断产生严重的影响。

鱼雷攻击

↓图为英国第5战列舰中队。照片最前面的是英国海军"勇敢"号，战列舰"马来亚"号与"巴勒姆"号则在另一方。它们全都被派去保卫地中海上的护航船队

　　3月28日8时15分，地中海舰队的巡洋舰遭受意大利军舰的攻击，它们大约在舰队主力前方160千米处。敌舰以钳形攻势逼近，让它们有被断后的危险。坎宁安上将笨重的军舰无法及时赶来营救，很明显地，唯有派"可畏"号上的飞机进行鱼雷攻击才能减轻火力遭压制的英国巡洋舰的压力。10时，6架"大青花鱼"机（只有2架执行营救任务，其他4架已被派为侦

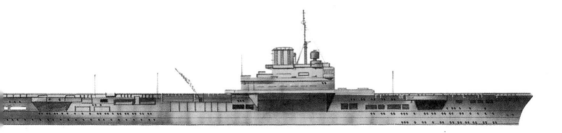

"可畏"号

类　　型: 航空母舰	续 航 力: 以14节可航行20383千米
下水日期: 1939年8月7日	武　　装: 16门112毫米炮，36架飞机
船　　员: 1997名	动　　力: 3台蒸汽轮机
排 水 量: 28661吨	最大航速: 30.5节
长、宽、吃水深度: 226.7米×29.1米×8.5米	

察之用）在两架"海燕"战斗机的护航下起飞，飞向意大利的分舰队。他们奉命攻击敌方的巡洋舰，但飞行员先看到的却是"维托里奥·维内托"号，它的381毫米炮正打向英国的巡洋舰中队。11时25分，英国海军航空兵的飞行员分两波展开攻击，但意大利战列舰采取闪避措施，所有的鱼雷都没有命中。与此同时，2架"海燕"机在更上空与2架Ju-88型战机交战，并摧毁了一架，迫使另一架夹着尾巴逃之夭夭。

伊阿金诺上将眼见失去空中掩护，就掉头急速驶向西方，坎宁安与他交锋的期望几乎快要落空。这位英国指挥官于是下令发动第二波空中攻击，目的是要让"维托里奥·维内托"号减速慢下来，所以"可畏"号又派出3架"大青花鱼"机与2架"剑鱼"机，同样由2架"海燕"战斗机护航。一个小时后，他们看见了目标，它正同时遭受由希腊基地起飞的英国皇家空军"布伦海姆"式（Blenheim）轰炸机的攻击，不过轰炸机未能得逞。这一次，意大利炮手正主要对另一个方向警戒，唯恐更多的英国皇家空军战机来袭，因此没有察觉到英国皇家海军航空队已步步逼近，直到它们展开攻击。"大青花鱼"机先攻，由戴耶·史提（Dalyell Stead）少校率领，他在座机被击中爆炸几秒钟前投下了鱼雷，鱼雷不偏不倚地正中战列舰的船艉，卡住了它的方向舵，还造成船舱内隔舱进水4064吨。"维托里奥·维内托"号虽没有再被鱼雷击中，但它被迫减速停下来，让轮机手进行暂时修缮。他们火速赶工，因为知道坎宁安的战列舰仅剩3个小时的航程就会追上。他们成功地修复了螺旋桨推进器，慢慢地让船速提升，并维持在15节至18节之间，而巡洋舰与驱逐舰则在它的周围展开以提供掩护。

"可畏"号的第三波，也是最后一波攻击在黄昏时展开。桑特（W. H. G. Saunt）少校率领着6架"大青花鱼"机与4架"剑鱼"机，其中的2架"剑鱼"机是来自克里特岛的马里门（Maleme）机场。他们赶上了受创的战列舰和它的护卫舰，并穿过密集的防空火网进行攻击。"维托里奥·维内托"号虽逃过了进一步的伤害，但有一艘巡洋舰"波拉"号（Pola）为它挡下一枚鱼雷而遭受重创。伊阿金诺上将派了巡洋舰"扎拉"号（Zara）、"富姆"号（Fiume）和4艘驱逐舰为它护航，而其他的意大利舰艇则协同"维托里奥·维内托"号驶向安全之地。

雷达接触

22时10分，这3艘巡洋舰与驱逐舰群为英国海军战列舰"勇敢"号与巡洋舰"猎户座"号（Orion）的舰上雷达所发现。15分钟后，意大利军舰开始和"勇敢"号与"厌战"号交火，"扎拉"号与"富姆"号很快就变成炽热的火球，2艘驱

逐舰被派去用鱼雷了结它们的性命。受损的"波拉"号亦在早晨来临之前沉没，还有2艘意大利驱逐舰也被击沉。当时，没有装设雷达的意大利军舰根本不知道它们正驶过英国舰队的前方，直到战列舰向它们开火。意大利损失了5艘军舰和近2500名军官与水手，而英国只失去了1架"大青花鱼"机。这场后来称为马塔潘角之役（Battle of Cape Matapan）的作战宣告结束，它代表的是英国地中海舰队的全面胜利。英国之所以能胜利有两个原因：海军的航空兵力与"极"情报单位的帮忙，它预警了英国海军部伊阿金诺舰队的动向和部署。

然而，胜利的喜悦是短暂的。4月6日，德军入侵南斯拉夫与希腊。两天之后，南斯拉夫军队溃败，德国国防军

↑ 图为敌军空袭之后，克里特岛苏达湾（Suda Bay）的船只起火燃烧。英国皇家海军在克里特岛沿海蒙受了惨重的损失，主要是因为无法取得必要的空中掩护

（Wehrmacht）横扫千军地开进希腊领土，并突破薄弱的阿里阿霍蒙防线（Aliakhmon Line），迫使盟军撤退。伴随着强大空中支持的德军向南倾巢而入地穿过这个国家，希腊部队在发动攻势之前就迅速瓦解。防卫的重担此时落到新西兰师、第6澳大利亚师与第1装甲旅和一小撮消耗殆尽的英国皇家空军中队身上。到了5月2日，希腊再也守不住了，43000名盟军作战部队从那里撤离，其中11000名的官兵撤退到克里特岛。

　　5月20日，一场大规模空袭之后，德国空降部队降落到克里特岛，他们是"水星行动"（Operation Merkur）的一环。第二天早晨，德国空军首度对该区英国舰艇展开一连串的扫荡，并击沉驱逐舰"天后"号（HMS Juno），巡洋舰"阿贾克斯"号亦受创。5月21日至22日晚间，德国企图借由海路增派一批支援部队，但这支包括20艘摩托汽艇的护航船队在卡尼亚（Canea）北方33千米处遭到英国D舰队（Force D）的攻击而沉没溃散。英国舰队由葛兰尼（Glennie）少将指挥，旗下包括巡洋舰"阿贾克斯"号、"狄多"号（Dido）与"猎户座"号，还有4艘驱逐舰支援。他们击沉了10艘敌船，而且2331名敌军中有297人丧命。若没有意大利鱼雷艇"鲁波"号（RN Lupo）的护航［明贝利（Mimbelli）中校指挥］，伤亡人数肯定会更高。这艘鱼雷艇的姐妹船"萨吉塔

利欧"号（RN Sagittario）［希贾拉（Cigala）中校指挥］在破晓之后护送第二批部队时也坚持作战。这支护航队遭金恩（King）少将的C舰队攻击，他的旗下有巡洋舰"水泉女神"号（HMS Naiad）、"伯斯"号、"加尔各答"号与"卡莱尔"号（HMS Carlisle）和3艘驱逐舰。可是英国军舰不断受到

空袭骚扰，所以仅摧毁了2艘运兵船，而"卡莱尔"号与"水泉女神"号皆中弹受创。

猛烈的空中攻击

当天下午，英国舰队遭受猛烈的空中攻击，英国皇家海军的损失相当惨重。战列舰"厌战"号被几次命中，巡洋舰"格罗斯特"号与驱逐舰"灰狗"号沉没（前者失去了45名军官与648名水手），而巡洋舰"斐济"号（HMS Fiji）毁损严重不得不弃船。还有，"卡莱尔"号与"水泉女神"号也再度受创，战列舰"勇敢"号亦受到较小程度的损伤。5月23日，驱逐舰"克什米尔"号与"凯利"号（Kelly）于空袭中沉没，而对苏达湾的攻击则摧毁了第10摩托鱼雷快艇队（10th MTB Flotilla）的5艘船。

5月25日，普里德汉·威佩尔（H. D. Pridham Wippell）中将从亚历山大港起航，指挥战列舰"巴勒姆"号与"伊丽莎白女王"号和航空母舰"可畏"号以及9艘驱逐舰前去攻击敌方在斯卡潘托（Scarpanto）的机场。26日，当它们结束突击返航时，"可畏"号与驱逐舰"努比亚"号（Nubian）皆在Ju-87的袭击下被重创；次日，"巴勒姆"号亦为Ju-88所伤。到了这个时候，形势已很明显，克里特岛再也守不住了。苏达湾被轰炸得如此凄惨，不可能再让补给和增援部队进出。没有空中的掩护，坎宁安上将的舰队若要尽全力制止敌军对该岛进行两栖登陆，绝对会造成无法接受的损失，无论如何，这项任务不能保证成功。所以，5月27日下午，战争内阁决定撤离大约32000名的驻军，5月28日至29日晚就有4700名作战部队在伊拉克利翁（Heraklion）与斯法基亚（Sphakia）登船。在这次行动中，撤离护航队的驱逐舰"帝国"号（HMS Imperial）遭到敌机重创被迫弃船，并在马雷亚湾（Malea Bay）沿海为己方的"热刺"号击沉。第二日晚又有6000名作战部队被撤离，但在白天时斯图卡击沉了驱逐舰"赫尔瓦德"号，而巡洋舰"阿贾克斯"号、"狄多"号与"猎户座"号和驱逐舰"诱饵"号（Decoy）则受创。"猎户座"号上的部队蒙受了可怕的伤亡，船上1100名士兵中有260人阵亡，280人受伤。

5月31日至6月1日晚，金恩少将派出了驱逐舰"阿布迪尔"号（HMS Abdiel）、"热刺"号、"豺狼"号、"钦伯利"号与"菲比"号（HMS Phoebe），试图在最后一次的行动中撤离聚集在斯法基亚至少6000名左右的作战部队。它们费了九牛二虎之力，让驱逐舰在敌军展开破晓攻击之前再载走

↓ 图为克里特岛撤退期间，澳大利亚海军的驱逐舰"尼萨姆"号（Nizam）上载满了士兵。要不是德军未能占领重要的马里门机场好让增援部队进来，英联邦的部队很可能会被困在这座岛上

4000人，同时撤离行动也宣告结束。其后，驱逐舰驶向亚历山大港，防空巡洋舰加尔各答号与考文垂号被派去与它们会合。然而，这两艘军舰在亚历山大港北方约185千米处被两架Ju-88发现。轰炸机进行俯冲攻击，击沉了加尔各答号，255名生还者被另一艘巡洋舰救起。

英国皇家海军成功地从克里特岛撤离了17000名作战部队，但还是有15743人阵亡或被俘。除此之外，英国皇家海军也失去了2011人。德军的伤亡也不轻，他们有6580人丧生、负伤或失踪。克里特岛战役让英国皇家海军损失了3艘巡洋舰与6艘驱逐舰，此外，2艘战列舰、1艘航空母舰、6艘巡洋舰与7艘驱逐舰也有不同程度的损伤。英国皇家海军自从在敦刻尔克蒙受巨大损失以来，正好满一年。

克里特岛撤退之后更多的危机接踵而来。在中东，伊拉克从4月起发生暴动，但数个星期后就被由印度运来的部队镇压下

↓1942年11月25日，英国海军"巴勒姆"号在埃及索伦（Sollum）沿海被U-331号的3枚鱼雷命中而炸毁。英国海军部封锁了"巴勒姆"号沉没与861名船员牺牲的消息

去。这支部队有阿布斯诺特（G. S. Arbuthnot）中将部署在巴士海峡（Basra）的东印度群岛分舰队（East Indies Squadron）的军舰与英国皇家空军支持，还有忠心的伊拉克人的援助来镇压叛乱直到地面部队到来。另外，6月7日到7月14日，金恩中将的第15巡洋舰中队在东地中海活动，支持为英联邦与自由法国部队所占领的维希法属叙利亚（Vichy French Syria）。几艘英国军舰在这场短暂却艰苦的争夺战中蒙受损伤，有的是遭空中攻击，有的是因与维希法国的驱逐舰交战。这些行动（紧接在目的为阻止伊朗亲轴心国派系于8月夺取政权的行动之后进行）确保了盟军船只通过红海航道的安全，也趁早排除了英国石油供给的潜在威胁。

1941年，英国海军部在地中海战区内最关心的事是支撑住马耳他，该岛完全依赖海上的补给。马耳他在1940年底时不断地由亚历山大港的护航船队进行补给，它们有地中海舰队紧密

↑ 图为在围攻战期间，英国海军驱逐舰"锡克人"号（HMS Sikh）护送一艘受损的商船到马耳他的安全地带。不少商船船员都献出了生命以维持马耳他重要补给线的畅通

飞向马耳他的战斗机

索姆维尔上将的H舰队才刚回到直布罗陀，就又在5月21日奉命执行"接合行动"（Operation Splice）。航空母舰"皇家方舟"号与"暴怒"号参与了这次行动，有48架"飓风"式战斗机从这两艘航空母舰起飞驶向马耳他。所有飞机都安然抵达目的地，对该岛的防空来说是场及时雨。

接着，6月6日，它们又执行了"火箭行动"（Operation Rocket），先前的两艘航空母舰再运送另外35架"飓风"机。在7月14日的"追踪者行动"（Operation Tracer）中，"皇家方舟"号与"胜利"号在巴利阿里群岛南方派出了47架"飓风"机，但其中有4架未能抵达马耳他。最后，7月26日，又有持续一个星期之久的"铁路行动"（Operation Railway），22架"飓风"机从"皇家方舟"号上飞离。三天之后，它又回到飞机起飞地点，再让26架战机升空。

的护航。不过，供给合适的战斗机支持部队一直是个问题，因为它们得从直布罗陀进行远程且危险的航行。

形势危急

很快地，形势变得十分危急。然而，由于1941年6月德军入侵苏联，德国空军从西西里岛被调派去支援，让意大利空军独自作战，英国亦因此得救。4月2日，在代号为"绞盘"（Winch）的行动中，"皇家方舟"号由强大的H舰队护航，载着12架"飓风"战斗机与3架"贼鸥"机从直布罗陀起航。战斗机在距离马耳他740千米处起飞，全数安然抵达。4月28日，在"敦洛普行动"（Operation Dunlop）中，英国又派"百眼巨人"号载送另外20架"飓风"机到位于直布罗陀的"皇家方舟"号上，再由它运送这批战斗机与3架"海燕"机驶向马耳他。

在埃及，英国第8集团军在隆美尔（Erwin Rommel）元帅的非洲装甲集团军（Panzerarmee Afrika）的强大压力下急需增援，尤其是坦克与战斗机。因此，1941年5月5日到12日之间，H舰队与地中海舰队发动了一场代号为"老虎"（Tiger）的联合行动，欲派遣一支有5艘快速商船组成的护航队，载运必要的装备，从直布罗陀穿过地中海再到亚历山大港。同时，战列舰"伊丽莎白女王"号和2艘轻巡洋舰也从英国海域起航，前去加入坎宁安上将的舰队。护航队在5月6日通过了直布罗陀，并在H舰队的护送下到达马耳他的南方。船队待在那里并被从岛上基地派来的驱逐舰与巡洋舰保护，直到亚历山大港派出的强大舰队与它们会合为止。德国与意大利的数次空中攻势被"皇家方舟"号与"可畏"号上的"海燕"战斗机瓦解，并没有造成船队的损伤，但有一艘运输船"帝国之歌"号（Empire Song）于5月9日误触水雷而沉没。其余的舰艇则载着238辆坦克和43架"飓风"机安全抵达亚历山大港。

7月，英国海军部决定冒险再派一支有6艘补给舰与1艘运兵船的护航队从西方开赴马耳他，并由H舰队和从英国本土舰队调派过去的军舰来提供掩护。这次的行动代号为"物质"（Substance）。7月11日，护航队驶离英国克莱德河，安全抵达直布罗陀，但它们在21日再次起航向东航行时，一艘载着英国皇家空军马耳他基地地勤补充人员的运兵船兰斯特号（HMS Leinster）因搁浅而被留在后方。7月23日，意大利空军袭击船队，重创了巡洋舰"曼彻斯特"号与驱逐舰"无惧"号，其船员不得不弃船。此外，驱逐舰"喷火龙"号亦因受损而返回直布罗陀。好在"皇家方舟"号的"海燕"战斗机勇猛作战不让

→图为马耳他的伟大港。1942年4月，英国国王乔治六世（King George VI）颁发了乔治十字勋章（George Cross）予以该岛居民，以表彰他们在敌人持续猛烈攻击下的勇气

舰队继续蒙受损失，护航舰队才在次日抵达马耳他，并卸下珍贵的补给品。之后，商船独自返回直布罗陀，其中一艘"霍格·胡德"号（Hoegh Hood）虽在萨丁尼亚南方被鱼雷击中，但幸存了下来。

7月25日至26日晚，意大利的第10摩托鱼雷快艇队发动了一次冒险的突击，他们企图渗透进伟大港，袭击尚在卸货的商船。意大利驱逐舰"黛安娜"号（RN Diana）协同8艘爆破艇与2艘载着人操鱼雷载具（human torpedo team）的摩托鱼雷快艇抵达了马耳他，可是当它们步步逼近时却为雷达所发现，守军得到通报并加以防备。一具人员鱼雷载具与2艘爆破艇炸毁了港口的护栏，但此举反而对防卫者有利，因为爆炸造成圣艾尔摩桥（St Elmo）断裂，阻塞了其他6艘爆破艇的通道，并使

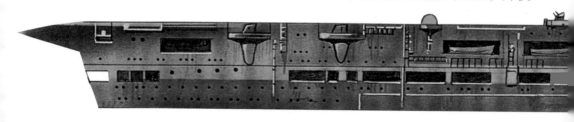

其被岸上的炮台摧毁。2艘鱼雷快艇也在次日早晨被战斗轰炸机击沉。

9月8日到14日之间，"皇家方舟"号与"暴怒"号在"状态行动"（Operation Status）中又运送了55架"飓风"战斗机到马耳他；24日，英国海军部也展开另一场大规模的再补给行动，代号是"戟"（Halberd）。这项行动需要派9艘载着最紧急补给品的大型商船到马耳他，并由H舰队护航，它的兵力由于英国本土舰队军舰的到来而大增，坎宁安上将亦会在东地中海发动一场转移敌人注意的牵制巡航。意大利主力舰队伴随一支强大的潜艇部队出击，但他们的空中侦察严重低估了这群英国舰队的力量，所以意大利的水上舰艇并没有打算进攻。9月27日傍晚，当护航队抵达了西西里岛与突尼斯（Tunisia）间的海峡时，H舰队转向返航，而护航队在5艘巡洋舰与9艘驱逐舰的护卫下继续驶向马耳他。这支船队在空投的鱼雷攻击中损失了一艘运输舰，但其他的舰艇安全抵达，使得自该年起来到马耳

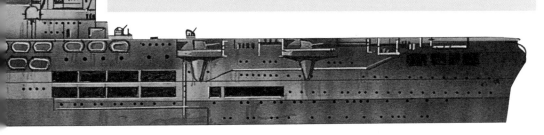

"皇家方舟"号

类　　型：航空母舰	续　航　力：以20节可航行14119千米
下水日期：1937年4月13日	武　　装：16门114毫米炮，60架飞机
船　　员：1580名	动　　力：三部蒸汽轮机，三轴
排 水 量：28164吨	最大航速：31节
长、宽、吃水深度：243.8米×28.9米	
×8.5米	

他的商船总数上升到39艘。英国皇家海军在这次行动中有一点损伤，其战列舰"纳尔逊"号在撒丁岛南方被意大利空军的鱼雷命中，可是它仍旧回到了直布罗陀，没有再遭受其他意外。

形势转为对英国有利

由于德国空军仍忙着在苏联上空作战，地中海区的战事尽管有强大的意大利空军作为后盾，但形势的发展似乎对英国愈来愈有利。英国海军部于是决定在马耳他设立一处巡洋舰与驱逐舰（K舰队）的小型基地以突破目前的战局。英国舰艇在10月21日抵达目的地，并立即展开行动。11月9日，在一次出色的夜间袭击中，一支有层层防御的意大利护航舰队的7艘商船全数沉没；随后，在同月之内，又有2艘驶向非洲的油轮被送到海底。此外，马耳他的打击火力亦因10月时11架"大青花鱼"机与2架"剑鱼"鱼雷轰炸机的到来而增强，所以轴心国护航队的损失开始不断攀升。

然而，11月13日，H舰队遭受了一次重大的挫败。3天之前，航空母舰"皇家方舟"号与"百眼巨人"号从直布罗陀起航到距离马耳他724千米处的飞机起飞点。12日，37架"飓风"式战斗机升空，其中的34架随着7架"布伦海姆"式轰炸机抵达该岛。当航空母舰返航时，"皇家方舟"号被德国潜艇U-81号投射的4枚齐射鱼雷的其中一枚命中靠近右舷的锅炉室。尽管只有一名船员在攻击行动中丧生，但"皇家方舟"号还是在众人的抢救之下，被拖行到距离直布罗陀只剩40千米的地方沉没。

1941年11月底，北非轴心国部队的补给状况很快陷入危机，这多亏以马耳他为基地的军舰、潜艇与战机对其护航队施加的攻击。为了弥补这个过错，德国大大强化了他们的地中海潜艇舰队。同时，他们还下令德国空军回到西西里岛：这一次回到西西里的，并非第10航空军（它们已经被部署到挪威对付北极的护航舰队），而是第2航空军，它们大部分配备Ju-88型轰炸机，还有大批的战斗机支援。对马耳他来说，1942年是充满危机的一年。

在1941年同样占了地中海舰队大半精力的是对被包围的托布鲁克守军进行补给，那里在1941年4月英国撤出利比亚之后就遭受孤立。一夜又一夜，当形势的发展对英军愈来愈有利之后，成对的驱逐舰和其他快艇便展开了危险的"托布鲁克之行"（Tobruk Run）。而且，到了1941年12月8日英军突围之后，英国皇家海军就运送了72辆坦克、92门火炮与34545吨的补给品和34113名的增援人员过去。可是，英国皇家海军也付出了损失25艘军舰和5艘商船的惨痛代价。

1940年的最后几个月，英国潜艇在地中海的攻势主要是由第一潜艇分舰队（the 1st SM Flotilla）的大型P级与R级潜艇担当，它们以亚历山大港为基地。其后，在1941年1月，以马耳他为基地的第10潜艇队成军，它们配备小型、重约640吨的U级潜艇，这种潜艇比较适合在重要的浅水港湾内活动。夏天，他们开始采取攻击，并于1941年6月到9月间击沉了49艘运兵船与补给舰，总吨位高达152407吨。其中特别成功的一次突击是由英国海军的"拥护者"号（HMS Upholder）〔万克林（M. D. Wanklyn）少校率领〕执行的，它在9月18日击沉了意大利运兵船"海神"号（Neptunia）与"大洋洲"号（Oceania），两艘均为19812吨的船。

然而，1941年的地中海战役还是轴心国占上风。11月25日，坎宁安上将主力舰队的战列舰"巴勒姆"号从亚历山大港起航，前往搜寻意大利的护航舰队，但却被U–331号潜艇的鱼雷命中而炸毁，失去861名船员，仅有450人生还。其后，在12月14日至15日晚间，U–557号又在亚历山大港沿海击沉了巡洋舰"加拉提"号。4天之后，巡洋舰"海王星"号与驱逐舰"坎大哈"号（HMS Kandahar）亦因误触水雷沉没，前者的550名船员中仅有1人生还。而让这些事迹黯然失色的是，当英国军舰返回亚历山大港时，3艘意大利的人员鱼雷载具顺着打开的护栏渗透进海港里。这批人员鱼雷载具是从潜艇"锡尔"号（RN Scire）〔普林斯·伯盖兹（Prince Borghese）中校率领〕上派出的，成员有杜兰·德·拉·潘恩（Durand de la Penne）中校与毕昂奇（Bianchi）士官长，马塞格利亚（Marceglia）上校与上等兵薛尔卡特（Schergat），及马特尔欧塔（Martellotta）上校与马利诺（Marino）士官长。他们成功地在战列舰"伊丽莎白女王"号与"勇敢"号和挪威油轮"萨果那"号（Sagona）的船底下放置炸药，3艘船全都严重受创坐沉海底。另外，停泊在油轮旁边的驱逐舰"杰维斯"号（HMS Jervis）也因被波及而毁损。这是最有效的一击，再加上损失的"巴勒姆"号，坎宁安不仅损失了一整个分舰队的兵力，还让意大利舰队得以继续在海湾内活动。

英国令人生畏的前景

当1941年到了尾声之际，英国前景似乎是不甚乐观。但在地球的另一边，那里发生的事件将戏剧性地、出乎预料地揭示大战局势的转变。

第二次世界大战中的
德国战舰

ISBN 978-7-5426-7127-1

9 787542 671271 >

定价：88.00 元

"沙恩霍斯特"号战列巡洋舰

尺　　寸：长 235 米，宽 30 米，吃水深度 9.69 米
排 水 量：标准 32 615 吨，满载 34 564 吨
推进装置：两台瓦格纳锅炉，123.09 兆瓦
速　　度：32 节
续航能力：16 节的速度可航行 16 298 千米
武　　器：9 门 280 毫米主炮，12 门 150 毫米副炮
装　　甲：95 ~ 350 毫米
舰 载 机：4 架阿拉多 Ar 196A-3 弹射飞机
编制人数：1 968 人（56 名军官，1 909 官兵）

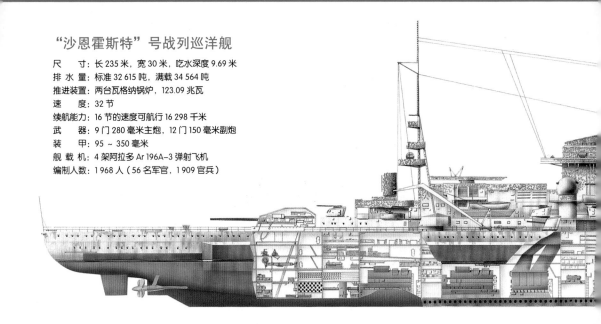

"舍尔海军上将"号袖珍战列舰

尺　　寸：长 186 米，宽 20.6 米
排 水 量：10 160 吨
推进装置：双轴推进，8 台 M 柴油机
速　　度：26 节
武　　器：6 门 279 毫米口径主炮，8 门 150 毫米口径副炮
编制人数：926 人

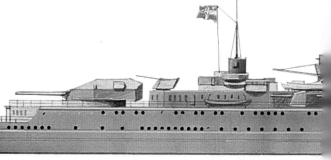

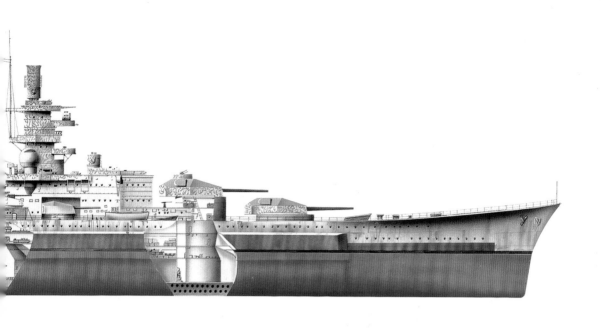

"施佩伯爵"号袖珍战列舰

尺　　寸: 长 186 米，宽 20.6 米
排 水 量: 10 160 吨
推进装置: 双轴推进，8 台 M 式柴油机
速　　度: 26 节
续航能力: 16 节的速度可航行 16 298 千米
武　　器: 6 门 279 毫米口径主炮，8 门 150 毫米口径副炮
装　　甲: 95 ~ 350 毫米
舰 载 机: 4 架阿拉多 Ar 196A-3 弹射飞机
编制人数: 926 人

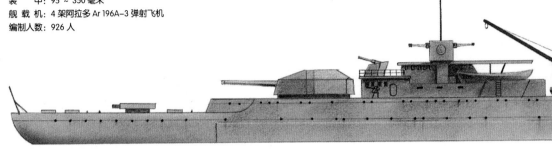

"36"型驱逐舰

排 水 量: 标准排水量 2 600 吨，满载排水量 3 600 吨
尺　　寸: 舰长 127 米，舰宽 12 米，吃水深度 3.92 米
动力系统: 蒸汽轮机，功率 52 199 千瓦，双轴推进
航　　速: 最大 36 节
续 航 力: 10 935 千米 /19 节
武器系统: 3 门 150 毫米口径单管火炮，1 座双联装 150 毫米口径高射炮，两座双联装 37 毫米口径高射炮，5 门 20 毫米口径高射炮，
　　　　　两座四联装 533 毫米口径鱼雷发射管，水雷 60 枚
编制人数: 321 人

"希佩尔海军上将"级重巡洋舰

"希佩尔海军上将"号（1937 年）、"布吕歇尔"号（1937 年）、"欧根亲王"号（1938 年）
排 水 量：标准排水量 14 475 吨，满载排水量 18 400 吨
尺　　寸：舰长 210.4 米，舰宽 21.9 米，吃水深度 7.9 米
动力系统：布朗勃法瑞公司生产的蒸汽轮机，功率 98 430 千瓦，三轴推进
航　　速：33.4 节
防护装甲：水线处 70～80 毫米，甲板 12～50 毫米，炮塔 70～105 毫米
武器系统：8 门 203 毫米口径火炮，12 门 105 毫米火炮，12 门 37 毫米口径防空火炮，24 挺 20 毫米口径高射机枪，12 具 533 毫米口径鱼
　　　　　雷发射管
人员编制：1 450 人

"格奈森瑙"号战列巡洋舰

尺　　寸：长 235 米，宽 30 米，吃水深度 9.69 米
排 水 量：标准 32 615 吨，满载 34 564 吨
推进装置：两台瓦格纳锅炉，123.09 兆瓦
速　　度：32 节
续航能力：16 节的速度可航行 16 298 千米
武　　器：9 门 280 毫米主炮，12 门 150 毫米副炮
装　　甲：95 ～ 350 毫米
舰 载 机：4 架阿拉多 Ar 196A-3 弹射飞机
编制人数：1 968 人（56 名军官，1 909 名官兵）

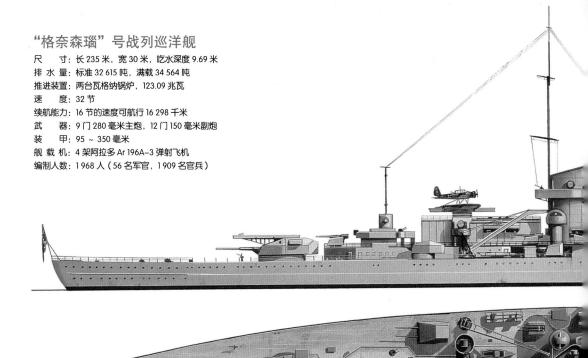

"狼"级驱逐舰

排 水 量：标准 933 吨，满载 1 320 吨
尺　　寸：长 92.6 米，宽 8.65 米，吃水深度 2.83 米
动力系统：两台齿轮蒸汽轮机，功率 17 150 千瓦，双轴推进
航　　速：33 节
续 航 力：5 750 千米 /17 节
武器系统：两门 105 或 127 毫米火炮，4 门 20 毫米机关炮，
　　　　　两具三联装 533 毫米鱼雷发射装置
人员编制：129 人

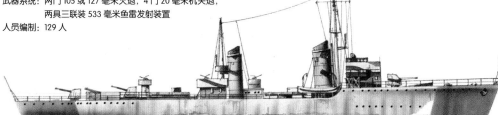

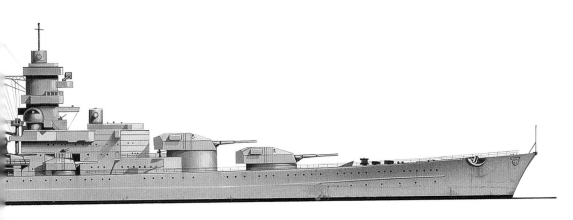

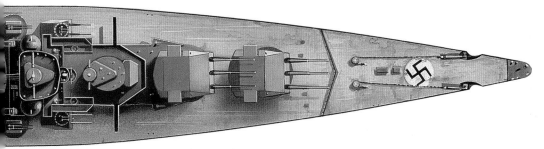

"SP1"级驱逐舰

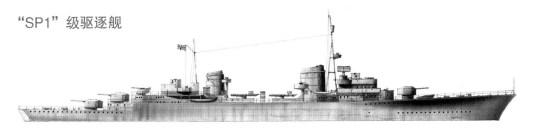

排 水 量：标准排水量 4 540 吨
尺 　 寸：舰长 152 米，舰宽 14.5 米，吃水深度 4.6 米
动力系统：两套蒸汽轮机，功率 57 792 千瓦，驱动侧翼双轴推进；1 台柴油动力发动机，驱动中轴推进轴
航 　 速：蒸汽动力最大 36 节
武器系统：3 座双联装 150 毫米口径火炮，1 座双联装 88 毫米口径高平两用跑，4 座双联装 37 毫米高射炮，3 座四联装 20 毫米口径高射炮，
　　　　　两座四联装 533 毫米口径鱼雷发射管，水雷 140 枚
人员编制：538 人

"俾斯麦"号战列舰

尺　寸：长251米，宽36米，吃水深度9.3米

排 水 量：标准47 000吨；满载50 900吨

推进装置：3台博隆福斯齿轮传动涡轮机111.98万千瓦

速　　度：31.1节

续航能力：15 788千米

武　　器：8门380毫米主炮，12门150毫米副炮，16门105毫米口径高射炮

装　　甲：110～360毫米

舰 载 机：4架阿拉多Ar 196A-3双端弹射飞机

编制人数：2 092人（103军官和1 989名官兵）

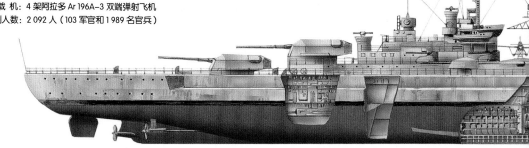

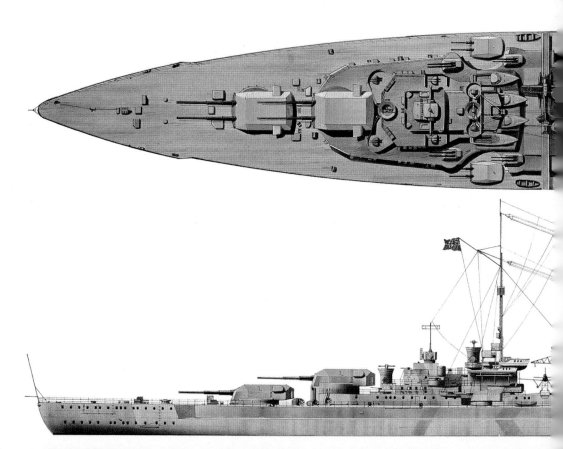

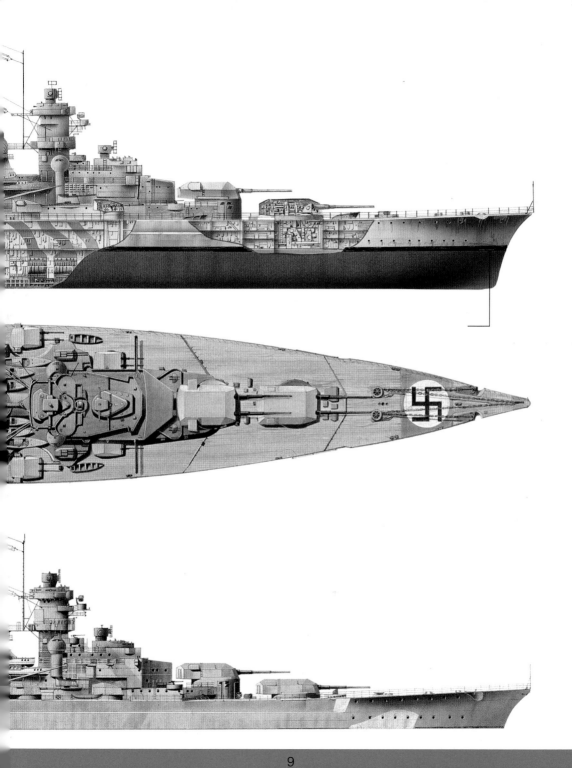

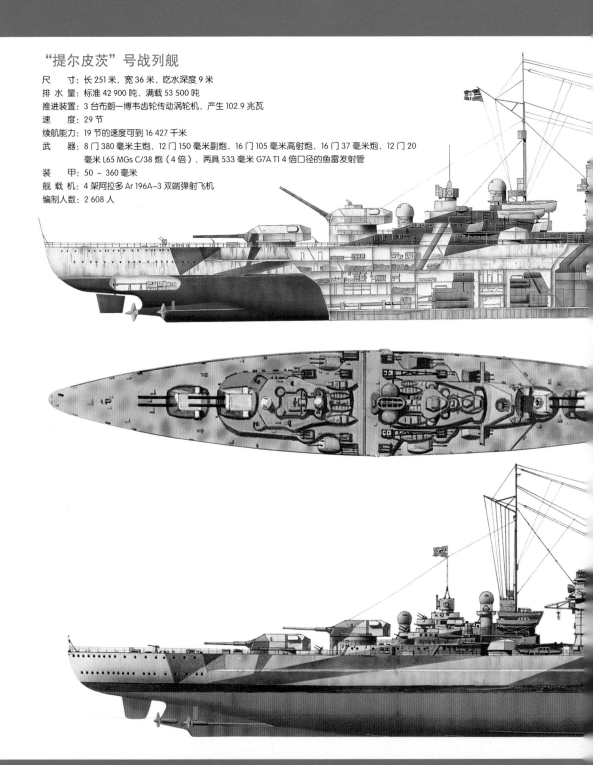

"提尔皮茨"号战列舰

尺　　寸：长 251 米，宽 36 米，吃水深度 9 米
排 水 量：标准 42 900 吨，满载 53 500 吨
推进装置：3 台布朗—博韦齿轮传动涡轮机，产生 102.9 兆瓦
速　　度：29 节
续航能力：19 节的速度可到 16 427 千米
武　　器：8 门 380 毫米主炮，12 门 150 毫米副炮，16 门 105 毫米高射炮，16 门 37 毫米炮，12 门 20
　　　　　毫米 L65 MGs C/38 炮（4 倍），两具 533 毫米 G7A T1 4 倍口径的鱼雷发射管
装　　甲：50 ~ 360 毫米
舰 载 机：4 架阿拉多 Ar 196A-3 双端弹射飞机
编制人数：2 608 人

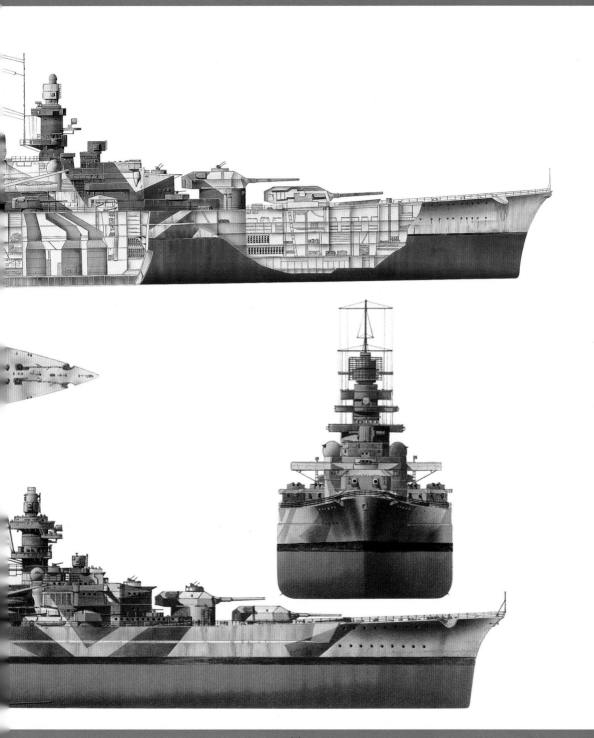

"34" 型驱逐舰

排 水 量：标准 2 230 吨，满载 3 160 吨
尺　　寸：舰长 119.3 米，舰宽 11.3 米，吃水深度 4 米
动力系统：蒸汽轮机，功率 52 199 千瓦，双轴推进
航　　速：最大 38 节，19 节航速最大航程 8150 千米
武器系统：5 门 127 毫米口径火炮，两座双联装 37 毫米口径高射炮，6 门 20 毫米口
　　　　　径高射炮，2 座四联装 533 毫米口径鱼雷发射管，水雷 60 枚
编制人数：315 人

U-99 号潜艇

尺　　寸：长 66.5 米，宽 6.2 米，吃水深度 4.7 米
排 水 量：水面 753 吨，水下 857 吨
推进装置：柴电动力，双轴推进
续 航 力：8 节航速达 3 700 千米
速　　度：水面 13 节，水下 6.9 节
武　　器：5 具 533 毫米口径鱼雷发射管，1 门 86 毫米口径火炮，1 门 20 毫米口径加农炮，可携带 39 枚水雷
编制人数：44 人

VIIC 型类型远洋型潜艇

排 水 量：水面 769 吨，水下 871 吨
尺　　寸：长 66.50 米，宽 6.20 米，吃水 4.75 米
动力系统：水面使用柴油机，功率 2 800 马力，水下使用发电机，功率 750 马力，双轴驱动
航　　速：水面 17.5 节，水下 7.5 节
续 航 力：10 节水面速度可航行 15 750 千米，以 4 节水下速度可航行 150 千米
武器系统：88 毫米炮 1 门，37 毫米防空炮 1 门，20 毫米防空炮两门（以后是 8 门），553 毫米的鱼雷发射管 5 具（艏部 4 具，艉部 1 具），
　　　　　鱼雷 14 枚
编制人数：44 人

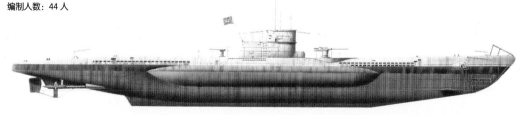

U–106 号潜艇

尺　　寸: 长 76.5 米, 宽 6.8 米, 吃水深度 4.6 米
排 水 量: 水面 1 068 吨, 水下 1 178 吨
推进装置: 柴电动力, 双轴推进
续 航 力: 10 节航速达 13 993 千米
速　　度: 水面 18.2 节, 水下 7.2 节
武　　器: 6 具 533 毫米口径鱼雷发射管, 1 门 102 毫米口径火炮,
　　　　　 1 门 20 毫米口径加农炮
编制人数: 48 人

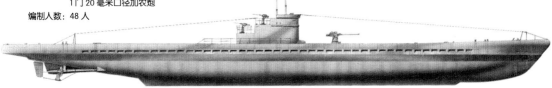

U–2D 型潜艇

排 水 量: 水面 314 吨, 水下 364 吨
尺　　寸: 全长 43.95 米, 宽 4.87 米, 吃水 3.90 米
动力系统: 水面状态使用柴油机, 功率 700 马力; 水下状态使用电动机, 功率 410 马力, 双轴驱动
航　　速: 水面 13 节, 水下 7.5 节
续 航 力: 水上 12 节时为 6 500 于米, 水下 4 节时为 105 千米
武器系统: 1 门 20 毫米高射炮 (以后又增加了 4 门),
　　　　　 3 具 533 毫米艏鱼雷发射管 (鱼雷 6 枚)
编制人数: 25 人

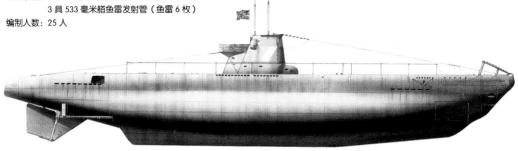

XB 型布雷潜艇

排 水 量: 浮出水面时 1 763 吨, 潜入水下时 2 177 吨
尺　　寸: 长度 89.8 米, 宽度 9.2 米, 吃水深度 4.1 米
动力系统: 露在水面的柴油机, 功率 3131 千瓦; 水面之下的两轴电动机, 功率 820 千瓦
航　　速: 浮出水面时 16.5 节, 潜入水下时 7 节
行　　程: 浮出水面时以 10 节的速度可航行 34 400 千米, 潜入水下时以 4 节的速度可航行 175 千米
武器系统: 1 门 105 毫米火炮 (后来被拆除了), 1 门 37 毫米防空炮, 1 门 (后来增加至 4 门) 20 毫米防空炮, 两具 533 毫米鱼雷发射管 (都
　　　　　 朝向后方), 每个发射管配备 15 枚鱼雷, 66 枚水雷
编制人数: 52 人

21 型潜艇

尺　　寸：长 76.7 米，宽 8 米，吃水深度 5.3 米
排 水 量：标准 1 621 吨，满载 2 100 吨
推进装置：两台 6 缸增压柴油发动机提供 2.9 万千瓦，两台双动电动机提供 3.7 万千瓦，两台无声电动发动机提供 166 千瓦
速　　度：水上 15.9 节（柴油），17.9 节（电动），水下 17.2 节（电动），6.1 节（无声运行电机）
续航能力：水上 10 节的速度可行驶 28 706 千米；水下 5 节的速度可行驶 630 千米
武　　器：4 门 20 毫米炮，6 具 533 毫米鱼雷发射管（23 枚鱼雷）
编制人数：57 人

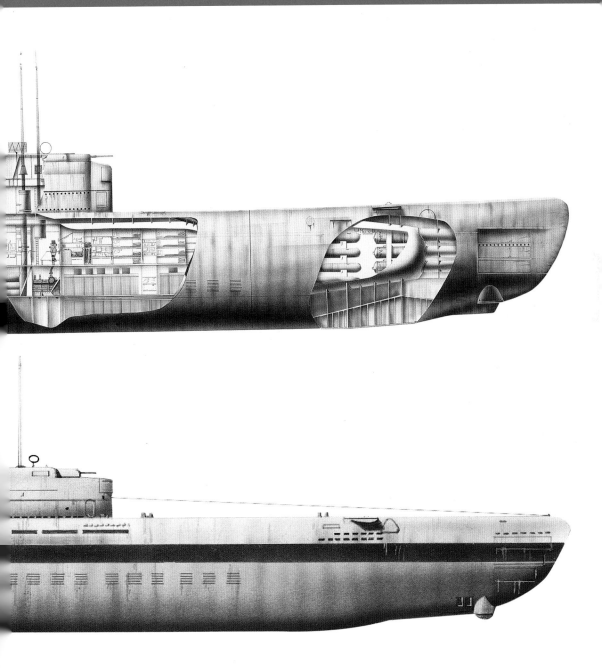

U-110 号潜艇

尺　　寸: 长 76.5 米, 宽 6.8 米, 吃水深度 4.7 米
排 水 量: 水面 1 051 吨, 水下 1 178 吨
推进装置: 两台 MAN 式柴油机和两台电力发动机
续 航 力: 12 节航速时达 16 112 千米
速　　度: 水面 18.2 节, 水下 7.3 节
武　　器: 6 具 533 毫米口径鱼雷发射管, 1 门 105 毫米口径火炮,
　　　　　 1 门 37 毫米口径火炮, 1 门 20 毫米口径榴弹炮
编制人数: 48 人

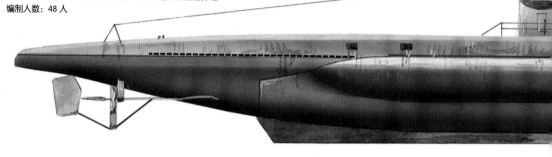

U-30 号潜艇

尺　　寸: 长 64.5 米, 宽 5.8 米, 吃水深度 4.4 米
排 水 量: 水面 636 吨, 水下 752 吨
推进装置: 柴电动力, 双轴推进
续 航 力: 8 节航速达 3 700 千米
速　　度: 水面 13 节, 水下 6.9 节
武　　器: 5 具 533 毫米口径鱼雷发射管, 33 枚水雷, 1 门 86 毫米口径火炮, 1 门 20 毫米加农炮
编制人数: 44 人

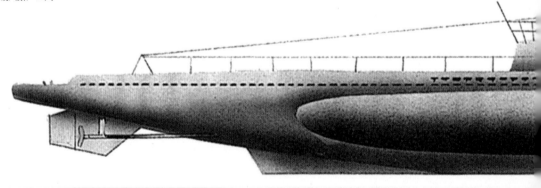

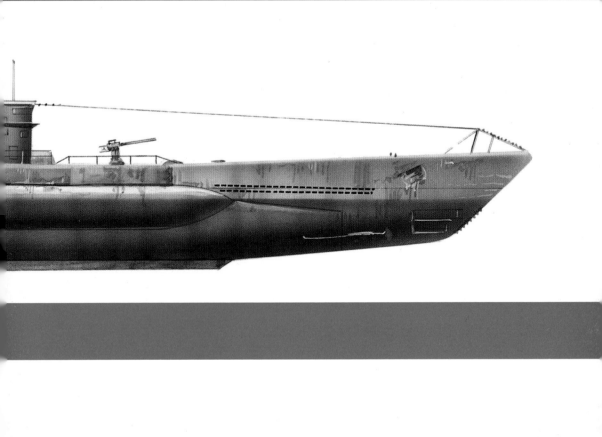

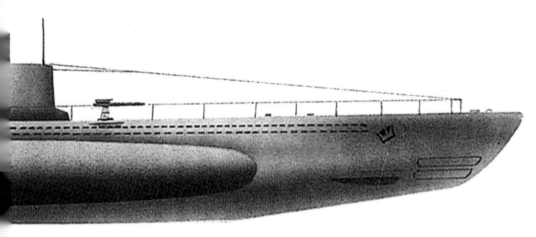

U-441 号潜艇

尺　　寸：长 67.1 米，宽 6.2 米，吃水深度 4.8 米
排 水 量：水面 773 吨，水下 878 吨
推进装置：柴油 / 电力发动机
续 航 力：12 节航速时达 12 038 千米
速　　度：水面 10 节，水下 12.5 节
武　　器：5 具 533 毫米口径鱼雷发射管，1 门 86 毫米口径火炮，1 门 20 毫米口径榴弹炮，39 枚水雷
编制人数：44 人

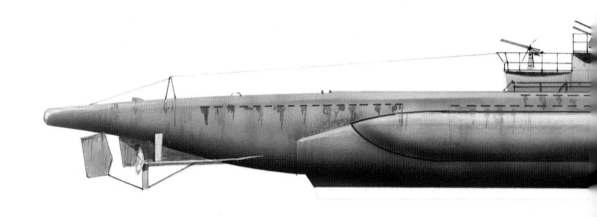

Ⅶ A 级潜艇

尺　　寸：长 64.5 米，宽 5.8 米，吃水深度 4.4 米
排 水 量：水面 516 吨，水下 651 吨
推进装置：柴电动力，双轴推进
续 航 力：8 节航速达 3 700 千米
速　　度：水面 13 节，水下 6.9 节
武　　器：5 具 533 毫米口径鱼雷发射管，1 门 86 毫米口径火炮，1 门 20 毫米口径火炮
编制人数：44 人

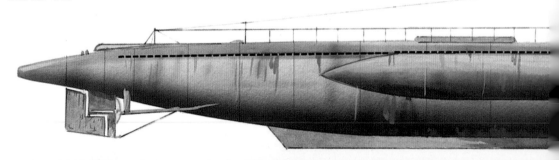

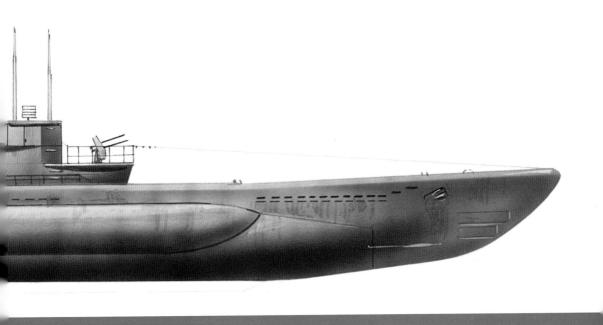

U-551 号潜艇

尺　　寸：长 66.5 米，宽 6.2 米，吃水深度 4.7 米

排 水 量：水面 773 吨，水下 865 吨

推进装置：柴电动力，双轴推进

续 航 力：10 节航速达 13 993 千米

速　　度：水面 17.2 节，水下 8 节

武　　器：5 具 533 毫米口径鱼雷发射管，1 门 86 毫米口径火炮，1 门 20 毫米口径高射炮

编制人数：44 人

U-76 号潜艇

尺　　寸：长 66.5 米，宽 6.2 米，吃水深度 4.7 米

排 水 量：水面 753 吨，水下 857 吨

推进装置：柴电动力，双轴推进

续 航 力：12 节航速时达 12 038 千米

速　　度：水面 17.2 节，水下 8 节

武　　器：5 具 533 毫米口径鱼雷发射管，1 门 86 毫米口径火炮，1 门 20 毫米口径榴弹炮，39 枚水雷

编制人数：44 人

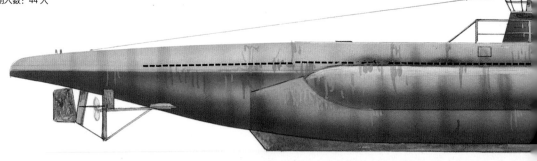

U-123 号潜艇

尺　　寸：长 76.5 米，宽 6.8 米，吃水深度 4.7 米
排 水 量：水面 1 051 吨，水下 1 178 吨
推进装置：两台柴油发动机，两台电力发动机
续 航 力：12 节航速时达 14 000 千米
速　　度：水面 18.2 节，水下 7.3 节
武　　器：6 具 533 毫米口径鱼雷发射管，1 门 105 毫米口径火炮，1 门 37 毫米口径火炮，1 门 20 毫米口径榴弹炮
编制人数：48 人

U-333 号潜艇

尺　　寸：长 67.1 米，宽 6.2 米，吃水深度 4.8 米
排 水 量：水面 761 吨，水下 865 吨
推进装置：两台柴油发动机，两台电力发动机
续 航 力：12 节航速时达 12 038 千米
速　　度：水面 17.2 节，水下 7.6 节
武　　器：5 具 533 毫米口径鱼雷发射管，1 门 86 毫米口径火炮，1 门 20 毫米口径榴弹炮，39 枚水雷
编制人数：44 人

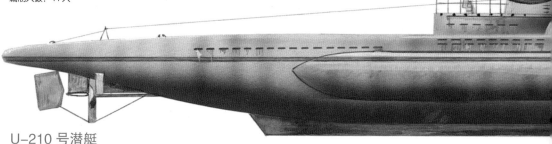

U-210 号潜艇

尺　　寸：长 67.1 米，宽 6.2 米，吃水深度 4.8 米
排 水 量：水面 773 吨，水下 878 吨
推进装置：柴油 / 电力发动机
续 航 力：12 节航速时达 12 038 千米
速　　度：水面 17.2 节，水下 7.6 节
武　　器：5 具 533 毫米口径鱼雷发射管，1 门 86 毫米口径火炮，1 门 20 毫米口径榴弹炮，39 枚水雷
编制人数：44 人

U–156 号潜艇

尺　　寸：长 76.8 米，宽 6.8 米，吃水深度 4.7 米
排 水 量：水面 1 137 吨，水下 1 251 吨
推进装置：柴油 / 电力发动机
续 航 力：12 节航速时达 37 729 千米
速　　度：水面 18.3 节，水下 7.3 节
武　　器：6 具 533 毫米口径鱼雷发射管，1 门 105 毫米口径火炮，1 门 37 毫米口径火炮，1 门 20 毫米口径榴弹炮
编制人数：48 人

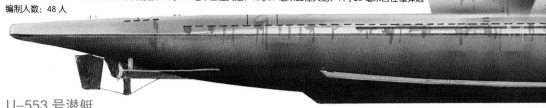

U–553 号潜艇

尺　　寸：长 67.1 米，宽 6.2 米，吃水深度 4.8 米
排 水 量：水面 773 吨，水下 878 吨
推进装置：柴油 / 电力发动机
续 航 力：12 节航速时达 12 038 千米
速　　度：水面 17.2 节，水下 7.6 节
武　　器：5 具 533 毫米口径鱼雷发射管，1 门 86 毫米口径火炮，1 门 20 毫米口径榴弹炮，39 枚水雷
编制人数：44 人

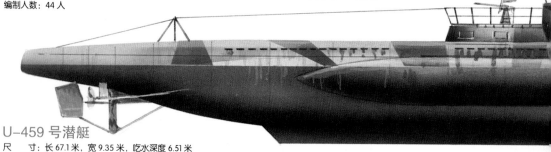

U–459 号潜艇

尺　　寸：长 67.1 米，宽 9.35 米，吃水深度 6.51 米
排 水 量：水面 1 715 吨，水下 1 963 吨
推进装置：柴油 / 电力发动机
续 航 力：10 节航速时达 22 872 千米
速　　度：水面 14 节，水下 6.2 节
武　　器：两门 37 毫米口径火炮，1 门 20 毫米口径榴弹炮或 1 门 37 毫米口径火炮，4 门 20 毫米口径双联装榴弹炮，
　　　　　1 门 20 毫米口径单发榴弹炮
编制人数：53 人

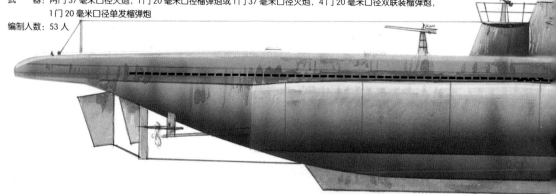

U–17 级潜艇

尺　　寸：长 41.5 米，宽 3.4 米，吃水深度 4.25 米
排 水 量：水面 317 吨，水下 362 吨
推进装置：柴油发动机与"沃尔特"封闭式发动机
续 航 力：3 450 千米
速　　度：水面 9 节，水下 21 ~ 25 节
武　　器：两具 533 毫米口径鱼雷发射管
编制人数：19 人

U–23 级潜艇

尺　　寸：长 34.1 米，宽 3 米，吃水深度 3.75 米
排 水 量：水面 235 吨，水下 260 吨
推进装置：柴油 / 电力发动机
续 航 力：12 节航速时达 2 500 千米
速　　度：水面 10 节，水下 12.5 节
武　　器：两具 533 毫米口径鱼雷发射管
编制人数：14 人

U-118 号补给潜艇

尺　　寸：长 89.8 米，宽 9.2 米，吃水深度 4.11 米
排　水　量：水面 1 791 吨，水下 2 212 吨
推进装置：柴油／电力发动机
续　航　力：12 节航速时达 117 987 千米
速　　度：水面 16.5 节，水下 7 节
武　　器：两具 533 毫米口径鱼雷发射管，1～4 门 20 毫米口径榴弹炮，1 门 37 毫米口径火炮，
　　　　　1 门 105 毫米口径火炮，66 枚水雷
编制人数：52 人

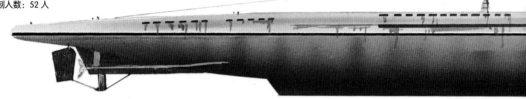

U-320 号潜艇

尺　　寸：长 67.1 米，宽 6.2 米，吃水深度 4.8 米
排　水　量：水面 773 吨，水下 878 吨
推进装置：柴油／电力发动机
续　航　力：12 节航速时达 12 038 千米
速　　度：水面 10 节，水下 12.5 节
武　　器：5 具 533 毫米口径鱼雷发射管，1 门 86 毫米口径火炮，1 门 20 毫米口径榴弹炮，39 枚水雷
编制人数：44 人

U-570 号潜艇

尺　　寸：长 67.1 米，宽 6.2 米，吃水深度 4.8 米
排　水　量：水面 761 吨，水下 865 吨
推进装置：两台柴油发动机，两台电力发动机
续　航　力：12 节航速时达 12 038 千米
速　　度：水面 18.2 节，水下 7.3 节
武　　器：5 具 533 毫米口径鱼雷发射管，1 门 86 毫米口径火炮，1 门 20 毫米口径榴弹炮，以及 39 枚水雷
编制人数：44 人

7 型 U–47 号潜艇

尺　　寸：长 66.5 米，宽 6.2 米，吃水深度 4.7 米
排 水 量：标准 765 吨，满载 871 吨
推进装置：柴电动力，双轴推进
速　　度：水面航速 17.2 节，水下航速 8 节
续航能力：12 节航速达 12 038 千米
武　　器：5 具 533 毫米口径鱼雷发射管，1 门 86 毫米口径火炮，1 门 20 毫米口径高射炮
编制人数：44 人

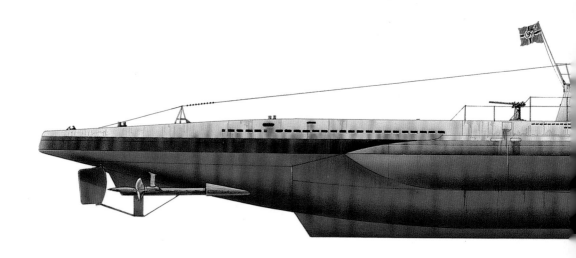

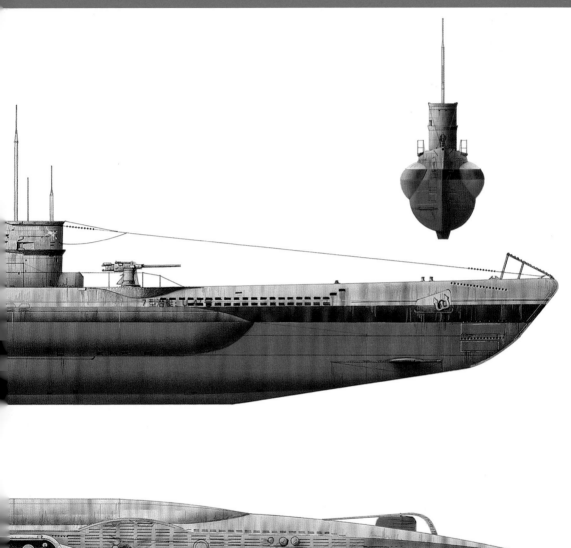

7型潜艇：U-73

海战的历史

S E A

WARFARE

II

从第一次世界大战到今天

From World War I To The Present Day

〔英〕罗伯特·杰克逊（Robert Jackson） 著

张德辉 译 徐玉辉 审校

上海三联书店

目录
Contents

目录
Contents

目录
Contents

130° E

Palau Is

冷战时期:
1945年以后

"二战"结束之际，对世界各国的海军来说，拥有远程打击兵力和自身空中防御力量的航空母舰将会是未来的主力军舰。

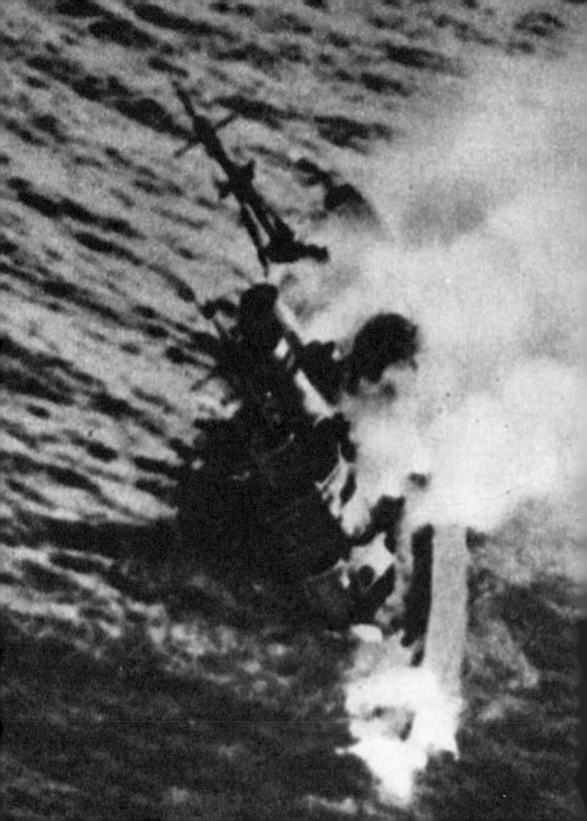

6 从珍珠港到
瓜达尔卡纳尔岛：
1941至1942年

在日本北方沿海遥远的千岛群岛上，单冠湾集结的舰队是对马海峡之役以来，在日本海域所集结的最令人畏惧的海上力量。

←英国海军巡洋舰"埃克塞特"号是普拉塔河战役中的老手，它在1942年3月1日于爪哇海南方与日本海军舰艇交战时沉没

这支舰队的核心是南云忠一（Chuichi Nagumo）中将第1航空舰队（the 1st Air Fleet）的航空母舰"赤城"号、"加贺"号、"飞龙"号（Hiryu）、"苍龙"号（Soryu）、"瑞鹤"号与"翔鹤"号。另外，他们还有战列舰"比睿"号与"雾岛"号，重巡洋舰"利根"号（Tone）与"筑摩"号（Chikuma），轻巡洋舰"阿武隈"号（Abukuma）和第1驱逐战队（the 1st Destroyer Squadron）的9艘驱逐舰。

这支战列舰队是日本帝国海军派去执行"夏威夷行动"（Hawaiian Operation）的武力：计划奇袭美国太平洋舰队（US Pacific Fleet）的主要基地珍珠港（Pearl Harbor）。他们在1941年11月26日起程，但若日本在与美国外交谈判上得到满意结果的话，就立即掉头返航。不过，谈判没有成功。12月2日，表示继续前进的信号代码"攀登新高峰"（Niitaka Yama Nobore）传达到南云中将的手上。舰队在海上进行补给之后，便出发前往瓦胡岛（Oahu）北方370千米的起飞点。

日本第一波攻势在1941年12月7日黎明展开，由村田重治（Shigeharu-Murata）少佐率领40架中岛（Nakajima）B5N型"凯特"（Kate）鱼雷轰炸机［又译九七式舰载水平（鱼雷）轰炸机］和渊田美津雄（Mitsuo Fuchida）中佐率领49架挂载穿甲炸弹的B5N型轰炸机以及高桥赫一（Kakwichi Takahashi）少佐率领的51架爱知（Aichi）D3A1型"瓦尔"（Val）俯冲轰炸机［又译九九式舰载俯冲轰炸机］。他们还有"赤城"号战斗机中队的43架三菱A6M型"零"式（Zero）战斗机的护航，第一波的掩护行动由板谷茂（Shigeru Itaya）少佐领军。

　　相对于这支令人生畏的舰队，在夏威夷群岛主要岛屿（瓦胡岛）上的美国驻军名义上虽有394架飞机，但只有少部分处于备战状态。不少飞机是过时的机种，其他的则正接受修理与保养，有的还没有飞行员可以操纵。毕竟，这一天是安详的星期日早晨。尽管交涉中的外交谈判正对太平洋各个议题吵得沸沸扬扬，但美国还没有要开战。那里的94艘舰艇绝大多数都泊在珍珠港内，并未解缆，只有低阶船员在船上。卡胡库岬（Kahuku Point）附近的陆军雷达站里仅有两个人在值勤，而且雷达防御的重镇"夏夫特情报中心"（Shafter Information Center）内仅有一名军官值班，他的同僚则去吃早餐了。此外，防范潜艇与鱼雷入港的重要护栏打开了不只75分钟，因为

↓图为1941年12月7日，日本帝国海军快速打击航空母舰舰队上的船员向正要起飞驶向珍珠港的中岛B6N型"天山"式（Tenzan）鱼雷轰炸机挥别

这天是星期日，找不到人来关上它。

出其不意

指挥第一波攻击的渊田中佐制定了两个攻击方案，其一是在美军完全预料不到时采用，另一则是在奇袭失败后进行。就第一个方案来说，B5N型鱼雷轰炸机将会率先发动突击，以免俯冲轰炸所造成的烟雾遮掩住目标；但若奇袭失败，那么俯冲轰炸机与水平轰炸机则会先攻，炸掉机场与防空设施，当反抗势力瓦解之后再由鱼雷机进行攻击。这个听起来不错的计划将由渊田亲自打出信号：一次闪光代表出其不意，而两次闪光代表奇袭失败。

这是再简单不过的信号了，但它还是出了错。渊田发射一次信号弹来表示"出其不意"，有些飞行组员看到了，但有

↓图为日本奇袭珍珠港。这张照片显示了福特岛（Ford Island）在攻势初期时的景象，还有"俄克拉荷马"号（居中者）被鱼雷击中时激起的浪花

些没有，所以渊田又发射了一次信号弹。这样的结果虽造成困惑，然而，当所有的战机都立刻开始攻击时那就没有差别了。日本完全是出其不意地进攻，一开始美军没有采取任何防御措施，甚至许多人还以为是一场演习。

第一波攻势持续了30分钟，日本猛袭停泊在港口的舰艇与偏远的机场。第二波攻击于1小时后展开，由54架"凯特"轰炸机与78架"瓦尔"俯冲轰炸机和38架战斗机来执行。这波攻势进行了65分钟，却被港口的浓密烟雾和密集的防空火网，还有少数的美军战斗机所阻碍。港口里的94艘军舰有18艘沉没或严重受损，其中8艘战列舰更是日军的首要打击目标。

在惨重的伤亡当中，美国太平洋舰队引以为傲的艾萨克·基德（Isaac C. Kidd）少将的旗舰"亚利桑那"号被1枚鱼雷与8颗炸弹击中而爆炸沉没，并夺走了1177人的性命。

↑ 图为美国海军"亚利桑那"号在日本袭击之后起火燃烧。"亚利桑那"号被1枚鱼雷与8颗炸弹命中，1177名船员丧生。其残骸仍被保留在珍珠港内

→攻击珍珠港有效地削弱了美国太平洋舰队的兵力，除了当时不在场的航空母舰之外

另外，"加利福尼亚"号（California）也被命中，几颗炸弹重创了它，98名船员阵亡，它也在三天后沉没。同样的厄运落在"内华达"号、"俄克拉荷马"号、"西弗吉尼亚"号（West Virginia）、"马里兰"号（Maryland）、"宾夕法尼亚"号与"田纳西"号（Tennessee）上，所有的军舰不是沉没、搁浅就至少是严重受损，让太平洋舰队在数小时内就陷入瘫痪。

耻辱的一天

美国太平洋舰队的3艘航空母舰在攻击期

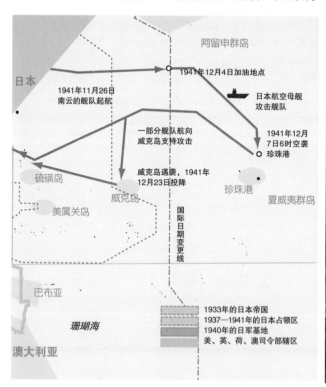

1941年12月4日加油地点

阿留申群岛

日本

1941年11月26日
南云的舰队起航

日本航空母舰
攻击舰队

一部分舰队航向
威克岛支持攻击

1941年12月
7日6时空袭
珍珠港

威克岛遇袭，1941年
12月23日投降

硫磺岛

威克岛

珍珠港

夏威夷群岛

美属关岛

国际日期变更线

→日本攻击珍珠港示意图。日本奇袭珍珠港需要严密的计划与谨慎的舰队调动以防止泄密。许多的攻击征兆都被美国人所忽视

巴布亚

珊瑚海

1933年的日本帝国
1937—1941年的日本占领区
1940年的日军基地
美、英、荷、澳司令部辖区

澳大利亚

海上优势

新加坡是英国海军在远东海域掌握优势的关键。早在20世纪20年代初期，英国就决定在远东建立一个强大的海军基地，奢望逐渐壮大的日本会因此打消威胁英国在东南亚、澳大利亚与印度重要政治与经济利益的念头。英国会选中新加坡是基于海军作战将是关键的假设。换句话说，以新加坡为战列舰舰队的基地将足以吓阻日本，如果真的爆发战争，还可以击退他们的攻击。

间并没有在场。"萨拉托加"号（CV-3）当时正要进行大幅检修，并停泊在圣迭戈（San Diego）港内；"列克星敦"号（CV-2）在中途岛（Midway）东南方约680千米的海上，它正运送一支陆战队侦察轰炸机中队过去；而"企业"号（CV-6）也在珍珠港西方约320千米的海上，它运送了一支海军战斗机中队到威克岛（Wake Island）之后正在返航途中。正是这批航空母舰在1942年的最初几个月里构成重建太平洋舰队的核心。

用罗斯福（Franklin D. Roosevelt）的话来说，珍珠港的奇袭是"耻辱的一天"，却是日本颇具杀伤力与精心策划的杰作。它的谋划者是日本联合舰队的总司令山本五十六大将，他是当代最能干的海军指挥官之一，也是一位没有忘记一年多前英国在塔兰托空袭意大利舰队教训的人。

山本五十六出生于1884年，是个被收养的孩子，他原本姓高野（Takano）。1904年毕业于江田岛海军兵学校（Japanese Naval Academy）。次年，他亲眼目睹了日本海军在对马海峡的战斗，还因此失去两根手指。他随后又到日本海军大学校（Naval War College）进修，接着到美国哈佛大学（Harvard）深造。1925至1927年间，他以中佐的军衔担任美国使馆的海军武官。由于英文流利，他结交了很多美国人。他从不赞成和美国人交战，但这一刻却不得不如此，因而决心尽其所能。

美国主力舰的毁灭打通了日本征服太平洋重要岛屿与群岛的道路，出其不意加上缺乏补给阻碍了所有反制日本挺进的重要行动。然而，那里还有印度洋与爪哇海（Java Sea），分别是由大英帝国与荷兰王国保护。

英国海军部原本打算从地中海舰队调派军舰以强化印度洋战区的防御，并让法国海军全力以赴地在地中海作战，但由于1940年法国的溃败而打乱了他们的计划。1941年8月，海军部又设想在1942年春时能以6艘主力舰与1艘现代化的航空母舰和小型舰队支援远东。然而，在这个时期他们所能做的最多是派出新型战列舰"威尔士亲王"号与支援用的旧式战列巡洋舰"反击"号（它在1916年下水）以及可提供必要空中掩护的航空母舰"不屈"号。可是，即便是这样的计划，也因"不屈"号在准备出动时于牙买加（Jamaica）沿海搁浅而中断。在它能够起航之前又消耗掉了两个星期的时间。

同时，汤姆·菲利普斯（Sir Tom Phillips）中将的旗舰"威尔士亲王"号于10月25日从克莱德河起航，还有驱逐舰"伊莱克特拉"号与"快捷"号随行。它们奉命前往新加坡，并行经自由城、西蒙斯敦（Simonstown）与锡兰（Ceylon），它们在那里于11月28日和从大西洋来的"反击"号及地中海来的驱逐舰"邂逅"号（HMS Encounter）与"朱比特"号会合。12月2日，这支舰队抵达了新加坡。英国海军部一向不喜欢把他们的军舰集中在新加坡而宁愿让它们以更后方的锡兰为基地。事实上，舰艇集中在那里全是丘吉尔的坚持。有外交部（Foreign Office）支持的丘吉尔的观点是这支舰队的出现足以

"威尔士亲王"号
在珍珠港事件爆
发之时虽然仍属新
锐，但它已经有实
战经验了。1941年
5月它曾和德国战
列舰"俾斯麦"号
交锋

↑图为遭到日本空袭之后，新加坡的战备储油槽燃起大火。新加坡的防空力量薄弱，部署在那里的盟军战斗机机种也无法与日本的"零"式战机匹敌

吓阻日本人进一步采取挑衅行动。然而，以缺少了"不屈"号的观点来看，这支舰队很容易遭受空中的攻击，因为英国皇家空军在新加坡与马来半岛（Malay Peninsula）的防御力量是极为薄弱的。

暴露位置

由于焦虑菲利普斯舰队位置已经暴露——英国海军部力劝菲利普斯驶离新加坡，于是1941年12月5日，"反击"号［坦南特（Tennant）上校指挥］便驶向澳大利亚北部的达尔文港（Port Darwin）。然而，第二天，据通报说一支日本护航舰队在中南半岛（Indo-China）沿海，所以坦南特又奉命回到新加坡再度与旗舰会合。几个小时之后，他们得知了日本奇袭珍珠港的消息，也获知日本在其他地区同步展开两栖作战行动，包括在马来亚（Malaya）与暹罗（Siam）。12月8日傍晚，菲利普斯率领"威尔士亲王"号、"反击"号与4艘驱逐舰，通称为"Z舰队"（Force Z），前往攻击已登陆马来亚东北岸宋卡（Singora）的日本两栖部队。次日一大早，新加坡方面提醒他没有掩护的战斗机可用，而且他们接到通报说强大的日本轰炸机群正在暹罗集结。这个忠告再加上菲利普斯获悉他的军舰被敌军侦察机发现，迫使他于12月9日20时15分放弃了突击，转向返回新加坡。此外，Z舰队虽亦被日本的I-65号潜艇发现，但由于报告的位置并不正确，其他的潜艇也没能再发现他们的行踪。

正好在午夜之前，菲利普斯接到信号得知日本军队正于关丹（Kuantan）展开登陆，所以他转向海岸，打算拦截这批新的侵略部队。这个报告是有误的，还让I-58号潜艇［龙平（Kitamura）少佐指挥］在12月10日的前几个小时发现了Z舰队。潜艇发动了一次失败的鱼雷攻击，然后尾随在舰队后面长达5个半小时之久，并定时报告方位，使得第22海军航空舰队（22nd Naval Air Flotilla）的侦察机能够发现它们的行踪并维持联络。已经从中南半岛机场起飞的27架轰炸机与61架鱼雷机持续向南飞行，它们是该舰队的打击单位。战机飞过了Z舰队的东方，在转过来之前又飞了很长一段距离。大约在11时他们看到了英国军舰。

日本的空中攻击有高超的作战技巧与协调性。三菱G4M1型"贝蒂"（Betty）高空轰炸机（一式轰炸机）在3658米的高空分散军舰高射炮的注意力，而G3M2型"尼尔"（Nell）鱼雷轰炸机（九六式轰炸机）则从四面八方启动它们的鱼雷。很快地，"威尔士亲王"号便挨了两枚鱼雷，严重损毁了它的螺旋桨和操纵装置，舰上多门防空火炮也失去作用。有时，"反击"号采取灵巧的闪避措施设法避开攻击，但由于敌机太多，它最后还是被4枚鱼雷击中。12时33分，它翻覆沉没，50分钟后同样的命运也降临到旗舰身上，与此同时，它承受了另外两枚鱼雷的攻击。随行的驱逐舰救起2081名军官与水手，有840人阵亡，其中包括菲利普斯爵士（刚提拔为上将）与"威尔士亲王"号的舰长利奇。"反击"号的舰长坦南特在最后一刻被他的军官推出舰桥才幸存了下来。

↓英国海军战列巡洋舰"反击"号在第一次世界大战期间于大英舰队旗下服役，在20世纪30年代中期进行过完全的改装。它在挪威战役与猎杀"俾斯麦"号期间的表现十分活跃

海军的浩劫

在英国海军经历了马尼拉沿海的大灾难之后，半岛与新

加坡防卫者的士气受到不可估量的影响，更多的坏消息因此接踵而来。在圣诞节时，香港失守，日军势如破竹，他们以双钳形攻势在菲律宾的岛屿上进行两栖登陆后，很快就来到了首都马尼拉。与此同时，英国东方舰队（British Eastern Fleet）的指挥官由乔佛瑞·莱顿（Sir Geoffrey Layton）上将担任，或者倒不如说是重新接任，因为这个职位之前刚由不幸的菲利普斯上将接手。莱顿将指挥这批幸存下来的宝贵军舰。但他或许有其他更好的职位，1942年1月，盟军在爪哇设立了一个新的ABDA（美国、英国、荷兰与澳大利亚第一个字母的缩写）海军司令部，由美国海军的哈特（T. C. Hart）上将统率。在1月与2月初的5个星期里，哈特的多国混成舰队（大多是英国与荷兰的船）正忙着护送盟军部队到新加坡，可是到了1月底，新加坡的海军基地严重受创，几乎没有办法再运作。而让大量涌进的增援部队变成涓涓细流，直至最后中断的事件是日军于1942年2月9日拿下新加坡的据点。12日，新加坡守军投降的前3天，基地内所有能航行的船只载满平民与军人大批撤离。

　　2月13日，盟军接到通报得知一支日军侵略部队正驶向苏门答腊（Sumatra），ABDA司令部于是派了一支由5艘巡洋舰与10艘驱逐舰（包括英国海军巡洋舰"埃克塞特"号）组成的舰队前去拦截。然而，盟军的舰艇遭受猛烈的空袭，尽管没有造成损失，但舰队的指挥官，荷兰的卡莱尔·多尔曼（Karel Doorman）上将决定取消这次行动并撤退。敌军的攻势密集又迅速，2月18日，日军登陆巴厘岛（Bali），从东方孤立了爪哇；次日，他们的主力打击部队第1航空舰队（the 1st Carrier Air Fleet）的战机起飞，攻击了达尔文港，击沉11艘运兵船和补给舰，并使港口的设施严重受损。由于达尔文港是澳大利亚北部唯一可对爪哇进行增兵与补给的基地，这次的攻击实际上

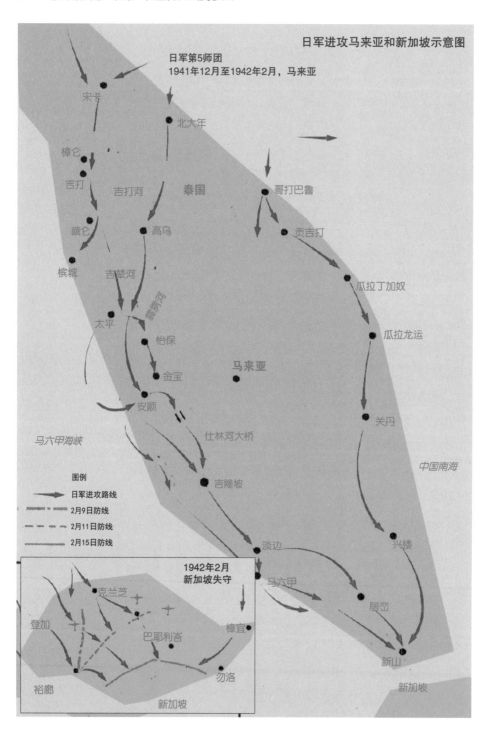

日军进攻马来亚和新加坡示意图

日军第5师团
1941年12月至1942年2月，马来亚

宋卡

北大年

樟仑

吉打　吉打河　泰国

哥打巴鲁

峨仑

贡吉打

槟城　吉辇河

高乌

太平　霹雳河

怡保

瓜拉丁加奴

瓜拉龙运

金宝　马来亚

安顺

关丹

仕林河大桥

马六甲海峡

中国南海

图例
→ 日军进攻路线
 2月9日防线
 2月11日防线
 2月15日防线

吉隆坡

淡边　兴楼

马六甲

居銮

1942年2月
新加坡失守

克兰芝

樟宜

登加

巴耶利峇

裕廊

勿洛

新山

新加坡

新加坡

已决定了防卫者的命运。

　　2月27日，同时在万隆海峡（Bandoeng Strait）以一支美、荷混合舰队对抗日军的多尔曼上将，随5艘巡洋舰与9艘驱逐舰从泗水（Soerabaya）起航，前往拦截日本位于爪哇海上的侵略部队。日军由4艘巡洋舰与14艘驱逐舰护航，16时双方开始交火。很快地，英国海军的"埃克塞特"号被重炮击中，在荷兰驱逐舰"维特·德·维斯"号（Witte de With）的护航下被迫撤回泗水；而另一艘荷兰的驱逐舰"寇特纳尔"号（Kortenaer）则被鱼雷击沉。在这个阶段，敌方驱逐舰总共投射了120枚鱼雷，但只有1枚命中目标。为了掩护"埃克塞特"号撤退，战局甚至演变成3艘英国驱逐舰和8艘敌方驱逐舰与巡洋舰"那珂"号（Naka）的肉搏战。另外，在混乱的战斗当中，由于烟幕导致能见度不佳，英国海军的"伊莱克特拉"号沉没。

↑ 图为搭载副油箱的三菱A6M "零"式战斗机准备从航空母舰上起飞。日本海军的飞行员都是远程飞行的专家，他们花了许多时间进行训练

←←1941年12月，日本突击马来半岛。该区域的英联邦空军太过虚弱而无法发动重要的反登陆作战，也无法提供有力的防御

再次损失

多尔曼上将于是重整他的4艘巡洋舰与6艘驱逐舰，并向西北方突围，他的舰艇在黑夜中曾短暂地与日本巡洋舰"羽黑"号（Haguro）与"那智"号（Nachi）交战。其后不久，英国驱逐舰"朱比特"号被炸毁，该舰有可能误触了荷兰的水雷也可能是被美国潜艇S–38号误击。盟军的舰队在夜里又因为荷兰的巡洋舰"爪哇"号（HNLMS Java）与"鲁伊特"号（HNLMS De Ruyter）被鱼雷击沉而继续蒙受损失。剩下的两艘巡洋舰美国海军的"休斯敦"号（USS Houston）与澳大利亚海军的"珀斯"号驶向巴达维亚（Batavia）①，试图逃过迅速靠近它们的圈套。同时，4艘美国驱逐舰返回泗水补充弹药并加油，而剩下唯一的一艘英国驱逐舰"邂逅"号则去营救"寇特纳尔"号的生还者。

2月28日一大早，4艘美国的驱逐舰［"斯图尔特"号（USS Stewart）、"派洛特"号（USS Parrott）、"约翰·爱德华斯"号（USS John D. Edwards）与"皮尔斯伯里"号（USS Pillsbury）］通过了巴厘海峡（Bali Strait），驶向澳大利亚。它们在与3艘日本军舰进行短暂、非决定性的交锋之后抵达了

---

① 印度尼西亚首都雅加达的旧名。——译者注

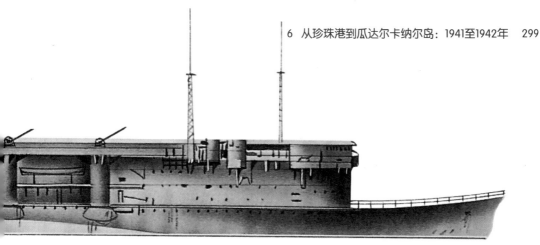

"龙骧"号

类　　型：轻型航空母舰		续 航 力：以10节可航行18530千米	
下水日期：1931年4月2日		武　　装：12门127毫米炮	
船　　员：924名		动　　力：蒸汽轮机，双轴	
排 水 量：10150吨		最大航速：29节	
长、宽、吃水深度：175.3米×23米×5.5米			

澳大利亚。下午，巡洋舰"休斯敦"号与"珀斯"号在荷兰驱逐舰"艾弗森"号（HNLMS Evertsen）的伴随下从巴达维亚驶向巽他海峡（Sunda Strait），并朝芝拉扎（Tjilatjap）前进。夜里，这两艘巡洋舰遇上了另一支敌军的侵略部队，它们采取攻击行动，毫不因悬殊的实力畏惧。两艘巡洋舰都被护航的军舰击沉了，但它们也摧毁2艘运兵船，击伤3艘驱逐舰与1艘扫雷舰。在后方出现的"艾弗森"号也被炮弹击中而起火燃烧，船员设法将它驶向岸边。与此同时，英国海军的"埃克塞特"号在黄昏时亦从泗水驶向巽他海峡，且有英国海军驱逐舰"邂逅"号与美国海军"约翰·波普"号（USS John D. Pope）随行。3月1日早晨，它们陷入两支敌方舰队之间，"埃克塞特"号与"邂逅"号在舰炮和鱼雷的合攻下沉没，而"波普"号则被日本航空母舰"龙骧"号（Ryujo）上的俯冲轰炸机攻击而

丧失了作战能力，接着便被舰炮击沉。3艘船上约有800名生还者被日本人救起，但许多人凄惨地死在集中营内。就这样，爪哇海战结束了，任何想阻止日军入侵东南亚的希望全部落空。

1942年春，当获胜的日本在巩固他们闪电征服的东南亚与太平洋广大地域之时，英国海军部正集中精力建构一支由锡兰运作的新东方舰队，英国海军部早就建议过以锡兰为基地。3月底，这支新的东方舰队拥有2艘大型航空母舰"不屈"号与"可畏"号（后者在1941年5月于克里特岛沿海遭受重创后休养了10个月重出江湖）和1艘小型航母"竞技神"号；另有5艘战列舰"拉米利斯"号、"决心"号、"复仇"号、"君权"号与"厌战"号，全都是第一次世界大战的老船；还有7艘巡洋舰、16艘驱逐舰和7艘潜艇。这支舰队从3月27日起由詹姆斯·索姆维尔上将指挥，他是直布罗陀H舰队指挥官，富有才能，经验丰富。

"竞技神"号

类　　型：航空母舰	续 航 力：以15节可航行7412千米
下水日期：1919年9月11日	武　　装：3门102毫米炮，6门140毫米炮
船　　员：664名	
排 水 量：13208吨	动　　力：蒸汽轮机，双轴
长、宽、吃水深度：182.9米×21.4米×6.5米	最大航速：25节

首次袭击日本

在太平洋上，美国人开始进行反攻。4月18日，在距离东京1075千米（668英里）处的海面上，美国海军航空母舰"大黄蜂"号放飞了"陆军航空队第17飞行大队"（the 17th Army Air Force Group）的16架北美（North American）B-25型"米切尔"式（Mitchell）轰炸机，由杜立特（J. H. Doolittle）中校率领，首次对日本本土展开攻击。

所有的B-25组员各自轰炸其在东京、横须贺、大阪—神户地区的指定目标，然后飞往中国并降落。这次行动由于气候不佳而受挫，大多数成员跳伞逃生。在80名参与行动的飞行组员当中有10人丧生，不是因为意外，就是掉入敌军所掌控的中国战区，此外还有15人负伤。

东京的遇袭，尽管只不过是相对的小事，却有非常广泛的影响。它造成的直接结果是，山本五十六大将发动了一次野心勃勃的计划，向东拓展日本在太平洋的控制范围，要将残存的美军太平洋舰队部队悉数歼灭。

迫在眉睫

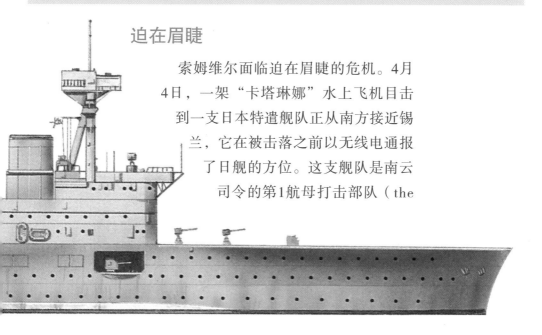

索姆维尔面临迫在眉睫的危机。4月4日，一架"卡塔琳娜"水上飞机目击到一支日本特遣舰队正从南方接近锡兰，它在被击落之前以无线电通报了日舰的方位。这支舰队是南云司令的第1航母打击部队（the

↑杜立特的东京突击者，美国海军航空母舰"大黄蜂"号甲板上的北美B-25米切尔轰炸机。这次袭击激起了美国人的士气，也让日本人感到震惊

1st Carrier Striking Force），它拥有航空母舰"赤城"号、"飞龙"号、"翔鹤"号、"苍龙"号与"瑞鹤"号（这些航空母舰上的舰载机都执行过如同在珍珠港和达尔文港的突袭）；还有4艘战列舰、3艘巡洋舰和9艘驱逐舰。其中，5艘航空母舰共有约300架的攻击机与战斗机；而索姆维尔的飞机只有航空母舰上的57架攻击机与40架战斗机，以及在拉特马拉纳（Ratmalana）岸上的第803和第806中队的"管鼻鹱"战斗机，还有"不屈"号运来的50架英国皇家空军的旧型"飓风"式战斗机。

日本人的意图很明显是要消灭东方舰队。对英国来说，这是最危险的一步，它有可能预示夺取该岛的企图，如此一来，不只是印度，整个印度洋到中东的补给航线都会遭受威胁。这个时期，所有的补给线都得绕过好望角，隆美尔正迫使英国第8集团军撤回埃及，而且德国新一波的侵略也在苏联如火如荼地展开。以后见之明看，这似乎有点牵强，但德国与日本在中东建立起联系的可能性却是丘吉尔和他的同事感到非常忧虑的。后来，丘吉尔也说这是大战中最危险的一步。

莱顿上将一接到日本特遣舰队逼近的消息，就下令所有能调动的舰艇从科伦坡（Colombo）港驶离。先前派给索姆维尔指挥的巡洋舰"克伦威尔"号与"多塞特郡"号也奉命重新加入东方舰队的快速战斗群A舰队，这支舰队还包括航空母舰与"厌战"号。早在4月5日复活节时，第二架"卡塔琳娜"机又目击了日本舰队，其后不久，他们就派出53架中岛B5N型"凯特"高空轰炸机与38架爱知D3A型"瓦尔"俯冲轰炸机，由36架零战护航，前去攻击科伦坡。当42架"飓风"与"海燕"战斗机升空拦截入侵者时，残酷的空中格斗战便在这个城市与港口上空展开。7架日本战机被摧毁，但英国方面也有19架战机被击落。这场空袭造成市内建筑区严重受创，船舶与港口设施的受损情况相对较轻，但是辅助巡洋舰"赫克特"号（HMS Hector）与驱逐舰"特尼多斯"号（HMS Tenedos）被击中沉没。

大约在中午，巡洋舰"克伦威尔"号与"多塞特郡"号被日本重巡洋舰"利根"号派出的一架侦察机发现了行踪，于是53架"瓦尔"俯冲轰炸机立刻前去截击。日本战机的轰炸十分精准且具毁灭性，2艘巡洋舰都被炸沉，1112人（总共1546人）稍后被英国海军巡洋舰"企业"号（HMS Enterprise）与2艘驱逐舰救起。"不屈"号上的"大青花鱼"轰炸机展开了一次夜间雷达搜索，但敌方舰队已退回到东南方进行加油，准备再驶向北方攻击位于亭可马里（Trincomalee）的盟军海军基地。这个时候，索姆维尔上将的A舰队，还有其远在后方缓缓行进的分舰队（B舰队）正从阿杜环礁（Addu Atoll）驶向锡兰，他的舰艇有时仅与南云的特遣舰队距离370千米而已，但双方都没有接触。阿杜环礁已经被建立为东方舰队的秘密基地，由于索姆维尔无法找出敌舰的位置，所以便转向返航以保卫它不受任何可能的奇袭。

预料中的攻击

4月8日，一架"卡塔琳娜"机再次于锡兰东方740千米处与日本航空母舰舰队接触，停泊在亭可马里的舰艇奉命起航。

↓1942年4月9日，英国海军轻型航空母舰"竞技神"号在印度洋上遭日本战机攻击之后起火沉没。日军还击沉了1艘驱逐舰、1艘轻型反潜护卫舰和2艘油轮

所有的单位，包括轻型航空母舰"竞技神"号，皆得以在预料中的攻击展开之前驶离。91架高空与俯冲轰炸机和38架护航战斗机于9日一大早发起进攻，23架"飓风"机与"海燕"机被派去防卫港口，但9架遭到击落；而同时，"布伦海姆"式轰炸机编队9架战机中的5架试图找出敌舰的位置。目标仅有轻微的损失，但在日本战机返回航空母舰的途中，飞行组员发现了几艘船，包括"竞技神"号、澳大利亚驱逐舰"吸血鬼"号（HMAS Vampire）、轻型反潜护卫舰"蜀葵"号（HMAS Hollyhock）和2艘油轮。3个小时后，80架俯冲轰炸机抵达了该地，并在距离亭可马里约105千米处击沉了所有的舰艇。"竞技神"号上并没有搭载飞机，舰上船员绝望地发送无线电求救，可是在亭可马里幸存下来的战机根本使不上力。

与此同时，南云的一部分舰队，即小泽治三郎（Jisaburo Ozawa）麾下的1艘轻型航空母舰与6艘巡洋舰被派去对付位于孟加拉湾（Bay of Bengal）的船只。从4月7日起，在5天肆无忌惮的攻击中，小泽摧毁了23艘商船，总吨位高达114114吨。此外，日本潜艇在印度西岸沿海的行动又让盟军蒙受32920吨的损失。但幸运的是，或许，对东方舰队来说［锡兰遇袭之后，它的A舰队立刻部署到孟买（Bombay），而B舰队则到东非保卫护航队航线］，日本特遣舰队再没有出现在印度洋上了。

珊瑚海海战

1942年5月4日到8日是史上第一次双方舰艇没有直接交火的海战，美国航空母舰的飞机成功地制止了一次日本侵略部队企图登陆莫尔斯比港（Moresby）与新几内亚（New Guinea）的行动，并阻挡下航空母舰"瑞鹤"号、"翔鹤"号与"翔凤"

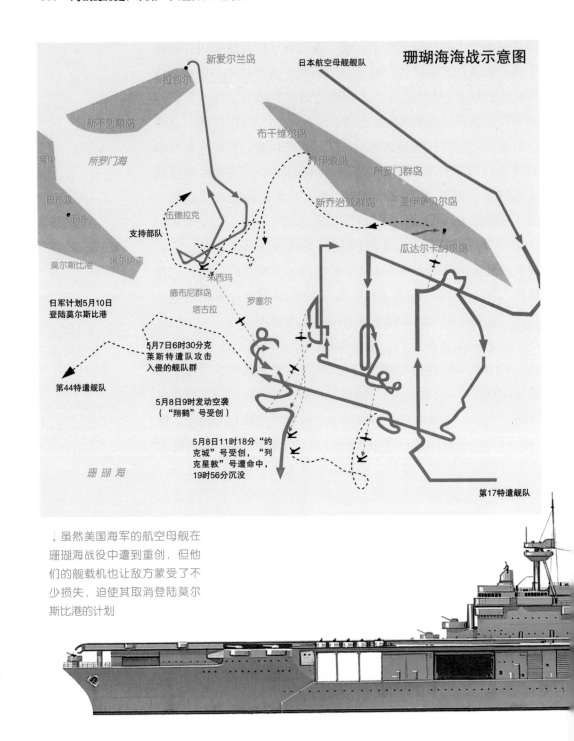

珊瑚海海战示意图

新爱尔兰岛

拉包尔

日本航空母舰舰队

新不列颠岛

布干维尔岛

所罗门海

乔伊索岛

所罗门群岛

莱伊

新乔治亚群岛

圣伊萨贝尔岛

巴布亚

布纳

伍德拉克

瓜达尔卡纳尔岛

支持部队

莫尔斯比港

米尔纳湾

米西玛

德布尼群岛

罗塞尔

日军计划5月10日
登陆莫尔斯比港

塔古拉

5月7日6时30分克
莱斯特遣队攻击
入侵的舰队群

第44特遣舰队

5月8日9时发动空袭
（"翔鹤"号受创）

5月8日11时18分"约
克城"号受创，"列
克星敦"号遭命中，
19时56分沉没

珊瑚海

第17特遣舰队

↓虽然美国海军的航空母舰在
珊瑚海战役中遭到重创，但他
们的舰载机也让敌方蒙受了不
少损失，迫使其取消登陆莫尔
斯比港的计划

号（Shoho）。战役的开端是5月3日，当时日军登陆到了图拉吉岛（Tulagi）。第17特遣舰队［弗莱彻（F. J. Fletcher）少将指挥］以美国航空母舰"约克城"号（USS Yorktown）为核心前去截击这支侵略部队。5月4日，"约克城"号派出了一支打击部队，包括第5侦察机中队（VS-5）的道格拉斯（Douglas）SBD"无畏"式（Dauntless）俯冲轰炸机和第5鱼雷机中队（VT-5）的道格拉斯TBD型"蹂躏者"式（Devastator）鱼雷轰炸机以及第5战斗机中队（VF-5）的格鲁曼（Grumman）F-4F型"野猫"式（Wildcat）战斗机。在战斗中，日本的驱逐舰"菊月"号（Kikutsuki）与一些船只遭击沉，迫使日军撤离他们的登陆部队。

5月5日，"约克城"号在路易西亚德群岛（Louisiades）南方与其他盟军海军单位会合，包括拥有美国海军航空母舰"列克星敦"号的第11特遣舰队［菲奇（A. W. Fitch）少将指挥］。他们在敌方运输船可能行经的航线上部署了一支攻击群

"约克城"号

类　　型：航空母舰	武　　装：8门127毫米高射炮，4座四联装28毫米防空机炮，16挺12.7毫米机枪
下水日期：1936年4月4日	
船　　员：2919名	
排 水 量：19800吨	舰 载 机：20架战斗机，38架俯冲轰炸机，13架鱼雷轰炸机
长、宽、吃水深度：246.7米 × 25.3米 × 8.53米	发 动 机：4轴传动蒸汽轮机
续 航 力：以15节可航行23200千米	最大航速：32.5节

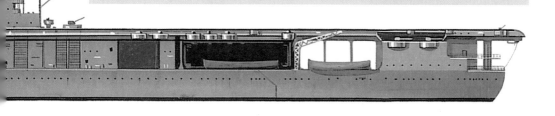

后，就驶向北方搜寻敌人的护航舰队。5月7日，轻型航空母舰"翔凤"号遭到攻击，并被"列克星敦"号飞行大队的TBD与SBD，还有第5鱼雷机中队的TBD击沉。但同时，日本的战机也击沉了攻击群的舰艇，它们是美国海军驱逐舰"西姆斯"号（USS Sims）与舰队油轮"尼奥肖"号（USS Neosho）。5月8日，日本舰队的航空母舰"翔鹤"号遇袭，并被两艘美国航空母舰上的舰载机重创，但日本航空母舰战机也以其人之道还治其人之身，用两枚鱼雷击中了"列克星敦"号，一颗炸弹则损毁了"约克城"号的下甲板，但它还能够继续作战。不久，"列克星敦"号上汽化的燃油爆炸，形成无法控制的火势，船员们弃船，并让己方的驱逐舰将其击沉。虽然日本赢得了战术上的胜利，但是整场珊瑚海之役（Battle of the Coral Sea）让日本人没有选择，不得不取消登陆莫尔斯比港的行动，进而使得盟军获得战略上的胜利。

珍珠港事件6个月之后，一次让日本人抬不起头来的挫败降临到他们身上。1942年初，日本向太平洋中央展开大规模突进，目的是占领中途岛，该行动是山本五十六东扩计划的一

↓中途岛战役期间，日本航空母舰"飞龙"号遭受猛烈的空袭。他们失去了4艘航空母舰与大部分的海军精锐飞行员，日本最终为这场战争付出了惨重代价

环。此次突进由4艘航空母舰组成的机动部队领军，包括"赤城"号、"加贺"号、"飞龙"号与"苍龙"号，还有第1舰队的大批单位支持。此外，向阿留申群岛（Aleutians）机动的另一支航母编队也会对荷兰港（Dutch Harbor）发起攻击，对美军实施牵制。

中途岛

日本向中途岛的突进将会遇上数量不占优势的美国航空母舰舰队，它由弗莱彻少将的第17特遣舰队和斯普鲁恩斯（R. A. Spruance）少将的第16特遣舰队组成，前者有"约克城"号，后者则有"大黄蜂"号与"企业"号。此外，他们还得到以中途岛为基地的海军、海军陆战队和陆军航空部队支援。

中途岛战役的第一场战斗在6月3日爆发，当时一架"卡塔琳娜"PBY型水上飞机发现了日本舰队，岸基特遣队第8鱼雷机中队的6架格鲁曼"复仇者"（Avenger）TBF型鱼雷轰炸机，还有陆军航空部队的B-17轰炸机和海军陆战队的沃特（Vought）"维护者"（Vindicator）SB2U型战机立刻升空拦截它们。没有一架"复仇者"式轰炸机命中目标，而且只有一架返回中途岛。6月4日7时，"企业"号与"大黄蜂"号派出了它们的攻击大队，包括第6鱼雷机中队的14架TBD和第8鱼雷机中队的15架，还有第6战斗机中队的F4F在上空掩护。第8鱼雷机中队率先攻击，15架战机全被"零"式战机击落，只有1名机组成员生还。第6鱼雷机中队轮番攻击"加贺"号，在它们到达投弹点时已损失了10架战机。"企业"号的飞行大队以第3鱼雷机中队的12架TBD和第3轰炸机中队（VB-3）的17架SBD攻击"苍龙"号，且由第3战斗机中队的6架F4F护航，

图为日本战斗机飞过密集的防空火网，攻击美国海军航空母舰"约克城"号。它在1942年6月7日遭到I-168号潜艇的鱼雷攻击而沉没

但它们的下场也好不到哪里去。只有5架TBD能够撑到投下鱼雷，但又有3架在离开时被打下。在41架前去攻击的TBD当中，只有6架返回特遣舰队，而且其中的1架因燃料耗尽而迫降在海上。

　　3支鱼雷机中队的牺牲并没有白费。他们引出了大批的敌方战斗机，"零"式战机的部署也愈来愈松散，当"企业"号第6轰炸机中队与第6侦察机中队的37架"无畏"式俯冲轰炸机与"约克城"号第3轰炸机中队的17架战机发动攻击之际，便一举击沉了"赤城"号、"加贺"号与"苍龙"号。仅有"企业"号飞行大队的16架俯冲轰炸机折翼。"飞龙"号的反击使"约克城"号受创，但"约克城"号很快便重返作战岗位。其后，6架B5N"凯特"鱼雷轰炸机发动第二波的攻击，2架被击落，但其他4架投下了鱼雷，有2枚命中"约克城"号，船员不得不弃船。"约克城"号在稍后被一艘日本潜艇击沉。17时，在24架从"企业"号上起飞的SBD的攻击中，"飞龙"号陷入瘫痪。次日，一艘日本驱逐舰击沉了这艘烧毁的船。以92架飞机和"约克城"号为

←图为美国海军"约克城"号上沮丧的船员。"约克城"号在被日本潜艇I-168号攻击之后，严重倾斜而沉没。尽管船员们奋力抢救，但最后还是无可挽回

代价，美国海军摧毁了日军4艘航空母舰，这是日本帝国海军3/4的航空母舰兵力。丢掉了无可弥补的制空权，日本在中途岛陆基战机与航空母舰舰载机的双重打击下于6月5日撤退。6月6日，"企业"号的空中攻击还击沉了巡洋舰"三隈"号（Mikuma），并重创了它的姐妹舰"最上"号（Mogami）。

美国在中途岛战役中的其他损失是40架岸基飞机与1艘驱逐舰"哈曼"号（Hammann），这艘驱逐舰的沉没是给"约克城"号致命一击的同一艘潜艇所为。除了4艘航空母舰之外，日本还失去了258架飞机和大部分最富有战斗经验的飞行员。中途岛战役对日本来说是场决定性的失败，让日本的侵略计划画下休止符，并逆转了太平洋战争的局势。

瓜达尔卡纳尔岛

1942年8月7日这天，美国海军陆战队执行了他们在第二次世界大战中的第一场两栖登陆行动，目标是夺取所罗门群岛（Solomon-Islands）的瓜达尔卡纳尔岛（Guadalcanal）。空中掩护是由航空掩护部队（Air Support Force）［诺伊斯（L. Noyes）少将指挥］的美国海军航空母舰"黄蜂"号、"企业"号与"萨拉托加"号和海军、

→图为美国海军"黄蜂"号。I-19号潜艇的3枚鱼雷在它的船身上打出了3个大洞，燃料管断裂。火花点燃了汽化的燃油，数次爆炸使这艘航空母舰终告沉没

陆军与海军陆战队在南太平洋新喀里多尼亚（New Caledonia）与新赫布里底群岛（New Hebrides）基地的航空单位［麦凯恩（J. S. McCain）少将指挥］负责。8月9日，航空母舰舰队不再执行直接的空中掩护行动，但仍留在附近的海域上给予全面性的作战支持。在这段时间，他们参与了几次海上战斗，对抗岛上的敌军。陆基的空中支持，以刚刚夺取的亨德森机场（Henderson Field）为基地，最初进驻的是第223海军陆战队战斗机中队（VMF-223）与第224海军陆战队战斗机中队的F4F"野猫"式战斗机和第231海军陆战队侦察轰炸机中队（VMSB-231）与第232海军陆战队侦察轰炸机中队的SBD"无畏"式俯冲轰炸机，后者是由美国海军的航空母舰"长岛"号（Long Island）在8月20日运送过来的。

8月23日，陆基轰炸机从亨德森机场起飞，而航空母舰舰载机也从"萨拉托加"号升空，它们搜寻着被美国水上侦察机发现的日本舰队。不过，恶劣的天气让它们无功而返。8月24日，日本轻型航空母舰"龙骧"号上的攻击机遭到从亨德森机场起飞的"野猫"战斗机拦截，损失惨重；"龙骧"号本身也在30架SBD俯冲轰炸机与8架TBM"复仇者"的袭击下沉没。日本攻击舰队主力"瑞鹤"号与"翔鹤"号的攻击机发动反攻，尽管日本战机在美国空中战斗巡逻队及防空火炮的驱散之下损失惨重，但还是使"企业"号受损，迫使它撤退。不过，"翔鹤"号亦在"企业"号飞行大队SBD战机的轰炸中负伤。日本海军的南云司令在经历了多次遭遇战之后折损了这么多的飞机与人力，不得不撤离他的舰队，使驶向瓜达尔卡纳尔岛的护航舰队失去支援。护航船在遭受亨德森机场起飞的战机与陆军航空部队轰炸机的袭击下也被迫撤退。这次称为东所罗门群岛之役的行动，代表了瓜达尔卡纳尔岛争夺战第一阶段的结束。

1942年10月，日本发动了一次势在必得的攻势，企图夺取亨德森机场，作为消灭所罗门群岛残余美国海军航空兵力的开端。就这方面来说，美国海军在该区只剩下两艘航空母舰，"企业"号与"大黄蜂"号，后者是在"萨拉托加"号于8月31日被潜艇鱼雷命中，撤回珍珠港修复之后所派来取代它的。另外，美国也在海战中失去了"黄蜂"号航空母舰，它在9月15日护送一支运兵护航队到瓜达尔卡纳尔岛时被潜艇击沉。

圣克鲁斯之役

10月11日，一支强大的日本海军舰队从特鲁克（Truk）起航。这支舰队包括了航空母舰攻击舰队的"翔鹤"号与"瑞鹤"号和轻航空母舰"瑞凤"号（Zuiho）及7艘驱逐舰；先头打击部队（Advance Striking Force）的新型航空母舰"隼

↓纵然面对日军的猛攻，美国海军陆战队和其他的部队仍坚守瓜达尔卡纳尔岛，并从此地发动了"跳岛"攻势，越过太平洋直到日本本岛

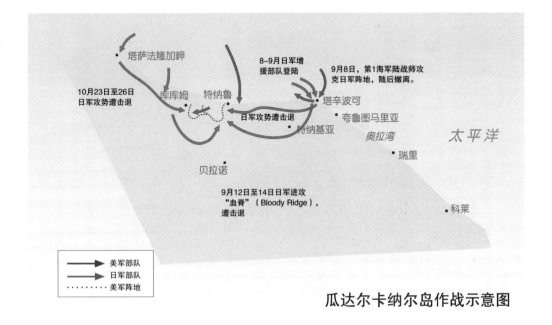

瓜达尔卡纳尔岛作战示意图

鹰"号 (Junyo) 与"飞鹰"号 (Hiyo) 得到2艘战列舰、5艘巡洋舰与13艘驱逐舰支援; 战列舰打击部队 (Battleship Striking Force) 的2艘战列舰、3艘巡洋舰与8艘驱逐舰。10月13日, 战列舰攻击舰队对亨德森机场展开了连续3个晚上的猛烈炮击; 而圣灵岛 (Espiritu Santo) 上的19架F4F型战机与7架SBD型战机让日本飞机蒙受了不少损失。当时亨德森机场可以用作防御的战机总数是60架, 但在10月15日, 敌军部队还是登陆了。

　　1942年10月26日, 敌对的航空母舰舰队几乎同时发现了对方的行踪, 并派出他们的战机攻击。"翔鹤"号、"瑞鹤"号与"瑞凤"号间隔45分钟出动2个波次, 派了42架爱知D3A2型"瓦尔"俯冲轰炸机、32架三菱B5N2型"凯特"鱼雷轰炸机和55架"零"式战斗机; 而"大黄蜂"号与"企业"号则派了3个波次共30架SBD"无畏"式、20架

←图为美国舰队在布满高射炮炮弹的天空下, 拍摄于1942年10月圣克鲁斯战役期间。照片左侧的航空母舰是美国海军"企业"号

TBM "复仇者"式和24架F4F "野猫"式战斗机。当这群战机在飞行途中时，2架已从 "企业"号上起飞进行武装侦察的SBD遇见了 "瑞凤"号并对其进行轰炸，使它的飞行甲板受损，无法进行航空作业。

9时40分，两批飞行大队在空中意外相遇，并爆发了短暂的冲突。 "零"式战机击落了3架SBD和4架 "野猫"战机，自己则损失了4架。10时10分，日本第一波次的战机找到了 "大黄蜂"号，并向它投射炸弹和鱼雷，使它起火燃烧并在海上倾斜。30分钟之后， "大黄蜂"号的攻击机群也发现了 "翔鹤"号，4颗450千克重的炸弹击中了它，迫使这艘航空母舰退出战斗。美国其他的攻击机群也找到了敌方巡洋舰与驱逐舰舰队，它们以炸弹和鱼雷进攻，击沉1艘巡洋舰。同时，日本在第二波攻势中对 "企业"号发动袭击，它被3颗炸弹击中，但鱼雷

↓ 图为美国海军 "大黄蜂"号在圣克鲁斯战役中遭受沉重的空中攻击。在炸弹与鱼雷的重创下，船员们放弃了这艘航空母舰，最后它被日本驱逐舰击沉

机的攻击被"野猫"战斗机巡逻队拦截。双方下午再度放飞舰载机。"瑞鹤"号与"瑞凤"号派出的战机成功地击沉了瘫痪的"大黄蜂"号。但对美国人来说，幸运的是，日本无法再利用他们战术胜利的契机，因为，日本人用光了他们的油料，被迫撤回特鲁克进行补给。

战列舰的火力

在太平洋海战中，战列舰第一次的火力实战测试是在瓜达尔卡纳尔岛战役期间进行的。1942年11月11日至12日晚间，快速战列舰"比睿"号与"雾岛"号企图炮轰亨德森机场，却因美国巡洋舰与驱逐舰群的出现吓了一跳，被迫在受损之前撤退。次日，美国找到了"比睿"号，它在萨佛岛（Savo Island）沿海遭"企业"号的战机攻击而起火燃烧，300名船员阵亡，其余弃船，它最后被己方的驱逐舰击沉。

第二夜，"雾岛"号企图发动另一次炮击，但这次美国海军的战列舰"华盛顿"号（USS Washington）与"南达科他"号（USS South Dakota）前来支援守军，前者还是从大西洋调过来的。这场战役以日本战斗群和美国驱逐舰之间一连串的交火作为开端，美国有3艘驱逐舰沉没，1艘受创。不久，雷达失灵的"南达科他"号驶来对抗"雾岛"号和重巡洋舰"爱宕"号（Atago）与"高雄"号（Takao），它机动绕行以避开燃烧中的驱逐舰。日舰开火，42发炮弹击中了"南达科他"号的上层结构。幸好"华盛顿"号在雷达的协助下悄悄地逼近到7686米的距离，而日军并未察觉它的行动。7分钟之内，"华盛顿"号的9发406毫米重炮命中了敌方战列舰。"雾岛"号着火，船员弃船，最后由驱逐舰终结了"雾岛"号的性命。

7

欧洲海域：
1942年及以后

1942年初，盟军利用快速商船在海军的密集护航和大型布雷潜艇的掩护下，从亚历山大港对马耳他继续进行补给。

← 图为将要被救起的商船水手。每支护航船队当中通常都会有一艘船被指派当作救难船，但当敌方潜艇在附近海域时，总是不太可能停船营救

　　然而，到了这个时候，坎宁安上将的舰队部署也因为1941年的损失而过分延伸，以至于他毫不奢望其舰艇能够完全地部署在地中海各处。此外，意大利海军又在合适的地点再次派出护航舰队，将轴心国部队送往北非，好让隆美尔能发动进攻。不过，真正让驶向马耳他的英国护航队害怕的是，在2月中旬，德国轰炸机袭击了3艘从亚历山大港到该岛的运输舰。它们击沉了2艘，还使另1艘严重损毁不得不进入托布鲁克，使得马耳他完全得不到补给物资。

　　盟军另一次派遣补给护航队的尝试（这一次是4艘运输舰）是在3月20日，它们在维安（Vian）将军指挥的4艘轻巡洋

→图为德国水手正忙着清理重巡洋舰"希佩尔海军上将"号的炮管。"希佩尔海军上将"号是一艘成功的商船袭击舰，大部分时间都随波罗的海舰队的教导分舰队服役于北方海域

舰与16艘驱逐舰的护航下，驶离亚历山大港。护航队的行踪被两艘意大利潜艇发现，于是一支包括战列舰"利托里奥"号、3艘巡洋舰与10艘驱逐舰的强大舰队便在22日从塔兰托与墨西拿起航前去拦截他们。14时27分，巡洋舰"尤里亚勒斯"号（HMS Euryalus）发现了意大利舰队，维安依照先前安排好的计划，下令他的舰艇分散为6支分舰队，一部分以鱼雷攻击敌船，一部分迎风施放烟幕掩护船队的行踪，其他的则保护商船不受空中攻击。

远程炮战

"尤里亚勒斯"号随着维安的旗舰"克里奥帕特拉"号（HMS Cleopatra）和意大利巡洋舰交火，双方开始进行远距离

↓图为英国海军巡洋舰"尤里亚勒斯"号在和意大利军舰交手，它在战斗损伤之后船身倾斜。"尤里亚勒斯"号在大战中幸存了下来，于1959年报废

↑战列舰"利托里奥"号是意大利最新的主力舰之一，1940年竣工。它在1943年7月改名为"意大利"号（RN Italia），意大利投降之后遭到扣留，于1960年拆解

炮战，最后意舰转身离去。维安的军舰重新和正遭受猛烈空袭的护航队会合。其后不久，"利托里奥"号现身，它还有巡洋舰伴随，可是4艘驱逐舰不让它们接近护航船队。驱逐舰英勇地发动一连串鱼雷攻击，直到"克拉奥帕特拉"号与"尤里亚勒斯"号前来加入混战。在混乱当中，军舰在波涛汹涌的海上高速行进，驱逐舰"哈佛克"号与"金斯顿"号（HS Kingston）严重受损，不过多亏维安有技巧地施放烟幕掩护，护航船队依旧是毫发无伤，并重设他们的航线驶向马耳他。约19时，黑夜降临，天空也开始出现暴风雨，意大利停止他们的攻击。在返航途中，几乎所有的舰艇，无论英国与意大利都是一样，皆遭受了暴风雨不同程度的侵袭，2艘意大利驱逐舰

"兰希尔"号（Lanciere）与"希洛哥"号（Scirocco）还在夜里因浸水而沉没。

所以，这场后来称为"第二次希尔特之役"（Second Battle of Sirte）的作战结束了。但有一个可悲的附言。由于战斗与暴风雨的双重影响，护航队在3月23日天明之前并没有抵达马耳他，他们随后又遭到德国第2航空军的猛攻。

运输舰"克兰·坎贝尔"号（Clan Campbell）在离目的地只剩下32千米航程的海上被击沉；先前在马耳他运输任务中表现杰出的"布林肯郡"号（Breconshire）严重受创而必须被拖上岸，亦是一大损失；2艘商船"彭巴斯"号（Pampas）与"塔拉波特"号（Talabot）虽抵达了港口，但还是在3月26日沉没。这4艘船总共运载了29973吨的货物，但最后只有5080吨被运送上岸。

这个时候，第2航空军的目标转向马耳他的机场。那里只剩下鲁卡（Luqa）机场还能够运作，而且护航战斗机的损耗情形十分严重。3月7日，可用战斗机锐减至30架"飓风"式战斗机，因此守军仍十分欢迎另15架"喷火"式战斗机的到来。它们是第一批到达该岛的"喷火"式战斗机，在一场代号为"观测员"（Spotter）的行动中，于巴利阿里群岛南方从"鹰"号与"百眼巨人"号航空母舰上飞过去。3月21日与29日，在"哨兵一"号（Picket I）与"哨兵二"号（Picket II）的行动中，"鹰"号与"百眼巨人"号又分别运送了9架与7架"喷火"式战斗机，所有战机都安全抵达目的地。

"黄蜂"蜇了两次

英国人深刻地感受到失去"皇家方舟"号带来的影响，

尤其是失去了它庞大的载机量。不过，在4月20日美国海军的航空母舰"黄蜂"号抵达地中海后对这一情形即有所弥补，它还载了47架"喷火"式战斗机支援马耳他。除了一架之外，其余全部安然到达，可是大部分都在48小时以内因遭受空袭而毁坏或无法战斗。于是，继上一场代号为"日历"（Calendar）的支援行动之后，"包利"（Bowery）行动又于5月9日展开，"黄蜂"号与"鹰"号共放飞了64架"喷火"式战斗机，其中60架抵达马耳他。

"黄蜂"号离开之后，在5月至7月，马耳他战机增援的重担落到"鹰"号肩上。除了在5月18日的一次L. B. 行动中，它与"百眼巨人"号共同增派了17架"喷火"式战斗机之外，其他任务都是它独自执行的。它在"风格行动"（Style，6月3日）、"突出行动"（Salient，6月9日）、"尖头行动"（Pinpoint，7月16日）与"甲虫行动"（Insect，7月21日）中载运了125架"喷火"式战斗机到马耳他，其中有118架抵达目的地。

6月飞往马耳他增援的战斗机使该岛上的防空力量在数目上大为提升，不过补给状况仍然是极度危急。所以，6月中旬，两支护航船队开赴马耳他进行补给：一支是从亚历山大的塞得港（Port Said）和海法（Haifa）起航，在"活力"（Vigorous）的行动代号下由地中海舰队的单位护送11艘运

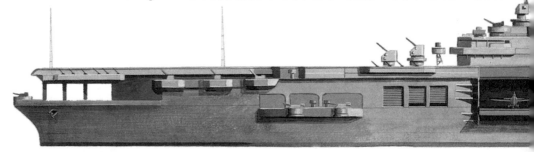

输舰；另一支是从直布罗陀出发，在"三叉戟"（Harpoon）行动下，如同以往由H舰队护卫，加上英国本土舰队的军舰支援。而"三叉戟"护航船队还有"鹰"号与"百眼巨人"号的空中掩护，前者有第801中队的16架"海飓风"（Sea Hurricane），后者则有6架"海燕"。另一方面，活力行动的护航队因无航空母舰所以没有任何空中支援。

有效的防御

6月12日"三叉戟"护航队驶入地中海，并在当天稍晚于巴利阿里群岛南方被敌方侦察机发现，可是直到14日意大利的SM-79型鱼雷轰炸机才找到它们的方位。它们击沉了一艘运

"黄蜂"号		
类　　型：航空母舰	续 航 力：以15节可航行22000千米	
下水日期：1939年4月4日	武　　装：8门127毫米高射炮，4具4联装	
船　　员：2367名	27.74毫米防空机炮，30挺20毫	
排 水 量：16463吨	米机关炮	
长、宽、吃水深度：226米×24.61米×	发 动 机：双轴传动蒸汽轮机	
8.53米	最大航速：29.5节	

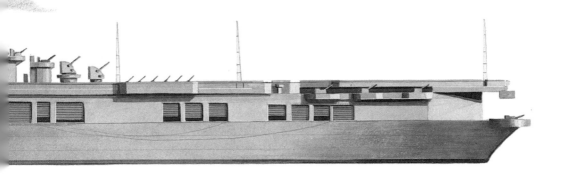

↑图为在马耳他的瓦莱塔，军用卡车正从补给舰上卸下来。护航船队保全了马耳他，却付出了高昂的舰艇与人员代价

输舰"塔宁巴"号（Tanimbar），还命中巡洋舰"利物浦"号（HMS Liverpool），使它必须被拖回直布罗陀。进一步的空袭并没有成功，"海飓风"机与"海燕"机升空予以有效的防御，并宣称当天摧毁了6架意军战机。6月15日，西方的护航船队遭到从帕勒莫（Palermo）出发的意大利海军第7分舰队（the 7th Naval Division）巡洋舰与驱逐舰的攻击，它们击沉了驱逐舰"贝都因"号，并重创"派崔吉"号（HMS Partridge）。护航队剩余的7艘驱逐舰击退了意大利人，但它们又遇上了更猛烈的空袭。货轮"伯德汪"号（Burdwan）与"钱特"号（Chant）和油轮"肯塔基"号（Kentucky）严重受损，船员

不得不弃船。虽然两艘幸存的货轮抵达了马耳他，但护航舰误闯水雷区时又遭受了惨重的伤亡，不但失去了1艘驱逐舰［波兰的"库亚维雅克"号（Kujawiak）］，还有3艘驱逐舰受创。

从塞得港和海法起航的"活力"护航队是主要的补给单位，并被称为MW11护航舰队，它们亦于6月12日起航。在维安上将的指挥下，8艘巡洋舰、26艘驱逐舰、4艘轻型反潜护卫舰与2艘扫雷舰的护航支援舰队加入了他们，13艘英国潜艇也部署在塔兰托和墨西拿海峡（Straits of Messina）的南方。这支护航舰队几乎立刻被侦察机发现，并在克里特岛南方遭到第54

↓图为开火中的海军防空炮。保卫地中海护航船队的军舰能提供令人畏惧的火力，但敌军的轰炸机与鱼雷机总是能够突破弹幕发动攻击

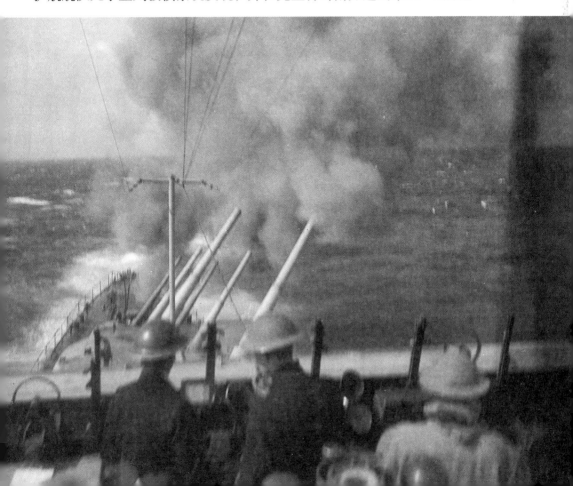

轰炸联队第1大队（I/KG 54）的Ju-87型俯冲轰炸机的攻击。运输舰"加尔各答城"号（City of Calcutta）遭重创，不得不驶向托布鲁克，另一艘货轮"阿格特科克"号（Aagterkerk）也在6月14日因为发动机问题而必须改道前去托布鲁克，但却在距离海港不到几千米的地方被敌军轰炸机炸沉。另外，护航的轻型反潜护卫舰"樱草"号（HMS Primula）亦受创。下午，从克里特岛起飞的第1教导联队（LG 1）Ju-88型轰炸机袭击了这支东方护航舰队，它们击沉货轮"不丹"号（Bhutan），并损坏"波塔罗"号（Potaro）。傍晚，在从德尔纳（Derna）出击的德国第3快艇队（3rd S-boat Flotilla）的突击中，S56号以鱼雷命中了巡洋舰"新城堡"号，驱逐舰"黑斯提"号亦被

↓图为费尔雷"管鼻鹱"战斗机。这种双座式航空母舰舰载机是英国海军航空兵里第一种配备8挺机枪的战斗机。它于1940年9月开始在英国海军"光辉"号上执行任务

S55号击沉。紧接着，维安少将得知意大利的主力舰队已经从塔兰托起航，正驶向南方，这支舰队包括战列舰"利托里奥"号与"维托里奥·维内托"号，2艘重巡洋舰与2艘轻巡洋舰，还有12艘驱逐舰。它们在晚间遭受从马耳他起飞的鱼雷轰炸机攻击，一架"波弗特"战机以鱼雷攻击了巡洋舰"特伦托"号，它在稍后又被潜艇"暗影"号（HMS Umbra）击沉。

6月15日下午，东方护航队又遭遇第3俯冲轰炸联队的Ju-87攻击，它们击沉了巡洋舰"伯明翰"号（HMS Birmingham）和驱逐舰"艾尔戴尔"号（HMS Airdale），并重创另一艘驱逐舰"奈斯特"号（HMS Nestor），它在第二天沉没。面对这样的损失，而且意大利舰队很显然地仍旧在拦截航线上逼近，维安少将于是决定放弃这项行动返回亚历山大港。意大利舰队也转向驶离，但当他们驶向塔兰托时，一架由马耳他升空的"威灵顿"轰炸机用鱼雷命中了"利托里奥"号，不过没有造成严重的损坏。

"基座行动"

两艘成功抵达马耳他的西方护航队商船载来了足够的补给，让这座岛有更多喘息的空间，但这仅是暂时的。到了8月初，马耳他的形势再次陷入危急。10日，英国海军部展开了"基座行动"（Operation Pedestal），这项行动旨在解除马耳他补给不济的危急状况，而且决心异常坚定。当天，13艘货轮与1艘油轮"俄亥俄"号（Ohio）进入地中海，前往马耳他。为了支援这支护航队，所有可调派的军舰都被召集过来，它们包括航空母舰"胜利"号、"不屈"号与"鹰"号，战列舰"纳尔逊"号与"罗德尼"号，7艘巡洋舰（3艘防空巡洋舰）

和25艘驱逐舰。此外，这支舰队还有旧式的航空母舰"暴怒"号，它的任务［"风箱行动"（Operation Bellows）］是协同主力舰队群到马耳他西方240千米的飞机起飞点，派送38架迫切需要的"喷火"式战斗机。然而，这支护航舰队正驶向实力差距悬殊的危险之中。在萨丁尼亚与意大利的机场，德国人与意大利人集结了将近800架飞机；在直布罗陀与海峡之间，越过护航舰队的航线，19艘潜艇也坐镇以待；在西西里航道（Sicilian Channel）上，一支巡洋舰、驱逐舰与摩托鱼雷快艇舰队亦正守株待兔，准备在主要护航队逃离之后，利用黑夜作

↓图为从姐妹舰"胜利"号上方拍摄的英国海军航空母舰"不屈"号。在照片前方的飞机，是费尔雷"管鼻鹱"战斗机与"海飓风"式战斗机

为掩护来发动突击。

第一天过得很快。在航空母舰上，战斗机飞行员在机上待命，而鱼雷机的组员则协助舰炮的操作人员工作。早在8月11日时，第一批Ju-88型侦察机群现身，它们敬畏地在距离很远的上空盘旋。"不屈"号派了2架第800中队与第880中队的海飓风战斗机，试图拦截这群尾随的不速之客，但这群Ju-88很快便甩掉它们的追捕者。接着，在13时16分，一连串的爆炸声响从这支护航队传来。有好一阵子，没有人知道这是怎么回事；然后，"鹰"号开始倾斜，并为浓烟所笼罩。它被U-73号的4枚鱼雷命中，这艘潜艇是由罗森包姆（Rosenbaum）上尉指挥。护卫的其他舰艇立刻加速，采取闪避措施并随意地投下深水炸弹。仅仅8分钟，"鹰"号就寿终正寝，连同160名船员沉入海底，有759人获救。这艘旧式航空母舰的沉没对于护航任务是惨痛的打击。它在地中海执行任务期间共运送了185架战斗机到马耳他，它默默地付出，不像其他航空母舰那样在执行增援行动时引起公众的关注。"鹰"号对该岛的生存有不可磨灭的影响。

"鹰"号沉没数分钟后，一道鱼雷经过的白色轨迹越过了"胜利"号的船头。当护航舰队继续采取闪避措施之际，他们看见了一艘潜艇，护卫舰进行追击，并投下深水炸弹，但没有看到任何成果。接下来的数小时里总共有6起潜艇目击报告。日落前不久，"暴怒"号上的"喷火"式战斗机飞离，它完成任务后便在5艘备用驱逐舰的护航下返回直布罗陀。意大利潜艇"达加布"号（RN Dagabur）企图袭击它，却被驱逐舰"狼獾"号（HMS Wolverine）撞沉。另一艘潜艇"翡翠"号（RN Giada）也遭到直布罗陀基地的一架"桑德兰"式战机轰炸而受损。"暴怒"号在马耳他被解围之前又执行了两次战斗

"达加布"号

类　　型：潜艇		续 航 力：以10节可航行4076千米	
下水日期：1936年11月22日		武　　装：6具533毫米鱼雷发射管，一门	
船　　员：45名		100毫米炮	
排 水 量：水上690吨，水下861吨		动　　力：双轴螺旋桨柴油/电力发动机	
长、宽、吃水深度：60米×6.5米×4米		最大航速：水上14节，水下8节	

机增援任务：8月17日的"低音号行动"（Baritone）中运送了32架飞机；10月24日的"训练行动"（Train）中运送了31架飞机。

　　"暴怒"号的战机一离开，黄昏便笼罩了整片海洋。此时，护航船队遭受了第一波的空袭。36架Ju-88型与He-111型轰炸机在护航战斗机能够追上他们前投下了炸弹（除了3架被高射炮击落的轰炸机之外），但没有命中舰艇。12日的第一道曙光揭示了一对SM-79型战机正尾随护航舰队，这两架战机都被第809中队的"海燕"战斗机击落。这是个好的开始，可是每个人都知道真正的考验还没有来到。他们此时已深入到敌军战机的航程范围之内，当天来袭的轰炸机肯定会有战斗机的护航。9时，首批入侵者现形，20架Ju-88轰炸机出现在2440米距离处。"不屈"号上的"飓风"机立即升空拦截，在敌机飞越时击落2架，并迫使其他数架轰炸机丢弃炸弹。数分钟内，

"胜利"号上更多的"飓风"机与"海燕"机加入战局，摧毁了4架以上的轰炸机，其他的则被驱逐。

在那天早晨又发生了两起不成功的小型攻击之后，在中午爆发了大规模的战斗。将近100架的敌军轰炸机在大量战斗机的掩护下扑来，它们在逼近护航舰队之际和英国海军航空兵所有可派的战斗机交火。敌方轰炸机编队不断被战斗机骚扰，在离目标还有一段航程时乱了队形。唯一真正的损失是Ju-88编队突破了战斗机火网进行俯冲轰炸，击中了货轮"杜卡里恩"号（Deucalion）。它严重受创，落后在其他船队的后方而不得不留下，并由驱逐舰"布拉姆汉姆"号（Bramham）护卫。这艘货轮在黄昏前被两架鱼雷轰炸机击沉。

↓英国海军航空母舰"胜利"号在大战的各个战场均参加了战斗。1945年它与姐妹舰加入英国太平洋舰队，成为第57特遣舰队的一部分

　　"胜利"号千钧一发地逃过了两架意大利瑞吉安（Reggiane）Re-2000型战斗轰炸机疾速冲向它船艉左舷的攻击。它们俯冲到快贴近海面，在这艘航空母舰的飞行甲板上拉起，并投下了两颗炸弹。一颗是哑弹，另一颗弹离装甲甲板，掉入海里炸开。那天下午，护航舰队又遭遇了意大利海军布下的潜艇伏击。其中一艘潜艇"科巴尔托"号（RN Cobalto）被深水炸弹逼出海面，并遭驱逐舰"伊休里尔"号（HMS Ithuriel）撞击沉没，"伊休里尔"号本身也受创严重。没有任何一艘潜艇的鱼雷命中目标。

　　护航舰队在整个下午不断遭受空中攻击，但都有惊无险地逃脱。然而，在17时，它们来到了西西里岛德国第2航空军俯冲轰炸机的航程范围之内。从这一刻开始，攻击行动将以彻底的决心进行。2个小时之内，敌方轰炸机无间断的袭击，让已经筋疲力尽的海军飞行员无法休息。第3俯冲轰炸联队29架Ju-87型轰炸机的一支编队一直遭受"管鼻鹱"与格鲁曼"岩燕"式（Martlet）[1]战斗机的骚扰，但它们还是突破重围，对"不屈"号投下了3颗炸弹。炸弹没能贯穿航空母舰的飞行甲板，不过使战机暂时无法起降，仍在空中的战斗机只好降落到"胜利"号上。意大利的14架SM-79型也发动了攻势，它们以鱼雷攻击驱逐舰"远见"号（HMS Foresight），船员们不得不弃船，它亦在不久后沉没。

　　到了19时30分，最后一批突击者离开，护航舰队仍然没有什么损失，而且距离马耳他只剩下210千米了，在该岛的"英俊战士"的战机航程范围内。第一批该型战斗机于黄昏来临时抵达它们的上空，两艘航空母舰也完成了它们的任务，转

---

[1] 其中9架是由"不屈"号第806中队操纵。"岩燕"式战斗机亦即美国"野猫"式战斗机。——译者注

向日落的方向驶去。它们失去了13架飞机，但飞行员宣称在这3天的空战里确定有39架敌机被击落，还有另外9架或许也被摧毁。这是一场展现航空母舰战斗机价值的经典战役：海军飞行员证明了他们有能力瓦解敌人最坚决的攻击。护航舰队航行了这么久而没有受到惨重的伤亡，多半都是他们的功劳。

　　然而，此时航空母舰返航了，护航船队仅靠马耳他英国皇家空军提供的少量空中掩护于夜间航行。与前三天相比，8月13日的情况完全是场悲剧。在夜里，护航船队不断遭受敌方摩托鱼雷快艇和潜艇的攻击，接着又是一场猛烈的空袭大屠杀，一直持续到幸存的船舶抵达马耳他才结束。只有4艘商船到达目的地（包括重要的且严重损毁的油轮"俄亥俄"号），另外，它们也失去了巡洋舰"开罗"号与"曼彻斯特"号。不

↓图为战列巡洋舰"沙恩霍斯特"号的最后身影，拍摄于1942年。它有着修长的飞剪形舰艏，因而拥有轻快优雅的外形

过，成功运抵的补给还是让该岛得以维持运作到11月，那时，盟军已登陆北非，而且第8集团军也在1942年10月与11月于阿拉曼（El Alamein）击败轴心国部队取得决定性的胜利，守军亦因此而解围。

海峡冲刺

1942年初，在英国本土海域上，相对于远东和北非盟军兵力令人担忧的前景，英国本土舰队的总司令约翰·托维上将也为两件事感到焦虑。首先是拥有"沙恩霍斯特"号、"格奈森瑙"号与"欧根亲王"号的德国布列斯特分舰队（Brest Squadron）；其次则是德国最新的强大战列舰"提尔皮茨"号于1月中旬加入了特隆赫姆分舰队（Trondheim Squadron），很明显地，它将成为一支强大战斗群的核心以对抗盟军的北极与大西洋护航舰队。1月12日，在英国皇家空军轰炸机司令部再度对布列斯特的军舰发动大规模空袭之后，希特勒认为，若不想让那里的舰艇继续受创，就必须将它们转移他处。而既然它们不太可能不受损失地突围进入大西洋，那么只剩下两条路可选。第一是以高速冲过英吉利海峡返回德国；第二则是

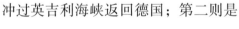

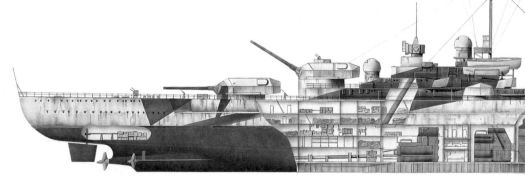

让它们退役。

面对这样的选择，指挥布列斯特分遣舰队的西里阿科斯（Ciliax）中将为突围草拟了一项计划，它的代号是"刻耳柏洛斯"（Cerberus，希腊神话中，刻耳柏洛斯是看守地狱入口的三头魔犬）。在计划中，德国舰艇将在夜里驶离布列斯特，尽可能不被发现，走得愈远愈好，并在白天时穿过多佛海峡，它们在那里会有较佳的机会对抗盟军舰艇与飞机的鱼雷攻击。不过，由于此处在强大的德国空军的保护伞之下，德军舰艇会占有完全的优势。

布列斯特的3艘主力舰成功地冲过海峡抵达德国。然而，10天后，"欧根亲王"号在同"舍尔海军上将"号行经易北河（Elbe）到挪威时被英国海军的潜艇"三叉戟"号〔斯拉登

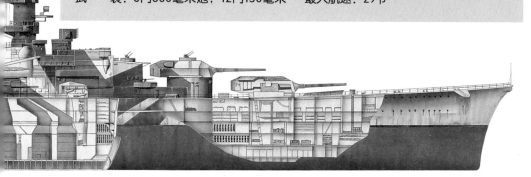

"提尔皮茨"号

类　　型：战列舰	炮，16门105毫米炮，16挺37毫米防空机炮，70门20毫米机关炮，8具533毫米鱼雷发射管
下水日期：1939年4月1日	
船　　员：2530名	
排　水　量：48047吨	
长、宽、吃水深度：250.5米×36米×11米	动　　力：输出功率102907千瓦（138000轴马力）的三轴传动蒸汽轮机
续　航　力：以19节可航行16400千米	
武　　装：8门380毫米炮，12门150毫米	最大航速：29节

（Sladen）中校指挥〕攻击，丧失战斗力。随后，它被调派到波罗的海教导分舰队，并于1944年用来支援德国陆军抵挡不断挺进的苏军。1945年，它成为美国人的战利品，后来在1946年6月于比基尼环礁（Bikini Atoll）的美军原子弹测试海域被用作靶船，不过它在试验中幸存了下来，最后才在1947年于夸贾林环礁（Kwajalein）海域沉没。"格奈森瑙"号亦在"刻耳柏洛斯行动"后两个星期于基尔港被轰炸机司令部的战机命中，再也不能出海。它的炮塔被卸下作为海岸防卫之用，而且它也在格丁尼亚被凿沉并作为阻塞船。"格奈森瑙"号也在那里被苏联人俘虏，并于1947年到1951年间遭拆解。只有"沙恩霍斯特"号再次出现在公海上威胁盟军的舰艇。

↑图为重巡洋舰"舍尔海军上将"号。"舍尔海军上将"号是极为成功的商船袭击舰，它在1944年底被调派到波罗的海之前一直是盟军护航船队的威胁

←←图为海峡冲刺。1942年2月12日，德国布列斯特分遣舰队疾速越过英吉利海峡，这项行动对英国人来说是相当难堪的

无能的流言

从2月12日起，3艘德国军舰冲过英吉利海峡的战果，无可争辩地是德国人的胜利。结果在英国内部产生了可怕的流言，认为即使英国皇家海军和英国皇家空军有自杀式的攻击敌舰的勇气，都无法弥补英军的无能。不过，对德军来说，接下来的战斗就令他们开心不起来了。

"查尔特行动"

1942年3月，英国皇家海军陆战队员参与了自第二次世界大战以来英国当前最大的一场联合作战行动。这场源于孤注一掷心理的作战叫作"查尔特行动"（Operation Chariot）。在挪威，呈现于盟军面前的尽是至那时为止德国所集结的最强大的舰队："舍尔海军上将"号、"吕佐夫"号与纳尔维克的4艘驱逐舰，以及"提尔皮茨"号、"希佩尔海军上将"号与特隆赫姆的6艘驱逐舰。这批军舰当中，首要的威胁就是"提尔皮茨"号，万一它溜进北大西洋的话，将给盟军舰艇造成毁灭性的大灾难。其中一个阻止这场突围的方法，便是不让战列舰停靠到法国的西海岸，亦即使圣纳泽尔的港口设施无法运作，那里是唯一拥有可容纳"提尔皮茨"号干船坞的地方。圣纳泽尔

港的"诺曼底水闸"（Normandie Lock），或更准确地说，丰姆水闸（Forme Ecluse）让人联想到著名的法国客轮，它的长度超过335米长。（若在1941年"俾斯麦"号能抵达这里的话它就不会沉没了。）

　　突击圣纳泽尔计划的主要目标是猛撞并摧毁丰姆水闸的栅栏，他们将派出前美国驱逐舰，英国海军"坎贝尔顿"号（Campbeltown），在它的船艏装满炸药来爆破。至于破坏较小的南水闸（South Lock）栅栏与它们的为外侧码头抽水的设施，以及潜艇与现存军舰则是次要出击目标。攻击行动于3月28日展开，这是一场辉煌的胜利，"坎贝尔顿"号成功地炸毁水闸栅栏，不过代价也很大。从英国出发展开突袭的62名军官与291名水手当中有34名军官和151名水手阵亡或失踪；而第

U–552号

类　　型：	潜艇	武　　装：	14枚鱼雷（船艏4具发射管/船艉1具），一门88毫米炮，一挺20毫米机枪
船　　员：	44名		
排 水 量：	水上773吨，水下879吨		
长、宽、吃水深度：	67.1米×6.2米×4.8米	动　　力：	柴油/电力
水上续航力：	12040千米		

2突击队（No.2 Commando）里的44名军官与224名突击队员中也有34名军官和178名突击兵没能回国。事实上，直到很晚的时候，才有准确的伤亡数字：这些派出去执行任务的621人之中有170人阵亡或失踪。然而，为了阻止敌军严重威胁海军设施，这仍是可以接受的代价。

迪耶普

1942年8月19日，英国发动了"禧年行动"（Operation Jubilee）进攻迪耶普（Dieppe），这是一场不幸的两栖突击。引用丘吉尔的话说，该次作战的主要目的是进行"有效的侦察试探敌军固若金汤的海岸防御能力，并了解在试图夺取港口时会遇到什么样的反击"。这次行动由4961名加拿大作战部队在祥和的假日对海滩进行两栖突击，他们将有一个坦克营的支持，东、西海岬城区里的重型火炮也会由1057名英军突击队破坏。作为这场攻击的序幕，英军对突击区进行广泛的航拍侦察；海峡中央的德国水雷区亦会在主力部队行经之前清出一条通道，此任务由一群在8月18日傍晚从朴次茅斯、纽黑文（Newhaven）与肖勒姆（Shoreham）出发的扫雷舰执行。英国海军支援作战的各式舰艇，包括登陆艇在内，共有237艘。另外，海岸防卫队的38艘小型船艇也投入到战斗的行列。

已经有非常多的著作描写关于这场加拿大步兵、坦克兵与突击队无畏的英勇行动，他们在攻击展开后承受了数小时反复的打击。加拿大部队损失了215位军官和3164名士兵，突击队员也有24名军官与223名士兵阵亡、受伤或被俘，占攻击兵力的68%。海军舰队尽其所能地在岸外予以火力支持，但由于没有任何一艘军舰配备102毫米口径以上的火炮，它们在那

←←图为1942年8月英军突击迪耶普港惨败的现场。英军从这次失败的作战中吸取到许多教训，并活用于两年后的诺曼底登陆行动

里能给予的协助十分有限。11时，驶向岸边的两栖突击登陆艇仅载离了1000名左右的人员，撤离行动和陆上作战一样极度危险。毫无疑问地，在迪耶普吸取到的最重要的教训就是两栖登陆作战绝对需要海上与空中的大规模火力支持；另一个教训则是要设计出特殊的装备来克服反登陆障碍。了解到它们的重要性，在两年之后的诺曼底登陆中，盟军部队便有了一整批特殊装备的强大坦克朝向海岸迈进。对陆海空三军来说，迪耶普的总体教训是如何不做蠢事，这个教训在1942年吸取总比在1944年再来吸取好得多。

护航队之役

1942年的大西洋护航舰队之战以1月初德国派出了12艘VII-C型潜艇到纽芬兰湾作战作为开端，它们在1月8日到2月12日之间击沉了21艘船。这是德国潜艇第二次"快乐时光"的开始，而且它们在加拿大海域的活动与邓尼茨上将于大西洋西部对美国商船航运发动攻势［"击鼓行动"（Operation Paukenschlag）］的时机吻合。仅有5艘潜艇参与初期部署作战，可是它们在1942年1月11日到2月7日之间就击沉了26艘单独航行的船，并损伤其他几艘。第二波的5艘IX型潜艇于1月21日到3月6日间在美国东岸沿海活动，它们又击沉了19艘船，同时在加拿大附近的另外8艘VII型潜艇也击沉9艘，还有英国海军驱逐舰"贝尔蒙特"号（HMS Belmont）。

有一段时间，美国海军曾活跃地参与大西洋的护航工作，美国总统罗斯福与英国首相丘吉尔在1941年8月10日于纽芬兰的阿真舍（Argentia）沿海会晤之后，护航行动便更加积极。从9月17日起，美国海军的第4特遣舰队（Task Force 4）

开始负责位于纽芬兰与冰岛之间快速护航队的护卫任务，而航速较慢的船队则交由加拿大纽芬兰护航舰队（Newfoundland Escort Force）负责。至于西经22度线以外的海域，即所谓的大洋中央交汇点（Mid-Ocean Meeting Point）则由英国皇家海军接手。美国人愈是参与护航任务，愈是提升盟军整体的护航兵力，而且更多可派用的海上远程飞机——还有"极"的贡献——代表着自1941年12月起他们势必打得赢大西洋战争。在11月，潜艇只击沉了13艘船，12月，盟军大西洋舰艇的损失，包括所有的事故，降到10艘。该月下旬，8艘潜艇被摧毁，其中5艘是由直布罗陀HG-76护航舰队的军舰击沉的。在这支护航舰队中，护卫的轻型航空母舰"大胆"号（HMS Audacity）被U-751号击沉，但在此之前，它的"岩燕"式战斗机也击落了4架Fw-200型"兀鹰"式海上侦察机。

护航体系

1942年1月至4月，在美国东岸海域的舰艇所承受的巨大损失引起了英国海军部的关切，因为有些船舶是英国籍的，不少还是他们正迫切需要的油轮。必须要说的是，这段时期德国的成功并非归因于他们潜艇舰队的战技与勇气，尽管他们确实两者兼备，但主要还是因为美国犯下的战略错误。虽然英国人力劝美国尽早建立护航体系，但他们没有照办。结果，美国船只独自航行，而且它们太靠近夜晚仍十分明亮的海岸，所以它们很容易被发现、追踪并遭击沉。美国人

→图为一支正在航行的大西洋护航船队。美国一度忽略护航体系的功效，导致潜艇在美国东岸造成了船舶的一场浩劫

油轮是潜艇指挥官
喜爱的目标，除了
船员能迅速脱身之
外，在海上燃烧的
油轮并不容易幸免
于难

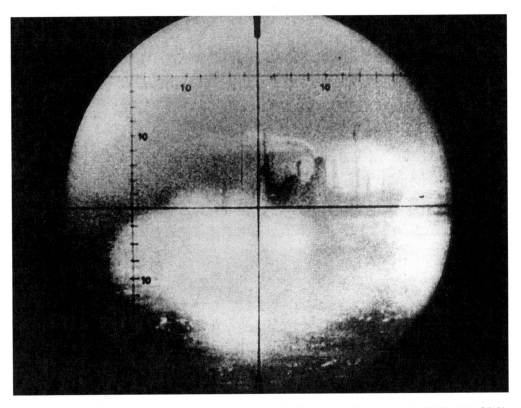

↑图为通过一艘潜艇潜望镜所看到的景象。这场射击发生在波罗的海的演练期间，在实际战斗中，攻击行动通常是在晚上进行

提出一些不向英国船队实施护航体系的理由，包括缺乏足够的护卫舰及舰艇集结在一起的危险性，但也有一项人为的因素。美国舰队的总司令厄内斯特·金（Ernest King）上将相信由巡逻队采取进攻性战术会比较有效。除此之外，他并不欣赏英国式作风，他认为采用护航体系的构想和英国式的海军掌控商船的做法有违个人原则。

　　直到1942年5月，美国才在美国东岸航道建立起护航体系，成果是立竿见影的：潜艇被迫转移它们的作战海域到墨西哥湾（Gulf of Mexico）和加勒比海，而且只有在那里德国潜艇还能在接下来的3个多月中继续创下胜利，直至护航体系扩张到该区为止。此时，也差不多是反潜机开始成名的时刻。在德国潜艇于美国海岸外的"快乐时光"期间，潜艇的队员几乎一点儿都不畏惧岸基飞机，因为美军尚未拥有有反潜战（ASW）经验的中队。当邓尼茨于1942年7月转移他的潜艇单位回去对付北大西洋护航队之际，大部分的潜艇都在所谓的"空中缺口"（air gap）海域作战，那里位于从纽芬兰、冰岛与北爱尔兰起飞的飞机的航程之外。盟军还面临着一个问题：德国自1942年2月起引进了一种新的、更复杂的"恩尼格玛"密码，它为除北极与地中海之外的海上潜艇所专用，德国人称其为"海神"（Triton），它让布莱奇利公园的密码专家们头痛了10个月之久，更让盟军失去对潜艇行动信息的掌握。

↓在潜艇早期的进攻行动中，美国人没有实行护航制度是一大错误。照片中，一艘在佛罗里达沿海遭鱼雷命中的商船正在往下沉

破解密码

1942年12月，在绝望的情况下，英国海军部向布莱奇利公园求救。他们不久就得到了结果。令人惊讶的巧合是，从塞得港沿海沉没的潜艇上所带回来的文件让布莱奇利的专家们解开了海神密码。

破译文件显示邓尼茨上将此时部署了超过100艘的潜艇，50艘在大西洋，其中的37艘在"空中缺口"到南格陵兰的海域上活动。海神密码的及时破解，加上1943年最初几个星期的恶劣气候阻碍了潜艇和护航船队的行动，这意味着英国海军部得以再次设定回避航线。无疑地，他们在1月时拯救了不少船舶。另外，英国还得到了意想不到的馈赠：德国的译码部门B部（B-Dienst）暂时失去了解读英国护航舰队密码的能力，因而使潜艇得不到关键的情报。

远程飞机

还能应用"极"的其中一个区域是比斯开湾，因为布莱奇利公园可借由那边护卫潜艇进出的舰艇所使用的密码来破译它。那里的潜艇习惯在白天下潜越过海湾，并利用夜色于岸防司令部第19联队（No.19 Group）巡逻机巡弋的最小风险下浮出海面装填鱼雷。然而，7月6日，夜色的掩护突然遭到剥夺，当时U-502号遭到第172中队一架配备探照灯的"威灵顿"战机的攻击而沉没。更多的潜艇遭受这种"利式探照灯"（Leigh Light）的照射并被攻击，于是德国潜艇指挥官改变战术，他们在夜间下潜直接穿过海湾，白天再浮出海面装填鱼雷，如此便能在发现敌机时赶紧下潜。

1942年上半年，德国人有很好的理由对其潜艇所斩获的成果而感到满意。在所有的海域之中，它们共击沉了585艘商船，总吨位高达3048140吨。

←—图为一艘护航的军舰正在进行深水炸弹攻击。到了1943年，盟军发展出一系列强大的反潜武器和潜艇探测装置

他们投入了100多艘的新潜艇，损失21艘，只有6艘是在大西洋西部沉没的。1942年7月至12月间，许多护航船队都是在"空中缺口"的海域上遭受攻击。这样的情况或许因为岸防司令部提供了更多架的超远程（VLR）反潜巡逻机而缓解了许多。〔这个时候，从北爱尔兰起飞被派往冰岛作战的第120中队是岸防司令部唯一的超远程单位，而且他们只有5架"解放者"式（Liberator）战机。〕由于一些因素，在1942年7月至9月配给岸防司令部的32架"解放者"式战机并未改装成超远程飞机，而是又派给了位于英国西南方的第59中队和第224中队以加强海湾的巡逻。

至于空对海（ASV）的雷达装备方面，二型雷达组（Mk II set）自1940年底就已为岸防司令部利用，但它也有缺点。这种雷达的扫描范围限制在22千米左右的目标，即完全浮出海面的潜艇，而且飞机只有在它们上空600米以上的高度飞行才能被搜索到。这套设备最主要的不利之处是其反射波太强、接收到的海上噪声过多、天线体积的庞大和最大限度相当高的搜寻高度。然而，经证明空对海二型雷达还是非常成功的，飞机装载了它之后进行夜间海面上潜艇搜索时，发现目标的数量立即激增了4倍之多。

1941年夏，尚未参战的美国人得到了第一批的空对海二型雷达组，它们装在海军第71、第72与第73巡逻机中队（VP）的一架PBY-5型"卡塔琳娜"式飞机与第74巡逻机中队的两架PBM-1型"水手"式（Mariner）飞机上。其他的飞机也在9月时装配雷达。这些中队全都隶属于第7巡逻机联队（Patrol Wing 7），它成为美国海军第一支配有雷达装置的单位。"卡塔琳娜"机与水手机从弗吉尼亚州诺福克的匡塞特岬（Quonset Point）起飞作战，并在珍珠港遇袭前最后几个月的

←←图为约翰·托维上将（右）会见不幸的PQ17护航队临时指挥官道丁（J. C. K. Dowding）准将。后者成为D日登陆作战的首要海上运输官

中立巡逻期间进一步以纽芬兰与冰岛为基地。所以，第7巡逻机联队便加入了对抗潜艇的作战行列。

1942年春，英国的空对海搜索行动遭受了一次挫败，当时一架配备空对海二型雷达的洛克希德"哈德森"式战机在突尼西亚落入敌人手中。几个月之内，德国人就发明了搜寻接收器，并装到他们的潜艇上。这个代号为"梅托克斯"（Metox）的接收器能在装有空对海二型雷达的飞机于56千米左右的范围逼近时发出警告，这给了潜艇足够的时间回避。结果，1942年下半年，被发现的潜艇数量急遽下滑，战术优势又回到了德国潜艇手中。

方位测定

然而，1942年的大西洋战争中，有一项措施让盟军占有很大的优势，那就是舰艇大量采用了高频方位测定仪（HF/DF），亦即使用者所称的"胡夫–杜夫"（Huff–Duff）。潜艇所施展的狼群战术需要以无线电向岸上基地回报它们与护航船队的接触或失去联系状况，然后一艘搭载高频方位测定仪的船就会传送潜艇的可靠发现给其他潜艇。不过，每一次的高频方位测定报告都能让护航舰队的指挥官派出护航机，或是猎潜艇搜寻并攻击潜艇。潜艇必须浮出水面航行才能够赶上或超越护航船队，所以即使搜索的护卫舰没能找到并击沉潜艇，它们还可以迫使潜艇下潜直到护航队脱离它们的目视范围为止。到了1942年1月底，25艘护卫舰都在短波雷达旁边装上了高频方位测定仪，而且在这一年里数量稳健地增加——它或许是赢得大西洋战役的最大功臣。高频方位测定仪与雷达连手，最后让企图攻击护航船队的潜艇处于极大的危险之中而无法下手。

商船的损失

　　然而，在1942年，尽管有逐步增加的盟军水上与空中护航力量，还有采用的新装备，但商船的损失量依然达到空前的程度，而且在11月创下了711232吨的纪录。此时，德军于苏联和北非遭受到严峻的挑战，大西洋似乎是他们得以重创盟军的战场。随着盟军舰艇由于过度延伸而容易遭受打击，他们的前景是看似无望的，12个月前的乐观态势一扫而空。1942年的损失数据逐渐攀升至骇人的1664艘，将近8128375吨的商船在公海上沉没。除非损失能够下降，否则新商船建造出来的总吨位超过沉船总吨位或许是毫无指望的，而且英国的进口量降到了

↑ 图为英国海军巡洋舰"肯尼亚"号。这艘"斐济"级的军舰服役于英国本土舰队直到1943年，之后它加入了印度洋的东方舰队。"肯尼亚"号在1962年报废

1939年总数的2/3，这又是令人忧心忡忡的消息。

好在该时期的沉船数急遽下滑，尽管潜艇从1月3日至12日击沉了7艘油轮而取得重大胜利。它们是由特利尼达（Trinidad）驶向直布罗陀的TM1护航队的船，共有9艘油轮。然后，在2月，德国的译码单位——B部再度成功破解护航船队的密码，潜艇亦以空前的规模成群攻击护航船队。2月2日至9日，"法海群"（Pfei）与"双刃剑群"（Haudegen）突击了位于纽芬兰与冰岛之间的SC118慢速护航队，63艘船舶当中有13艘沉没。同月稍后，16艘潜艇又奉命袭击出港的ON166护航队，40艘船中的14艘被击沉，而其他的护航队也在中央海域遇袭，进攻的潜艇是在亚述尔群岛（Azores）附近接受"乳牛"（Milchkuh）潜艇的补给的。2月，同盟国舰艇的损失为63艘，总吨位达365776吨，但情况还会更糟。在3月，布莱奇利的专家失去对海神密码的掌握长达两个星期之久，结果该月护航船队的沉船数目多得比以往还要凄惨。

当月的这场悲剧以3月7日至13日SC121慢速护航队的遇袭为开始，他们折损了13艘船。接着，从16日到20日，皆自纽约起航的SC122（60艘船）和HX229（40艘船）遭40艘潜艇突击。HX229护航队失去21艘商船，总吨位达143262吨，SC122则损失9艘。在大战的整个战区中，就在这可怕的一个月里，潜艇总共击沉了108艘共637061吨的船舶。事实上，盟军的损失是如此的惨重，海军参谋日后还写下敌人"非常接近切断新世界与旧世界的联络"这样的文字。而让这场不幸更加悲惨的是，从纽约出发的护航队已经从北方航线改到南方航线以避开"掠夺伯爵群"（Raubgraf）的潜艇，它们正在跟踪另一支ON170护航队。

不过，此时局势就将发生急剧变化。3月，当大西洋战役如火如荼地进行之际，英、美与加拿大的海军代表在华盛顿举行"大西洋护航队会议"（Atlantic Convoy Conference）。会议同意美国海军应负起航行于英国与西印度群岛之间油轮船队的护卫责任，而北大西洋海域则完全留给英国与加拿大负责。加拿大皇家海军在位于哈利法克斯新成立的大西洋西北司令部总部（North West Atlantic Command HQ）指挥下，将保护北大西洋船队直至到达西经47度的海域，之后由英国海军接手。此外，他们的首个支援群亦在3月成立，其可在护航队遭受威胁时迅速予以增援。

北极海护航舰队

　　1941年底，载运弹药与补给驶向苏联的商船护航队业成立：他们至12月底时派出8支约55艘商船的护航队。由于开往

↓图为在冰岛海域上的PQ17护航队，拍摄于驶向俄罗斯北方之前。照片中的大部分船舶在短短数天之内就沉没到海底

阿尔汉格尔（Archangel）的航道被冰封，所以此时摩尔曼斯克港是船队的目的地。至那时为止，护航船队尚未受到敌方的干扰。

这条航运线是德国人不能忽视的，于是在12月25日，德国海军的总司令雷德尔上将下令部署"乌兰群"（Ulan，U–134号、U–454号与U–584号）到熊岛（Bear Island）南方的航道上等候护航船队。1942年1月2日，德国潜艇在那儿取得了首次胜利，当时U–134号［山德尔（Schendel）上尉指挥］击沉了PQ7A护航队的英国货轮"瓦济里斯坦"号（Waziristan），接着在1月17日，U–454号［哈克兰德（Hacklander）上尉指挥］亦击沉PQ8护航队的驱逐舰"马塔贝尔"号（Matabele），并击伤货轮"哈尔马特里斯"号（Harmatris）。2月21日，对北极海护航舰队来说，一项新

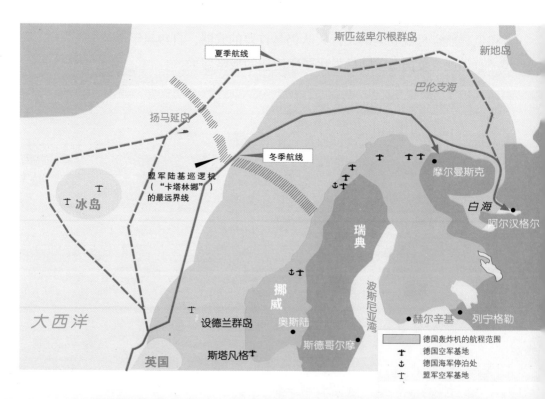

的、但意想之中的新威胁开始浮现。德国袖珍型战列舰"舍尔海军上将"号与重巡洋舰"欧根亲王"号从易北河被派到挪威作战，它们还有驱逐舰Z25号、"弗里德里希·茵"号与"赫尔曼·舍曼"号（KMS Hermann Schoemann）的伴随。在这批军舰向北航行期间，英国皇家空军的侦察机一直尾随着它们，2月27日时，"欧根亲王"号还遭受潜艇"三叉戟"号的重创而不得不回航。

然而，在该月底前，更大的麻烦出现了，那就是新型战列舰"提尔皮茨"号已溜出波罗的海抵达特伦汉，它挂着西里阿科斯中将的军旗。3月6日，"提尔皮茨"号协同3艘驱逐舰起航截击PQ12与QP8护航队，前者驶向摩尔曼斯克港，而后者正在返航。PQ12护航队在距离扬马延岛南方130千米处被

↓英国海军航空兵首批真正现代化的战斗机是"海飓风"式，它在英伦空战中享有盛名，并为海军所采用

→英国海军"射手"号是功勋卓越的护航型航空母舰之一，在赢得大西洋战役中扮演相当重要的角色。"射手"号原先是商船"莫玛可兰"号（Mormacland），可搭载15架飞机

一架Fw-200型侦察机发现，于是德国潜艇U-134号、U-377号、U-403号与U-584号前往拦截。同时，潜艇"海狼"号（KMS Seawolf）亦回报了"提尔皮茨"号与其护卫舰的动向。结果，英国本土舰队的单位，包括战列舰"乔治五世国王"号、"约克公爵"号与"声望"号，航空母舰"胜利"号，还有巡洋舰"肯尼亚"号（HMS Kenya）和12艘驱逐舰移动至这个威胁与护航船队的中间，这支护航队于3月7日中午时一个接着一个地通过了熊岛沿海。西里阿科斯中将派遣他一部分的驱逐舰前去搜寻护航船队，它们除了击沉一艘落单的苏联货轮之外，没有发现任何目标，于是德国的指挥官再次驶向南方。

多亏"极"的破译，托维上将知道了德国人的意图，便下令舰队开赴洛佛腾群岛，打算切断这支队伍。9日破晓，一架"胜利"号上的"大青花鱼"侦察机找到了"提尔皮茨"号，于是12架挂载鱼雷的"大青花鱼"机立刻起飞前去攻击。尽管有一枚鱼雷从靠近它10米的距离扫过，可惜的是，"大青花鱼"机的进攻队形太集中在舰艉，给了"提尔皮茨"号

足够的空间避开所有的鱼雷。2架"大青花鱼"机被击落。这
场败仗是英国皇家海军咽不下的一口气，但也产生了一个影
响：希特勒下令，"提尔皮茨"号绝不可在舰载机活动的海域
附近出航。

损失攀升

1942年3月20日，重巡洋舰"希佩尔海军上将"号和驱
逐舰Z24号、Z26号与Z30号以及鱼雷艇T15号、T16号与T17号
抵达了特隆赫姆，在挪威的德国海军兵力因此大幅提升。此
时，这个战场上的敌人有了强大的航空、海上与水下打击火
力，护航舰队的损失无可避免地开始攀升。3月27日至31日，
PQ13护航队由于天气恶劣而走散，其中的2艘船立即被从班纳
克（Banak）起飞作战的第30轰炸联队第3大队（III/KG 30）
的Ju-88型轰炸机击沉；还有3艘被潜艇U-376号、U-435号与
U-436号击沉，1艘被驱逐舰Z26号攻击而沉没，但Z26号本身
亦被巡洋舰"特立尼达"号（HMS Trinidad）摧毁。稍后，这
艘巡洋舰为它自己的鱼雷所伤，失去了动力，U-585号企图靠
近它发动攻击，却反被驱逐舰"狂怒"号（HMS Fury）击沉。
PQ13护航队剩余的13艘船抵达了摩尔曼斯克，但又有2艘于4
月3日遭空袭而沉没。

在4月8日至21日航行的PQ14护航队发现其首要的敌人并
非德军而是冰，它们于浓雾中闯进了到处都是浮冰的海域，
24艘船中有16艘被迫返回冰岛，而且有1艘被U-403号击沉。4
月26日至5月7日航行的PQ15护航队是一支规模多达50艘船的
队伍，有英、美海军的层层保护，它们在空袭之下有2艘船沉
没，1艘船受损。［受损的"日德兰"号（Jutland）稍后又被

U-251号击沉。］接着，德国驱逐舰与潜艇突击了返航中的
PQ11护航队，U-456号以两枚鱼雷命中了护航的巡洋舰"爱丁
堡"号，随后它又被驱逐舰的一枚鱼雷重创，之后被另一艘英
国军舰击沉。除此之外，两艘英国驱逐舰，"福雷斯特"号和
"远见"号在与德国驱逐舰Z24号与Z25号交战时严重受创。
战列舰"乔治五世国王"号于一场暴风雪中撞上了自己的驱逐
舰"旁遮普"号使其沉没，并为后者炸开来的深水炸弹所伤。
列入不幸意外的还有，处于护航队侧翼远方的波兰潜艇"札斯
特萨比"号（HMS Jastrzab）被挪威籍人员操纵的驱逐舰"圣
阿班斯"号（St Albans）和扫雷舰"海鸥"号（Seagull）击
沉。

↑德国袖珍战列舰
"吕佐夫"号之
前名为"德意志"
号，它是"舍尔海
军上将"号与"施
佩伯爵"号的姐妹
舰。"吕佐夫"号
在1945年于波罗的
海遭到炸毁并被凿
沉

PQ17护航队的悲剧

↓图为PQ17护航队24艘船的其中一艘，在遭受敌军空中打击与潜艇攻击之后沉没。下令船队散开是个严重的错误，这使船只落单而易受攻击

　　5月25日至30日航行的PQ16护航队遭到Ju-88型与He-111型轰炸机编队的攻击。35艘船当中的7艘随着43898吨的军用品一同沉没，包括147辆坦克、77架飞机与770辆军车。接着，又有PQ17护航队的悲剧，导致了北极护航体系的全面修正。1942年6月27日从冰岛起程的PQ17护航队共有36艘船，它们有一支舰队的贴身保护和一支4艘巡洋舰与3艘驱逐舰组成的掩护群。除此之外，英国本土舰队的一支掩护舰队也提供远距离支

援，包括战列舰英国海军"约克公爵"号和美国海军"华盛顿"号（后者亦受托维上将的指挥），以及航空母舰"胜利"号，2艘巡洋舰与14艘驱逐舰。

德国一获悉PQ17护航队出发就启动了"马步行动"（Operation Rösselsprung），打算一举消灭掉这支护航船队。7月2日下午，第1舰队（Force I）在施尼温德（Schniewind）上将的率领下，包括战列舰"提尔皮茨"号和巡洋舰"希佩尔海军上将"号以及4艘驱逐舰与2艘鱼雷艇从特隆赫姆出击。次

日，库梅茨（Kummetz）上将的第2舰队（Force II），包括重巡洋舰"吕佐夫"号与"舍尔海军上将"号和5艘驱逐舰也从纳尔维克起航，并驶向北方于埃尔廷峡湾（Altenfjord）加入第1舰队的行列。德国军队在那里等待着，因为他们的指挥官在尚未掌握关于敌方护航舰队掩护力量的情报之前不愿意冒险。

7月4日，护航队开始遭受鱼雷机的攻击，当天傍晚，英国海军部接到一份有误的报告，它指出苏联潜艇发现了德国舰队正驶向拦截的航线。这项情报，加上护航队回报敌方的飞机一直在跟踪，导致了大战里最悲惨的决策之一：撤离护航的巡洋舰与驱逐舰，并下令护航队散开，让商船各自驶向苏联的港口。这使成群的德国战机与潜艇逮到机会，逐一地攻击那些无助的运输船。大屠杀自7月5日开始持续了5天，直到残存下来的船进入阿尔汉格尔港为止。36艘船组成的船队当中有24艘沉没，总吨位高达146287吨，另外还有天文数字的装备损失：3350辆军车、430辆坦克、210架飞机和100910余吨的其他军用品。德国的损失则是：德国空军在200架次的出击中仅折损了5架而已。

下一支向东航行的护航队是PQ18，它的起程日期由于所有可调派的航空母舰都去支援急需护卫的"基座行动"护航舰队至马耳他而拖延至9月。况且，在PQ17护航队惨败之后，在没有航空母舰护航的情况下，再派一支船队到苏联已不被考虑。9月9日，46艘船组成的PQ18护航队终于从冰岛起航，它的护卫舰包括英国海军航空母舰"复仇者"号（HMS Avenger），它原是由一艘多用途的商船在美国改装而成。英国皇家海军第一艘护航型航空母舰"大胆"号［它是由俘虏的一艘德国商船"汉诺威"号（Hannover）改装而成］已经在英国至直布罗陀的航线上证明了它深具价值。"大胆"号在1941

年12月21日被U-751号的齐射鱼雷击沉之前，舰上的"岩燕"式战斗机摧毁了几架敌机。"复仇者"号是第二艘另一级的航空母舰，第一艘，英国海军"射手"号（HMS Archer）已服役了一段时间，还有两艘，"欺骗者"号（HMS Biter）与"冲击者"号（HMS Dasher）也预定在随后几个月内投入战斗。

护航型航空母舰

　　"复仇者"号上搭载着第802与第883中队，他们各搭载有6架"海飓风"式战斗机，还有第825中队A飞行小队的3架"剑鱼"机，另外还有6架拆解的"飓风"式战斗机装在条板箱中作为备用。几乎护航船队一离开冰岛海域，战斗机就得开始作战。9月12日，一艘布隆-渥斯（Blohm and Voss）Bv 138型水上飞机出现在南方尾随着船队，"飓风"机升空打算将它击落，但没有成功。就在它们追击飞机之际，第30轰炸联队的6架Ju-88型战机现身，并对护航队展开俯冲轰炸。虽然船队没有任何损失，还以防空炮火击退来袭的敌机，但随后又来了40架隶属于第26轰炸联队并挂载鱼雷的He-111型轰炸机，它们向护航船队的右舷发动攻击，而此刻"飓风"机还在地平线外追击那艘Bv-138型水上飞机。正好在8分钟内，8艘货轮遭到命中而沉没。德国战机全都返回了基地，可是有6架严重受损而报废。

　　第二天，第26轰炸联队奉命集中火力打击航空母舰，但它在12日时就已不在原先的方位，因为它退出护航船队一段距离以占据更好的战术阵位。这回，"复仇者"号于护航舰队南方被目击到，于是德国空军指挥官下令他的部队散开来，在"飓风"机反击之前先发制人。德国损失了5架亨克尔轰炸机，剩余的17架中也有9架严重受损无法修复。接着它们在13日与14日的攻势亦被"复仇者"号上的"海飓风"式战斗机瓦解。战斗机与护航舰的防空炮火——主要是后者，由于战斗机的骚扰，军舰得以集中火力将敌机各个击落——总共摧毁了20架亨克尔和容克轰炸机（英国那时宣称击落41架）。只有4架"飓风"机折翼，其中有3架还是被友方的炮火击落的。

当PQ18护航队接近旅程终点时，他们遭到潜艇接二连三的攻击（9月15日至16日），因而失去了3艘货轮。不过，护航的驱逐舰也击沉了U–457号与U–589号，后者是由第825中队的"剑鱼"机所发现的。18日，护航队开进了科拉湾，却又再次遭到空袭，这次来袭的不速之客是亨克尔He–115型浮筒水

↓海军舰队的杜德利·庞德上将是英国第一海军军务大臣。他不情愿地授权北极护航舰队可在黑夜短或永昼的夏季里航行

上飞机。2艘商船沉没，但2架He-115机被货轮"黎明帝国"号（Empire Morn）上弹射的一架"飓风"机击落。它是隶属于商船战斗机部队的飞机，由伯尔（A. H. Burr）中尉驾驶，他在战斗结束之后降落到阿尔汉格尔附近的机场。无疑地，若PQ17护航队有舰载飞机保护的话，一定可以大幅减少那场悲剧的损失。不过，PQ18护航队还是失去了13艘船，而且返航的PQ14护航队又有6艘［包括驱逐舰"索马里"号（HMS Somali）和扫雷舰"利达"号（HMS Leda）］被潜艇击沉。

到了冬天，北极区漫长的夜晚来临。虽然这使苏联的护航舰队较能避免空中的攻击，但恶劣的天气也随之而来。托维上将开始担心大型的护航船队会因此走散而处于危险之中，所以他建议下一支护航队PQ19应分为两批，它的代号也基于安全的理由改为JW51。第一海军军务大臣杜德利·庞德上将尽管不情愿，但还是同意这么做。1942年12月15日，JW51A护航队的16艘商船离开了艾维湾，它由7艘驱逐舰和5艘小型猎潜艇（A/S）护航；而JW51B护航队的14艘商船则在一周之后起航，它由6艘驱逐舰和5艘小型猎潜艇护卫。这两支船队都有巡洋舰"谢菲尔德"号［克拉克（A. W. Clarke）上校指挥，该舰还悬挂着鲍勃·伯内特（Bob Burnett）少将的将旗］和"牙买加"号（HMS Jamaica）［斯托瑞（J. L. Storey）上校指挥］的支援，更远处还有新型战列舰"安森"号（HMS Anson）和巡洋舰"坎伯兰"号提供掩护。JW51A护航队并没有被敌人发现，他们在圣诞节时协同伯内特的巡洋舰未遭遇意外地进入了科拉湾。12月27日，伯内特的军舰加满油再次驶向大海前去掩护JW51B护航队。这支船队中的一艘船于风暴中走散，并继续独自在一艘反潜拖船的伴随下前进。伯内特不知道的是，德国一架侦察机和潜艇U-354号［赫伯施尔比（Herbschleb）上尉指挥］早在12

月24日就已发现这支护航舰队，德国的海军部也立即启动"彩虹行动"（Operation Regenbogen），打算消灭它们。

巴伦支海之役

　　12月30日，奥斯卡·库梅茨（Oskar Kummetz）中将率领他的旗舰"希佩尔海军上将"号［哈特曼（H. Hartmann）上校指挥］和"吕佐夫"号［斯坦格（R. Stange）上校指挥］与6艘驱逐舰驶离埃尔廷峡湾。库梅茨能运用的战术有限：他奉命不得冒险于夜间交战，那容易使他的舰艇遭受护卫舰的鱼雷攻击；日间，他只能与比他军力弱的舰队作战；还有，"吕佐夫"号要继续向大西洋突围，这意味着它得节省燃油与弹药，更不用说还要避免受创。

↓1942年12月31日，英国海军驱逐舰"阿凯蒂斯"号被"希佩尔海军上将"号击沉于巴伦支海。它是英国皇家海军的旧式驱逐舰之一，于1929年下水

12月31日8时30分，"希佩尔"号与它的驱逐舰行经护航船队尾端32千米处，而"吕佐夫"号与它的护航舰则从南方80千米处逼近。伯内特的两艘巡洋舰位于北方48千米左右。虽然轻型反潜护卫舰"海得拉巴"号（Hyderabad）看见了接近中的德国驱逐舰，却误以为它们是前来的苏联护航舰而没有回报。10分钟之后，驱逐舰"顽固"号（HMS Obdurate）也发现了德舰，它的舰长斯科雷特（C. E. Sclater）少校向身在护航队领舰英国海军"昂思罗"号（HMS Onslow）上的舰队指挥官舍布鲁克（R.St V. Sherbrooke）少校回报敌情，但并没有辨认出它们。舍布鲁克令斯科雷特前去调查，所以"顽固"号靠近离敌舰6千米的范围内，并在它们开火后迅速离开。

舍布鲁克将商船留给驱逐舰"阿凯蒂斯"号（HMS Achates）和3艘小型护卫舰保护，施放烟幕，随即协同"服从"号（HMS Obedient）与"奥韦尔"号（HMS Orwell）全速向前与"顽固"号会合，并向伯内特少将传送敌舰的报告。9时41分，"希佩尔海军上将"号向"阿凯蒂斯"号开火，"昂思罗"号与"奥韦尔"号很快加入战局，舍布鲁克又派了2艘驱逐舰协助保卫护航船队。

10时20分，"希佩尔海军上将"号的火炮射控系统锁定了"昂思罗"号，对它开火使其半数武器失去作用，还击穿了轮机室。舍布鲁克身负重伤，不得不将指挥权转移给"服从"号的金洛克（D. C. Kinloch）少校，他拒绝离开舰桥，直到他确认他的命令已经收到。与此同时，"希佩尔海军上将"号在风雪中消失，数分钟之后，约在10时45分，它遇上了小型扫雷艇"黑莓"号（HMS Bramble），这艘小船只有一门102毫米炮，当然很快就被摧毁，其舰长拉斯特（H. T. Rust）中校与全部船员阵亡。

"希佩尔海军上将"号消失之后，金洛克少校指示所有的驱逐舰回到护航队里，此时它又受"吕佐夫"号的威胁，仅有3.2千米远而已。不过，斯坦格上校却决定在天气晴朗之际先行回避，如此，让扫除商船的黄金机会从他手里溜走。11时，金洛克调动他的驱逐舰至护航队和还在行驶的"吕佐夫"号战斗群中，此时，"希佩尔海军上将"号突然从北方再次现身，并向"阿凯蒂斯"号开火，造成惨重的伤亡，还杀死了舰长琼斯（Johns）少校；"阿凯蒂斯"号在午后不久沉没。接着，"希佩尔海军上将"号把火炮对准了"服从"号。这艘驱逐舰仅受了轻伤，但是它的无线电设备失灵，所以金洛克少校被迫将指挥权再移交给"顽固"号的舰长。

11时30分，当哈特曼上校撤退以避开驱逐舰的鱼雷攻击之际，"希佩尔海军上将"号突然遭到"谢菲尔德"号与"牙买加"号24发152毫米炮的前后炮击，它们从北方逼近。伯内特原本可以依靠"谢菲尔德"号上的雷达作战，但由于雷达画面很混乱，直到他取得了实际目视接触后才得以和德国巡洋舰交战。3发炮弹命中了"希佩尔海军上将"号，并使它的航速减为28节。面对新的危机，库梅茨中将命哈特曼和驱逐舰的舰长撤离到西方。就在德国人这么做的时候，"谢菲尔德"号的舰炮转向驱逐舰"弗里德里希·艾科德特"号，并很快使它沦为一堆炽热的废铁，但另一艘驱逐舰"理察·拜岑"号（KMS Richard Beitzen）则随着"希佩尔海军上将"号躲入风雪中，逃之夭夭。

结束的开始

11时45分，"吕佐夫"号也在16450米的距离向护航队开火，当英国驱逐舰展开攻击之际，它随即撤退。12时30分，伯内特的巡洋舰与德国舰队又进行了短暂的交锋，但双方都没有遭受损失。德国继续撤向西方，在14时失去了接触。3天之后，JW51B护航队终于抵达了科拉湾，未再受到损失。他们之所以能成功多半是靠舍布鲁克舰长采取了不少的措施与战斗技巧，还有他的领导能力和勇气。他活了下来，并获得维多利亚十字勋章。这场后来被称为巴伦支海之役的战斗有一个非常重要的附言。"吕佐夫"号对大西洋的突围取消了，它不再对抗盟军的护航舰队而是被调派至波罗的海的教导分遣舰队。它在那里与苏联作战，并于1945年4月在斯威尼河口遭到轰炸而严重受损，数星期后被炸毁、凿沉。"希佩尔海军上将"号的下场也是一样，它在最后一次出击之后即被派到波罗的海，并于1945年5月在基尔港遭轰炸被凿沉，在1948至1949年被拆解。或许可

↓图为北非海岸外的盟军军舰仰起高射炮抵挡敌方的夜间轰炸机。尽管德国空军只发动了零星攻击，但他们还是成功地击沉了一些盟军舰艇

以这么说，巴伦支海之役是德国向大海挑战结束的开端。

　　1941年12月，美国参战，让丘吉尔可以"抱着得救且感恩的心入眠"，尽管他们没有创造什么一夜的奇迹。同盟国领袖很快便决议，打倒德国是第一要务，但此时，美国却深陷阻止日本征服太平洋的泥沼里，无法立即运送军事资源至欧洲战场。美国人主张在1942年就跨越英吉利海峡发动进攻，但英国

知道这是行不通的，而且迪耶普惨败的结果证明他们是对的。英国与美国同样缺乏货船、登陆艇和训练有素的士兵执行这么冒险的任务，迪耶普之役凸显了这些缺点的严重性。所以，在1942年任何大举进攻敌人领域的行动都必须得在他们防御最薄弱和抵抗最微小的地方进行。7月25日，盟军领袖同意法属北非是最理想的目标，远征军的登陆将和第8集团军从埃及的进

←图为1942年11月初，准备攻占北非的部分盟军部队。在某些区域，进攻部队遭到维希法军的强烈抵抗

攻同步展开。

进攻北非

作战计划的登陆点在地中海岸的两处地方，其一是阿尔及尔（Algiers）与奥伦（Oran），另一是靠近卡萨布兰卡的摩洛哥（Morocco）海岸。驶向阿尔及利亚（Algeria）的英—美护航队将从英国起航，由哈洛德·布罗斯（Sir Harold Burrough）中将（往阿尔及尔）与陶布里基（T. H. Troubridge）准将（往奥伦）指挥的海军舰队掩护支援。奈维尔·希弗瑞（Sir Neville Syfret）中将旗下的H舰队的任务是确保意大利海军于行动期间继续待在海湾里，他还有英国本土舰队单位的增援。驶向摩洛哥的海军舰队都将由美国人组成，他们在美国海军中将希维特（H. K. Hewitt）的指挥下直接从美国出发。

经过一些耽搁之后，"火炬行动"的"D日"设在1942年11月8日，而"H时"则是阿尔及尔与奥伦1时，摩洛哥4时。240艘需要从英国载运部队的商船逐渐在各个港口集结，主要是在克莱德港与艾维湾，还有160艘军舰从其他的任务中被召集过来。10月初，一连串的先遣护航队载着各种不同的货物起程前往直布罗陀；接着，在10月22日至11月1日，又有4艘载着军队的大型突击船队出发。所有护航船队的航线都在爱尔兰西方较远的地方，几乎接近到大西洋，然后再转向东行至直布罗陀。尽管它们被潜艇目击，却没有损失任何舰艇，事实上，敌方的潜艇正在非洲海岸外猛烈攻击返航中的SL125护航舰队。这支船队失去了37艘商船当中的13艘，但无疑地，它们的牺牲让驶向直布罗陀的船队能够不受干扰地抵达目的地。（大战之后许久，曾有暗示称SL125护航队是为了"火炬行动"而刻意被牺牲，但没有证据可以证明。）

　　在地中海内，进攻部队分为几个部分，每一单位都由标记的潜艇引导至他们各自的攻击区域。在阿尔及尔，东部特遣部队（Eastern Task Force）仅遇到轻微的抵抗，而且到了白天的时候，盟军部队已经在岸上安置妥当，还占领了两座当地机场。驱逐舰"布罗克"号（Broke）和"马康姆"号被派去突破港口的层层防御，让军队登陆，并防范维希法军凿沉他们的船。"马康姆"号严重受创，不得不中断攻击。然而，虽然"布罗克"号在枪林弹雨中成功地开进港内让部队下船，但却遭受岸上炮台与法国军舰猛烈的轰击，在第二天时已严重受损。

↓图为1942年11月的"火炬行动"期间，盟军部队朝向阿尔及利亚的海岸前进。盟军的登陆实际上已经决定了北非轴心国部队的命运

在奥伦，那里的突击部队的规模大得多，但也遭遇到较顽强的反抗。两艘近海巡逻舰，"瓦尔尼"号（Walney）与"哈特兰"号（Hartland）试图开进港口，却被密集的火网击沉。一些法国军舰起航，打算干扰入侵的舰艇。在混战当中，法国驱逐舰"雀鹰"号（Epervier）、"龙卷风"号（Tornade）、"特拉蒙坦"号（Tramontane）与"台风"号（Typhon），还有一艘扫雷舰和6艘潜艇沉没。潜艇"弗瑞斯纳尔"号（Fresnel）对英国海军巡洋舰"南安普敦"号进行了一次不成功的袭击，然后逃往土伦，它在那里和从阿尔及尔来的潜艇"鳄鱼"号（Caiman）与"海豚"号（Marsouin）会合。在卡萨布兰卡，法国舰艇也出航试图拦截入侵的美军部队，却损失了1艘巡洋舰与6艘驱逐舰。此外，未完工的战列舰"让·巴尔"号亦因遭到炮轰和空中攻击而严重受创。

↓ 紧接在斯大林格勒（Stalingrad）惨败之后的"火炬行动"（Operation Torch）是轴心国力量衰败的开始。北非之役在1943年5月结束，大批的德军与意大利部队投降

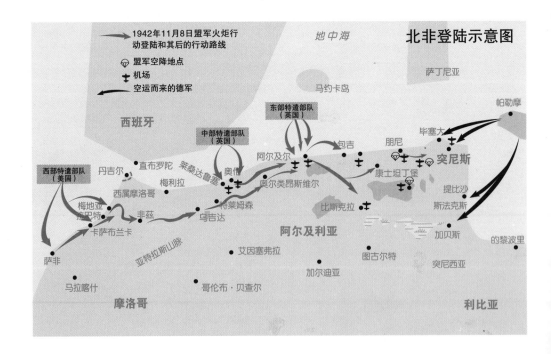

"火炬行动"

虽然是否继续进攻敌军领地的最后决定一直到10月才有结果，但英国海军部立刻召集来必要的商船与护卫舰，并组织载运进攻部队的护航船队。前往苏联与北非的护航队也暂时停止提供必要的物资，而且在8月，安德鲁·坎宁安上将被任命为盟军远征部队的海军指挥官以执行"火炬行动"。

非洲战役的结束

在达喀尔有一支强大的法国分遣舰队，美国人因此预料会遇上麻烦，但他们并没有出海。阿尔及尔的反抗在9月7日19时结束，不过奥伦的法军持续顽强抵抗至11月10日中午，直到英国的装甲车开进城镇里为止。到了这个时候，岸上美军突击部队的阵地已固若金汤，他们准备向卡萨布兰卡进攻，但此刻，法军总司令达尔朗（Darlan）上将宣布停火。

这场战斗总共造成了维希法国部队462人丧生，1000多人负伤。德国战机在11月8日至14日发动偶发性的攻击，击沉了2艘运兵船、1艘登陆艇、2艘货轮和炮艇"朱鹭"号（Ibis），此外，航空母舰"百眼巨人"号也被炸弹命中，浅水重炮舰"罗伯茨"号（HMS Roberts）亦严重受创。盟军登陆北非实际上已决定了轴心国军队的命运。经过两年的苦战之后，在突尼西亚的最后一支轴心国部队于1943年5月13日投降，该战区的反抗即宣告结束。

8

转守为攻：
1943年

到了1943年底，英国皇家海军和空军的兵力提高，迫使如影随形的潜艇销声匿迹。

←图为英国海军护航型航空母舰"战斗者"号的炮手成员进入战斗位置。"战斗者"号是由商船"莫马克梅尔"号（Mormacmail）改装而成，它结束在英国皇家海军的服役后被交还给美国

英国皇家空军岸防司令部的"解放者"式与波音"飞行堡垒"式（Boeing Fortress）超远程轰炸机，还有航空母舰的兵力逐步提升，渐渐封闭了格陵兰缺口。改良的反潜战术与武器开始施展它们的威力。舰载的高频方位测定仪将截获潜艇收发报位置的能力开发至最大，使护航船队得以经常避开危险的海域，而且有助于空中护航机或海上护航舰找出敌人并将其歼灭。除此之外，短波雷达此时亦装设到水上舰艇上，还有机载的Ⅲ型空对海雷达，这都使它们成为致命的潜艇杀手。

从1943年3月到5月底的3个月里，盟军就击沉了56艘潜艇，这也使得德国作战中的潜艇数目在净值上有了首次下滑。从1月到5月他们总共损失了96艘潜艇，其中有52艘是被飞机击沉。士气低落的迹象在破译后的"海神"密码中表露无遗，还有潜艇船员透露出对空中攻击和护航舰与支援群在攻击下的加速航行感到愈来愈害怕。

4月19日，邓尼茨上将承认失败，盟军尤其是海上航空力量的反制行动，挫败了潜艇的"狼群"战术。5月25日，他调离了他的潜艇至大西洋中央，那里是在盟军陆基的空中掩护半径之外，而且护航队的防御力也较差。在那个海域，潜艇在4月时已取得了一些胜利。当月30日，一艘潜艇U-515号在塔科拉迪（Takoradi）与狮子山之间对TS37护航队发动了3起突袭，击沉了18艘船中的7艘，总吨位高达43949吨。在这一连串的攻击期间，双方都意识到对手获悉了彼此舰队的移动与所在位置。盟军此时相信护航队的密码已经遭到破解，所以立即采用新密码。而德国人还有一项麻烦：邓尼茨下令，坚持让潜艇在白天浮出水面越过比斯开湾，该道命令是由于误信潜艇的防空炮火能驱逐盟军军机所致。盟国海军利用这项命令执行期间的每一次机会，击沉了28艘潜艇，它从1943年5月1日到8月2日的94天里依旧有效。不过，他们的成果并非没有代价，57架飞机因此折损。

遥远的海域

从1943年7月底开始几乎直到战争结束，布莱奇利公园与

↓ 图为格鲁曼"地狱猫"式（Hellcat）战斗机准备从美国航空母舰的飞行甲板上起飞。结构坚固的F6F型"地狱猫"式战斗机让美国海军在太平洋海战中夺取了制空权

↑图为大西洋上一艘潜艇在空中的攻击下渐渐沉没。到了1943年，岸基与舰载的航空力量在击败德国潜艇舰队过程中扮演着十分重要的角色

其相对应的美国单位得以完全破解"海神"密码，而且只有些微的时间差距。布莱奇利公园破译能力的恢复让美国的护航型航空母舰和英国岸防司令部得以歼灭位于他们之间的全数"乳牛"补给潜艇舰队（只建造了10艘）。如此一来，德国在遥远海域作战的潜艇数量就减少至微不足道的比例，在大西洋中央活动的潜艇的兵力亦大幅降低。盟军在1943年夏所取得的胜利

可由一个事实来评断，即6月的时候没有任何一支大西洋护航队遭遇攻击，而且在大西洋中央的潜艇也引起了美国航空母舰舰载机的注意。

德国潜艇丧失兵力让英国海军部在此时得以转守为攻。6月20日，第2护航群（2nd Escort Group）在沃克（F.J.Walker）上校的指挥下奉命进入海湾，协同反潜飞机猎杀潜艇。"乳牛"运油潜艇U-119号被近海巡逻舰"椋鸟"号（HMS Starling）撞沉，U-449号也被"野鹅"号（HMS Wild Goose）、"啄木鸟"号（HMS Woodpecker）、"鸢"号（HMS Kite）与"鹪鹩"号（HMS Wren）的深水炸弹攻击而沉没。其他的护航与

↓图为英国海军近海巡逻舰"椋鸟"号上的船员在攻击结束之后寻找潜艇失事的证据。"椋鸟"号是成功的猎杀船，它是29艘改良型"黑天鹅"（Black Swan）级反潜护卫舰的其中一艘

支援群亦参与了作战，不时地在5天到8天的战斗中摧毁另外2艘潜艇，使得6月于比斯开湾沉没的潜艇数只有令人失望的4艘。当月，在各个海域上只有17艘潜艇沉没。

潜艇的挫败

1943年9月，邓尼茨上将下令潜艇作战群重启对大西洋护航队的攻击。此时，他们的潜艇配备了搜寻接收装置、8门20毫米机关炮和新型的声纳导向T5型"鹪鹩"（Zaunkonig）鱼雷。20艘潜艇越过比斯开湾对付位于北大西洋东岸的ON202与ONS18护航队。英国海军部接到了"极"的通报，而且一架皇家加拿大空军（RACF）第10中队的"解放者"式轰炸机亦在9月19日于巡逻线南方击沉了U–341号。不过，航海网格线图上加密参照的破译问题使得德国第一波攻势的方位被错估了160千米，因此潜艇的突击令盟军有些措手不及。在5天的战斗中，潜艇击沉了3艘护航舰与6艘商船，己方则损失了3艘，但它们很快又遭受挫败。盟军的B3支援群在伊凡斯（M. J. Evans）中校的率领下迅速回击，他们有18艘驱逐舰、轻型反潜护卫舰和护卫舰，还有超远程的"解放者"式轰炸机支持。这些飞机在天气许可的情况下经常会飞越护航队的上空。德国宣称在24枚新式T5型鱼雷的投射中共击沉了12艘护航舰，但这种鱼雷的战绩被高估。事实上，有许多鱼雷在舰艇的尾流影响下失的或引信失灵。

潜艇对大西洋护航队的另一场攻击以失败告终。10月15日至18日它们向ON206与ONS20护航队展开突击，但德国潜艇只击沉1艘商船，自己却损失了6艘，其中3艘是被战机摧毁的。在1943年9月和10月的大西洋上，邓尼茨总共损失了25艘潜艇，而他们只不过击沉2468艘横越大西洋护航船队中的9艘商船而已。

此时，盟军有了更多的护航型航空母舰可派往大西洋作战，比如英国海军的"追踪者"号（HMS Tracker）联合沃克上校的第2护航群一同打击潜艇。沃克上校想出简单但有效的战术使得潜艇的生存之路更加坎坷。一旦航空母舰的搜索机探测到潜艇并指引沃克的船前往追击，他就会派一艘"指引船"尾随敌人，以潜艇探测器保持接触。同时，另外两艘不使用潜艇探测器的舰艇会蹑手蹑脚地从潜艇的两侧逼近，然后依照指引舰艇的指示投下深水炸弹，让潜艇没有机会采取闪避措施。

↓图为一艘德国潜艇战斗巡航归来之后驶进它的船坞里。在法国海岸的潜艇基地无法以传统炸弹进行破坏

盟军空中与海上武力的行动活跃，再加上护航船队运用回避航线的方法，迫使邓尼茨于1943年11月放弃狼群战术，撤走北大西洋海域的大部分潜艇。其他的潜艇虽继续向护航队发动了几个月的突击，但没有取得什么成果。潜艇的主力舰队被派去对付直布罗陀的护航队，德国人在那里享有空中支援的优势，而且接下来的数月里，不少战役于伊比利亚半岛（Iberia）沿海与西南航道开始。然而，德国潜艇在"极"指引的空中巡逻、支援群和回避航线下亦遭到挫败，并蒙受惨重的损失。

西西里岛

盟军进攻西西里岛［代号"爱斯基摩人"（Husky）行动］的准备调动工作于6月16日展开，两支美国部队跨越了大西洋来到奥伦与阿尔及尔。6月17日至23日，英国的H舰队在威利斯（Sir A. U. Willis）中将的指挥下从斯卡帕湾移至直布罗陀，然后从那里驶向奥伦。这支舰队拥有战列舰"纳尔逊"号、"罗德尼"号、"勇敢"号与"厌战"号和航空母舰"不屈"号及18艘驱逐舰。"勇敢"号、"厌战"号与"可畏"号，还有护航航空母舰"曙光女神"号（HMS Aurora）与"佩内洛

← 1943年8月9日，U-664号潜艇［葛雷夫（Graef）少尉指挥］遭到美国海军护航型航空母舰"卡德"号（USS Card）舰载机的猎杀。它在数小时前企图对航空母舰发动鱼雷攻击

珀"号（HMS Penelope）和6艘驱逐舰从奥伦驶向亚历山大港，并于7月5日抵达。同时，战列舰"豪"号（HMS Howe）与"乔治五世国王"号也解除了它们在英国本土舰队里的任务来到直布罗陀，其职责由部署至斯卡帕湾的美国战列舰"阿拉巴马"号（USS Alabama）与"南达科他"号接替。

"爱斯基摩人"登陆作战由英国与美国部队共同策划。英国的第8集团军将瞄准西西里岛东海岸的5个登陆区，那里从叙拉古正南方一直延伸至帕塞罗角（Cape Passero）西方；而美国第7集团军则在南岸的3个区域登陆。他们的初期目标是夺取奥古斯塔和叙拉古的港口，这对接下来的再补给行动极为重要，还要拿下该岛西南角的机场，为盟军的战术航空部队所用。支援英军突击的海军舰队将由伯特伦·拉姆齐上将指挥，他是敦刻尔克大撤退的策划者，而美国海军的希维特中将则负责美军的战区。

在英国舰队方面，驶向北边3个战区的部队直接从中东出发，而其他的则由北非、马耳他与英国运送过去。总共约有11.5万名英联邦的作战部队和6.6万名美军士兵参与7月10日"爱斯

←图为一艘盟军军舰正为登陆西西里岛的两栖部队提供火力支持。进攻行动相当不顺利，有些部队还登上了错误的滩头

占领意大利

1943年上半年，当盟军正在巩固北非阵地并建立港口设施之际，地中海上有大量的海军活动。英国的潜艇尤其活跃，在此期间它们击沉了30艘敌方商船与U-303号潜艇。北非轴心国部队溃败之后最重要的事情就是占领地中海海峡的意大利岛屿潘泰莱里亚岛（Pantelleria）和兰佩杜萨岛（Lampedusa）。该目标于6月初即在猛烈的空中与海上轰炸中取得，此即螺丝锥行动（Operation Corkscrew）。这两座岛屿在1942年时曾是意大利人袭击英国地中海护航队的摩托鱼雷快艇和潜艇基地，但这时威胁已经解除。

基摩人"行动的登陆作战，确切时间则设在2时45分，距黎明有3个小时左右的时间。这次行动有一些创新之处，不只是派往英军战区作战的部队是一路乘着他们的登陆舰艇从北非或马耳他驶向目的地的，并没有依靠运兵船，而且，他们还在每一战区内指派了一位海滩军官来指挥登陆艇的交通，以保持它们与岸外舰艇的联络，并维持整体秩序。他们已牢记敦刻尔克和迪耶普的教训。

涉及这次作战的海军舰艇是到目前为止规模最大的，包括2590艘军舰和登陆艇，其中1614艘是英国舰艇，945艘为美国舰艇，其他国家的有31艘。从中东出发的舰队由陶布里基（T. Troubridge）少将指挥；从北非与马耳他起航的舰队则归麦格雷戈（R. R. McGrigor）少将管辖；菲利浦·维安少将也率领护航舰队从英国开赴那里。另外，威利斯中将的H舰队负责将意大利舰队封锁于海湾之内，潜艇亦在敌方港口外巡航，还有一支巡洋舰与驱逐舰在哈尔柯特（C. H. J. Harcourt）少将的指挥下被委派给登陆部队提供火力支持的任务。

抢错滩头

尽管天气恶劣所造成的延误和某些困惑导致部队抢错滩，但作战行动差不多还是按照计划进行的。海军的重炮提供支持，大型舰艇也能在敌军于下午发动第一场空袭之前肃清该区。到了登陆日黄昏之际，第8集团军的突击编队已经打下基础，叙拉古亦被拿下，而且首支再补给护航队正要抵达。再好不过的是，他们的损失微乎其微，原本预料中进攻部队会遭受潜艇大规模突击的情况并没有发生。德国的舰艇在阿尔及利亚的海岸外作战，而且意大利潜艇的攻击也未抱着必死的决心，尽管他们的"丹多洛"号（RN Dandolo）在7月16日时成功地以鱼雷击沉了巡洋舰"克里奥佩特拉"号（HMS Cleopatra）。

当战斗继续进行的时候，敌方潜艇蒙受了相当惨重的损失。6艘意大利潜艇沉没，德国的U–375号、U–409号与U–561号也相继沉没。意大利的潜艇"布隆佐"号（RN Bronzo）在7月12日时被叙拉古沿海的一支英国舰队以深水炸弹逼出海面，毫无损伤地遭到俘虏。虽然7月23日，英国海军巡洋舰"纽芬兰"号（HMS Newfoundland）为U–407号的鱼雷所伤，但自登陆日至7月底，敌方潜艇只击沉了4艘英国商船（其中一艘是在叙拉古的港口被U–81号的鱼雷击沉）和2艘美军坦克登陆舰（LST）。空中的攻击摧毁了6艘英国商船与1艘美国商船、2艘坦克登陆舰、美国海军驱逐舰"梅多克斯"号（USS Maddox）、美国扫雷舰"哨兵"号（USS Sentinel），以及3艘小船。另外，还有一些舰艇受损，包括浅水重炮舰"艾力布斯"号，而航空母舰"不屈"号也在7月14日时被意大利的空投鱼雷击中。

尽管盟军在空中和海上拥有压倒性的优势，但敌军仍成

功地撤离超过10万名人员的部队（6.2万名意军和4万名德军）和大批装备，他们在8月初时便井然有序地越过墨西拿海峡到达意大利本土。那里的航道只有4千米宽，更有强大的岸上排炮防御，所以盟军海军无法掌控那里的制海权。倘若在撤离行动展开之际，盟军能够将战术航空部队派去对付海峡交通的话，或许会导致轴心国军队的一场浩劫。然而，盟军空军正忙着支援地面部队进攻特罗伊纳（Troina）的城镇，那里的战斗是最艰苦的战役之一，直到8月9日，航空部队才得以从这项任务中脱身。但到了这个时候，大批的敌军早已逃之夭夭，不过岛上仍有16.2万人（大部分是意军）沦为战俘。

意大利本土

7月21日，当西西里岛之役还在如火如荼地进行之际，盟军的联合参谋部即决定他们应该趁早展开对意大利本土的攻势。不过，美国人拒绝投入更多的战斗机到该战区，因为他们需要在西欧支援美国陆军航空队（USAAF）所发动的日间轰炸德国的行动。结果，很明显地，海军的航空力量一开始就得扮演关键的角色，在进攻部队的上空提供必要的掩护，而且英国

↓ 图为在萨莱诺向盟军投降后的意大利"钢铁"（Acciaio）级潜艇"尼切里欧"号（RN Nichelio）。它被分派给苏俄海军，并重新命名为Z14号。后面的船则是美国海军的"安康"号（RN Ancon）

海军部也立刻派遣航空母舰"光辉"号加入H舰队"可畏"号的行列。

除了这两艘航空母舰之外，他们也组织了一支支援航空母舰舰队（第88特遣舰队），由维安少将领军，其包括轻型航空母舰"独角兽"号（Unicorn），护航型航空母舰"攻击者"号（Attacker）、"战斗者"号（Battler）、"狩猎者"号（Hunter）与"潜行者"号（HMS Stalker），巡洋舰"尤里亚勒斯"号、"希拉"号（Scylla）与"卡律布迪斯"号

（Charybdis）及9艘驱逐舰（其中2艘是波兰舰艇）。逐渐成形的进攻计划有两个不同的作战行动。"湾城（Baytown）行动"的目标是派蒙哥马利（Montgomery）将军的第8集团军越过墨西拿海峡；而"雪崩"（Avalanche）是同步展开的两栖突击行动，由美国马克·克拉克（Mark Clark）将军的第5集团军进攻萨莱诺（Salerno）。9月初，准备措施完成，坎宁安上将设定9日为"D日"，而"H时"则为3时30分，就在日出前约1小时。9月3日，蒙哥马利的部队开始他们的跨海峡任务；

7日，H舰队的军舰也离开了马耳他，驶向西西里岛的西方进入第勒尼安海（Tyrrhenian Sea）。9月8日至9日晚间，德国的鱼雷轰炸机虽对H舰队发动袭击，可是它们却未受损失地逃离，并在登陆日时就定好位，准备支援突击部队。维安少将的第88特遣舰队亦于24小时之后抵达萨莱诺沿海的战斗位置。

图为盟军登陆萨莱诺之前的美国海军战列舰"宾夕法尼亚"号。"宾夕法尼亚"号多年来是美国海军舰队的旗舰，它在日本奇袭珍珠港时逃过一劫，只受了轻伤

导弹

同一时期，在政治上也有一个重要的发展。9月8日，意大利政府接受了盟军提出的停战条款，并且该项决定在当天傍晚即公诸于世。坎宁安上将立刻下令一支强大的海军舰队开赴塔兰托，第1空降师已经在那里登陆［"响板行动"（Operation Slapstick）］，并命令意大利舰队（停战协议中意大利同意将舰队交由盟军处置）由特别指定的航道从拉斯佩齐亚（La Spezia）驶向南方。这支舰队包括战列舰"罗马"号（Roma）、"维托里奥·维内托"号与"意大利"号（前"利托里奥"号），6艘巡洋舰和8艘驱逐舰，它们在9日一早起航。然而，当天下午，这些舰艇遭到德国第100轰炸联队第3大队（III/KG 100）的6架道尼尔轰炸机攻击，它们从马赛（Marseille）起飞作战，并挂载了PC1400X型［费利兹X型（Fritz-X）］无线电遥控炸弹。"罗马"号被这种武器命中两次后沉没，1255人丧生；"意大利"号亦被击中，但仍靠着一己之力抵达马耳他。另外，从卡斯特拉马雷（Castellamare）起航准备加入盟军的驱逐舰"安东尼奥·达·诺里"号（RN Antonio da Noli）与"韦瓦第"号（Vivaldi）在博尼法西奥海峡（Straits of Bonifacio）遭到德国人操纵的岸炮阵地炮击，"韦瓦第"号沉没；接着，"安东尼奥·达·诺里"号也成为水雷下的冤魂。同时，在塔兰托，前往占领的英国舰队已经接管了意大利的海军单位，包括战列舰"安德里亚·多利亚"号、"卡欧·杜伊里奥"号与"朱利奥·凯撒"号。

在德军强有力的反抗之下，萨莱诺登陆作战仍然取得成功，但尽管有海军重炮的支持，盟军部队一开始还是没能达成目标。9月10日，他们的进展极为缓慢，而且到了晚上，德国第3摩托鱼雷快艇队的3艘船袭击了一支美国护航队，并击沉美国海军驱逐舰"劳恩"号（USS Rowan）。由于盟军部队尚未拿下关键的蒙特卡维诺（Montecorvino）机场好让战斗轰炸机使用，海军的飞机只好继续提供掩护，更何况，英军第10军向北至美军第7军之间还有长达8千米的危险缺口。9月13日，德军发动了一次强劲的反攻，盟军阵地甚至一度十分不稳定。巡洋舰被派往的黎波里载运增援部队，战列舰"厌战"号与"勇敢"号也从马耳他赶来予以额外的火力支援。到了16日傍晚，敌军的攻势被抵挡下来，尽管参与作战的海军舰队并非没有付出代价：从11日起，第100轰炸联队的217架道尼尔轰炸机以FX1400型无线电遥控炸弹和Hs-293型滑翔翼炸弹重创了美国海军巡洋舰"萨凡纳"号（Savannah）和英国海军的"乌干达"号（HMS Uganda），并击沉医务舰"纽芬兰"号（HMS Newfoundland）和一艘补给船，还使数艘其他舰艇轻微受损；然后，在16日，英国海军的"厌战"号挨了两颗Hs-293型滑翔翼炸弹而严重受创，必须被拖回马耳他。

那一天，北上的英军第8集团军有了突破，并在萨莱诺建立桥头堡。盟军开始向内陆挺进，他们于10月1日抵达那不勒斯。同时，德军迅速撤离萨丁岛，而北非的自由法国部队也占领了科西嘉岛（Corsica），这意味着西地中海的轴心国军不复存在。至于意大利本土，通往胜利之路是既漫长又坎坷：就人员所承受的伤亡来说，没有人可以想象要付出如此艰巨而高昂的代价。但无可争辩地，盟军控制了地中海水域，H舰队的任务也告一段落。三年多来，它忍受住敌军海上与空中的猛烈攻击，这是一段奋力搏斗和无比英勇的故事。此时，H舰队解散了，它的军舰将被派遣到其他战场上继续作战。

远洋潜艇

在太平洋战场，美国迅速建立起强大的特遣舰队，它们是以新一代的航空母舰为核心，并将重创控制太平洋群岛的日军。与此同时，美国海军的远洋潜艇也加入战局对抗敌人，它们在大西洋挫败德国潜艇之后继续与日本人作战。自1942年起，在逐步加强打击日本商船队的战役中，美国以49艘潜艇为代价，击沉了重达5588258吨的船，近乎掐断了日本这个岛国赖以生存的海运航路。事实上，美国潜艇的开发十分落后，直到大战爆发后很久才奋起直追。美国的转变部分原因是内部不同军种间的竞争，但总体来说是为了要维持战时最严密监控的秘密成果：由于高级的"极"情报，盟军取得破解敌方海军密码的渠道，所以他们获悉大量的海上交通活动。除了突击商船之外，美国潜艇在1945年3月至8月的"饥饿行动"（Operation Starvation）中亦扮演着关键的角色，它们于日本本岛海域部署了数千颗水雷。

美国海军出色且产量最多的远洋潜艇是"小鲨鱼"（Gato）级潜艇，共有300多艘，这是美国海军所批量生产的最多的潜艇型号。正是这批潜艇，比其他的各级舰艇，在太平洋战争

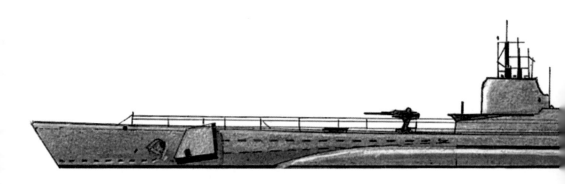

中让日本商船贸易陷入一场浩劫。在它们的辉煌成果之中，"鼓"号（USS Drum）就是相当典型的例子。它在1942年4月的首次战斗巡航期间［莱斯（Rice）少校指挥］就击沉了水上飞机运输舰"瑞穗"号（Mizuho）和2艘商船。同年，它在美军登陆瓜达尔卡纳尔岛前也执行了非常重要的侦察任务。1942年10月，它在日本东海岸击沉另外3艘船，又于12月以鱼雷突击日本航空母舰"龙凤"号（Ryuho）。1943年4月，它再次击沉2艘船，9月1艘，11月1艘，在1944年10月3艘，还有1艘受创。

远程推进

1943年2月21日，美军开始从瓜达尔卡纳尔岛越过所罗门群岛向拉包尔（Rabaul）的日本海军基地进行远程且代价高昂

美国海军"小鲨鱼"级SS-212号	
类　　型：潜艇	武　　装：24枚鱼雷，1门102毫米炮，4挺机枪
下水日期：1941年8月21日	
船　　员：60名	发 动 机：4台通用动力（General Motors）V16型柴油发动机
排 水 量：水上1117吨，水下1496吨	
长、宽、吃水深度：95米×8.3米×5.2米	最大航速：水上时速39千米，水下时速17千米
水上续航力：在水面上以时速19千米可航行20000千米	

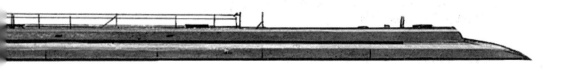

的推进，当时美军部队未遭遇抵抗地登陆了瓜达尔卡纳尔岛西北方48千米的罗塞尔群岛（Russell Islands）。这是稳健进行越级提升的开始，而且他们每次占领岛屿或岛群都会建立起机场和基地。

1943年4月18日，美军成功地完成了一项壮举。当日，第13航空队第339战斗机中队的16架洛克希德P-38型"闪电"式（Lightning）战斗机从瓜达尔卡纳尔岛的亨德森机场起飞，它们飞越700千米截击乘坐一架三菱G4M型"贝蒂"轰炸机的山本五十六大将。他正前往一座位于布干维尔岛（Bougainville）的日军基地。多亏美国人破解了日本帝国海军的密码，他们才知道山本大将的确切行程。"贝蒂"轰炸机遭到击落，机上人员全部被击毙。山本大将之死对未来日本海上战争的进行将有深远的影响。

1943年5月，美军部队登陆阿留申群岛的阿图岛（Attu），日

"埃塞克斯"号		
类　　型：航空母舰	续 航 力：以12节可航行27000千米	
下水日期：1942年7月31日	武　　装：12门127毫米炮，91架飞机	
船　　员：2687名	动　　力：4部蒸汽轮机，4轴	
排 水 量：35438吨	最大航速：32.7节	
长、宽、吃水深度：265.7米×29.2米×8.3米		

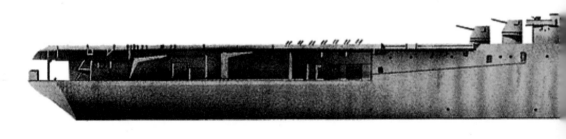

军在那里已设有驻军。在3个星期的苦战之后美国占领该岛，但双方都付出了惨重的代价，2500名防卫日军几乎全军覆没。在这场行动中，美国海军护航型航空母舰"拿骚"号（USS Nassau）予以登陆部队空中支援，这是太平洋战争里的首次陆空联合行动，由身在战列舰"宾夕法尼亚"号上的航空支援指挥官（Support Air Commander）引导作战，而且该舰亦是海军轰炸支援武力的一部分。稍后，在8月美军与加拿大部队登陆基斯卡岛（Kiska）期间，空军的联系单位便建立在岸上。

卓越的能力

在太平洋战役中，护航型航空母舰虽扮演着非常重要的角色，不过，排水量达27433吨的新型改良"约克城"级航空母舰"埃塞克斯"级（Essex）才是战时美国海军舰队的标准航空母舰，并成为快速航空母舰特遣舰队群的核心。这批船在受创时展现出卓越的生存能力：尽管有不少被击中，但没有任何一艘沉没。此时计划中的10艘当中有4艘建成，包括"约克城"号（USS Yorktown）和"大黄蜂"号（USS Hornet），它们延用先前沉没的船只的名字。"埃塞克斯"级由体形较小、

重约10160吨的"独立"级（Independence）航空母舰支援，其9艘船原本是要设计建造为轻型巡洋舰，但在1942年的战争紧急计划（War Emergency Program）下被重新安排。它们的建造过程相当急促，第一艘在一年之内就竣工。虽然身为改装船，但"独立"级航空母舰却相当成功。

1942年，美国海军特遣舰队极其谨慎地展开作战行动。当时，航空母舰"企业"号的舰载机出动轰炸威克岛（该岛于1941年12月时为日本人所占领）和马可斯岛（Marcus Island）。1943年8月，第15特遣舰队［鲍纳尔（C. A. Pownall）少将指挥］以航空母舰"埃塞克斯"号、新的"约克城"号和"独立"号为中心成立，它们在一整天的行动里派出了9个波次的攻击群轰炸马可斯岛的日军设施。这是"埃塞克斯"级与"独立"级航空母舰的首次作战，亦是新型舰载战斗机格鲁曼F6F型"地狱猫"式战斗机的第一次出击。

9月，美国海军对吉尔伯特群岛（Gilbert Islands）的塔拉瓦岛（Tarawa）与马金岛（Makin）发动一连串的攻击，美军部队正在那里进行登陆。10月，他们又对威克岛展开另一场突击，当时第14特遣舰队在蒙哥马利（A. E. Montgomery）少将的指挥下派出战机轰炸日军设施。这支武装力量拥有6艘新型航空母舰、7艘巡洋舰与24艘驱逐舰，是当时所召集的最大的航空母舰特遣舰队。11月，第14特遣舰队再向拉包尔的日本海军基地发动两波空袭，并击沉1艘驱逐舰、损坏不少其他军舰。

这些行动都在占领吉尔伯特群岛的美军的支援下执行，该群岛已于1943年11月为美军完全占领。11月18日，第50特遣舰队的6艘重型与5艘轻型航空母舰在鲍纳尔少将的率领下发动为期两天的攻势，他们轰炸敌方机场与防御设施，开启了岛屿争夺战。舰队掩护美国海军陆战队和陆军部队登上塔拉瓦岛、马金岛与阿贝马瓦环礁（Abemawa Atolls），并支援岸上的作战行动。8艘护航型航空母舰协同攻击舰队战斗掩护突击船只的逼近，还在该区派出反潜机与战斗巡逻队，并随时进行近距离空中支援任务。在确保岛屿的安全之后，一支航空母舰群仍留在那里一个星期以作为防范措施，直到塔拉瓦岛上建立了临时飞机跑道供海军飞机起降为止。在此期间，有一艘护航型航空母舰"里斯康湾"号（USS Liscome Bay）于11月24日遭到潜艇攻击而受损，轻型航空母舰"独立"号也遭到空袭受创。

到了1943年中期，在太平洋上的美国海军有了大批的战列舰，它们大多被用在进攻前的炮击行动中。例如，美军于6月和7月登陆新乔治亚群岛（New Georgia）之际，战列舰"马萨诸塞"号（USS Massachusetts）、"印第安纳"号（USS Indiana）、"北卡罗来纳"号，还有两艘旧型的"马里兰"号与"科罗拉多"号（USS Colorado）皆予以支援。不过，在太平洋上，航空母舰和它的飞行大队仍是首要的武器，自1944年起一直如此。英国海军随后强化了印度洋的战略部署。

9

大西洋战役的结束：1945年

正当盟军的护航舰队与潜艇狼群继续在1943年于大西洋中央斗争之际，北极海域的战斗火焰亦再度燃起。

←图为一艘英国的袖珍潜艇（或称为"X"艇）。这种极小、毫无舒适性可言的微型潜艇成功地被用来对付"提尔皮茨"号，也在1945年于新加坡对抗日本军舰

1943年9月，"提尔皮茨"号与"沙恩霍斯特"号出击轰炸斯匹茨卑尔根群岛（Spitzbergen）的岛上设施，然后急速返回它们位于挪威的巢穴。12月，"沙恩霍斯特"号又再度起航。由于之前那里的海域充满危险，所以没有护航队驶向苏联。经过数个月的中断后，它们在11月重新出发，当时RA54A护航队从阿尔汉格尔驶抵英国，途中并无遭遇事故。另外两支出港的护航队，JW54A与JW54B也平安无事地从艾维湾驶向苏联。

然而，JW54A与JW54B这两支船队都被德国空军通报了行踪。邓尼茨上将不只下令在卑尔根和特隆赫姆基地的24艘潜艇前往攻击，还令可调派的水上舰艇加入它们的行列，其中最大的一艘就是"沙恩霍斯特"号。这两支护航队是19艘从艾维湾出航的JW55B和从科拉湾返航的RA55A。前者在1943年12月20日起航，后者则是于3天之后出发。它们都各有10艘驱逐舰和一些小型舰艇的护航。

在圣诞节那天的14时，"沙恩霍斯特"号［辛兹（F. Hintze）上校指挥，且悬挂着贝伊（Bey）上将的司令旗］从挪威起航，并有驱逐舰Z29号、Z30号、Z33号、Z34号与Z38号的伴随。它们的任务是拦截于12月22日被空中侦察机确定方位的JW55B护航队。这支护航队已经遭受过Ju-88型轰炸机与潜艇"艾森巴特群"（Eisenbart Group）的攻击，但没有得逞。12月26日，贝伊上将令他的驱逐舰组成一支巡逻队在波涛汹涌的大海上搜寻护航船只。他知道英国的巡洋舰支援舰队包括"贝尔法斯特"号、"诺福克"号与"谢菲尔德"号，它们正在巴伦支海活动。但他不知道的是，英国还有一支远距掩护舰队，由英国本土舰队的总司令布鲁斯·弗雷泽（Sir Bruce Fraser）上将指挥，他拥有战列舰"约克公爵"号、巡洋舰"牙买加"号和4艘驱逐舰，它们正从冰岛驶来。

信号错误

弗雷泽上将意识到JW55B护航队被敌机探出方位，便深信

↓图为德国海军战列舰的指挥官西里阿科斯中将在霍夫曼（Hoffman）上校（右）和高级军官的陪同下检阅"沙恩霍斯特"号上的水兵

"沙恩霍斯特"号会出击对付它。于是，弗雷泽令他认为较不会受立即威胁的RA55A护航队派遣4艘驱逐舰增援JW55B护航队。他希望这群强化的驱逐舰舰队不只足以驱离"沙恩霍斯特"号，或许还能让它遭受足够的损伤好让赶来的"约克公爵"号了结它的性命。就这点来说，弗雷泽上将的军舰尚在北角（North Cape）西南方320千米处，而伯内特少将的巡洋舰队却在东方240千米处。

　　同时，贝伊上将的5艘驱逐舰不但没能找到护航船队，还因为信号错误而失去了与旗舰的联系，随后它们奉命返回基地。结果，这群驱逐舰在接下来发生的事情里完全使不上力。26日8时40分，巡洋舰"诺福克"号与"贝尔法斯特"号在32000米的距离取得和"沙恩霍斯特"号的雷达接触；9时21分，"谢菲尔德"号也在暴风雨的阴暗中于11880米的距离瞥见了它。几分钟后，3艘英国巡洋舰皆向这艘战列巡洋舰开火，并有3发击中，其中一发使它左舷的150毫米炮的射控系统失去作用。"沙恩霍斯特"号以它的280毫米炮回击了几轮齐射炮火，但未命中目标，然后贝伊上将就转向东南方驶去，而伯内特则将他的巡洋舰置于护航队与威胁之中，并派4艘护卫的驱逐舰掩护船队。

　　12时21分，3艘英国巡洋舰再次目击"沙恩霍斯特"号，并在10000米的距离将所有舰炮火力向它齐射，而驱逐舰则成扇形散开准备发动鱼雷攻击。在驱逐舰进行攻击定位之前，德国战列巡洋舰立即向东北方撤退，它的炮火有一发命中了"诺福克"号的炮塔，而且使它的雷达失灵，"谢菲尔德"号也受到了些微的损伤。不过，"沙恩霍斯特"号亦遭惩罚，它的A炮塔被击中，另一发炮弹则打在它的后甲板上。

　　16时17分，"约克公爵"号接收到了"沙恩霍斯特"号的雷达回波，它此时位于目标北北东32千米处。16时50分，弗雷泽上将下令"贝尔法斯特"号发出照明弹照出敌舰位置，然后"约克公爵"号立刻用它的356毫米主炮开火。贝伊上将正身陷北方的伯内特巡洋舰队与南方弗雷泽的军舰之间，它别无选择，只有奋战到底。一旦"沙恩霍斯特"号的炮手从惊讶中恢复镇定，他们便以精确的火力反击，不过并没有给英国战列

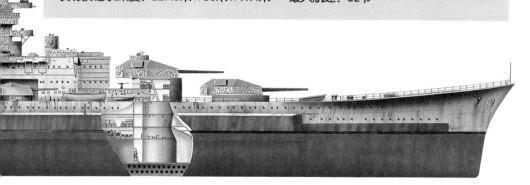

"沙恩霍斯特"号		
类　　型：战列舰	续 航 力：以19节可航行16306千米	
下水日期：1936年6月30日	武　　装：9门280毫米炮，12门150毫米炮	
船　　员：1840名		
排 水 量：38900吨	动　　力：蒸汽轮机，三轴	
长、宽、吃水深度：229.8米×30米×9.91米	最大航速：32节	

舰造成多大的伤害。"约克公爵"号的射击极其出色，在舷侧火力的52发跨射中打中了31发，让德国战列巡洋舰的A炮塔与B炮塔失去作用，并让它的烟囱破裂而减速，所以，即使有机会脱身，贝伊也不可能逃过敌人的追击。

18时24分，"沙恩霍斯特"号的第三座炮塔损毁，弗雷泽知道"约克公爵"号的356毫米炮弹在短距内于平射的弹道上很难贯穿敌舰的装甲，于是它掉头离开，让驱逐舰去完成这次行动。两艘驱逐舰"野蛮人"号（HMS Savage）与"萨默里兹"号（HMS Saumarez）在强大的敌火下从西北方逼近，并发射照明弹；而"蝎子"号（Scorpion）与"斯托德"号（Stord）则从东南方进攻，且于18时49分投下它们的鱼雷。当辛兹舰长将他的船转向左舷应战之际，"蝎子"号的一枚鱼雷正中其要害，紧接着前两艘驱逐舰"野蛮人"号与"萨默里兹"号的3

→图为战列舰"约克公爵"号的主炮正在开火。"约克公爵"号虽然在1945年加入了太平洋舰队，却因时间太迟而未参与什么作战行动。它于1951年转入后备役封存，1958年报废

枚鱼雷也击中了目标。就在小型舰艇于烟幕的掩护下撤离时，"约克公爵"号和巡洋舰逼近，以无情的炮火痛击敌人，这个场景正如英国"牙买加"号上的一位英国皇家海军陆战队军官拉姆斯登（B. B. Ramsden）上尉日后所写的：

当时的"沙恩霍斯特"号上绝对是人间炼狱。旗舰打出的14英寸炮弹不断命中或掠海飞越过它。耀眼的闪光划破星空，火炮的巨响持续不断，它依然回击，但只有它所剩无几的火炮偶尔发出声响而已。

炽烈的残骸

到了19时30分，战列巡洋舰成为一堆炽烈的残骸，在北极的夜晚中它的船身烧得火红，驱逐舰接近它并用鱼雷了结了它的性命。19时45分，"沙恩霍斯特"号爆炸，1968名军官与水手当中只有36人被从冰冷的海水里救起。德国船员们和两年半前"俾斯麦"号上的同僚一样，负隅顽抗到最后一刻。此时，驱逐舰上的人先是将他们从浸渍了油的海水中救起，对待这群生还者极为友善。接着战俘们被带上"约克公爵"号，驶向英国，关押在那里。

就这样，北角战役结束了，德国主力舰最后一次挑战英国皇家海军霸权的尝试也随之而去。可是他们还有"提尔皮茨"号，它虽在1943年9月18日遭到X艇（X-craft，袖珍潜艇）英勇的袭击而受损，但"提尔皮茨"号再次出海作战仅是时间的问题，而且只要它继续出现在挪威海域它就是英国海军挥之不去的梦魇。为了一劳永逸地消灭它，英国本土舰队的总司令策划了一场英国海军航空兵的大规模空袭行动。他们在凯斯内斯郡（Caithness）的埃里博尔湾（Loch Eriboll）建造了一座仿埃尔廷峡湾"提尔皮茨"号停泊处的模拟靶场，这里即是航空母舰"胜利"号与"暴怒"号上的舰载机于1944年3月期间进行密集攻击演练的场地。

攻击行动是由第8与第52鱼雷轰炸机侦察大队（TBR Wing）执行的，他们操纵的是费尔雷"梭鱼"式（Barracuda）轰炸机，这种战机在8个月前的萨莱诺登陆作战期间首次登场。除了鱼雷轰炸机侦察大队之外，"胜利"号与"暴怒"号还各有一支配备美制沃特"海盗"式（Corsair）和配备"海火"式（Seafire）的战斗机中队。其他的支援战斗机还有英国海军护航型航空母舰"皇帝"号（HMS Emperor）的"地狱猫"式和"追击者"号（HMS Pursuer）与"搜寻者"号（HMS Searcher）的"岩燕"V型，而反潜巡逻任务则交由

↓图为1944年，在北方海域上的驱逐舰"索马里兹"号，它是以18世纪著名的英国海军指挥官詹姆斯·索马里兹（James Saumarez）上将之名来命名的

↓图为从英国海军巡洋舰"贝尔法斯特"号舰桥上拍摄的照片。1971年这艘著名的军舰收藏于海上博物馆，至今仍保留在泰晤士河上

英国海军"击剑手"号（HMS Fencer）的"剑鱼"机负责。另外，航空母舰群亦有英国本土舰队的军舰掩护，它们包括战列舰"约克公爵"号与"安森"号，巡洋舰"贝尔法斯特"号、"牙买加"号、"保皇党"号（HMS Royalist）与"谢菲尔德"号，以及14艘驱逐舰。攻击时间将于一支苏联的护航队，即JW58的航行途中同步展开。

1944年3月30日，随着护航船队起程，英国本土舰队的单位也兵分两路从斯卡帕湾出发。第一支舰队由2艘战列舰、

"胜利"号、1艘巡洋舰与5艘驱逐舰组成；而第二支则有"暴怒"号、4艘护航型航空母舰与3艘巡洋舰。对"提尔皮茨"号的实际作战行动在代号"钨"（Tungsten）之下展开，由英国本土舰队的副司令亨利·摩尔（Sir Henry Moore）中将指挥，他的旗舰是"安森"号。英国舰队于4月2日下午会合，并继续驶向战机起飞点，亦即卡亚峡湾（Kaafjord）西北方193千米处。它们在次日凌晨抵达目的地。4时30分，第8鱼雷轰炸机侦察大队的21架"梭鱼"式轰炸机在21架"海盗"式与20架"地狱猫"式战斗机的护航下从"胜利"号上起飞，并按设定航向飞往目标。"梭鱼"机在海平面上低空飞行以躲避雷达的探测，然后它们在距离目标约80千米时拉升到1440米的高空，开始它们的最后冲刺，而战斗机则于前方低飞，压制防空火炮。德国人遭到出其不意的袭击，"提尔皮茨"号几乎是毫无掩蔽地停在刚施放烟幕的海湾上，被9颗穿甲炸弹或半穿甲炸弹打了个正着。一个小时后，第52鱼雷轰炸机侦察大队的19架"梭鱼"式轰炸机发动第二波的攻击，它们有39架战斗机护卫，并再次上演同样的剧情。到了这个时候，烟雾已经密布，不过它对德国防空炮手的妨碍更胜"梭鱼"机的组员，他们可以轻易锁定庞大的目标。战列舰总共挨了14颗炸弹，122名船员阵亡，316人负伤。然而，没有任何一颗炸弹贯穿"提尔皮茨"号的重装甲，只是使它的上层结构和火炮射控系统大面积受损，并让它3个月无法出海航行。而英国方面仅损失了2架"梭鱼"机和1架"地狱猫"式战斗机而已。

另一方面，拥有49艘船且为北极海域到目前为止最大护航舰队的JW58护航舰队在巡洋舰"王冠"号（HMS Diadem）、护航型航空母舰"追踪者"号与"活跃"号（HMS Activity），还有20艘驱逐舰、5艘近海巡逻舰和5艘轻型反潜护卫舰的协

同下，持续进行它的任务。3月29日，沃克上校的第2支援群在前往大西洋的途中击沉了U-961号而取得初步胜利。在接下来的3天里，护航型航空母舰上的"岩燕"式战斗机又摧毁了3架Fw-200型、2架Ju-88型轰炸机和1艘Bv-138型侦察飞船。德国3支潜艇群，雷神群（Thor）、闪电群（Blitz）与铁锤群（Hammer）之中的12艘潜艇在另5艘驶向大西洋的船艇的协助下屡次突袭护航队，但都没有成功。4月1日至3日，U-355号在遭受追踪者号的一架"复仇者"式战机的火箭攻击之后，被驱逐舰"小猎犬"号（USS Beagle）击沉；U-360号亦被"凯佩尔"号（Keppel）摧毁；U-288号则被2艘航空母舰上的战机炸沉。

在5月，盟军进一步攻击"提尔皮茨"号的尝试为恶劣的天气所阻挠，于是海军战机将它们的注意力转向在挪威海岸外的敌方护航船队，并获得一些胜利。直到1944年7月17日，对德国战列舰的另一场突击才再度展开，这次是由麦格雷戈少将麾下"可畏"号、"暴怒"号与"不倦"号上的飞机来执行任务。然而，这一次，敌方充分警觉到它们的突袭，烟幕遮蔽了战列舰，防空炮亦布下密集的火网，盟军的攻击并未成功。

成功！

下一次的突击于8月22日展开，结果是场灾难。来袭的盟军战机在大老远就被德国人发现，德军派出第5战斗联队（JG5）的梅塞施密特Bf-109型战斗机前往拦截，他们击落了11架战机，大部分是"梭鱼"机。此外，护航型航空母舰"大富翁"号（HMS Nabob）在北角沿海也遭到U-534号的鱼雷攻击而受重创，无法修复。不过U-534号在3天后就被护航型航

←←图为一架"喷火"式侦察机在1942年于纳尔维克峡湾（Narvikfjord）所拍摄的"提尔皮茨"号，其四周的防鱼雷网清晰可见。尽管有这样的防范措施，X艇还是能够穿过防鱼雷网攻击它

空母舰"温迪克斯"号（HMS Vindex）的舰载机击沉。在8月24日的攻势中，"梭鱼"机的组员穿过烟幕盲射乱炸，有两颗炸弹轻伤了"提尔皮茨"号，而29日的突击依然没有成功。包括8月20日由于天气因素而取消的任务在内，英国海军航空兵于这一连串的突击中已派出了247架次的飞机。至于"提尔皮茨"号则被移往南方的特隆索维修，而且就是在那里，它最后被英国皇家空军第9与第617中队的"兰开斯特"（Lancaster）轰炸机投下的6.1吨重的高脚柜（Tallboy）炸弹摧毁。

"海王星行动"

到了1944年4月10日，拉姆齐上将业已完成他的最终计划，好让海军参与即将来临的作战任务，行动代号是"海王星"（Neptune）。在一份厚达700页的文件中，他强调首要的目标是"确保欧洲大陆军事占领区的安全，进一步的攻击行动得以从此地继续展开"。为了达成这项目标，他选定了各支可派的海军舰队，还有护航、扫雷、为登陆部队提供火力支持的单位，以及大批可用的各式坦克。

←图为战后，挪威籍的海军人员正在检视翻覆的"提尔皮茨"号。由于船体包覆重装甲，所以拆解这艘战列舰是极其辛苦的工作

↑图为1944年，攻击"提尔皮茨"号之后英国海军航空兵成员的合影。海军战机因所挂载的炸弹威力不足而无法重创战列舰

两支庞大的两栖特遣部队被派去执行突击作战：一支是在菲利普·维安少将指挥下的东方特遣舰队（Eastern Task Force），另一支则是在美国海军科克（A. G. Kirk）少将指挥下的西方特遣舰队（Western Task Force）。东方特遣舰队将载运英国第2集团军的3个师登陆位于奥恩河（River Orne）海滨西48千米的三处海滩，那里的代号为"金海滩"（Gold）、"朱诺海滩"（Juno）与"剑海滩"（Sword）。而西方特遣舰队则载送美国第1集团军至英军突击区西部类似海滨的两处海滩，即"奥马哈海滩"（Omaha）和"犹他海滩"（Utah）。"犹他海滩"位于科唐坦半岛（Cotentin Peninsula）的基角，

而且先期夺取瑟堡的关键就在于他们多快能确保滩头堡的安全，并从那里进攻。

紧接在这两支特遣部队之后的是另两支增援部队，一支英军，一支美军。他们将接替突击部队，并打开源源不绝的后援与补给大门，他们是击败德军任何反攻的必备条件。为了执行"海王星行动"，朗姆塞上将有1213艘军舰的强大兵力供他差遣，79%是英国或加拿大的船，16%是美国的，4%则由其他同盟国海军提供。其中，107艘战列舰、浅水重炮舰与巡洋舰作为舰炮掩护舰队，主要集结在克莱德港与贝尔法斯特海外；另外，286艘的驱逐舰、近海巡逻舰、护卫舰与轻型反潜护卫舰则集结于进攻部队起航的南方港岸，肩负起护航的责任。其余的舰队包括各式各样的海军舰艇，如将被派往海滩目标区的袖珍潜艇，为突击部队做先导与探路的工作。其后，盟军至少有4126艘的作战军舰艇参加突击登陆（Landing Craft Assault，LCA）行动，包括：特殊配备的大型旗舰；大型商船改装的搭载着突击登陆艇（Landing Craft Assault，LCA）的步兵登陆舰（Landing Ships Infantry，LSI），坦克登陆舰（Landing Ships Tank，LST）；坦克登陆艇（Landing Craft Tank，LCT）；防空舰；火箭发射艇；烟幕弹艇；障碍扫除艇和修复与回收船。以上舰艇中有约3/4是美国人制造的。

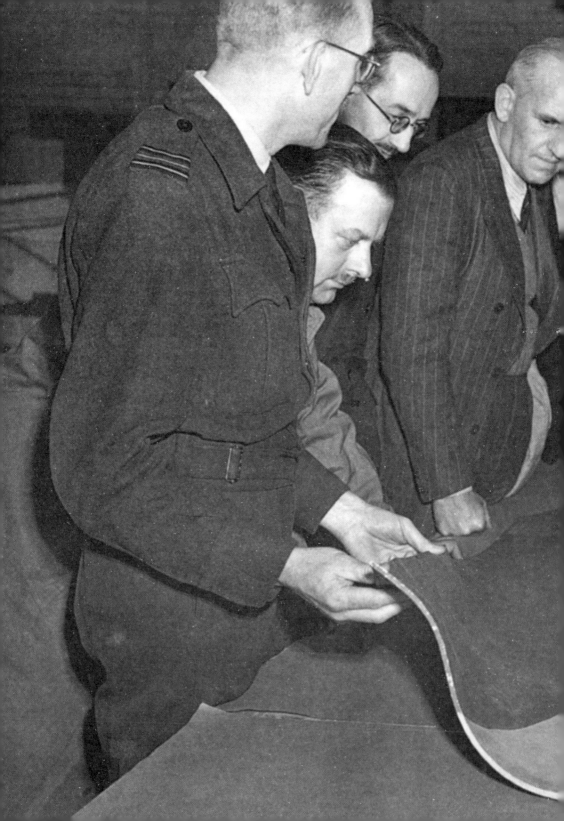

图为英国的军方人员与民间专家正在研究德军在奥恩河的部署，此处的关键目标将由第6空降师攻占

除此之外，数百艘的商船被征用来执行航线标定、海难救援与缆线铺设、补给军舰、供给港口设施和拖曳对于作战成功至关重要的特殊设备的任务。其中，最首要的是2座被称为"桑树"（Mulberry）的人工港口和5座被称作"醋栗"（Gooseberry）的船艇避风所。为了人工港与防波堤的建造，盟军还将凿沉55艘商船与一些淘汰的军舰作为补充，而160艘拖船亦将被用来拖曳"桑树"的组成配件渡过英吉利海峡。两座"桑树"人工港是由总重约1524070吨的400个组件所合成的。此外，两块混凝土的潜水箱也组成防波堤的一部分，光是它们的重量就达6096吨。有着数英里长浮动防波堤［又称为鲸（Whale）组件］的"桑树"人工港确实是不凡的伟大工程。建成之后，英国的人工港（2个之中的最大港）将可作为7艘大吨位满载船舶、20艘沿海贸易船、400艘拖船与辅助船和1000艘小型船艇的避风停泊处。

火力支援

在"海王星行动"的规划中，大部分时间都用在琢磨重炮舰艇的精确火力支援程序。每5支突击部队分配一群火力支援军舰，他们的初期目标是23座俯瞰海滩的德军炮台。他们想出了一套同时从空中与海上进行的详细的炮击测定制度。盟军已经彻底汲取迪耶普和其后登陆西西里岛与意大利的教训。

德国人知道盟军即将来袭，但他们不知道在何时与何地会遭受重击。不过，1944年春，他们对英国海岸发动了一连串的空中与海上攻势，希望打乱入侵船队的建立。4月23日至24日，作为对大不列颠小闪击战（little Blitz）［亦即"摩羯座行动"（Operation Steinbock）］的一部分，德国空军出动了100

架次的战机轰炸朴次茅斯。两个晚上之后，130架飞机又对普尔（Poole）和斯沃尼奇（Swanage）地区发动攻击。轰炸的精准度极差，反映此时德国空军作战单位的飞行员素质下降：在对布里斯托（Bristol）的袭击中，没有任何一颗炸弹命中该城市，大多数都落在32千米（20英里）外的威斯顿上梅尔（Weston-Super-Mare）地区。5月15日，德国再派106架次的轰炸机出击，其中的60架直接飞向朴次茅斯。而且在这次行动将近尾声之际，即在当月的最后一个星期里，飞快的战斗轰炸机又对南方海岸港埠进行一连串的攻击，此时那里已经挤满了船只。攻击造成的损害是微不足道的，而且从1944年1月至5月底，"摩羯座行动"让德国人付出了300多架飞机折损的代价，这实际上已意味着西部德国轰炸机部队的消亡。

在1944年最初的几个月里，德国海军在英吉利海峡的活动也不断增加，S艇队的战斗实力也已增强。1月5日至6日晚，第5艇队的7艘S艇［卡尔·穆勒（Karl Müller）指挥］在英国西南岸沿海突击了WP457护航队。它们总共投下23枚鱼雷，击溃了由英国海军驱逐舰"麦凯"号（Mackay）领队的护航舰队，并击沉3艘货轮和1艘海军武装拖网渔船"瓦拉希亚"号（Wallasea）。1月16日至17日，护航舰队洗刷前耻，成功驱逐企图在蜥蜴角（Lizard Head）沿海袭击护航队的7艘第5艇队S艇。这7艘舰艇发射了11枚鱼雷，全部落空。然而，1月的最后一天，第5艇队的6艘快艇又在贝奇角（Beachy Head）沿海攻击CW243护航队，击沉2艘货轮和海军拖网渔船"派恩"号（HMS Pine）。几天后，在2月5日，英国的驱逐舰"布里森登"号（HMS Brissenden）、"泰力邦特"号（HMS Talybont）、"塔纳特塞德"号（HMS Tanatside）与"温斯雷山谷"号（HMS Wensleydale）和德国扫雷舰M156号

↓巡洋舰"贝罗娜"号是被派去保卫英吉利海峡对抗德国S艇的军舰之一。它在1947至1956年继续到皇家新西兰海军服役

与M206号及护航的驱逐舰T29号于布列塔尼（Brittany）北岸沿海爆发激烈战斗。M156号受到重创，并艰难返回拉伯尔瓦什（L'Abervach），随后它又在那里遭到空袭而沉没。

激烈战斗

在此期间，最激烈的战斗于北海展开，当时德国的S艇正在

格林姆斯比（Grimsby）与大雅茅斯（Great Yarmouth）之间执行布雷任务。在海峡上，雷达与快速反应护航舰队联合起来，逐渐击败向南岸突击的S艇队。不过，在3月时，自14日至15日晚开始，多佛海峡仍有疯狂的战斗。那天晚上，英国的摩托鱼雷快艇在格雷夫防线外袭击德国第36扫雷舰队的两群军舰，并以一枚鱼雷击沉了敌方领舰M3630号。德舰强力反击，英国也损失了417号摩托鱼雷快艇。

隔夜，10艘第5与第9艇队的S艇〔米尔巴赫（von Mirbach）上校与克鲁格（Klug）上校指挥〕在地角（Land's End）沿海企图攻击WP492护航队，它有轻型反潜护卫舰"杜鹃花"号（Azalea）与"樱草"号（Primrose）的护航。德国快艇队被空中侦察机发现，在附近海域的其他英国军舰立刻改变航向前往拦截，它们有巡洋舰"贝罗娜"号（HMS Bellona），"部族"级驱逐舰"阿散蒂人"号与"鞑靼人"号，"狩猎"级驱逐舰"布里森登"号与"梅尔布雷克"号（HMS Melbreak），还有2艘扫雷舰和一批摩托鱼雷快艇。面对可畏的火力，德国别无选择

只有走为上策，但在此之前S143号已经受创。

　　到了这个阶段，海峡上的战事在4月才真正有了突破。当时英国采取新的战术，利用巡洋舰"贝罗娜"号与"黑王子"号（HMS Black Prince）作为指挥舰，它们的雷达能够指引新成立的第10驱逐舰舰队对付敌军目标，并持续安排作战行动，而且在驱逐舰逼近的同时不断发射照明弹照亮敌舰，巡洋舰的远程火炮便能对它们开火。这套战术非常奏效，并在4月26日时将"埃尔宾"（Elbing）级驱逐舰T28号置于死地，另两艘驱逐舰T24号与T27号亦遭重创，被迫驶向莫尔莱（Morlaix）寻求掩蔽。它们于4月28日至29日晚间突围，但在布里欧（Brieux）沿海被"部族"级驱逐舰"海达人"号（HMS Haida）与"阿萨巴斯卡人"号（HMS Athebaskan）拦截。德舰向追击者投射了12枚鱼雷，命中"阿萨巴斯卡人"号，它于4时42分沉没。不过，T27号也进一步为"海达人"号的炮弹所伤而搁浅，稍后被摩托鱼雷快艇摧毁。

　　在前一天晚上（27日至28日），S艇取得了自1940年来最大的一次胜利，这或多或少是出于意外。当晚，第5与第9艇队的9艘S艇（S100号、S130号、S136号、S138号、S140号、S142号、S143号、S145号与S150号）从瑟堡起航前去突击一支据报在塞尔希岬角（Selsey Bill）沿海的护航队。它们没有找到这支护航船队但却遇上了另一支登陆艇队。它有8艘美军坦克登陆舰，由轻型反潜护卫舰"杜鹃花"号护航，正从布里克瑟姆（Brixham）与普利茅斯驶向南德文（South Devon）的斯拉普顿沙滩（Slapton Sands），它们将在那里参与模拟美军登陆犹他海滩的"老虎演习"（Exercise Tiger）。这支登陆艇队原本应有英国海军驱逐舰"萨拉丁"号（Saladin）的护航，但它在普利茅斯港与一艘登陆艇相撞而受损，而且没有再指派另一艘船来接替它。

德国的S艇在这支船队开进莱姆湾（Lyme Bay）时发动突袭。在鱼雷攻击中，LST507号与LST531号沉没，另一艘LST289号亦受创。人员的伤亡非常惨重：441名士兵与197位水手丧命。驱逐舰"昂思罗"号、"服从"号、"尔沙"号（Ursa）、"皮欧朗"号（Piorun）与"布里斯卡维卡"号虽追击德艇，但敌军安然逃脱。战后，这次意外仍被严格保密许久，至今各界对真正的死伤人数仍有争议，有些数据甚至认为多达749人。

↓图为在进攻诺曼底之前于英国海岸外进行演练的登陆艇。有些突击登陆艇还配备火箭发射器以支援部队作战

"霸王行动"

1944年6月，自由世界和占领区的人们所关注的海战消息已经被另一件大事所取代：盟军登陆欧洲。他们一直在等待这一刻。海上的进攻准备，即"霸王行动"（Operation Overlord）之广度令人吃惊，接下来的计划也十分引人注目。盟军打算于1943年进攻欧洲的草案，称为"围捕（Roundup）行动"，早在1941年就已起草；而另一项"攻城锤（Sledgehammer）行动"也于1942年策划，其目标是夺下并占领法国的桥头堡以减轻即将使苏军崩溃的压力。同年6月，随着盟军遭受接二连三的挫败，英国海军部指派伯特伦·拉姆齐上将为海军远征军的指挥官。两年之后，他从幕后策动进攻北非与西西里岛的作战中得到了非常多有关海上突击技巧的经验，而且也相当了解战斗时海军的火力需求。

"霸王行动"

1944年6月6日的前几个小时，正当突击部队朝诺曼底的海岸前进之际，英国皇家海军的小型舰艇，包括港口防卫船与摩托汽艇也在加莱（Pasde Calais）执行一项重要的任务。当英国皇家空军的"兰开斯特"战机在上空盘旋飞行，投下大量的被称为"窗"（Window）的雷达干扰金属片时，海军船艇则启动被称作"月光"（Moonshine）的装置，它会吸收、强化敌方的雷达波并再传送它们，让雷达屏幕产生实体的影像，好像有一大群的舰艇正缓慢稳健地行进。另外，船只还牵引着许多"榛"（Filbert），那是8.8米长的防空气球，但装了雷达波反射器，每一具都能产生与一艘重达10160吨的船相当的雷达反射波。在靠近敌方海岸时，船员们将浮动的"榛"系住，然后施放烟幕，同时以强大的扩音器广播录制好的大型舰艇下

←←图中为在诺曼底，船上的吉普车正准备卸下。海军方面的"D日"作战，即"海王星行动"是杰出的计划，由敦刻尔克大撤退中著名的伯特伦·拉姆齐上将策划

锚时的声音。整场英国皇家空军与英国皇家海军联合演练的目的是要让敌军相信入侵行动会从这个海峡最窄处而来，他们的计谋也令人钦佩地奏效了。

到了6月6日5时，步兵登陆舰已经抵达最靠近作战位置的地方，即诺曼底海岸外约11千米至12千米处。突击营的士兵都坐上了他们的登陆艇，这绝不是什么舒服的事情，因为巨浪不断起伏，小艇就像软木塞一样在海上上下摇晃。尽管如此，作战行动并没有发生重大的惨剧。当突击艇和他们的支援坦克登陆艇开始向海滩迈进时视线十分不好，海岸线在薄雾和有一段时间依进度展开的战术空中轰炸所产生的烟幕下变得模糊不清。当海军特遣舰队的军舰用它们的舷侧火炮猛烈射击敌军阵地时，充满惊恐的惨叫声淹没了整座战场。所有投入"霸王行动"的盟军舰艇共有7艘战列舰、23艘巡洋舰、3艘浅水重炮舰、105艘驱逐舰和1073艘小型舰艇，后者还包括100多艘英国与加拿大扫雷舰，它们的首要任务是在登陆区外清出一条通道，还有27艘浮标铺设船来标出清除水雷的航道。

←图为在"奥马哈海滩"展开的突袭。在D日作战中，大多数美军的伤亡都是在这片狭长的海岸上。登陆部队被压制在海滩长达数小时之久

反潜群

　　盟军海军指挥官在"霸王行动"期间相当关切的一件事就是防范潜艇来扰乱，尤其是那些装设了新型"通风筒"（Schnorchel）装置的潜艇，这种装置能让它们维持下潜状态而不必浮出水面进行系统充电。然而，在"霸王行动"展开之际，海峡入口西方集结了大批的盟军飞行中队，它们日夜以雷达进行搜索，使得没有装设通风筒的潜艇根本到不了登陆的海域。所有企图骚扰盟军登陆部队的潜艇都遭到战机的猛烈打击，不是沉没就是受损，被迫返回基地或被潜艇指挥官召回。而装设了通风筒的潜艇虽能躲避空中的攻击，但它们还得面对集结在海峡入口的强大的海军反潜群。只有极少数的潜艇能在14天之后进入"漏斗"（funnel）区，即便如此，它们还是没能取得什么成功。事实上，盟军有10支包括驱逐舰、近海巡逻舰和护卫舰的支援群已在海峡的一端形成了阻滞幕；另外6支也掩护着西部航道和比斯开湾。他们尚有护航型航空母舰"活

海岸防卫队

　　在对抗S艇的威胁中，英国海岸雷达防御系统于3月的两个晚上再次证明了自身的价值。16日至17日与20日至21日晚，德国第5与第9远洋鱼雷艇中队分别起程前往攻击朴次茅斯和蜥蜴角沿海的船只，但由于艇上的雷达探测设备警告船员其行踪被发现而取消行动。英国的海岸防卫队亦在3月20日至21日晚间出击，其5艘摩托鱼雷快艇突袭了德国的"梭子鱼"（Hecht）护航队，其中包括由第18前哨艇队（18th Vorpostenboote Flotilla）护送的油轮"雷库姆"号（Rekum）。英国摩托鱼雷快艇虽被击退，但"雷库姆"号也被多佛的英军炮台击沉。

跃"号、"追踪者"号与"温迪克斯"号的支援。

有一阵子，德国召集的潜艇反入侵群已在法国与挪威港口就绪，准备出击。当"霸王行动"开始之际，比斯开群，还有所有可调派的S艇和4艘来自哈佛尔的驱逐舰［T28号、"法尔克"号（Falcke）、"海鸥"号（Möwe）与"美洲豹"号］奉命继续向登陆区航行。德国驱逐舰在登陆行动的第一天便击沉了挪威驱逐舰"斯弗纳尔"号（Svenner），但它们不断遭受空中攻击，并且很快被迫撤退并寻求掩蔽。S艇虽也摧毁了一些登陆艇，可是基本上它们的攻势亦遭击退。

6月6日，17艘潜艇从布列斯特起航，另14艘从圣纳泽

↓ 英国海军的"阿散蒂人"号（Ashanti）是著名"部族"级驱逐舰的其中一艘，它在第二次世界大战中最黑暗与最危险的时期为英国皇家海军效命，功不可没

↑图为进攻诺曼底之前的一支美国护航船队。此次登陆行动由7艘战列舰、2艘浅水重炮舰、23艘巡洋舰、105艘驱逐舰和1073艘小型海军舰艇支援

尔、4艘从拉·帕利斯、1艘从洛里昂（Lorient）出发前往攻击入侵船队，但不久它们便遇上了麻烦。在第二天，岸防司令部第19联队的战机在比斯开湾击沉了U-955号与U-970号，而且4艘布列斯特的潜艇（U-963号、U-989号、U-256号与U-415号）也因受损被迫返回基地。6月8日，第224中队的一架"解放者"式轰炸机又接连击沉了U-629号与U-373号；6月9日，U-740号亦遭到摧毁。6月8日至9日晚，德国驱逐舰Z24号、Z32号、ZH1号与T24号从布列斯特出击却被英国的第10驱逐舰

舰队拦截，ZH1号在英国海军"阿散蒂人"号的鱼雷攻击下沉没，Z32号则被加拿大驱逐舰"海达人"号的火炮击毁。另一艘加拿大的驱逐舰"休伦人"号（HMCS Huron）搁浅爆炸，而英国海军的"鞑靼人"号亦严重受创。

只有9艘比斯开群的潜艇配备了通风筒装置，其中的8艘在6月7日时企图渗透进海峡区域。当天至6月11日，它们进行了3次失败的鱼雷攻击，且U-821号被一架战机摧毁。直到6月15日，德国潜艇才取得一些胜利：U-621号击沉坦克登陆舰LST280号；U-767号击沉护卫舰"穆尔纳"号（Mourne）；U-764号也击沉护卫舰"布莱克伍德"号（Blackwood）。"布莱克伍德"号原本还被拖行，但最终仍然沉没。6月18日，U-767号被第14支援群的驱逐舰炸沉，U-441号亦命丧第304中队（波兰籍）的一架"威灵顿"式轰炸机之手。

第二群配备通风筒的潜艇在6月份后半月渗透进入侵海域，但它们很快就失去了U-971号，它在22日至23日晚间于海峡西方的港外被驱逐舰"海达人"号与"爱斯基摩人"号（HMS Eskimo）击沉。两个晚上之后，驱逐舰"阿弗雷克"号（HMS Affleck）与"包弗尔"号（HMS Balfour）又摧毁了U-1191号，而"毕克顿"号（HMS Bickerton）则炸沉了U-269号；不过驱逐舰"古德森"号（HMS Goodson）亦被U-984号的鱼雷所伤。6月27日至29日，U-988号以鱼雷攻击轻型反潜护卫舰"粉红"号（HMS Pink），将其彻底击沉，然后，它在被第3支援群送去海底之前又击沉了2艘总重9596吨的船。德国最大的胜利发生在同一天，6月29日，当时U-984号袭击了EMC17护航队，它向4艘总重29251吨的船发射了鱼雷，其中3艘沉没，第4艘搁浅。这场突击展示出只要有合适的环境，配备通风筒的潜艇就能成功。但不得不指出：1944年6月的潜艇作战

↑ "黑人"型
（Neger）单人操
纵鱼雷在D日作战
时被用来对抗盟
军的登陆舰艇，
但它们的成效有
限，还造成队员
的大量损失，该
单位最后被解散

常因技术问题而有不少的困扰，例如，它们的鱼雷过早引爆或
引擎无法正常运作。

英勇的出击

　　6月26日，在经过一阵猛烈的海军炮击之后，瑟堡落入美

国人手中，另一处重要的港口也为他们所夺。"极"此时开始
探测到敌方的潜艇在从法国至挪威的海岸外持续地移动。随他
们调动而来的是颇令人意外的一些损失，因为潜艇能在水下航
行，在晚上升起进行充电，因此搜索的飞机无法在茫茫的大海
上找到装有通风筒的潜艇。7月，S艇继续凶猛地出击，对付跨
海峡补给航线上的船舶。不过，它们的后援已经中断，其大
部分的任务也为英国海岸防卫队的快艇和美国的巡逻鱼雷艇
（PT）与驱逐舰瓦解。

7月5日至6日晚，德国人采用了一种新式武器来作战：
"黑人"型单人操纵鱼雷。他们从维莱海滨（Villerssur-Mer）
开始部署26具该型武器。在这样的情形下，他们击沉了扫雷
舰"猫"号（HMS Cat）与"魔法"号（HMS Magic）；同月
稍后，他们又摧毁驱逐舰"爱希斯"号（HMS Isis）与扫雷舰
"匹勒帝斯"号（HMS Pylades），且使波兰人操控的巡洋舰
"龙"号（HMS Dragon）瘫痪。"龙"号受损得非常严重，
最后被凿沉作为"醋栗"港防波堤的一部分。直到8月中旬，
在"黑人"型单人鱼雷的单位蒙受极惨重的损失之后，他们
的作战行动才告结束。这个时候，第211小型战斗艇队（Small
Battle Unit Flotilla 211）亦取得了一些成功，他们利用装满炸
药的"透镜"型（Linsen）艇于8月2日至3日晚间炸沉驱逐
舰"廓尔"号（HMS Quorn）与反潜拖网渔船"盖尔塞"号
（HMS Gairsay）。

"龙骑兵行动"

随着在诺曼底的攻势有了新的突破，盟军于是在1944年8月
15日发动"龙骑兵行动"（Operation Dragoon），进攻位于圣

↑像英国海军"攻击者"号一样的护航型航空母舰通常是以苏格兰克莱德河的格里诺克（Greenock）为基地，然后伴随着护航群执行任务。"攻击者"号在改装之前是一艘商船

→→通风筒装置能让德国潜艇继续在潜水状态下充电，所以很难被飞机的雷达发现

拉斐尔（St Raphael）与弗雷瑞斯（Frejus）之间的里维埃拉（Riviera）。"龙骑兵行动"主要是美军与自由法军的战斗任务，但英国皇家海军的护航型航空母舰舰队、第88特遣舰队也有重大的贡献。它们再次集结起来提供必要的空中掩护。在托马斯·陶布里基（Sir Thomas Troubridge）少将与美国海军杜金（C. T. Durgin）少将的联合指挥下，这支舰队包括了英国的航空母舰"攻击者"号、"皇帝"号、"埃及总督"号（HMS Khedive）、"追击者"号、"搜寻者"号、"狩猎者"号与"潜行者"号，还有美国的航空母舰"图拉吉"号（USS Tulagi）与"卡桑湾"号（USS Kasaan Bay）。盟军仅遭遇到微弱的抵抗，他们迅速扫荡进入内陆地区。航空母舰的战机主要是用来对敌军进行低空扫射和执行侦察任务的。另外，英国皇家海军也派出军舰护航并予以火力支持，包括战列舰"拉米利

斯"号、11艘巡洋舰、27艘驱逐舰和2艘炮艇。

在9月，7艘参与过"龙骑兵行动"的英国皇家海军护航型航空母舰驶向爱琴海，它们从那里派出战机支援盟军部队夺回克里特岛和其他被德军占领的岛屿。战斗机造成满载敌方军队的小型船艇的大规模毁灭。"搜寻者"号与"追击者"号于当月底回到了英国本土舰队，但其他的5艘则继续留在该海域直到11月初，那时，主要的岛屿都已被盟军掌控。这是大战时期地中海战场的航空母舰所发动的最后一次进攻行动。

代价高昂的登陆行动

到了1944年8月底，盟军的海军舰队业已确保了英吉利海峡的安全。然而，至少对那些支援诺曼底登陆的炮击舰队来说，尚有未完成的工作。1944年11月的第一个星期，一支由英国海军"厌战"号和浅水重炮舰"罗伯茨"号与"艾力布斯"号领军的炮轰舰队对斯海尔德河（Scheldt）河口的瓦尔赫伦岛（Walcheren）展开猛烈的炮击，以支援加拿大部队与英国皇家海军陆战队特种部队旅（Royal Marine Special Service Brigade）所进行的一场艰苦又代价高昂的登陆行动。11月8日，德军指挥官和29000名强大的驻军投降，通往至关重要的安特卫普港的大门因此洞开，极需要再补给的盟军部队也穿过西北欧继续向那里挺进。

1944至1945年的冬天，配备通风筒的潜艇在大西洋与英国本土海域对盟军舰艇发动了最后一场攻势。然而，它们所到之处都在盟军海上与空中武力的打击范围之内，因此德国潜艇的活动自由受到严重的限制，况且它们还得或多或少地留在原地，等待目标上门。1945年初，英国的空中反潜机与海上猎潜

艇逐渐布满了英国岛屿四周的海域，并给潜艇造成惨重损失，迫使它们远离海岸地区。在1944年11月15日到1945年1月27日之间，潜艇虽击沉了31艘船，包括一些海军护卫舰，但它们也损失了12艘艇。1月底，德国新式的XXIII型潜艇已经能够投入战斗，在接下来的5个星期中，它们击沉了16艘船，并损坏其他数艘，可是又有10艘潜艇沦为反潜部队的牺牲品。

　　幸存下来的S艇此时集结于荷兰，继续向北海与英吉利海峡发动突袭。它们最后一次出击是在3月22日，当时第2与第5艇队起程驶向艾默伊登和登海尔德（Den Helder），攻击位于泰晤士河河口与斯海尔德河之间的船舶。S艇的攻势落空，它们遭到英国海军驱逐舰"麦凯"号的驱逐。

潜艇继续顽抗到最后。4月5日，它们突然再回到英国海岸进行突袭。在持续了一个月的最后一搏之中，它们击沉了8艘船，但有15艘潜艇被毁。它们不折不扣地战到最终一刻：1945年5月7日，即德国投降的前一天，U–2336号［克鲁斯麦尔（Klusmeyer）中尉率领］在福斯湾击沉了货轮"艾冯道尔公园"号（Avondale Park）。不过，最后一击还是由英国皇家空军岸防司令部击出。当天下午，一架第210中队的"卡塔琳娜"飞机于卑尔根西方的北海上击沉了U–320号。

波罗的海风暴

至于波罗的海方面，就是在那里，战列舰"什列斯威·霍斯坦"号的齐射炮火宣告了欧洲海域大战的开始，而且也是在那里，经过5年半的时间，结束了大战。那不是有如众神黄昏落幕般的辉煌战斗，而是对数百万人来说悲惨与绝望的结束。

冬季的逃亡

1945年1月25日，德军第一批撤离船队从皮劳起程，载着7200名难民驶向西方的安全之地。到了1月28日，已有62000名难民被载走。

在这群撤离人员当中，亦为轻巡洋舰"埃姆登"号载走的有兴登堡（Paul von Hindenburg）总统和他妻子的大理石棺，他们原本埋在东普鲁士的坦能堡纪念馆，此时那里已经被炸毁。兴登堡与其爱妻的灵柩被送往黑森（Hesse）旁边的马堡（Marbug an der Lahn），并藏在废弃的盐矿场里。它们于1945年4月27日被美军部队发现，然后埋进马堡的伊丽莎白教堂（Elisabeth Church）内。

　　1945年1月，北极海域德国重巡洋舰分遣舰队的前任指挥官，即此时掌管德国海军东方最高司令部（German Naval High Command East）的奥斯卡·库梅茨上将策划好了一项后来成为史上最大撤离行动的任务。随着势不可挡的苏联红军越过东普鲁士继续推进，库梅茨与他的参谋即被指派撤离库尔兰（Kurland）与但泽湾的无数德军与平民。他们在皮劳（Pillau）、哥腾港与但泽集结了一些已用为调节舰艇的大型客轮，主要的船是"阿尔科那角"号（Cap Arkona，28003吨）、"罗伯特·雷"号（Robert Ley，27644吨）、"威廉·古斯特洛夫"号（Wilhelm Gustloff，25892吨）、"汉堡"号（Hamburg，22472吨）、"汉萨"号（Hansa，21470吨）与"德意志"号（Deutschland，21384吨）。

　　1945年1月30日，德国撤离舰队遭遇了第一次的惨重不幸。该日一大早，25893吨的客轮"威廉·古斯特洛夫"号离开了哥腾港，伴随着另一艘客轮"汉萨"号和两艘鱼雷艇。这艘船随后就被一艘在斯托普浅滩（Stople Bank）附近巡逻的苏联潜艇S-13号［海军上校马里涅斯科（Marinesko）指挥］目击。"威廉·古斯特洛夫"号在离岸32千米、介于西普鲁士的诺伊施塔特（Neustadt）［即现今的弗瓦迪斯瓦沃沃（Wladyslawowo）］与莱巴（Leba）之间的某处遭到鱼雷攻击。3枚鱼雷命中了客轮，它在70分钟内即沉入46米深的海底。攻击展开之际，据登记"威廉·古斯特洛夫"号上有7956位难民，但估计又有约2000人于起航前的最后一刻上船，而且它在海上又接收了数百名来自雷瓦尔的难民，加上船员，船上的总人数必定超过1万人，可是只有1239名生还者被鱼雷艇与扫雷船救起。载着1500名伤兵撤离的重巡洋舰"希佩尔海军上将"号也前来搭救，但由于潜艇的威胁不得不退向西方。

次日，L-3号潜艇［海军上校科诺瓦洛夫（Konovalov）指挥］向满载的"阿尔科那角"号发动了两次失败的突击，但2月10日，仍在斯托普浅滩附近巡航的S-13号又以一枚鱼雷击沉了14895吨的客轮"斯托本将军"号（General Steuben）。护航的舰艇设法从冰冷的海水中救起生还者，但3000多名乘客当中

只有300人获救。

尽管苏联战机、潜艇和水雷给德国的舰艇造成了损失，但德国运输船仍载送了大批的人员驶向西方。例如在3月23日，"德意志"号载着11145人从哥腾港起航，5天之后，它又载走11295人，而班轮"波茨坦"号（Potsdam）也一次救出了9000多人。

3月28日哥腾港落入苏联人的手中，两天后但泽亦被攻占。4月4日至5日晚，约8000人的部队和3万名难民从奥克斯岬角（Oxhöfter）的桥头堡撤离，他们在被称作"瓦尔普吉斯之夜"（Walpurgisnacht）的行动下，由25艘海军的拖网渔船、27艘运输平底船、5艘重型辅助炮艇和5艘其他舰艇运送到赫拉。这项行动与接下来的撤离任务皆由重巡洋舰"吕佐夫"号与一些驱逐舰和鱼雷艇掩护，直到4月8日，"吕佐夫"号和2艘驱逐舰由于燃料与弹药短缺而不得不撤退。

在1945年3月21日到4月10日之间，157270名伤员从赫拉半岛撤离，该地西边狭长的沙嘴深深地延伸进但泽湾内。4月，264887名难民从但泽湾、皮劳、卡尔伯格（Kahlberg）、施文霍斯特（Schiewenhorst）与奥克斯岬角尚未被占领的港区被小型船队群载走。4月24日至25日，皮劳撤离行动的最后

←图中为1945年5月，投降的德国海军人员在威廉港列队登记个人详细资料。好几卷的战俘数据给盟军后勤单位造成非常大的困扰

一晚，海军的运输平底船又载离了19200名作战部队和难民，使得该地区自1月21日起的撤离总人数达到近5万人。

4月16日，一支8艘船组成的护航队驶离了赫拉半岛，它们遭受猛烈的空袭，维修船"波尔克"号（Boelcke）沉没。夜间，潜艇L–3号（三等上校科诺瓦洛夫指挥）以鱼雷击沉了一艘5314吨的运输船"哥亚"号（Goya），船上的6385名乘客当中仅有165人获救。同样是这天，兵力大幅缩减的德国海军还遭受另一起重击，当时英国皇家空军第617中队的18架"兰开斯特"轰炸机飞往斯威尼河口攻击重巡洋舰"吕佐夫"号。15架战机将5443千克重的高脚柜炸弹或454千克的炸弹投向目标。其中一颗"高脚柜"炸弹差点砸中"吕佐夫"号，但它爆炸的威力还是在它的底部炸出一个大洞。当船员们试图将"吕佐夫"号靠岸时，

→图为在港区巡逻的美国水手观看德国驱逐舰。德国驱逐舰一般都是大型、动力强大的舰艇，在武装上也优于它们的英国对手

它在浅海中沉没。

希特勒之死

4月30日，苏军部队已经来到了柏林市中心，希特勒自杀。次日，苏联第2突击集团军（Soviet Second Shock Army）的推进已越过了奥德河下游一带，抵达波美拉尼亚（Pomerania）西部施特拉尔松德（Stralsund）古时汉萨同盟（Hanseatic）的小镇，而第19集团军也挺进到了斯威尼河口。5月2日，旧式战列舰"什列辛"号（Schlesien）战斗到最后，它被派去格赖夫斯瓦尔德湾（Greifwalder Bodden），即介于吕根（Rügen）与乌瑟多姆群岛（Usedom Islands）之间佩内明德（Peenemünde）外的南波罗的海海岸水域保护沃尔加斯特大桥（Wolgast Bridge），大批的军队与难民正由该桥跨过佩讷河（Peene）。当"什列辛"号接近它的战斗岗位之际，被一颗水雷所伤，并被拖回斯威尼河口，在那里靠岸。两天之后，它和身旁的"吕佐夫"号都被炸毁。

"阿尔科那角"号的悲剧

在5月3日，南波罗的海成为骇人悲剧的现场。当时，英国皇家空军的"台风"式（Typhoon）战斗轰炸机攻击了客轮"阿尔科那角"号与货轮"提尔贝克"号（Thielbeck），据称它们载着德军部队正向挪威撤退。这两艘船都被击沉，7000多人丧生。然而，船上载着的不是军队而是先前集中营的囚犯。在另一处，绝望的撤离行动持续进行。在5月1日至5月8日，第13登陆舰队（the 13th Landing Flotilla）的小型舰艇与海军运输平底船从维斯瓦河下游到赫拉半岛的码头上载走了150000名作战部队与难民。5月3日，运输舰"萨克森森林"号（Sachsenwald）与"威悉河"号（Weserstrom）和鱼雷艇T36号与T108号从那里撤出第一批的8850人。在德国西北部与丹麦的德军投降之后，当时位于领海外的货轮"林兹"号（Linz）、"休达"号（Ceuta）与"庞贝伊"号（Pompeji）和辅助巡洋舰"汉萨"号（Hansa）在5月5日协同驱逐舰"汉斯·罗狄"号、"弗里德里希·茵"号与"泰奥多·里得尔"号（Theodore Riedel）和鱼雷艇T17号、T19号、T23号、T28

↓图为一艘被俘虏的德国潜艇被当作美国潜艇的靶船。注意水中鱼雷行经的轨迹。不少遭俘虏的德国军舰都被用来帮助进行各种武器的测试

↓图为英国海军护航型航空母舰搜寻者号正在北大西洋上巡逻。战后，它回到美国从事商业业务，并于1976年报废

号与T35号继续驶向赫拉半岛。这批船和一些扫雷艇与训练船共载了4.5万名难民驶向哥本哈根，并于途中击退了从科尔堡（Kolberg）出击的苏联鱼雷艇。

5月6日，它们抵达了哥本哈根。为了能立即返航，快速军舰还在航线上就开始卸货。5月7日，驱逐舰"卡尔·加尔斯特"号、"弗里德里希·茵"号、"汉斯·罗狄"号、"泰奥

多·里得尔"号与Z25号，还有鱼雷艇T17号、T19号、T23号与T28号和来自斯威尼河口的驱逐舰Z38号与Z39号及鱼雷艇T33号会合驶向赫拉半岛。它们从那里又载走了2万名士兵与难民，并在5月9日于格吕克斯堡（Glücksburg）让他们下船，当天，即全部德军投降生效的次日，另外的5730名难民也被货轮"威悉伯格"号（Weserberg）与"帕洛马"号（Paloma）运离；而小型的汽船"鲁加德"号（Rugard）亦载离了1500人，它还在5月8日时逃过了3艘企图俘虏它的苏联鱼雷艇。

在1945年1月25日至5月8日期间，总共有142万名难民经由海路从但泽湾与波美拉尼亚撤离。这已经破了历史纪录，而且就在苏军逼近到仅有一步之遥时还有60多万人被撤离到距离近一点的地方。

这还没有完全结束。5月8日，德国海军的65艘小型船艇从里保（Libau）起航，它们载着14400名作战部队和难民向西行驶；61艘类似的船艇也从温道（Windau）出发，载运11300人的军队。隔日，有一些速度较缓慢的船遭到苏联军舰拦截，但只有300人被带走，和留在库尔兰的20万人一同囚禁。

余波

1945年5月6日，一支英国海军舰队穿过了斯卡格拉克海峡外的德国水雷障碍，

↑德国海军最后存活下来的军舰，包括"希佩尔海军上将"号都被用来掩护撤离身在东普鲁士的德军。"希佩尔海军上将"号在1945年5月3日被凿沉

并于5月9日抵达哥本哈根。在那里，德国海军仅剩的还浮在水面上的大型水面舰艇包括巡洋舰"欧根亲王"号与"纽伦堡"号，由德国最后一位海上舰队指挥官威廉·门德森-柏肯（Wilhem Meendsen-Bohlken）中将率领向盟军投降。所有德国海军单位的指挥权此时都交予了丹麦籍的新任海军将官雷金纳德·维塞-霍特（Reginald Vesey-Holt）中将。接管行动由一支于罗德里克·麦格雷戈（Rhoderick McGrigor）中将麾下的特遣舰队掩护。这支舰队包括了护航型航空母舰"搜寻者"号与"号手"号（HMS Trumpeter），巡洋舰"诺福克"号和驱逐舰"凯瑞斯福特"号（HMS Carysfort）、"桑比西"号（HMS Zambesi）、"时机"号（HMS Opportune）与"奥韦尔"号。

当月稍后，"欧根亲王"号与"纽伦堡"号在英国驱逐舰的护送下驶向威廉港，它们在那里静待处置。"纽伦堡"号被分派给苏联，并在1946年1月开往里保交给苏军。它更名为"马卡洛夫海军上将"号，服役于波罗的海舰队至少到1953年，数年后报废。

"欧根亲王"号则等待着另一残酷命运的到来，尽管它在会见死神之前已经展现出非凡的生存能力。它被分派给美国，并于1946年载着美国人与德国人驶向波士顿（Boston）。3月，它穿过巴拿马运河来到圣地亚哥，最后一批德国船员在那里下了船。5月，"欧根亲王"号航行至马绍尔群岛的比基尼环礁，并作为战后美国第一颗原子弹试爆的靶船。1946年7月1日9时，一架B-29型轰炸机投下了一颗原子弹，它于靶船群上空150米高处引爆。"欧根亲王"号被系泊在引爆点1090米外的地方，毫无损伤地存活了下来。

1946年7月25日，它又沦为水下原子弹试爆的测试船，范围在1819米。再一次地，它没有遭受多大的结构损坏，可是受到严重的辐射污染。后来，"欧根亲王"号被拖往夸贾林环礁（Kwajalein Atoll），并在1946年8月29日退役，且它被有计划地用于海军鱼雷和火炮的靶船。该年12月21日，德国巡洋舰的右舷船艉受损而呈35度倾斜，打捞人员无法上船维修，它被拖到恩努比耶沙洲（Enubuj Reef），并于次日翻覆。

美国政府拒绝让"欧根亲王"号报废拆解的原因是怕其辐射钢筋流入世界市场带来危险。它静静地躺在那里，除了左舷的螺旋桨之外，1978年，先前的船员要求将它拆卸，现在这具螺旋桨正立在基尔附近作为纪念。

其他军舰的命运

其他在波罗的海战斗过的德国主力舰之中，在1945年4月9日于基尔被英国皇家空军"高脚柜"炸弹炸翻的"舍尔海军

上将"号战后遭到部分拆解，而其余的船体则在盖新码头填平河床时，埋于碎石砾之下。它的姐妹舰"吕佐夫"号也被"高脚柜"炸弹炸瘫痪，躺在它停靠于斯威尼河口的地方直到20世纪60年代才被拆解。而巨大的战列巡洋舰"格奈森瑙"号仍在它的沉没之处，作为格地尼亚港区的封锁用船舶直至1947年，然后开始了它的拆除工程。于1945年4月在基尔干船坞遭英国皇家空军重创的重巡洋舰"希佩尔海军上将"号则在5月2日以炸药爆破沉没，但1946年它又被打捞起来，拖到汉克多夫湾（Heikendorf Bay），并于1948至1949年被拆解。

　　轻巡洋舰"纽伦堡"号的命运已经陈述过了。其他轻巡洋舰的下场则是："莱比锡"号经过修复投入最后的波罗的海战役，它在战后作为德国扫雷部门（Minesweeping Adminstration）的调度船使用。1946年7月20日，"莱比锡"号载着毒气炮弹于北海沉没。而已在波罗的海用作训练船的轻巡洋舰"科隆"号则是在威廉港进行改装期间，于1945年3月3日遭到英国皇家空军的重创，其船身沉入海底，仅有上层结构露出水面。"科隆"号在1946年报废。

　　"埃姆登"号的最后一次任务是从坦能堡纪念馆载离兴登堡元帅和他妻子的灵柩，后来它在基尔港遭到英国皇家空军的轰炸而受重创，于1945年5月3日在汉克多夫湾凿沉。它的残骸在1949年时就地拆解。

　　部分完工的航空母舰"齐柏林伯爵"号于1945年1月被德国人凿沉在史岱廷，但很快地，苏联人在1946年将它打捞上来。1947年4月7日，它被拖往列宁格勒，甲板上载着战利品。其后，它再次被拖到波罗的海，并于1947年8月作为苏联军舰与军机的浮动标靶。它的残骸位置多年来不为人所知，直到2006年才在波罗的海南方被发现。

太平洋战场：
1944至1945年

对美国海军来说，直到1944年1月29日太平洋海战才真正开始。

←图为1945年2月21日，美国海军的航空母舰"萨拉托加"号接连遭到4架"神风"特攻队战机的撞击之后，舰上人员正努力扑灭火势。"萨拉托加"号在大战中存活了下来，但在1946年7月于比基尼的美军原子弹试爆中沉没

美国海军的6艘重型与6艘轻型航空母舰在第58特遣舰队下的4支战斗群里行动，并对马里欧雷普岛（Maleolap）、夸贾林环礁与乌杰岛（Wotje）展开密集的空袭以夺取马绍尔群岛（Marshall Islands）。第一天作战结束时，该区的日本空军已被歼灭。而登陆日一大早，8艘护航型航空母舰也抵达了那里，它们的战机在上空盘旋，为进攻舰队提供掩护并进行反潜，并予以登陆部队空中支持。为了在作战期间不受威克岛日军的干扰，两个中队的联合（Consolidated）PB2Y型"科罗拉多"式（Coronado）战机向当地目标展开了连续4个晚上的轰炸，这项任务涵盖的航程范围达到3218千米。

2月17日，盟军的特鲁克攻击舰队（Truk Striking Force）对特鲁克发动了第一次的突击，这支舰队由在附近海域的3支快速航空母舰战斗群组成。两天之内，航空母舰总共派出1250架次的飞机轰炸那里的重要海军基地，并击沉了37艘军舰与商

船，还造成基地设施的严重损坏。在这次行动中，美国海军
航空部队史上第一次夜间作战是由12架配备雷达的TBF-1C型
"复仇者"式战机执行的，它们隶属于"企业"号的第10鱼雷
机中队。而日本军机也在夜里向特遣舰队发动了几波攻击，一
枚鱼雷还命中美国海军的航空母舰"无畏"号（Intrepid）。
一周之后，第58特遣舰队的两支航空母舰战斗群派机轰炸塞班
岛（Saipan）、提尼安岛（Tinian）、罗塔岛（Rota）与关岛
（Guam）的目标，它们有双重目的，其一是消耗马里亚纳群
岛（Marianas）敌军的航空力量，其二则是为进一步的反攻搜
集航拍情报。当航空母舰接近起飞点之际，日本战机企图阻挡

"无畏"号

类　　型：航空母舰	4门单管127毫米38倍口径
下水日期：1943年4月26日	炮，8座四联装40毫米56倍
船　　员：2600名	径炮，46门单管20毫米78倍
排 水 量：24585吨	径机关炮，90到100架飞机
长、宽、吃水深度：265.8米×45米×10.8米	动　　力：4组蒸汽轮机
续 航 力：以15节可航行37000千米	最大航速：33节
武　　装：4座双联发127毫米38倍口径炮，	

它们，结果67架战机被击落，还有101架在地面被摧毁。

3月30日，在一次计划消灭敌方部队以利盟军登陆荷兰迪亚（Hollandia）及收集情报的作战中，第58特遣舰队的11艘航空母舰对加罗林群岛（Carolines）西方的帕劳港（Palau）、雅浦群岛（Yap）、乌利希岛（Ulithi）与沃莱艾环礁（Woleai Atolls）发动了一连串的攻击。第2、第8与第16鱼雷机中队还在帕劳港区布下水雷，这是第一起由航空母舰舰载机执行如此任务的行动，也是太平洋战役的首次大规模布雷作战。这场攻击总共摧毁了157架敌机，还有28艘总计109733吨的舰艇沉没，估计帕劳港将有6个星期的时间无法运作。

东方舰队

在印度洋，英国皇家海军的东方舰队正逐步集结它的力量。1944年1月，那里英国海军的实力由于战列舰伊丽莎白"女王"号与"勇敢"号，战列巡洋舰"声望"号，航空母舰"光辉"号与"独角兽"号，2艘巡洋舰和7艘驱逐舰抵达科伦坡港而倍增。

← 在太平洋上，盟军军舰击退了日本战机的来袭。盟军海军特遣舰队最大的威胁是自1944年10月开始的"神风"特攻队的自杀式攻击

　　一个月前，这支舰队在离开了斯卡帕湾与克莱德港之后，迅速穿过地中海来到此地。其后不久，法国的战列舰"黎塞留"号也加入了它们的行列，更提升了舰队的兵力。

　　1944年4月，东方舰队的主要单位与美国航空母舰"萨拉托加"号会合，"萨拉托加"号是在索姆维尔上将的请求下借给英国皇家海军使用的，好让索姆维尔能在苏门答腊对日军目标发动大规模攻势。他们的"座舱行动"（Operation Cockpit）于4月19日展开，"光辉"号与"萨拉托加"号派出了83架战机对萨邦（Sabang）的港口和荷属东印度群岛的邻近机场进行

轰炸。2艘日本货轮沉没，港口设施严重受损，还有25架飞机在地面遭到摧毁；另外，4架前去攻击航空母舰的G4M型轰炸机中有3架被击落，而盟军只损失一架"地狱猫"式战斗机。不过，他们第二波轰炸爪哇岛泗水日本军机燃油堆置所的行动却不怎么成功。这场作战结束之后，"萨拉托加"号奉命返回美国进行改装，于是它离开了主力舰队，驶向珍珠港。

回到太平洋，在4月，第58特遣舰队的5艘重型与7艘轻型航空母舰派出了战机攻击新几内亚荷兰迪亚区的机场以掩护盟军部队登陆。有30架敌机被击落，另外103架在地面上被摧

↓图为一张在进攻塞班岛期间，从美国海军"列克星敦"号上所拍摄的照片。镜头前方的军舰是一艘"南达科他"级的战列舰，而后面的是一艘"埃塞克斯"级的航空母舰

毁。随后，盟军又在荷兰迪亚机场发现了340架敌机残骸。无情的攻势一直持续到6月，而且在11日，第58特遣舰队的7艘重型与3艘轻型航空母舰又开启了夺取马里亚纳群岛的战役，它们的战斗机在接近傍晚之际出动扫荡，摧毁防御者1/3的航空兵力。在接下来的3天里，航空母舰舰载机对岸上设施与舰艇进行了密集的轰炸和低空扫射，为6月15日的塞班岛两栖登陆作战开路。

后来被称为菲律宾海战的行动于6月19日展开，当时日本航空母舰"大凤"号（Taiho）、"瑞鹤"号与"翔鹤"号（第601航空队），"飞鹰"号、"隼鹰"号与"龙凤"号（第652航空队），"千岁"号（Chitose）、"千代田"号（Chiyoda）与"瑞凤"号（第653航空队）和岸基的战机对第

↓图为美国海军俯冲轰炸机对新几内亚艾塔佩（Aitape）的日军阵地发动成功的突击之后，一处燃油堆置所爆炸燃烧。由于美军战机和潜艇的出击，日本部队的燃油极为短缺。

58特遣舰队发动了一整天的攻击。日本军机在240千米的范围被雷达发现，所以航空母舰的战斗机正等着他们自投罗网。接下来的大规模空战是场一面倒的大屠杀，在历史上被记载为"马里亚纳射火鸡大赛"（Marianas Turkey Shoot）。美军的空中战斗巡逻队和防空炮火总共击落了325架敌机，包括日本航空母舰派出的328架战机之中的220架。整场空战中，美国仅仅损失了16架"地狱猫"式战机而已，另有7架是被日本战斗机与地面炮火击落。而部署在航空母舰群东方24千米处的数组美国战列舰亦摧毁了许多架飞机。

莱特湾

1944年10月，美国重新占领菲律宾的作战从登陆莱特湾（Leyte）开始。一得知美军即将入侵，日本联合舰队的总司令丰田（Toyoda）大将即令栗田（Kurita）中将的中央舰队（Centre Force）于10月22日协同战列舰"大和"号、"武藏"号、"长门"号（Nagato）、"金刚"号与"榛名"号，2艘巡洋舰和15艘驱逐舰从婆罗洲（Borneo）的文莱（Brunei）起航；而西村祥治（Nishimura）中将的南方舰队（Southern Force）则跟随在后，他有战列舰"扶桑"号（Fuso）与"山城"号（Yamashiro），及1艘巡洋舰和4艘驱逐舰。

10月24日，中央舰队遭到美国快速航空母舰舰队（Fast Carrier Force）的四波攻击。战斗期间，"武藏"号被10颗炸弹和6枚鱼雷命中，并在大约8个小时内沉没，舰上1039名船员阵亡。"大和"号虽也被2颗炸弹击中，但并无大碍。其后，日本的空中攻击使美国海军的轻型航空母舰"普林斯顿"号（USS Princeton）沉没。至于南方舰队，"扶桑"号于苏里高海峡（Surigao Strait）遭到炮击与鱼雷的夹击而殒命。接着，这支舰队又和战列舰"西弗吉尼亚"号、"加利福尼亚"号、"田纳西"号、"马里兰"号与"密西西比"号（USS Mississippi），还有美国与澳大利亚的巡洋舰交锋。西村祥治中将的旗舰"山城"号被多发炮弹与3枚鱼雷击沉，指挥官和它一同沉入海底。

日本人继续蒙受更大的损失。10月25日黎明，美国战列舰"依阿华"号、"新泽西"号（USS New Jersey）、"华盛顿"号、"阿拉巴马"号、"马萨诸塞"号与"印第安纳"号，

↓ 图为美国轻型航空母舰"普林斯顿"号上的生还者。"普林斯顿"号在1944年10月24日于莱特湾被敌机炸弹命中之后起火爆炸而沉没

4艘巡洋舰和10艘驱逐舰组成了第34特遣舰队，其任务是消灭一支小泽中将麾下从北方逼近的牵制舰队。可是，哈尔西（Halsey）上将并没有在他的旗舰"新泽西"号上坐镇指挥对付来袭者，而是率舰南下猎捕栗田的残余舰艇，小泽则留给航空母舰的战机来对付。这套战术奏效，日本航空母舰"千岁"号、"瑞鹤"号、"瑞凤"号与"千代田"号，还有一艘驱逐舰全部沉没。

"神风"特攻队的首役

　　莱特湾之役导致日本帝国海军的毁灭，他们的航空母舰全部沉没，尽管还有水上军舰，但大部分都因为燃料不足而受困在港湾里，而且出航的船舶亦不断地被摧毁。1944年11月21日，美国海军的潜艇"海狮"号（USS Sealion）还在基隆西北方以鱼雷击沉了战列舰"金刚"号。

　　即使如此，迹象十分明显，盟军在拿下太平洋的最后一座群岛、进攻日本本岛之前还有不少硬仗要打，因为在莱特湾之役中他们亲眼目睹了日本"神风"特攻队队员第一次有计划的自杀性攻击。1944年10月，4支特攻队于菲律宾群岛作战，每一单位都有12架"零"式战斗机，装载一对227千克的炸弹。自杀飞行员的首要目标是航空母舰，他们在莱特湾击沉了护航型航空母舰"圣罗"号（USS St Lo），并重创"桑加蒙"号（USS Sangamon）、"斯旺尼"号（USS Suwannee）、"桑提"号（USS Santee）、"白平原"号（USS White Plains）、"加里宁湾"号（USS Kalinin Bay）与"基特昆湾"号（USS Kitkun Bay）。"神风"特攻队进一步的攻势又损坏了航空母舰"无畏"号、"富兰克林"号（USS Franklin）和"贝劳伍德"号（USS Belleau Wood）。11月，"无畏"号再次遭到他们的自杀冲撞，而且"列克星敦"号、"埃塞克斯"号与"卡伯特"号（USS Cabot）亦受创。

"神风"特攻队

1945年的战事以1月3日盟军进攻菲律宾的最大岛吕宋岛（Luzon）为开端。这场吕宋岛争夺战是由太平洋东南舰队（Southwest Pacific Force）来执行，还有第34特遣舰队的7艘重型与4艘轻型航空母舰，以及17艘77.4特混大队（Task Group）护航型航空母舰的支持。在进攻与占领期间，日本"神风"特攻队（Kamikaze）的战机再次进行激烈的抵抗，它们击沉奥"曼尼湾"号（USS Ommaney Bay），并重创"马尼拉湾"号（Manila Bay）、"萨佛岛"号（Savo Island）、"卡达山湾"号（USS Kadashan Bay）与"萨拉毛亚"号（Salamaua）。第34特遣舰队在恶劣的天气下执行任务，并向吕宋岛和琉球群岛（Ryukus）发动一连串的攻击，而且在第一个星期就摧毁了100多架敌机、击沉40642吨的船舶。然后，这支特遣舰队高速穿过吕宋海峡（Luzon Strait），进入中国南海作战。它们在向北移到中国香港战区之前，打击的舰载机又击沉了151391吨的船，最后以占领中国台湾与冲绳岛（Okinawa）结束这次行动。在3个星期的作战中，特遣舰队宣称击毁了600架敌机和330215吨的舰艇。不过，两艘航空母舰"提康德罗加"号（Ticonderoga）与"兰利"号（Langley）亦遭空袭而受损。

炼油厂

1945年1月24日，在英国皇家海军从锡兰开往太平洋的途中，英国海军航空母舰"光辉"号、"胜利"号、"不屈"号与"不倦"号的战机对位于苏门答腊巨港（Palembang）的日本炼油厂发动猛烈的空袭。第二波攻势于5天之后展开。在这两波攻击期间，英国海军航空兵的"海盗"式与"地狱猫"式战斗机于空中摧毁了30架敌机，地面上的大批日军飞机亦遭损毁。1945年3月19日，原先集结于悉尼（Sydney）的英国太平洋舰队抵达了加罗林群岛的乌利希环礁（Ulithi Atoll）。它们在那里编成了美国第5舰队（US Fifth Fleet）的一部分，即第57特遣舰队。这支舰队除了4艘英国航空母舰之外，还有战列舰"乔治五世国王"号与"豪"号，巡洋舰"快捷"号（HMS Swiftsure）、"冈比亚"号（HMNZS Cambia，它是新西兰皇家海军舰艇）、"黑王子"号、"尤里亚勒斯"号与"舡鱼"号

↓美军入侵并征服硫磺岛的进程示意图。该岛被占领之前，双方都付出了惨重的代价

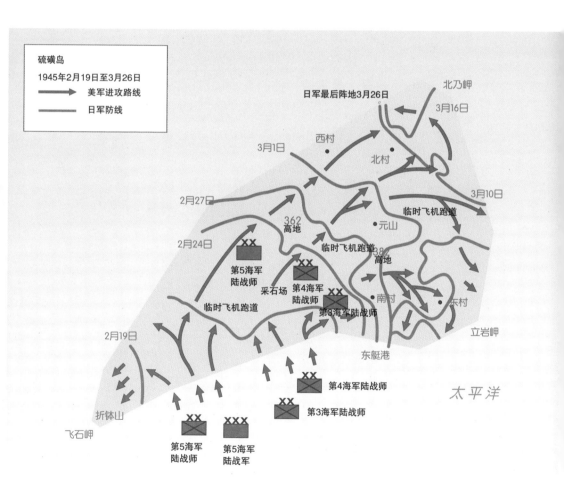

→图为在1945年4月的冲绳岛战役期间，一艘美国海军驱逐舰"鲍尔斯"号（USS Bowers）的舰桥被"神风"特攻队撞毁。美国海军在这样的攻击中蒙受惨重的损失

（HMS Argonaut）和11艘驱逐舰。

同时，在2月16日，第58特遣舰队的11艘重型与5艘轻型航空母舰对日本东京的机场发动了两天的密集轰炸，为2月19日美军登陆硫磺岛（Iwo Jima）的作战提供掩护。接着，特遣舰队突击东京归来之后，于2月25日又移往南方支持登陆行动。3月1日，他们攻击冲绳岛与琉球群岛，然后返回乌利希环礁。此时，这支舰队已摧毁了648架敌机与30480吨的商船。硫磺岛作战期间，"神风"特攻队再次大显神威，他们在2月21日黄昏的袭击中击沉了护航型航空母舰"俾斯麦海"号（USS Bismarck Sea），并且重创"萨拉托加"号。

美军登陆冲绳岛之前，在3月18日至22日间，10艘重型与6艘轻型航空母舰对日本九州岛（Kyushu）发动攻击以消耗他们的航空兵力。空袭总共造成了482架敌机损毁，还有另外46架被军舰的火炮歼灭。3月21日，日本16架第721航空队（Kokutai）的三菱G4M2型轰炸机对第58特遣舰队进行攻击，每架轰炸机都搭载一架人员驾驶的"横须贺樱花"式（Yokosuka Ohka）飞行炸弹，由火箭来推进。不过三菱战机都遭到拦截，并被迫提前释放它们的武器。这是樱花特攻

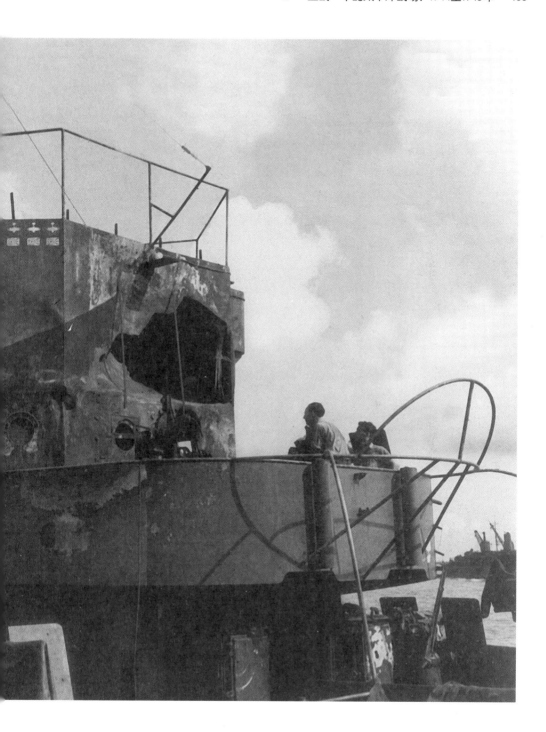

机的首次出击，却也揭露了导向导弹的最大缺点：它的载具容易遭受攻击。这种武器第一次传出捷报是在4月1日，当时有一架撞上并损坏了战列舰"西弗吉尼亚"号。而第一艘被"樱花"式炸沉的盟军舰艇是美国海军"曼纳特·艾贝尔"号（USS Mannert L.Abele），它在4月12日于冲绳岛沿海遇难。

　　3月26日，英国太平洋舰队（第57特遣舰队）的4艘航空母舰和护航舰开始于冲绳岛南方作战，它们的舰载机使得先岛诸岛（Sakishima Gunto）与中国台湾的日军机场无法运作，并拦截了飞向冲绳岛突击区的日本战机。4月1日，日机成群地出现在舰队的上空：第一波是水平轰炸机，然后是"神风"特攻队。大多数的"神风"特攻队战机在接近冲撞距离之前就被空中战斗巡逻队击落，但有一架设法突破重围撞中了"不倦"号的舰桥基座。如果是装甲较单薄的美国航空母舰的话，这架飞机或许会直接贯穿至下层的机库里爆炸。约45分钟的延误之后，舰上人员将日机残骸推出了舰外，"不倦"号若无其事地继续执行任务。所有的4艘英国航空母舰都被"神风"特攻队击中，但多亏它们有厚实的飞行甲板，大大减轻了冲撞的伤害，全数可以继续运作。这个事实让一些批评英国航空母舰防护装甲过重而使其航速相对缓慢的资深美国军官们闭上了嘴。

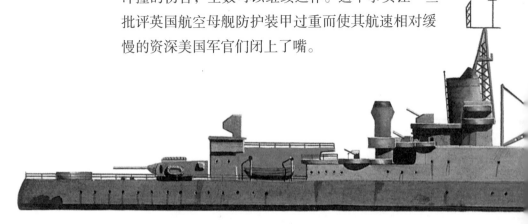

冲绳岛受创

3月，作战期间，"神风"特攻队的袭击还损毁了美国海军航空母舰"企业"号、"无畏"号、"约克城"号、"富兰克林"号与"大黄蜂"号。当对冲绳岛的进攻如火如荼地展开之际，10艘美国战列舰加入火力支援群（Fire Support Group）大力协助，它们是"得克萨斯"号与"马里兰"号（第1群，还有1艘巡洋舰和4艘驱逐舰）；"阿肯色"号与"科罗拉多"号（第2群，还有2艘巡洋舰和5艘驱逐舰）；"田纳西"号与

"印第安纳波利斯"号	
类　　型：重巡洋舰	长、宽、吃水深度：186米 × 20米 × 5.28米
下水日期：1931年11月7日	武　　装：9门203毫米炮，8门127毫米炮
船　　员：917名	发 动 机：单座减速传动涡轮机
排 水 量：14060吨	最大航速：32.7节

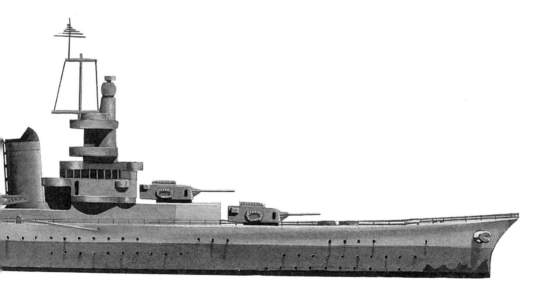

→ 突击冲绳岛作战示意图。日军孤注一掷地投入所有的兵力，并大量运用"神风"特攻队，企图给予盟军舰队重击

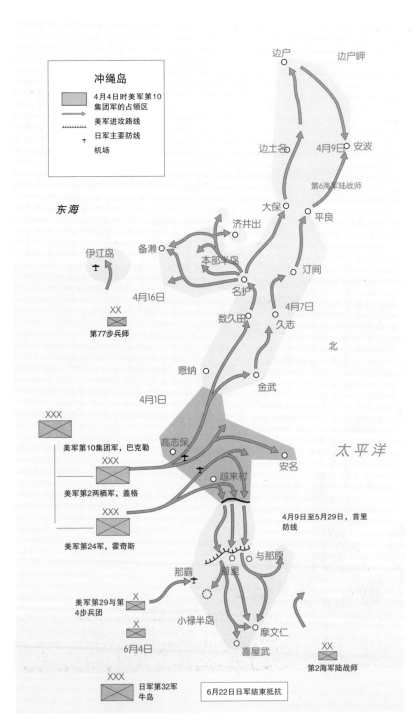

冲绳岛

4月4日时美军第10集团军的占领区

美军进攻路线

日军主要防线

机场

东海

伊江岛

4月16日

XX
第77步兵师

边户　边户岬

边土名　4月9日　安波

第6海军陆战师

大保　平良

济井出

备濑　本部半岛

汀间

名护　4月7日

数久田　久志　北

恩纳

金武

4月1日

XXX
美军第10集团军，巴克勒

XXX
美军第2两栖军，盖格

XXX
美军第24军，霍奇斯

高志保

越来村

安名

太平洋

4月9日至5月29日，首里防线

那霸

首里　与那原

美军第29与第4步兵团

X

小禄半岛

X

6月4日

摩文仁

喜屋武

XX
第2海军陆战师

XXX
日军第32军
牛岛

6月22日日军结束抵抗

"内华达"号（第3群，还有2艘巡洋舰和6艘驱逐舰）；"爱达荷"号（USS Idaho）与"西弗吉尼亚"号（第4群，还有3艘巡洋舰和6艘驱逐舰）；"新墨西哥"号（USS New Mexico）与"纽约"号（第5群，还有2艘巡洋舰和7艘驱逐舰）。除此之外，战列舰"新泽西"号、"威斯康星"号（USS Wisconsin）、"密苏里"号（USS Missouri）、"马萨诸塞"号与"印第安纳"号都参与了进攻前弱化敌军阵地的炮击，而英国的战列舰"乔治五世国王"号与"豪"号亦加入了海军战机轰炸冲绳岛西南方先岛诸岛各地敌方机场的行动。

　　1945年4月1日至5日期间，冲绳岛的初步轰炸与登陆阶段

↓图为这群隶属于第38特遣舰队的航空母舰正可展现出美国海军力量的强大。美国快速打击舰队将日本占据的岛屿一个接一个地消灭

→→ "不屈"号是在太平洋战役最后几个月里服役的4艘英国海军航空母舰其中的一艘。装甲飞行甲板使它们在遭受攻击时可以得到保护

开始进行，日本"神风"特攻队也密集地出动，"印第安纳波利斯"号（USS Indianapolis）[指挥美国第5舰队的斯普鲁恩斯（Spruance）上将的旗舰]、"西弗吉尼亚"号、"内华达"号与"马里兰"号都遭到命中而受创。

海上的自杀攻击

4月6日，日本特遣舰队在伊藤（Ito）中将的指挥下从日本濑户内海（Japan's Inland Sea）的德山（Tokuyama）起航，进行等同于自杀的任务。这支舰队的核心是强大的战列舰"大和"号，它悬挂着有贺（Aruga）少将的军旗，并有巡洋舰"矢矧"号（Yahagi）[原（Hara）大佐指挥；此外，第2驱逐舰舰队的指挥官小村（Komura）少将也在舰上]和8艘驱逐舰伴随。日本战斗群的目的地是冲绳岛，而它们的目标是尽可能向美国舰队施予最大的打击。这是一趟单程之旅，严重匮乏的燃料意味着它们将返回不了港口。

然而，军舰的行踪被B-29型轰炸机的组员发现，然后2艘潜艇也回报了它们的方位。4月7日一早，日舰被侦察机目击，10时，冲绳岛外的美国航空母舰派出280架飞机前往拦截。在第一波的攻势中，巡洋舰"矢矧"号与驱逐舰"滨风"号（Hamakaze）沉没，战列舰亦被2颗炸弹与1枚鱼雷所伤。

第二波100架战机的攻势于14时展开。这波攻击下的首批战果是驱逐舰"矶风"号（Isokaze）、"朝霜"号（Asashimo）与"霞"号（Kasumi）。接着，"大和"号被9枚以上的鱼雷和3颗炸弹命中之后，海水开始不可控制地涌进，船身严重倾斜。最后，在弃船令刚下达后不久"大和"号即翻覆，还伴随着轰天巨响的爆炸，可能是内部的火势延烧到

弹药库所致。这场作战造成了大量的伤亡：3665名日本水手丧生，其中有2498人是"大和"号上的船员。而386架参与攻击的美军战斗机当中只有10架没能返航。

"神风"特攻队于4月与5月的攻势导致美国海军承受了前所未有的惨重损失，他们有28艘舰艇沉没，131艘受创，4900人阵亡或失踪。另外，日本"回天"式（Kaiten）单人操纵自杀式鱼雷也在冲绳岛战役期间展开部署。日军将巨型潜艇I-8号的飞机棚进行改装，让它可搭载4具单人自杀鱼雷，不过它在1945年3月30日企图袭击参与登陆冲绳岛作战的船舶时被美国海军驱逐舰"莫里森"号（USS Morrison）与"斯托克顿"号（USS Stockton）击沉。"回天"式自杀式鱼雷在接下来的数星期间又不时地被用来突击，但并不怎么成功。

6月初，此时被命名为第38特遣舰队的美国快速航空母舰特遣舰队（US Fast Carrier Task Force）在哈尔西上将的指挥下于冲绳岛东方活动。然而，这支舰队遭到台风的侵袭，几乎所有的舰艇都遭受了不同程度的损伤，重要的后勤支援舰队（Logistic Support Force）亦是如此。受创最严重的是美国海军航空母舰"匹兹堡"号（USS Pittsburgh），它的船艏被撕裂了35米。在3个月的持续作战之后，快速航空母舰特遣舰队驶向莱特湾进行修理与补给，然后它们将重返战场对付日本本土。

攻击日本本土

到6月底时，英国海军的航空母舰"不屈"号在阿德默勒尔蒂群岛（Admiralty Islands）马努斯岛（Manus）的舰艇停泊处与英国太平洋舰队会合。这艘航空母舰早在3个星期前，即6月12日，就抵达了太平洋，还有护航型航空母舰"统治者"号

（HMS Ruler），巡洋舰"快捷"号、"纽芬兰"号、"乌干达"号与"阿基利斯"号和5艘驱逐舰伴随。它对已遭攻击的特鲁克日军基地执行了一场为期两天的密集攻击。此时，"不屈"号逐渐提升到能够完全应战的水平，它将取代被调回改装的"不倦"号。至于"光辉"号早在4月的时候就已经退出特遣舰队，这是由于4年的战斗使其更能承受一堆技术问题的结果。英国舰队在劳林斯（Rawlings）中将与维安中将的率领下被命名为第37特遣舰队，它于7月9日从马努斯岛起航，加入美国的第38特遣舰队，它们已在麦凯恩上将的指挥下进入日本的领海。

7月14日，特遣舰队向本州岛（Honshu）北部和北海道（Hokkaido）南部目标发动了超过1300架次的飞机攻击。15日，它们又重复轰炸这些区域，而且这也是美国战列舰，即"南达科他"号、"印第安纳"号与"马萨诸塞"号首次炮轰日本本岛的目标。英国特遣舰队于7月17日抵达，协同航空母舰"可畏"号、"胜利"号与"不屈"号，再加上战列舰"乔治五世国王"号、7艘巡洋舰与15艘驱逐舰的支援，它们将为盟军的猛攻助一臂之力。

到7月底时，由于天气恶劣及在8月6日时于广岛（Hiroshima）投下的第一颗原子弹，盟军的作战行动不得不延后9天。9日，即第二颗原子弹轰炸长崎（Nagasaki）之日，强大的英国特遣舰队再度发动空袭，包括航空母舰"胜利"号、"不倦"号、"可畏"号与"不屈"号，战列舰"约克公爵"号（英国太平洋舰队总司令布鲁斯·弗雷泽上将的旗舰）与"乔治五世国王"号，以及6艘巡洋舰和17艘驱逐舰。

此时，它们的主要目标是在女川湾（Onagawa Wan）集结的舰艇。日出后不久，"可畏"号派出了一支4架"海盗"式

战机的打击部队。在女川的上空，飞行员目击到5艘敌方驱逐舰与护航舰停靠在海湾的边缘。正当2架战斗轰炸机低空扫射敌军防空阵地、第3架于最上空予以掩护之际，攻击的领队——加拿大籍的罗伯特·汉普顿·葛雷（Robert Hampton Gray）上尉，他前一年才在参与突击"提尔皮茨"号时荣获特殊功勋十字勋章（DSC）——朝向护卫的近海巡逻舰"天草"号（Amakusa）俯冲。葛雷的座机被击中，而且很快就被火焰吞噬，但他极力稳住进攻航线，并以454千克的炸弹炸沉敌舰。葛雷死后被追授了维多利亚十字勋章，是第二次世界大战获颁该勋章的最后一人。

8月15日，太平洋舰队的总司令切斯特·尼米兹（Chester Nimitz）上将下令停止所有对日本帝国的敌对行动。9月2日，日本政府和军部的代表在东京湾（Tokyo Bay）的美国海军战列舰"密苏里"号上签署了投降文件，为目前为止人类史上代价最惨重的战争画上休止符。

←图为1945年9月15日，日本投降的谈判代表于东京湾的美国海军战列舰"密苏里"号上留影。由于日本资源匮乏，所以日本人丝毫没有击败美国的胜算

11

冷战时期：1945年以后

"二战"结束之际，对世界各国的海军来说，拥有远程打击兵力和自身空中防御力量的航空母舰将会是未来的主力军舰。

←英国海军"前卫"号是英国皇家海军的最后一款战列舰。"前卫"号太晚竣工而未能参与"二战"。它在1956年开始封存，1960年于法斯兰（Faslane）拆解

　　第二次世界大战的经历显示出，一旦战列舰失去了空中的掩护，便容易沦为战机的待宰羔羊，尤其是当用导弹对付它们的时候。1943年9月意大利战列舰"罗马"号的沉没就是最好的例子。

　　紧接在大战后的年代里，世界各国几乎都将幸存的主力舰迅速裁减。在美国海军重造过的旧式"无畏"舰之中，"内华达"号、"宾夕法尼亚"号、"纽约"号与"阿肯色"号都被当作太平洋比基尼环礁上的美国原子弹试爆靶船消耗。"阿肯色"号在1946年7月25日的第二次试爆中沉没；而"内华达"号、"宾夕法尼亚"号与"纽约"号则存活了下来。它们于1946年退役后又在1948年7月于夏威夷和夸贾林环礁沿海作为战机与舰炮的标靶而沉入海底。两艘"新墨西哥"级战列舰之一的"爱达荷"号亦在次年退役拆解。"密西西比"号战后充当训练舰和实验炮舰继续服役数年，1956年退役报废。"田纳西"号与"加利福尼亚"号也都在1957年退役，于1959年拆

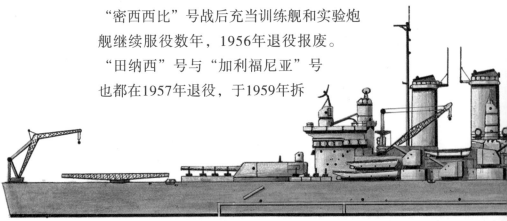

解，"科罗拉多"号、"马里兰"号与"西弗吉尼亚"号的下
场亦同。"北卡罗来纳"号的运气较佳，于1961年被转交给州
政府照料，然后正名保留在威明顿（Wilmington）作为纪念。
不过，"华盛顿"号就没有这么令人欣喜的结局，它在1961年
遭到拆解。"阿拉巴马"号亦被与它名字相同的州政府保留
在莫比尔（Mobile），"马萨诸塞"号则于秋河（Fall River）
成为一座纪念馆，但"南达科他"号在1962年进了拆卸场，而
"印第安纳"号一年后也步入同样的命运。此时只剩下4艘强
大的"依阿华"级战列舰，不过，它们的生涯并没有结束，将
有机会在全球各种不同的冲突中再次活跃地战斗。

　　除了"密苏里"号之外，其他的战列舰都于1948年到
1949年间解除职务。就是在"密苏里"号上盟军的代表道格
拉斯·麦克阿瑟（Douglas MacArthur）将军接受了日本人的投
降。这艘战列舰继续服役于大西洋舰队直到1950年，该年1月
它遭受了一场灾难，在切萨皮克湾（Chesapeake Bay）的廷布

"北卡罗来纳"号

类　　型: 战列舰	续 航 力: 以12节可航行32334千米
下水日期: 1940年6月13日	武　　装: 9门400毫米炮，20门127毫米炮
船　　员: 1880名	动　　力: 4部蒸汽轮机，4轴
排 水 量: 47518吨	最大航速: 28节
长、宽、吃水深度: 222米×33米×10米	

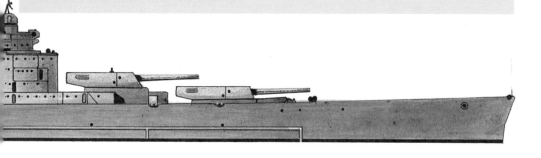

尔沙洲（Thimble Shoal）触礁。"密苏里"号于两个星期后再次浮起，并被部署到韩国执行炮击任务。1951至1952年，它又回到了大西洋舰队服役，然后再被派往韩国执行另一场行动。"密苏里"号在1955年退役。

拆船场

战争结束之后，英国皇家海军也立即处置他们的战列舰。"纳尔逊"号与"罗德尼"号都在1948年进入了拆船场，而"乔治五世国王"级的"安森"号则在1946年从远东海域归来后送去封存，最后在1957年拆解；太晚部署到太平洋参与抗日最后一役的"约克公爵"号也在1951年封存，1958年解体。另外，从大西洋到冲绳岛作战经验丰富的"豪"号亦遭受类似的命运，同样结局的还有该级的领舰"乔治五世国王"号，它于1949年9月退役。

老旧的"伊丽莎白女王"级"厌战"号仿佛在抗议它的宿命，它于1947年4月被拖往拆船场时在克伦威尔郡的山湾（Mounts Bay）搁浅遇难。它的姐妹舰"勇敢"号与"伊丽莎白女王"号都在1948年解体。

1938至1939年的"狮"级战列舰（配备406毫米炮的加强版"乔治五世国王"级舰）并没有兴建，它们原本将被命名为"征服者"号（Conqueror）、"狮"号（Lion）、"雷神"号（Thunderer）与"蛮勇"号（HMS Temeraire）。大战期间，英国只设计建造了一艘战列舰，它就是在1941年动工的"前卫"号（HMS Vanguard）。"前卫"号亦是扩大版的"乔治五世国王"级舰，重达45215吨。它于1944年下水，但投入服役的时间太晚而没能在大战中发挥它的威力。"前卫"号的4座双联装炮塔配备了380毫米炮，这批舰炮原本是要装在轻型战列巡洋舰"勇敢"号与"光荣"号上的，但它们后来都被改装成航空母舰。"前卫"号还有16门133毫米炮及十分强大的防空配备，即71门40毫米的博福斯（Bofors）机关炮。它的编制船员为1600人。

最后的战列舰

1947年，"前卫"号到南非进行了一场英国皇家巡礼，1949年它在地中海短暂服役之后于1956年封存。它在1960年退役并被送进拆船场，是为英国皇家海军效劳的最后一艘战列舰。在"前卫"号短暂的服役生涯中，曾于1953年，它和美国的战列舰"依阿华"号与"威斯康星"号于大西洋上进行了联合演练，这也是英美战列舰舰队最后一次共同出勤。

转型期

1950年6月朝鲜战争的爆发正值美国武装部队转型时期的中间点。1949年美国国防部成立，要求各个军种大幅重新改组，因而武装部队尚处于适应阶段当中。

美国的军事预算相继遭到裁减，还有接下来缩小各军种规模的承诺，以及重新整顿现有单位以维持在规定的限制范围之内的工作都在进行中。新武器与装备皆尚未完全整合，战术准则和对美军部署最有效率的新技巧亦在发展之中。

这在海军的航空部队里尤其明显，他们所引进的喷气式飞机产生了一支混合武力，航空母舰的飞行大队同时装备喷气式飞机和活塞引擎的飞机，但无论是它们的性能特点、保养与支援需求还是战术运用都是南辕北辙的。

法国在战后继续运作他们的2艘战列舰"黎塞留"号与"让·巴尔"号好几年。前者在1945至1946年的中南半岛行动中被用来执行火力支持的任务，它在1956年转入后备役封存，1960年拆解。而1942年11月在卡萨布兰卡遭美国海军战列舰"马萨诸塞"号火炮与战机轰炸损坏的"让·巴尔"号于战后被拖往瑟堡，并在布列斯特修复完工。1956年，它在英法苏伊士运河区（Suez Canal Zone）的军事行动中担任支援地面部队和防空的角色。自1961年起，它被当作炮术训练舰，然后于1970年拆解。

在1943年向盟军投降的意大利战列舰当中，有两艘（"利托里奥"号与"维托里奥·维内托"号）一直被扣留到1946年2月才回到意大利。它们都在1948年封存，并于1960年拆解。"安德里亚·多利亚"号在马耳他遭扣留之后，于1944

↓意大利战列舰"利托里奥"号是以一位古罗马时期佩戴着用红带捆绑的棍棒束的侍从执法吏之名来命名的，这个棍棒束后来成为意大利法西斯政权的徽章

年被意大利共同交战国海军（Co-Belligerent Navy）短暂地用作训练舰，然后除役。不过，它在1949年回到现役，再度担任训练舰直到1956年才封存。"安德里亚·多利亚"号于1961年在拉·斯佩齐亚拆解，那里也是"卡欧·杜伊里奥"号在1957年的丧生之处。它亦被扣留在马耳他，接着作为训练用舰艇。意大利的另一艘战列舰"朱利奥·凯撒"号在1948年的《和平条约》条款下被移交给苏联，并改名为"新罗西斯克"号（Novorossiysk）。它被指派到黑海舰队服役，并于1955年11月4日在塞瓦斯托波尔港爆炸沉没。

苏联的战列舰

苏联在1937年时开始设计建造4艘新型的战列舰，即"苏联"号（Sovietski Soyuz）、"苏维埃白俄罗斯"号（Sovietskaya Bielorossia）、"苏维埃俄罗斯"号（Sovietskaya Rossia）与"苏维埃乌克兰"号（Sovietskaya Ukranina）。不过，由于苏联人难以取得建造材料，严重地耽误了工程进度，在1940年不得不放弃建造其中的两艘。1941年6月，正当"苏联"号准备好下水之际，德军大举入侵迫使它的进一步工程中断，最后于1948至1950年间在造船台上拆毁。而"苏维埃乌克兰"号在建成75%时于尼古拉耶夫（Nikolayev）为德国人所俘虏，当德军撤出克里米亚之际就将其摧毁，以阻挠它的下水。"苏维埃乌克兰"号在1944至1947年遭拆解。

因此，第二次世界大战期间苏联只有3艘本土建造的战列舰在服役，他们都是属于1908年"甘古特"（Gangut）级的"无畏"舰。其中的一艘，"马拉特"号（Marat，即先前的"彼得帕夫罗夫斯克"号）于1941年9月23日在喀琅施塔得

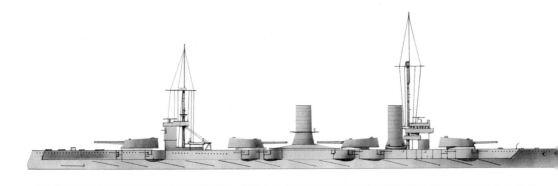

"甘古特"号

类　　型：战列舰	续 航 力：以16节可航行7412千米
下水日期：1911年10月17日	武　　装：12门305毫米炮，16门120毫米炮
船　　员：1126名	动　　力：4部蒸汽轮机，4轴
排 水 量：26264吨	最大航速：23节
长、宽、吃水深度：182.9米×26.9米×8.3米	

港遭Ju-87型"斯图卡"俯冲轰炸机的重创，它的舰艏和A炮塔被毁，随后沉入海底。1943年，它再度浮出水面，并改名为"沃尔霍夫"号（Volkhov）转为训练用舰艇，1953年被拆解。

第二艘战列舰，"十月革命"号（Oktabrskaya Revolutsia），原是"甘古特"号，它在1925年被重新命名。"十月革命"号在1939至1940年间短暂的苏芬冬季战争中被用来执行炮击任务，然后投入列宁格勒保卫战。在1941年9月23日的喀琅施塔得空袭期间，"十月革命"号被6颗炸弹命中而严重受损，1942年4月4日它又挨了4颗炸弹，最后于1956至1959年在喀琅施塔得被拆解。

剩下的"塞瓦斯托波尔"号（Sevastopol）在1921年到1943年更名为"巴黎公社"号（Parizhskaya Kommuna），之后又改回它的原名。它服役于黑海舰队，在1941至1942年间用来捍卫塞瓦斯托波尔。1942年9月，它在德军的空袭中受损，直到1946年才修复，然后在1957年被拆解。

　　1944年5月，英国战列舰"君权"号租借给苏联海军使用，并更名为"阿尔汉格尔"号（Archangel）。服役于北极舰队的它，于1947年在巴伦支海搁浅受创。1949年2月，它回到大不列颠进行拆解。另外，大战期间，苏联人也原本计划要建造两艘39036吨的战列巡洋舰，即"莫斯科"号（Moskva）与"斯大林格勒"号（Stalingrad），但它们在战后才开始动工，且又因为政策的转变而作罢。"莫斯科"号于1954年在造船台

↓ 麦克阿瑟将军正从两栖部队旗舰"麦金莱山"号（USS Mount Mckinley）上眺望仁川登陆的进展

上拆解；而1953年下水，并完成60%的"斯大林格勒"号则用于武器测试平台，它于1954年在克里米亚沿海搁浅，结束了它作为靶船的生涯。

朝鲜战争

朝鲜半岛的作战完全不同于第二次世界大战太平洋战役的跳岛攻略。"联合国军"只在冲突爆发的10个星期之后，才以类似的模式在仁川（Inchon）进行两栖登陆，作战区域只能在朝鲜半岛上，而且战机支援地面部队的行动也受限于它们的航程。虽然支援作战对航空母舰的舰载机来说是再平常不过的事，但必须在广大的陆地上维持长期的行动却是新的挑战。航空母舰的舰载机也必须深入内地执行支援任务：切断敌军的补给线，在敌军的领空随机搜寻目标，轰炸桥梁，封锁公路和铁道，攻击炼油厂、铁路调车场和水力发电厂，还有为陆基的轰炸机护航。尽管这些任务都能有效地执行，但对那些训练来阻断敌军海上联络管道和抵御敌方海军攻击的飞行单位来说还是新颖的经历。

和第二次世界大战中投入军力相比，朝鲜战争是场小型的战争。他们最多也只不过同时派了4艘大型的航空母舰作战而

→仁川是难以进行两栖登陆之地。低潮时，那里的内港是航道狭窄的沙滩，对登陆舰来说，他们得抓准高潮时间进港才能圆满完成任务

已。然而，在长达三年的战争中，就联合行动来说，海军与海军陆战队所派出飞机参与战斗的比例第二次世界大战时不到10%，而到朝鲜战争时已超过30%。

两场战争还有另一项差异，或许也是最大的不同，那就是尽管朝鲜战争的支持武力仍需要计划者和指派为后勤补给的单位大力关照，但它们在半岛的行动只是当时总体军事活动中的一部分而已。

首次出击

在朝鲜战争中，首次出击的两艘航空母舰是美国海军的"福吉谷"号（USS Valley Forge）与英国海军的"凯旋"号（HMS Triumph），后者之前已经在马来亚对付过游击队。这两艘航空母舰形成了第77特遣舰队的核心，朝鲜的空军机场是其舰载机的先期目标。7月18日与19日，那里遭受第77特遣舰队战机的猛烈攻击，他们声称摧毁了地面上的32架敌机，另有13架被击伤。海军的战机也袭击了兴南（Hungham）、咸兴（Hamhung）、咸镜（Hamyong）与元山（Wonsan）的铁路和工厂，那里的炼油厂尤其遭到"空袭者"式（Skyraider）与"海盗"式战机的严重破坏。当月剩余的日子里，第77特遣舰队还深入朝鲜国进行炮击，并依指示执行近距离空中支援任务，而航母则绕着半岛在日本海与黄海上航行。

由于各种因素，初期阶段的海军近距离空中支援任务并不是很成功，不只是因为空军与海军用了两种不同的地图。海军的飞行员也发现他们很难与飞航管制中心取得联络，所以在不少的情况中他们无人指引，只好随意飞行寻找攻击目标。同时，第77特遣舰队的英军单位飞机也遇上愈来愈多耐用性与适用性的问题，尤其是他们的"海火"式战斗机。"海火"式战斗机非常不耐用，而且它的起落架的两轮间距过于狭窄，降落在甲板上时容易发生意外。最后，"海火"式战斗机只有在舰队上空执行空中战斗巡逻（CAP）任务，让美军的战机专注于地面攻击的行动。

第2步兵师

　　7月的最后一天，第2步兵师抵达，他们是从美国运抵朝鲜半岛的第一支地面部队。8月2日，第一暂编海军陆战旅（1st Provisional Marine Brigade）亦从美国来到这里。另外，第5团级战斗群（5th Regimental Combat Team）也从夏威夷部署至半岛，之后编入第24步兵师。空中支援伴随着海军陆战队而来：首先是第33海军陆战队飞行大队（Marine Air

↓朝鲜战争一开始，英国的航空母舰就参与了作战行动。照片中的是英国海军"忒修斯"号（HMS Theseus）上的一架费尔雷"萤火虫"式（Firefly）战斗轰炸机。"忒修斯"号航空母舰在攻击镇南浦（Chinnampo）码头之后重新加入了舰队

Group 33），他们在7月31日抵达日本神户，然后继续到伊丹（Itami）执行任务。第33海军陆战队飞行大队是第1海军陆战队飞行联队（the 1st Marine Air Wing）的先锋，同时该大队也是配属第1海军陆战师的航空单位。这个飞行大队有两支战术支援中队，即第214海军陆战队战斗机中队与第323海军陆战队战斗机中队，它们都配备F4U-4B型"海盗"式战机，并立刻被派去支援第1暂编海军陆战旅。

8月3日，第214海军陆战队战斗机中队［黑羊中队（Blacksheep）］被部署到美国海军护航型航空母舰"西西里"号（Sicily）上，再由它载着他们上战场。两天之后，第323海军陆战队战斗机中队［致命响尾蛇中队（Deathrattler）］也被部署至美国海军的护航型航空母舰"万隆海峡"号（Bandoeng Strait）上，而这两艘航空母舰［称为特遣分队96.8（Task Element 96.8）］则停泊在朝鲜半岛南岸沿海持续执行攻击任务。暂时无法部署的其他海军陆战队飞行大队的单位临时编入了位于日本的第5航空队；配备F4U-5N型"海盗"式夜间战斗机的第513海军陆战队战斗机中队（海军）则被加强给板附（Itazuke）的第8战斗轰炸机联队（FBW），并在第5航空队的指引下开始于夜间进攻；而第6海军陆战队观测中队（VMO-6）则继续留在伊丹。朝鲜战争中，海军陆战队空中武力的首次出击是在8月3日由第214海军陆战队战斗机中队进行的，当时他们的海盗机突袭了位于晋州（Chinju）与新保里（Sinbanni）的敌军补给品临时堆置所、桥梁与铁道。该月第一个星期结束之后，海军陆战队的飞机平均一天就有45次的出击。

联合国军在1945年9月登陆仁川之前，奉命将朝鲜人民军一切为二的第77特遣舰队的航空母舰，美国海军"拳师"

→→图为美国海军陆战队士兵从登陆舰舷侧的网子上爬下。在第二次世界大战和朝鲜战争中，海军陆战队都执行了最艰巨且最危险的任务，他们的伤亡也十分惨重

号（Boxer）、"莱特"号（Leyte）、"菲律宾海"号（USS Philippine Sea）与"福吉谷"号被指示集结它们50%的航空兵力，来对付元山当地的防御军。10月8日，另一支打击武力加入了第77特遣舰队的行列，那就是英国海军的"忒修斯"号，它是来接替在韩国海域的"凯旋"号的。"忒修斯"号于8月底被通知前往韩国执行任务时还停泊在英国的港口。它的第17航空母舰飞行大队的两支中队，即配备霍克"海怒"式（Sea Fury）战机的第807中队与费尔雷"萤火虫"战机的第810中队也立刻于英国和前往远东的途中进行了6个星

←一直到被喷气式飞机取代为止，沃特F4U型"海盗"式战机是朝鲜战争初期美国海军与海军陆战队地面攻击中队最为结实耐用的机种

↓图为美国海军战列舰"密苏里"号在半岛海岸外执行炮击任务。"密苏里"号于1991年的波斯湾战争（Gulf War）中依然进行部署作战，目前则是一座海上博物馆

期的密集训练。10月9日，"忒修斯"号在黄海开始执行战斗任务，并于同一天派它的战斗机出击。其他的轻型航空母舰，英国海军的"光荣"号（HMS Glory）与"海洋"号（HMS Ocean）和澳大利亚海军的"悉尼"号（HMAS Sydney）亦都在战争期间于半岛海域轮流执行任务。

战列舰的重生

在朝鲜战争中也看到了一些美国海军战列舰的重生。随"密苏里"号之后而来的是"威斯康星"号，但它在1952年3月15日被朝鲜岸上炮台的一发炮弹所伤。之后，"威斯康星"号回到了大西洋舰队，却和美国海军驱逐舰"伊顿"号（UMS Eaton）相撞而严重受创，美国人用另一艘"依阿华"级战列舰"肯塔基"号（USS Kentucky）的舰艏为其修复。"肯塔基"号是在1944年开始设计建造，原本预计于1946年9月开始服役，但在建成69%时建造工程遭到中止。"肯塔基"号在1950年1月下水，却只是为了要让造船台腾出空间来。1954年它因飓风的侵袭在詹姆斯河（James River）搁浅，1958年在作为靶舰之后遭到拆解。"威斯康星"号亦在1958年退役。其他被召来进行朝鲜战争的战列舰是"依阿华"号与"新泽西"号，它们都毫发无损地度过了朝鲜战争。随后，这两艘战列舰服役于大西洋舰队，并在1957至1958年退役。

虽然英国的轻型航空母舰和体形较大、数量亦较多的美国舰队相比，它们在朝鲜战争中的贡献相形见绌，然而，它们的所作所为还是非常重要的，并且，在3年之后，当英国皇家海军涉入另一场有限战争时，提供了非常宝贵的经验。1956年夏，埃及总统纳赛尔（Nasser）将英法苏伊士运河公司

（Anglo-French Suez Canal Company）收归国有，并夺占英国与法国在运河区的资产。作为"预防性的措施"，一支准备武力干涉的部队集结到了土伦。法国舰队的单位包括航空母舰"阿罗芒什"号（Arromanches）与"拉菲特"号（Lafayette），而3艘英国的航空母舰，即"堡垒"号（Bulwark）、"忒修斯"号与"海洋"号，则被派去加入位于地中海的"鹰"号（Eagle）。另一艘航空母舰，英国海军"阿尔比恩"号（Albion）亦在改装完成之后驶向那里。"海洋"号与"忒修斯"号自从到韩国海域巡航以后即用为训练舰艇，此时它们又被指派为直升机登陆舰。其他的航空母舰则载运着执行空袭任务的作战飞机中队，配备霍克"海鹰"式（Sea Hawk）、哈维兰"毒液"式（de Havilland Venom）与威斯特兰"飞

核动力潜艇

　　世界上第一艘核动力潜艇是美国海军的"鹦鹉螺"号（USS Nautilus），它于1954年1月21日下水。除了革命性的推进系统之外，"鹦鹉螺"号只不过是传统的设计而已。它在初期试航就刷新了纪录，包括以20节在90小时的潜航下行进将近2250千米。在当时，是美国潜艇在水下待得最久，也是潜航速度最快的纪录。

　　此外，"鹦鹉螺"号还是第一艘穿过北极冰层下的潜艇。事实上，美国有两艘原型核攻击潜艇。另一艘于1955年7月下水的"海狼"号（USS Seawolf），是美国海军最后一艘具有传统指挥塔外形的潜艇，后来的核潜艇的围壳装有水平舵。"鹦鹉螺"号是两艘原型艇中较成功的一艘；"海狼"号是依S2G型核反应炉设计的，打算作为S2W型反应炉的备用品，但它却有不少运作上的问题而在1959年被S2W型核反应炉所取代。"鹦鹉螺"号在1982年保留下来，作为一座博物馆展示。

龙"式（Westland Wyvern）战机。1956年11月1日的第一道曙光出现之际，英国海军航空兵的打击中队加入了从塞浦路斯（Cyprus）而来的英国皇家空军的行列，他们的任务是要消灭配备现代化米格（MiG）15型喷气战斗机与伊留申（Ilyushin）伊尔28型喷气轰炸机的埃及空军。两艘法国的轻型航母载着活塞引擎的"海盗"式与"空袭者"式战机，一旦埃及空军被歼灭，便掩护空降与两栖部队进行登陆。同时，他们的任务还有搜索并摧毁任何可能对登陆护航队造成威胁的埃及军舰。

11月6日，随着埃及空军丧失兵力，英国与法国的空降部队也开始登陆他们各自的目标区。尾随他们而至的是载着战斗人员的直升机，这几波直升机群隶属于第45英国皇家海军陆战队突击团（No.45 Royal Marine Commando），它们从"海洋"号与"忒修斯"号航空母舰上起飞，并飞向塞得港。这是史上第一次直升机突击行动，而且是作战行动的最高潮，它再次证明，航空母舰是投送海军力量到世界各地最重要工具。

"鹦鹉螺"号

类　　　型: 潜艇	续 航 力: 无限
下水日期: 1954年1月21日	武　　　装: 6具533毫米鱼雷发射管
船　　　员: 105名	发 动 机: 双螺旋桨，一座S2W型核反应
排 水 量: 水上4157吨，水下4104吨	炉，涡轮机
长、宽、吃水深度: 97米×8.4米×6.6米	最大航速: 水上20节，水下23节

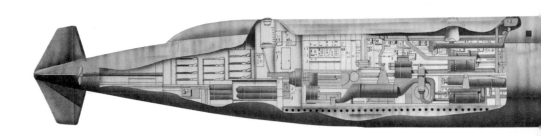

↑ "海狼"号是美
国两艘原型核动力
潜艇的其中之一，
因冷却系统有瑕疵
而并不成功

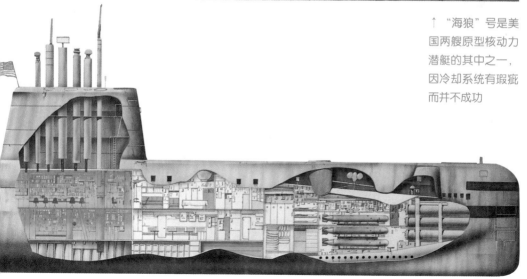

核潜艇

然而，航空母舰就像先前的战列舰一样，愈来愈容易遭受空中与水下的攻击，它们需要强大的防御措施来支持应对。在20世纪50年代，美国人与苏联人都着手开发核动力弹道导弹潜艇，那是一种能在水下长期潜航、躲在北极的冰帽之下并拥有各种海洋特性而能不被发现的舰艇。它们配备核弹头导弹，将有终极的威慑力量。

虽然美国人最先在核动力潜艇的研发上有所突破，他们以一艘旧型潜艇为基础开发出原型的"鹦鹉螺"号，但美国海军真正想要的是一艘融合最新弹道导弹技术、小型化热核武器和惯性导航系统为一体的潜艇。他们在1960年成功地部署了第一艘弹道导弹舰队（Fleet Ballistic Missile，FBM）潜艇，它配备了北极星（Polaris）A1型弹道导弹。

苏联的第一艘核动力潜艇是"11月"级（November），自1958至1963年在北德文斯克（Severodvinsk）共生产了14艘。不过，它们的角色是设计用来反舰而不是反潜。这批苏联潜艇配备了核鱼雷弹头，其主要的任务是消灭航空母舰战斗群。它们在水下的机械噪音极为嘈杂，而且易于发生反应炉的辐射外泄和其他意外，所以不为船员们喜爱。

蓝水海军

斯大林在1953年辞世之后，苏联由赫鲁晓夫（Nikita Khrushchev）领导。在他掌权的10年里，世人见证了苏联军事科技的大跃进。这在20世纪60年代早期发展的蓝水（blue water）海军中尤为明显。在斯大林政权时期，苏联海军的主要角色是抵御海上的入侵和在美军部队与补给运抵欧洲之前加以拦截，可是他们达成这项任务的工具十分有限。苏联人面对的防卫问题还有美国的航空母舰群，它们有能力从远处的海上对苏联的目标发动攻击。这意味着苏联的前线部署必须包含远洋潜艇、远程舰对舰导弹和远程战机。

20世纪60年代，苏联的海上活动在新建构和逐渐壮大的舰队政策下有了显著的发展。先前，为了符合苏联的军事教条，海军只不过是红军的延伸部分，其战略亦因此是以防卫本土为基础。除了波罗的海舰队与北方舰队之间偶尔有单位调动外，公海上少有苏联军舰的出没。这些舰队的调动也总是以仓促的速度来完成，给人的印象是苏联舰队在他们领域之外感到非常的不自在。

1961年形势开始有了转变。7月，苏联举行第一场重要的

↓图为1962年10月，一艘美国军舰逼近一艘驶向古巴的苏联货轮。古巴导弹危机使美洲濒临核战争的边缘

↑图为英国皇家空军的一架狩猎者式（Nimrod）海上巡逻机持续监视着一艘在地中海的苏联莫斯科级反潜军舰

境外演练，他们的8支水上战斗单位联合支援舰艇与4艘潜艇于挪威海进行演习。接着，在1962年，黑海舰队与北方舰队也首次展开舰队的调动。而7月所发动的演习则包括4支水上单位和支援舰艇与20多艘潜艇，他们的演练区域从冰岛—法罗群岛缺口一直延伸到挪威的北角。此外，苏联的海上军机亦参与了这次行动。

导弹危机

在海军实力上，苏联无力与美国匹敌的情况于1962年底时变得格外明显。10月，随着苏联的战略与战术导弹，还有Il-28型"喷气"式轰炸机偷运进古巴，美国开始对该岛进行封锁。由于苏联缺乏工具突破隔离区，又不愿意冒全面核大战的风险，所以总书记赫鲁晓夫被迫让步，下令撤除导弹与轰炸机。

古巴导弹危机的严峻教训让苏联人领悟到海权的重要性，未来他们的海军政策亦将因此修改。1963年，他们创立了一年两次海上演习的典范：3月和4月，7支水上单位加支援舰艇于洛佛腾群岛附近展开演习，8月又有另一场类似的演练在冰岛—法罗群岛缺口实施。一部分的舰队在返回波罗的海之前还于英伦岛屿四周绕行。另外，北方舰队、波罗的海舰队与黑海舰队之间的调动亦持续进行且更加强势。在1964年的演习中，还见识到了苏联采用的最新导弹舰，他们的海军兵力提升，而且介于北角与冰岛—法罗群岛缺口之间的演练范围与形式也显现出他们更富有想象力和更专业。苏联的地中海分遣舰队亦在一连串的基础上成立，尽管他们在地中海的潜艇自1958年来仍只有少数几艘。最后，他们也有舰艇被调动至古巴。

事实上，苏联海军在公海上对北大西洋公约组织的挑战只是刚开始而已。1968年5月于冰岛—法罗群岛缺口的小型演习和监视北约在洛佛腾群岛沿海的演习为苏联最大规模军事演习的开端。在挪威海举行的"北方演习"（Exercise Sever）是多阶段、多领域的军事行动，有庞大的水上单位、潜艇与军机的参与。其后，从10月到12月，他们还有一小支舰队在苏格兰东北方沿海巡逻，另外一艘船也在8月于法罗群岛北部巡航。同时，苏联在地中海依旧维持着舰队级的武力，并且将其延伸部署。9月，第5分遣舰队（Eskadra）接收了一艘重要的新型直升机母舰"莫斯科"号（Moskva），它被苏联归类为反潜巡洋舰。1967年竣工的"莫斯科"号是直升机航空母舰与导弹巡洋舰的混合体，它是设计用来对抗接近苏联领海的西方弹道导弹核潜艇的。它还有一艘姐妹舰——"列宁格勒"号（Leningrad）于1968年完工。这两艘艇都搭载了一支14架卡莫夫（Kamov）Ka-25型"激素"式（Hormone）直升机组成的飞行大队。

　　1969年的春季演习于3月间在冰岛—法罗群岛缺口展开，

↓苏联巡洋舰斯维尔德罗夫号的设计是从第二次世界大战前的意大利军舰中得到启发。该级舰共建造了17艘，大多数是于20世纪50年代早期建造的

同样有大批的舰艇参与。在此期间，北方舰队暂代地中海武力的职务，令其首次大规模地参与行动。此外，还有一场反潜战演习于挪威海实施，其他的演习则在北海与扬·马延岛海域举行。

↑ 在图中这艘苏联"克里瓦克"级护卫舰前甲板上的是四联装SS–N–14型"锆石"（Silex）反潜导弹发射器。"克里瓦克"级安装有大量体型庞大的电子装置

新型舰艇

　　苏联的海军力量在10年多一点的时间内就伸入到南大西洋、地中海与印度洋，当然这只有通过部署新型的水上舰艇和潜艇才办得到。他们在20世纪60年代后期部署的新式、大型猎潜艇是新战略不可或缺的一部分，远洋潜艇亦在同一时期成功地闯出一片天。在1962年到1974年，苏联建造了38艘巡洋舰、10艘驱逐舰、2艘直升机登陆舰和60艘远洋护航舰，而且他们的第一艘航空母舰也正在建造当中。

1965年，12艘左右的"斯维尔德罗夫"（Sverdlov）级轻型巡洋舰和"肯达"（Kynda）级导弹巡洋舰有了第一艘新一级军舰的加入，那就是搭配着SSN-3型"柚子"式（Shaddock）反舰导弹和SAN-1型"果阿"式（Goa）防空导弹的"克列斯塔"I级（Kresta I）导弹巡洋舰。这种巡洋舰也是第一款设置了直升机平台与机棚的船。而既然柚子反舰导弹拥有超过482千米的射程，它便需要直升机来作为中继导引。接下来的巡洋舰是建造于1968年的"克列斯塔"II级（Kresta II），在1970年开始部署。相较于其前辈，"克列斯塔"II级巡洋舰有更精密的导弹装置，包括2座四联装的SSN-10型反舰导弹发射器和2座双联装SAN-3型圣杯（Goblet）防空导弹，它是海军版的SA-6型甘夫尔（Gainful）防空导弹。下一艘苏联的大型猎潜艇是"卡拉"（Kara）级舰，它在1973年首次亮相。这种10160吨的导弹巡洋舰配备了3套不同的导弹系统，包括8管SSN-10型短程反舰导弹发射器、2座双联装SAN-3型"酒杯"防空导弹和2座双联装SAN-4型防空导弹。所有新的三级巡洋舰还都有一架直升机、鱼雷发射管、多门火炮（从30毫米到76毫米的口径）和多管反潜火箭发射器。

战后初期的"斯科里"（Skory）级驱逐舰和20世纪50年代的"科特林"（Kotlin）级与"克鲁普尼"（Krupny）级驱逐舰在1962年时亦有了首艘新级舰"卡辛"（Kashin）级的入列。"卡辛"级是苏联第一艘采用燃气涡轮机的大型舰艇。另外，一些"克鲁布尼"级的船则被改装为"卡宁"（Kanin）级，它设有直升机平台、更多的鱼雷发射管和更强大的火炮。而8艘"科特林"级驱逐舰也被改装成"科特林"防空型（56A型）（Kotlin SAM），附加了一座双联装SAN-1型"羚羊"防空导弹。最后，在1971年又有"克里瓦克"（Krivak）

级导弹护卫舰，是苏联海上武装最重的护卫舰。它的燃气涡轮机让它拥有飞快的航速，而其四联装的SSN-10型反舰导弹发射器、2座SAN-4型防空导弹发射器、4门76毫米防空炮和8具鱼雷发射管则使它成为相当可畏的对手。

潜艇项目

　　苏联潜艇的建造项目比他们的新巡洋舰与新驱逐舰还要令人叹为观止。早在1958年之前，苏联海军的远洋潜艇舰队就拥有约150艘"威士忌"（Whisky）级和57艘"祖鲁"（Zulu）级柴电复合动力潜艇，而其他的皆为近岸型艇。然后，在1958年，首批核动力弹道导弹潜艇（SSBN）"旅馆"（Hotel）级和核动力攻击潜艇（SSN）"11月"级的出现，让苏联海军进入了核时代。15年之后，他们生产的潜艇有一打以上的类型，包括柴电复合动力的"狐步"（Foxtrot）级与"罗

苏联核潜艇

　　苏联第一批真正现代化的核潜艇于1967至1973年的6年间里出现，第一艘是1967年的"洋基"（Yankee）级。冷战期间，苏联在任何时候都会部署3艘或4艘"洋基"艇于美国东岸，还有另一艘不是巡航经过，就是从巡逻区驶过去。

　　于前线部署的洋基艇在作战时的角色是摧毁时间敏感目标，如战略空军司令部（SAC）轰炸机的警戒基地和港口的航空母舰与核动力弹道导弹潜艇；并且尽可能瓦解美国的高级指挥阶层以缓和洲际弹道导弹（ICBM）所采取的进一步攻击行动。当它们逐渐从核动力弹道导弹潜艇的角色引退之后，一些"洋基"级就被改装为搭载巡航或反舰导弹的核动力攻击潜艇。

密欧"（Romeo）级攻击艇。"狐步"级建造于1958至1968年（45艘）及1971至1974年（17艘）期间，是极受欢迎的潜艇，并继续以缓慢的速率生产出口，最后的一艘在1984年下水。该级是战后苏联传统潜艇的最佳设计，有62艘服役于苏联海军。3支苏联海军舰队的作战海域都有"狐步"级，而且地中海和印度洋分遣舰队也经常部署这种潜艇。第一个接收该级艇的他国是印度，其在1968至1976年间取得了8艘新艇；接着是利比亚，1976至1983年收到了6艘；而在1979至1984年也有3艘交给古巴。所有苏联的"狐步"级潜艇都在20世纪80年代末期退役。

↓设计于20世纪50年代中期的苏联"高尔夫"级潜艇是柴电复合式的导弹潜艇。第一艘在1958年投入服役，而最后一艘则是在1962年。照片中的是高尔夫II型

在1958至1963年间，两款新型的核动力潜艇，"回声"（Echo）级与"高尔夫"（Golf）级开始服役。5艘"回声"级潜艇原本是在1960至1962年于苏联远东的科穆穆尔斯克（Komomolsk）打造的"回声"I级核动力导弹潜艇（SSGN）。它配备6管SS-N-3C型柚子战略巡航导弹，但却缺少其后"回声"II级的射控系统和导引雷达，后者总共生产了29艘。当苏联弹道导弹潜艇舰队成立之际，就不再需要这些作为暂时替代的导弹船，它们于是在1969至1974年间被改装为反舰的核动力攻击潜艇。

约有23艘"高尔夫"I级的弹道导弹潜艇于1958至1962年间竣工，并以一年6艘到7艘的速率投入服役。它们的弹道导弹垂直地装在船壳隆起结构且加长的后方部位里面，它会在水下

↓苏联的"朱丽叶"级潜艇为柴电复合式动力，于20世纪50年代展开部署，这是苏联第一个能够向美国东岸发动核攻击的工具

↑ 图为一艘高速航行的苏联"查理"II级核攻击潜艇。这些潜艇专用导弹来打击高价值的目标，例如航空母舰

造成很大的阻力、减缓速度，还会产生高频率的噪音。不过，这种潜艇能够以出色的马达缓慢行进，使它能安静地行动，并有非常久的忍耐力。13艘"高尔夫"I级潜艇改装为标准"高尔夫"II级的工程从1965年展开，它配备SS-N-5型弹道导弹。而"朱丽叶"（Juliet）级潜艇实际上就是柴电复合动力版的"高尔夫"级艇，它配备的是SS-N-3型导弹。

现代化潜艇

接下来的是"查理"I（Charlie I）级潜艇，它是苏联第一艘能够不用浮出水面即可发射舰对舰巡航导弹的核动力导弹潜艇。"查理"I级全部都在1967至1972年间打造于高尔基（Gorky），20世纪90年代末期仍有10艘在服役，皆以太平洋

为基地。1988年1月，"查理"I级的其中一艘租给了印度，而
另一艘则在1983年6月于彼得罗巴浦洛夫斯克（Petropavlovsk）
沿海失事沉没，稍后被打捞起来。"查理"I级配备SS-N-15
型核弹头反潜导弹，它的射程有37千米。而改良的"查理"II
级在1972年到1980年间亦在高尔基生产，它的船壳隆起结构向
前有一块9米的嵌入舱段，内装设了瞄准及发射SS-N-15型与
SS-N-16型导弹必备的电子与射控系统。这两款"查理"级潜
艇一旦导弹用尽就得返回基地重新装填。6艘"查理"II级艇
还装载了SS-N-9型"海妖"（Siren）反舰导弹，它能以0.9马
赫的速度巡航，射程为110千米，并可搭配核弹头（250000吨
炸药威力）或传统弹头。"查理"II级皆以北方舰队为基地，
偶尔会部署到地中海。

↓图为在越南沿海
的美国海军"提
康德罗加"号。它
在第二次世界大战
中表现活跃，并于
1955至1957年进行
改造，装设了斜角
飞行甲板

↑ 图为在北部湾上的美国海军第77特遣舰队的航空母舰和护航舰。美军的飞行员必须渗透进入世界上防御最猛烈的防空要地

　　直到20世纪70年代早期，美国以高精密与高效能的核导弹潜艇引领全球。其后，苏联部署了新一级的弹道导弹潜艇，"德尔塔"Ⅰ（Delta Ⅰ）级，或是"穆雷娜"（Murena）级核动力弹道导弹潜艇，它是先前"洋基"级的主要改良潜艇，配备的导弹比美国的"波塞冬"（Poseidon）导弹射程更远。第一艘"德尔塔"级在1969年设计建造于北德文斯克，1971年下水，次年竣工。"德尔塔"Ⅱ级与"德尔塔"Ⅲ级则是同级的改良艇。"德尔塔"Ⅲ级或"卡尔马"（Kalmar）级核动力弹道导弹潜艇于1976至1982年完工，它的外形与先前的"德尔塔"Ⅱ级有所不同，最主要是导弹室顶较高以容纳SS-N-18型导弹，它比"德尔塔"Ⅱ级的SS-N-8型长。最后一级的"德尔塔"潜艇为Ⅳ级，首艘艇于1975年12月开始建造。第一批的8

艘潜艇在1984年于北德文斯克下水并开始服役。

从越南到马尔维纳斯群岛（英称福克兰群岛）

20世纪60年代，美国卷入越战（Vietnam War）期间，海军航空母舰再次出击。它们的战机密集地出动，而且付出不少代价。如同朝鲜战争，航空母舰群亦被称为第77特遣舰队，他们从1964年8月5日开始作战。当时的打击部队从航空母舰"提康德罗加"号（HMS Ticonderoga）与"星座"号（HMS Constellation）上起飞，攻击敌方海军基地与储油设施，以作为对北越鱼雷艇突袭北部湾（Gulf of Tonkin）美国军舰的回应。

在64架参与任务的攻击机中，有一架A-1型"空袭者"式和一架A-4型"天鹰"式（Skyhawk）战机被防空炮火击落，一名飞行员阵亡，另一名艾弗瑞特·亚佛瑞兹（Everett Alvarez）上尉则成为第一位被关进北方战俘营的美国飞行员。在接下来的6个月中，第77特遣舰队的任务还包括待命随时以炸弹与导弹回敬北方的攻击。此外，他们还派出战机在南方和老挝（Laos）进行航拍侦察，探测沿"胡志明小道"（Ho Chi Minh trail）集结的越共（Viet Cong）和北方部队的渗透。航空母舰的一小群战机也会在南方地区攻击他们所发现的卡车与原料仓库。

火焰标枪

美军直到1965年2月7日才开始对北方发动常规性的轰炸，当时的作战是针对越共以迫击炮向波来古（Pleiku）空

→→航空母舰甲板上的工作既繁重又危险，正如同这张照片所显示的一样。舰上人员需要严格的纪律和良好的配合才能避免重大意外的发生

军基地猛轰的响应。它原先的代号是"火焰标枪"（Flaming Dart）。第77特遣舰队的指挥官米勒（H. L. Miller）少将登上了美国海军的"突击者"号（USS Ranger），并接到命令集结第77特遣舰队准备对北方进行报复。2艘当时正驶向菲律宾群岛的美国航空母舰"珊瑚海"号（USS Coral Sea）与"汉考克"号（USS Hancock）于是转向，并在2月7日午后加入了"突击者"号的行列。3艘航空母舰派出83架战机轰炸北方的兵营和港口设施，造成严重的破坏。美国则只损失一架A-4攻击机，另外还有8架受创。

　　2月11日，第77特遣舰队的3艘航空母舰在"火焰标枪II"行动中又派了99架攻击机轰炸选定的目标，这次作战有3架"珊瑚海"号上的F-8型"十字军战士"式（Crusader）战斗机没能返航，但有两位飞行员被救了回来。到了这个时候，美国人渐渐不安地察觉到，北方防空火炮的精准度和密集性远高于他们的预期。

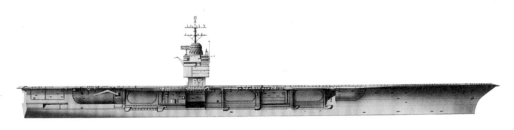

"企业"号

类　　型：航空母舰	续 航 力：以20节可航行643720千米
下水日期：1960年9月24日	武　　装：舰对空导弹，90架飞机
船　　员：3325名	动　　力：4组蒸汽轮机，由8座核反应炉产生蒸汽
排 水 量：91033吨	
长、宽、吃水深度：335.2米×76.8米×10.9米	最大航速：32节

"滚雷"行动

自1965年3月起，第77特遣舰队参与了"滚雷"行动（Operation Rolling Thunder），继续轰炸北方。越南北部湾的北角是他们所选定的主要目标，该项任务的代号是"扬基站"（Yankee Station）。"汉考克"号与"珊瑚海"号派出了多达70架飞机前往攻击，轰炸雷达站、通信站和补给临时堆置所。3月29日，特遣舰队在突袭白龙尾（Bach Long Vi）的雷达设施期间遭受了惨重的损失，当时第一波攻击的6架战机中有3架折损。幸好，其中的两位飞行员获救，他们都是中队的指挥。

1965年4月，第77特遣舰队的飞行员被指派了第二项任务，他们将进行近距离空中支援，扫荡南方的越共。作战初期，美国海军"中途岛"号（USS Midway）与"珊瑚海"号的飞机，还有从"奥里斯坎尼"号（USS Oriskany）上起飞的海军陆战队F-8E型"十字军"式战机的表现非常成功，所以美军登陆部队的指挥官威斯特摩兰（Westmoreland）将军请求指派一艘航空母舰继续进行近距离空中支援直到最后。于是，"狄克西站"（Dixie Station）在金兰湾（Cam Ranh Bay）东南方约160千米处成立。到了此时，北越的防空力量有了大幅的提升，他们部署首批SA-2型"标线"（Guideline）地对空导弹。

由于美军害怕空袭会误杀苏联的技术人员，突击行动的授权令迟迟没有下来。最后，1965年8月12日，一场反制防空导弹（SAM）的作战行动，称为"铁手行动"（Operation Iron Hand）才开始执行，并使用百舌鸟（Shrike）反雷达导弹来对抗它们。SA-2导弹的机动性高，而且很难追踪，直到1965年10月17日，一支美国海军"独立"号（Independence）舰载机联队的A-4E战机才在"铁腕行动"中于河内（Hanoi）东北方靠近白马（Kep）机场的地方首度摧毁运作中的防空导弹站。这个时候，美国海军与海军陆战队飞行员和北方的MiG-17型喷气战斗机的交战也愈来愈频繁；美国海军首次的米格机击杀记录是在1965年6月，当时2架敌机被"中途岛"号上第21战斗机中队F-4型"鬼怪"式（Phantom）战斗机发射的麻雀（Sparrow）空对空导弹（AAM）击落。

1965年的最后一起空袭是场大规模行动，100架"企业"号（Enterprise）、"小鹰"号（Kitty Hawk）与"提康德罗加"号上的飞机前往轰炸河内附近的一座火力发电厂，它是联合参谋长授权的第一个工业目标。这场行动使该电厂被严重破坏，还损失了两架A-4战机。

停止轰炸

1965年圣诞节开始，美军停止轰炸37天，声称让北方重回和平谈判桌，可是没有成功。1966年1月31日，"滚雷行动"重新展开，它的重点此时转向了企图切断北方的物资与人力流入南方的通道。在防空导弹占有优势的情况下，低空飞行作战也成了当时的常态。3月，第77特遣舰队派出了6500架次的出击，损失11架飞机。4月是不利之月，他们损失了21架飞机。

1966年6月，空袭行动的焦点又转移到北方的汽油、燃油与润滑油储槽和配给系统上。然而，这场作战来得太迟了，北方预料到他们的油料设施将会遭受破坏，所以早已彻底地将其安置到不同的地点。

不过，美军的封锁作战无疑地仍给河内造成了一些严重的问题。到了1966年底，第77特遣舰队已发动了30000架次的攻击对付北方，还有20000余架次是针对南方的目标。在战斗任务中，他们共损失了120架飞机，另外还有89名航空人员阵亡、被俘或是宣告失踪。

1967年，第77特遣舰队多了项布雷的工作，由"企业"号与"小鹰"号上的A-6型"入侵者"式（Intruder）攻击机于北越的五条河河口布下水雷。然而，它们在深水港的布雷行动并无授权，原因是生怕会损毁第三方的船舶，尤其是属于苏联的船，其油轮经常会在那里出现。同样的理由，美国也从来未对海防（Haiphong）的主要港口进行封锁，虽然那里将可切断河内的重要补给来源。取而代之的是，美军试图借由持续对从该港辐散出去的道路与铁路，还有与之连接的桥梁和其他弱点发动轰炸来孤立海防。

1967年3月，美国海军在越南部署了新式武器，那就是"白星眼"（Walleye）电视导引空对地滑翔炸弹。经过几次对兵营和桥梁的初试轰炸之后，它在5月19日被用来破坏河内火力发电厂，由2架"好人理查德"号（Bon Homme Richard）上的F-4"天鹰"式战机执行，且有一批F-8"十字军"式机来压制防空火炮。它们从目标区返航时，后者与10架米格-17交战，并击落了4架敌方的喷气战斗机。"白星眼"炸弹的首次使用便引起后来所谓"激光制导炸弹"（smart bomb）的发展。

令人畏惧的防御

这一年，有12艘航空母舰加入了第77特遣舰队的行列："好人理查德"号、"星座"号、"珊瑚海"号、"企业"号、"中途岛"号、"福莱斯特"号（USS Forrestal）、"汉考克"号、"无畏"号（USS Intrepid）、"小鹰"号、"奥里斯坎尼"号、"突击者"号与"提康德罗加"号。它们的飞行组员成果不少，尽管有轰炸规定的限制、恶劣的天气和令人畏惧的敌军防御，战机仍旧摧毁了30处防空导弹站、187座防空炮台、955座桥梁（还有另外1586座受损）、734部引擎车辆、410部火车头和3185艘船。此外，14架米格机亦在空中被击落，另外32架在地面被摧毁。而美国海军在战斗中则损失了33架飞机，约有1/3的飞行员被救回。

　　1968年1月，第77特遣舰队派了811架次的攻击机支援位于溪山（Khe Sanh）的美国海军陆战队，并且在2月时几乎有1500架次去支援那个被包围的海军陆战队根据地。3月，又有1600架次的战机出击，第77特遣舰队的飞行员还经常在海军陆

↓1982年4月，英国的船舶集结在阿森松岛沿海，准备前往马岛。美国人亦开放阿松森岛的基地，为英军提供便利

马岛战役

美国从越南撤军后不到10年，英国皇家海军也卷入了纷争。随着阿根廷在1982年4月2日入侵马岛和南乔治亚岛（South Georgia），英国政府实施"团结行动"（Operation Corporate），打算夺回这些领地。

接下来的形势发展融合了一连串令人叹为观止的改革、即兴创作，还有少许的运气。数日内，一支迅速集结的距英国本岛将近13000千米远的特遣舰队就开赴南大西洋，在大约位于大西洋中央上的阿森松岛（Ascension Island）上亦设立了备用品、装备仓库和油料储槽。

战队前线阵地不到100米的地方投掷炸弹。在北方，许多封锁任务皆由格鲁曼A-6型"入侵者"式攻击机执行，它们有能力在夜间和全天候的条件下极精准地投射类型广泛的武器，而且表现非常出色。

在整场越战期间，美国海军共部署了17艘攻击航空母舰，10艘从太平洋舰队派遣，7艘从大西洋舰队抽调；除美国海军"肯尼迪"号（John F. Kennedy）以外，每艘在编列清单上的航空母舰皆参与过战斗。在它们之中，至1973年8月为止，共进行了73次的战斗部署。海军的损失高达530架固定翼飞机，大部分是舰载机，还有317名海军飞行员丧命。

另外，越战亦给美国海军战列舰"新泽西"号带来了重生。1967年4月6日，它开始进行第二次的改装工程以恢复现役，作为火力支援舰艇。在"新泽西"号的部署期间，它于120天待在炮击在线的日子里，共向不同的目标发射了5688发406毫米和14891发125毫米的炮弹。其主炮的射程有38千米远，这代表"新泽西"号能够予以深入内地的美军部队火力支援。

马岛战役

1982年4月20日，一架英国皇家空军的"胜利者"式（Victor）K2型侦察机在持续飞行了14小时45分返回到阿森松岛之前，于南乔治亚岛海域上进行了388500平方千米的雷达搜索。这是至目前为止所执行的最长的侦察任务，也是夺回南乔治亚岛必要的预先措施。5天之后，作为作战行动的一部分，阿根廷的潜艇"圣塔菲"号（Santa Fe）遭到"大山猫"式（Lynx）、"胡蜂"式（Wasp）与"威塞克斯"式（Wessex）直升机的机枪扫射和"胡蜂"式直升机的一枚AS-12型导弹攻击而瘫痪。这架"胡蜂"直升机是从巡逻的英国海军"坚韧"号（HMS Endurance）上起飞的，阿根廷潜艇则以古利德维肯（Grytviken）为基地。

↓图为阿根廷巡洋舰"贝尔格拉诺将军"号在遭到英国核潜艇"征服者"号（HMS Conqueror）的鱼雷攻击后沉没。这艘巡洋舰先前是美国海军的"凤凰城"号，于1951年卖给了阿根廷

阿根廷海军的主要资产是他们唯一的一艘航空母舰"五月二十五日"号（Veinticinco de Mayo）〔前英国海军轻型航空母舰"庄严"号（HMS Venerable）或荷兰皇家海军"卡莱尔·多尔曼"号（HMHLS Karel Doorman）〕和巡洋舰"贝尔格拉诺将军"号（General Belgrano）〔前美国海军的"凤凰城"号（USS Phoenix）〕。当英国的特遣舰队接近马岛之际，这两艘阿根廷军舰试图拦截它们，但由于形势不利，"五月二十五日"号没能派出它8架超载的道格拉斯A-4型"天鹰"式喷气机。

1982年5月1日，在一架阿森松岛上的"火神"式（Vulcan）轰炸机夜袭斯坦利港（Port Stanley）附近的机场之后，英国海军"竞技神"号（HMS Hermes）上12架第800中队的英国航宇（Aerospace）"海鹞"式（Sea Harrier）战机又前往攻击当地机场和戈泽格林（Goose Green）的临时飞机跑道，它们挂载着453千克的炸弹。在这场前所未见的垂直/短程起降（V/STOL）战机战中，仅有一架"海鹞"战机受损。当天稍晚，阿根廷空军发动40架次的飞机对付马岛沿海的英国舰艇。不过，他们的一架达索"幻影"III型（Dassult Mirage 3）被英国海军"无敌"号（HMS Invincible）第801中队的一架"海鹞"战机击落，第二架受损的战机则于马岛上空为阿根廷己方的防空炮火误击而毁。另外，阿根廷一架以色列航空工业公司（IAI）"短剑"式（Dagger，以色列制的"幻影"5型）战机亦为第800中队的一架"海鹞"式战机击落，而第2飞行大队（Group 2）的6架"堪培拉"式（Canberra）战机中也有一架遭第801中队的一架"海鹞"式战机摧毁。所有"海鹞"战机的击杀记录都是以AIM-9L型"响尾蛇"（Sidewinder）导弹创下的。

→图为在运输船"大西洋运输者"号上的英国航宇"鹞"式GR.3型攻击机。幸好，在这艘商船被"飞鱼"导弹击沉之前，"鹞"式战机都已经卸下

　　5月2日，被认为是特遣舰队一大威胁的巡洋舰"贝尔格拉诺将军"号被英国海军核猎潜潜艇"征服者"号以2枚Mk 8鱼雷击沉，人员伤亡相当惨重。该事件引起了不少的争论，因为这艘巡洋舰当时才正驶离马岛附近的英国军事禁区。次日，阿根廷的巡逻艇"科莫多罗·索梅雷拉"号（Comodoro Somellera）与"艾弗瑞兹·索布罗"号（Alferez Sobral）遭到英国海军驱逐舰"考文垂"号（HMS Coventry）与"格拉斯哥"号（HMS Glasgow）上的"大山猫"式直升机攻击，前者被"海贼鸥"（Sea Skua）导弹击沉，而后者则严重受损。

　　5月4日，3架第800中队的"海鹞"式战机突击戈泽格林，一架遭到防空炮火摧毁，飞行员阵亡。接着，英国海军的42型驱逐舰"谢菲尔德"号（Sheffield）在马岛西方执行雷达警戒任务时被一架第2攻击猎杀中队（2 Escuadrilla de Cazay Ataque）达索"超级军旗"式（Super Etendard）战机所发射的一枚"飞鱼"（Exocet）空对舰导弹（ASM）命中而瘫痪。不久，这艘军舰在弃船之后沉没。

　　在进一步的空袭和特别空勤团（Special Air Service，SAS）与特别舟艇中队（Special Boat Service，SBS）的突袭之后，英国两栖登陆部队的舰艇于5月20日驶进了圣卡洛斯海域（San Carlos Water）。在"特别空勤团"牵制突击戈泽格林的掩护下，登陆舰上的人员与装备陆续上岸，这是为期两天的密集战斗的开始。"海鹞"战机在执行战斗巡逻，而英国皇家空军的6架"鹞"式（Harrier）GR.3型〔它们早乘着汽船"大西洋运输者"号（MV Atlantic Conveyor）和另外8架"海鹞"式一同抵达那里〕也进行攻击任务支援岸上的英军。一架GR.3型战机被击落，受伤的飞行员沦为战俘。阿根廷对登陆舰艇的攻势由第1海军攻击中队（Naval Attack Escuadrilla）单

一一架有去无回的意大利马奇公司（Aermacchi）MB.339型战机展开，它以30毫米加农炮和火箭击中了英国海军"利安德"（Leander）级的护卫舰"舡鱼"号（HMS Argonaut）。接着，阿根廷第6飞行大队的6架"短剑"式机亦发动攻击，其中一架被一枚"海猫"（Sea Cat）防空导弹击落。

↑图为一枚英国航宇公司的"海狼"近程防空导弹从一艘22型护卫舰上发射。改良版的"海狼"导弹能够垂直发射

严重受损

英国海军的"郡"（County）级导弹驱逐舰"安特里姆郡"号（HMS Antrim）被一颗炸弹击中，但它没有爆炸；而

↑1982年5月23
日，英国海军21型
护卫舰"羚羊"号
（HMS Antelope）在
圣卡洛斯湾上被阿
根廷的炸弹击中，
起火燃烧而沉没

22型的反潜护卫舰"大刀"号（Broadsword）则为30毫米加农
炮弹所伤。阿根廷第3飞行大队的2架"普卡拉"式（Pucara）
对地攻击机和第801中队的3架"海鹞"式战机交手，其中一架
"普卡拉"式被毁。接下来阿根廷的攻势当中，包括第4飞行
大队的4架"天鹰"式与第5飞行大队的2架，前者的一架被第
800中队的一架"海鹞"式战机击落。之后，又来了第6飞行大
队的4架"短剑"机，其中之一亦被第800中队的飞行员摧毁。
与此同时，"天鹰"战机攻击海峡（Falkland Sound）上的舰
艇，并以2颗453千克的炸弹击中"舡鱼"号，使其严重受损；
紧接着，第6飞行大队幸存的"短剑"式战机轰炸了21型反潜
护卫舰"热心"号（HMS Ardent），它也遭受重创。这艘军舰
还再度被第5飞行大队的"天鹰"式机命中。

其他地方，在西马岛上空，第801中队的2架"海鹞"式
战机摧毁了3架"短剑"式战机。但同时，"热心"号再一次
遭受攻击，这次的来袭者是第3海军战斗攻击中队（3rd Naval

Fighter and Attack Escuadrilla）的3只"天鹰"式机。它们以227千克的"蛇眼"（Snakeye）延迟点火炸弹使这艘护卫舰承受更大的损伤。第800中队的"海鹞"式战机前来截击阿根廷的"天鹰"式战机，并以一枚AIM-9L型导弹摧毁一架，另一架"天鹰"式战机则命丧30毫米加农炮的火网下。第3架被"热心"号上的小型武器击中，于斯坦利港沿海坠毁，飞行员弹射逃生。英国海军的"热心"号在被7颗炸弹命中，第8颗未引爆的状况下于当晚沉没。在两天的战斗中，阿根廷失去了12架军机，9架是被"海鹞"战机击毁，但特遣舰队舰艇的损失情况亦引起了有关当局的严重关切。

5月22日，第800中队的2架"海鹞"战机在舒瓦瑟尔海峡（Choiseul Sound）攻击了阿根廷海岸防卫队（Argentine Coast Guard）的巡逻艇"伊古佐河"号（Rio Iguzau）并使其瘫痪，而英国皇家空军第1中队的4架GR.3型"鹞"式战机也对戈泽格林发动空袭。在马岛的北方，阿根廷第1飞行大队的一架波音707型侦察机遭到英国海军42型驱逐舰"布里斯托"号（Bristol）与42型驱逐舰"加的夫"号（Cardiff）于最大射程范围发射的海标枪（Sea Dart）防空导弹攻击，但却逃之夭夭。

次日，5月23日，是英国皇家海军的另一黑暗日。当天一开始一切都还不错，"海鹞"战机摧毁了地面上的3架"美洲狮"（Puma）和1架109型奥古斯塔（Agusta 109）直升机。不过，接下来，英国海军的21型护卫舰"羚羊"号于圣卡洛斯湾上遭到"天鹰"式战机的攻击，并被两颗炸弹命中，可是当时并没有引爆，直到拆弹小组在船上工作时才炸了开来。"羚羊"号亦因此沉没。来袭的其中一架"天鹰"式战机被一枚"海狼"（Sea Wolf）防空导弹击落，另一架则于基地上坠毁。那天，轻剑（Rapier）防空导弹的组员宣称摧毁了3架阿根廷飞机，第800中队的一架"海鹞"战机也击落一架"短剑"式战机。但该中队的一架"海鹞"战机在从"竞技神"号上起飞时坠海，飞行员丧生。

5月24日，第800中队的"海鹞"战机与第1中队的GR.3型"鹞"式战机攻击了斯坦利港附近的机场，但飞机跑道依然能够使用。同时，在卵石岛（Pebble Island）沿海的军舰遭受阿根廷第6飞行大队的"短剑"机突袭，其中的一架却被空中战斗巡逻队的"海鹞"战机击落。另外，圣卡洛斯湾上的船舶亦遭"短剑"式和"天鹰"式战机的攻击，1架"天鹰"战机坠海，3艘船则被炸弹命中，但都没有沉没。

↓图为英国皇家舰队辅助舰（RFA）"卡拉海德爵士"号在布拉夫湾（Bluff Cove）被炸弹命中之后，船员正与火海搏斗。这场攻击造成了第1威尔士禁卫团（1st Welsh Guards）48名士兵阵亡，还有其他人员轻、重伤

"大西洋运输者"号

战斗持续进行，密集程度丝毫没有减弱，特遣舰队也不断地遭受袭扰。5月25日，3架阿根廷"天鹰"式战机被地面炮火击落，但下午，第5飞行大队的6架"天鹰"式战机又猛攻了卵石岛沿海的军舰，并以3颗炸弹炸沉英国海军42型驱逐舰"考文垂"号。另外，货柜船"大西洋运输者"号也在马岛东北方被一架"超级军旗"式的"飞鱼"导弹命中，不得不弃船。该船烧毁沉没，连同船上的货柜，包括10架运输直升机一齐沉入海底。

5月27日，GR.3型"鹞"式战机攻击了戈泽格林区的阿根廷阵地，一架被击落，飞行员弹射逃生；而第5飞行大队的2架"天鹰"式战机也成功地轰炸了位于阿贾克斯湾（Ajax Bay）的英军军需品临时堆栈场，但有一架被40毫米的博福斯（Bofors）机炮击毁，飞行员跳伞逃生。第二天，英国伞兵挺进戈泽格林，却遭到"普卡拉"式战机的攻击，他们炸掉了一架陆军的"侦察兵"式（Scout）直升机。不过，一架"普卡拉"式被"吹箭"（Blowpipe）肩射式防空导弹打了下来，第二架被地面的防空炮火击中，第三架则在低云层中撞毁于高地。另外，一架意大利马奇公司的339型战机也被"吹箭"防空导弹摧毁。第1中队的"鹞"式战机以集束炸弹和火箭扫荡戈泽格林的阿根廷阵地，阿根廷驻军在激烈的战斗后于次日投降。

5月29日，由于恶劣天气的影响，空中的行动受到阻碍。然而，在马岛东北方，载着特遣舰队油料的英国油轮"瓦伊"号（British Wye）仍遭到第1飞行大队一架改装成轰炸机的C-130型飞机的攻击。该机投下了8颗炸弹，只有1颗命中目标，但没能将它炸沉。隔天，阿根廷海军的"超级军旗"式机又以"飞鱼"导弹去对付特遣舰队的主力舰，可是导弹在金属箔片的反制干扰下射偏。另外，第4飞行大队的2架"天鹰"式机还被英国海军42型驱逐舰"埃克塞特"号（HMS Exeter）的"海标枪"防空导弹击落。

到了6月5日，"鹞"与"海鹞"已可从航空母舰部署到圣卡洛斯港的一个临时跑道上，使它们能更有效率地支援地面部队作战。英国皇家空军第38飞行联队的"大力神"式（Hercules）战机此时也拥有了空中加油的能力，使其能直接从阿森松岛飞向马岛，亦能对在海上的特遣舰队进行低空空投补给。6月7日，"海标枪"防空导弹再次证明了它的价值，当时"埃克塞特"号打出一枚"海标枪"防空导弹，摧毁了位于12190米外的李尔喷气（Learjet）侦察机。

圣卡洛斯与菲茨罗伊

尽管很明显，阿根廷即将输掉马岛战争，但他们仍可予以特遣舰队痛击。6月8日，第5飞行大队的"天鹰"式机与第6飞行大队的"短剑"式机对圣卡洛斯与菲茨罗伊（Fitzroy）的舰艇发动猛烈的攻势，它们命中了后勤舰"崔斯川姆爵士"号（HMS Sir Tristram）与"卡拉海德爵士"号（HMS Sir Calahad），造成人员的惨重伤亡，尤其是后者的船员。另一起傍晚前的攻击为"海鹞"战机拦截，它们以"响尾蛇"导弹击落了4架"天鹰"式机当中的3架，这是阿根廷最后一次的反扑。

6月9日，英军开始挺进斯坦利港，由英国皇家海军的"海王"（Sea King）直升机与"威塞克斯"直升机支援，英国皇家空军仅有一架"支奴干"（Chinook）直升机，其他则随"大西洋运输者"号沉没。到了6月13日，前线的空中指挥中心已经在斯坦利港四周的小丘上设立，使第1中队的战机能够利用"激光"导引炸弹有效地对付阿根廷前线阵地。阿根廷第2飞行大队的一架"堪培拉"式机从12190米高处轰炸肯特山（Mount Kent），却被"埃克塞特"号的"海标枪"导弹击落。6月14日，阿根廷军队位于斯坦利港的阵地遭"侦察兵"式直升机攻击，它们发射了SS-11型反坦克导弹来对付地下碉堡。这是马岛战争中的最后一场进攻行动，在斯坦利港的阿根廷驻军则于当天稍后投降。

↓ 图为苏联海军航空母舰"基辅"号（Kiev）在1976年现身，它还搭载了雅克夫列夫（Yakovlev）Yak-38型垂直短程起降（VSTOL）攻击机。在它之后建造的同级舰还有"明斯克"号（Minsk）与"新罗西斯克"号（Novorossiysk）

冷战的最后年代

两大强权的观察家密切注意着英国在马岛战争中的表现，尤其是英国皇家海军的表现。从海军方面来说，其中最显而易见的一点即是英国皇家海军与美国海军之间有高度的合作，美国人立刻重新部署海军力量以弥补南大西洋英国皇家海军舰艇部署的缺口。他们也吸取到了很多教训，不只是认识到抱着必死决心的飞行员能以炸弹施予水上舰艇惨重的打击，而且也迫切需要为军舰加装近距防空武器系统，以反制敌机突破防空导弹网和空中战斗巡逻机的拦截，还有掠海反舰导弹，如法制的"飞鱼"导弹。尽管在马岛战役中，部署于22型护卫舰"辉煌"号（HMS Brilliant）与"大刀"号上的英国航宇"海

"阿尔法"级

类　型：攻击潜艇		续 航 力：无限	
下水日期：1970年		武　装：6具533毫米鱼雷发射管；常规或核鱼雷；36颗水雷	
船　员：31名			
排 水 量：水上2845吨，水下3739吨		发 动 机：液态金属反应炉，2座蒸汽轮机	
长、宽、吃水深度：81米×9.5米×8米		最大航速：水上20节，水下42节	

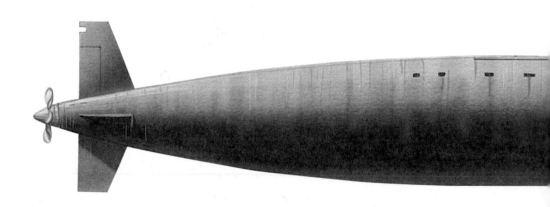

狼"短程快速反应导弹也很成功，但它还是暴露出一些缺点，急需进一步的发展，所以有了垂直发射版和轻量版的"海狼"导弹出现。

作为从海面上低空飞掠的导弹的最后一道防线，美国海军开发出一种舰载快速反应的多管转管炮近防系统，称为"密集阵"（Phalanx）。由于有马岛战役的经验，这种武器装上了英国皇家海军的军舰。反应极迅速的"密集阵"系统可向来袭导弹或飞机的航线上发射出20毫米子弹，它的射速高达每分钟4500发。

惊奇

在20世纪60年代，苏联海军真正远洋舰队的迅速发展让北约的指挥官感到惊讶，但20世纪70年代他们还有更令人惊恐的军事威胁。1975年4月，苏联举行了前所未见的大规模海上演习，有超过200艘的舰艇与潜艇和大批的军机参与到中央掌控之下的全球行动中。他们的演习区域包括挪威海、北

部与中部大西洋、波罗的海、地中海、印度洋和太平洋。潜艇的活动则集中于冰岛与扬·马延岛的缺口之间和爱尔兰西岸沿海。现代海战的所有时期与方式都进行了操演，包含战略核潜艇的部署。在这场演练当中同样重要的还有商船在护航队内所扮演的护卫角色，以及北角沿海的一支模拟护航队遭受密集的空袭。

1976年的海上大事是苏联的主力舰"基辅"号于7月在黑海现身。这艘被北约定义为导弹反潜航空母舰的军舰在地中海执行了一项介于训练和演习的任务之后，被部署到大西洋。在地中海时，苏联还利用机会展示他们的新型Yak-38型"铁匠"式（Forger）垂直/短程起降攻击机和"激素"式反潜直升机。8月初，"基辅"号驶进了苏联北方舰队的海域。他们还

↓苏联"阿库拉"
（俄语：鲨鱼）
（Akula）级核攻
击潜艇是"胜利"
（Victor）级的后继
者，于20世纪80年
代末首次展开部
署，是苏联建造过
的最静音的潜艇

有另外2艘"基辅"级舰，"明斯克"号与"新罗西斯克"号亦于接下来的数年内展开部署。第4艘大幅改良的"巴库"号（Baku）［后来改名为"戈尔什科夫海军上将"号（Admiral Gorshkov）］则在1987年开始服役，但它后来被卖给印度海军，且再更名为"维克拉玛蒂亚"号（Vikramaditya）。

苏联海军演练的典范持续以年度为基准，新式舰艇也不断地出现。在1984年春的演习期间，北方舰队大规模地部署到挪威海，这是尚未露面的舰艇类型进行的最大的一场演练。在两支侵略群（主要是由"克里瓦克"级模拟北约舰队）的进攻下，北方舰队与波罗的海舰队展开部署，而防御的单位则包括一支大型特遣舰队，其核心是一艘排水量25402吨的新型巡洋舰——"基洛夫"号（Kirov）。

不安的趋势

苏联人有能力同时迅速部署这么多艘军舰和支援单位，这使北约的计划制定者感到惊慌。这个教训是很明白的：如果在真实冲突爆发之际，苏联的海军力量也能达到类似的奇袭效果，那么，在苏联进攻的情况下，他们将可确保挪威海北部的安全，防止北约的增援部队部署至挪威北部。此外，另一项因素也是大西洋盟军最高指挥官（Supreme Allied Commander Atlantic，SACLANT）的主要关切事项，这并非是当时苏联海军舰队的水平，而是就数量而言北约国家已不再能与他们潜在敌人的造舰量维持均等。

另一个趋势更加令人不安。一旦大西洋盟军的最高指挥官与华沙条约组织（Warsaw Pact）和解，质的差距就逐步减少。这部分是由于华沙条约国家自由地取得了大量的西方军事

科技，还有大量苏联致力改善海军舰队兵力的资源。每次接踵
而来的海军宣言，都使他们的武器改良、电子设备和提升维持
行动的持久力有了大幅的进步。到了20世纪80年代中期，几乎
所有苏联海军清单上的舰艇都配备了某种型号的导弹，包括非
常有效的掠海反舰导弹。

20世纪80年代苏联潜艇舰队的发展同样令人钦佩。1985
年，他们有10个等级的潜艇正在兴建当中，还有两项现代化
改造计划亦在进行。事实上，有些潜艇的构思并不如北约的
分析师所想象的那么出色，其中的一级即苏联第二款钛金属
外壳的潜艇设计——"705工程（'里拉'级）"（Project 705
Lira），也就是西方所称的"阿尔法"（Alfa）级。该计划于
1971年12月第一艘潜艇开始服役时曝光，另外还有5艘在1972
至1982年开始服役。这艘潜艇仅有一座核反应炉和涡轮机，但
在水下的航速非常快，可达每小时42节。当英国与美国的潜艇

巡航导弹发射

在1991年波斯湾战争所使用的"激光制导"武器当中，最引人注
目的就是通用动力公司的（General Dynamics）BGM-109型"战斧"
（Tomahawk）巡航导弹。它从波斯湾上的军舰发射，拥有不可思议的精准
性，在战争爆发之际成为用来攻击高价值目标，比如指挥与控制中心的武器。

在1991年1月16日至17日开始的"沙漠风暴"空袭阶段，"战斧"巡航
导弹攻击了伊拉克首都巴格达（Baghdad）的指挥与控制中心、政府部门、
兵营和个别的目标。在首都以外，机场、防空雷达和防空导弹/防空炮站也遭
受攻击，还有他们的全国广播公司、传统武器工厂、石油提炼厂和"飞毛腿"
（Scud）导弹发射站。所有的攻击机都派出进行战斗，并且得到空中加油机
和监控与反制飞机的支援。

首次遇上它时大感震惊，可是那时他们和西方海军情报单位
所不知道的是，阿尔法潜艇40000马力反应炉冷却系统的铅铋
组件有严重的瑕疵。核反应堆非常的不可靠，它耗费的成本使
"里拉"级/"阿尔法"级有个绰号，即"金鱼"（Golden Fish
揶揄该级艇的华而不实）。除此之外，它的设计重点并不是如
西方所猜测的用来深潜，为此北约的海军单位分配到了大笔的
研发经费用来发展深水鱼雷。

战斗群

"奥斯卡"（Oscar）级则是另一个强大的对手。它等同
于水下的"基洛夫"级巡洋舰，第一艘"奥斯卡"I级核动力
导弹潜艇在1978年设计建造于北德文斯克，1980年春下水，同

↑麦克唐纳·道格
拉斯（McDonnell
Douglas）的F/
A–18型"大黄蜂"
式战斗攻击机自20
世纪80年代中期以
来一直是美国海军
的主要打击力量。
最新的改良型且更
具有作战能力的是
"超级大黄蜂"
（Super Hornet）

年稍后开始试航。第二艘在1982年竣工，而第三艘则成为"奥斯卡"II级，1985年完成，接着又有第4、第5与第6艘的出现。

"奥斯卡"级潜艇的首要任务是以各种潜射巡航导弹攻击北约的航空母舰战斗群，包括SS-N-19型"海难"（Shipwreck）导弹，它的速度为1.6马赫，射程445千米。而最令人吃惊的则是巨大的"台风"（Typhoon）级，它的水下排水量高达27357吨，是从未建造过的最大潜艇，且有能力攻击世界上任何战略目标。"台风"级配备马卡耶夫（Makayev）设计局研制的SS-N-20型"鲟鱼"（Sturgeon）三节固态燃料导弹，每一枚搭载有10颗200000吨炸药威力的核弹头，射程8300千米。发射管的配置在船舰，好留下船壳隆起结构后的尾部空间装载两座核反应炉，而其指挥塔能够突破厚达3米的冰层。潜艇的下潜深度可达到300米。在1980至1989年间共有6艘"台风"级潜艇开始服役，皆以位于利察·库巴（Litsa Guba）的北方舰队为基地。

↓图为1991年的波斯湾战争期间，英国海军42型驱逐舰"格罗斯特"号（HMS Gloucester）协同舰队的补给舰和美国"斯普鲁恩斯"级（Spruance）驱逐舰航行

另外，新一级的潜艇还有"阿库拉"级，它是苏联所建造过水下航行最静音的潜艇。"阿库拉"级配备鱼雷和反舰导弹，于1985年完成它的作战测试。

然而，没有人能够预料到，在不到10年的时间里，苏联海军与苏联本身就陷入了瓦解状态，他们最先进的军舰也在港口内生锈崩溃。

惩罚性攻击

冷战期的最后20年里，海军的战略由航空母舰战斗群所掌控，而且他们也使用了越来越多的"激光制导"武器。1986年4月，在地中海上的美国第6舰队卷入了一场简短的"射击战"，当时美国为了应对利比亚逐步涉及国际恐怖主义，第6舰队的战机便加入了美国空军F-111型轰炸机的行列，向选定的利比亚目标发动攻击。在苏尔特湾（Gulf of Sirte）上的美国海军航空母舰"美国"号（America）、"萨拉托加"号（USS Saratoga）与"珊瑚海"号派出了它们的格鲁曼A-6型"入侵者"式与沃特A-7型"海盗"式（Corsair）攻击机突袭了位于班加西附近的军营和贝尼纳（Benina）的机场。整场行动都是由格鲁曼E-2C型鹰眼（Hawkeye）空中指挥与早期预警机来引导，还有格鲁曼F-14型"雄猫"式（Tomcat）和F/A-18型"大黄蜂"式（Hornet）战斗机在最上空进行掩护。

1991年，美国决议以武力驱逐入侵科威特的伊拉克军队，所以在"沙漠风暴行动"（Operation Desert Storm）下，联合海军舰队前往支援。在波斯湾，美国海军的空中掩护是由航空母舰"独立"号、"艾森豪威尔"号（Dwight D. Eisenhower，这两艘舰都在联合国的期限之前撤离）、"中

↑ 美国海军战列舰"新泽西"号从第二次世界大战开始作战，并在波斯湾战争后结束服役生涯。它拥有19颗战斗星形勋章，于1991年退役

途岛"号、"突击者"号与"罗斯福"号（USS Theodore Roosevelt）提供，航空母舰的飞行大队则包括F–14中队、F/A–18中队、A–6E中队与SA–3中队，且有E–2C鹰眼、EA–6B徘徊者（Prowler）战机和SH–3H海王直升机支援。另外，"约翰·肯尼迪"号也有2支A–7E"海盗"II式中队参与行动。美国海军陆战队则部署了F/A–18大黄蜂中队和AV–8B"鹞"II式中队到波斯湾。

首次战斗

波斯湾战争的首次反舰作战发生在1991年1月24日，当时，"山猫"直升机从英国海军42型驱逐舰"加的夫"号上起飞，它们侦察到了3艘伊拉克海军舰艇，并引导美国海军的A–6E"入侵者"式攻击机前往攻击。"入侵者"式击沉了一艘巡逻艇和登陆舰，一艘扫雷舰也被凿沉以免被俘。接着，3架配备"飞鱼"导弹的伊拉克"幻影"F.1FQ型战机被英国海军的雷达巡逻舰"格罗斯特"号和"加的夫"号发现，它们被沙特阿拉伯皇家空军（Royal Saudi Air Force）的F–15C型战斗机拦截，其中一架F–15型击落

了两架"幻影"式，第三架被迫返航。1月29日，在马拉丁岛
（Maradin）沿海的17艘伊拉克小型舰艇亦被一架SH-60B型直
升机发现，然后它们遭受英国海军护卫舰"黄铜"号（HMS
Brazen）、"格罗斯特"号与"加的夫"号上的"山猫"直
升机攻击。它们以"海贼鸥"导弹击沉4艘船，另外12艘则被
A-6E战机和AH-1"眼镜蛇"式（Cobra）直升机所击伤。

　　次日，"格罗斯特"号上的"山猫"直升机以"海贼
鸥"导弹命中伊拉克一艘T43级布雷舰，并让这艘船在海上烧
毁。此外，"山猫"直升机还使一艘配备"飞鱼"导弹的前科
威特海军TNC-45号攻击快艇瘫痪并打伤另一艘43号。A-6E与
F/A-18战机则于科威特的港外击沉了8艘伊拉克巡逻快艇的其

↓美国海军航空母
舰"亨利·杜鲁
门"号是8艘"尼
米兹"级航空母
舰中的一艘。图
为它在阿拉伯湾
（Arabian Gulf）上
巡航。"杜鲁门"
号于1998年开始服
役，可搭载85架飞
机

中4艘，而英国皇家空军的"美洲豹"式（Jaguar）和美国海军的A-6E亦攻击且摧毁了3艘"波罗契尼"（Polochny）级坦克登陆舰。31日在布比延岛（Bubiyan Island）附近，一架"山猫"式机又以"海贼鸥"导弹与一艘"奥沙"（Osa）级的导弹船交火，这艘船在被炸毁之前做了无谓的反击。

"海贼鸥"导弹在海湾战争中证明了它的价值，如同"海标枪"导弹经过多次磨炼后的效果一样。2月25日，西方国家解救科威特的陆上战斗开始，伊拉克部队亦向位于海湾上的美国海军战列舰"密苏里"号发射两枚"蚕"式（Silkworm）反舰导弹。这艘战列舰有两艘"守门员"（goalkeeper）护航，即美国海军的"杰瑞特"号（USS Jarrett）与英国海军的"格罗斯特"号，后者所发射的"海标枪"导弹击毁了一枚"蚕"式反舰导弹，另一枚则飞进云层中，然后坠毁在海里。

现代化计划

美国海军战列舰"密苏里"号，还有其他3艘"依阿华"级战列舰，于20世纪80年代中期展开了一项大规模的改装计划，它先从"新泽西"号开始。1982年，"新泽西"号复役，并在1983年3月协同太平洋舰队进行作战部署。到了该年年底，它身为特遣舰队的一支，被部署到尼加拉瓜（Nicaragua）的海岸应对当地的一场危机。然后，它又到了黎巴嫩（Lebanon）海岸，并以它强大的武器炮轰叙利亚的防空阵地。该处阵地曾向美国海军的侦察机开火，而侦察机正支援在岸上的美国海军陆战队作战。

作为改装计划的一部分，"依阿华"级战列舰配备了新式的舰炮火控与多功能雷达系统、"战斧"与"三叉戟"（Harpoon）巡航导弹，还有升级的通信设备，包括WSC-3型卫星通信系统（SATCOM）。1989年，"依阿华"号406毫米炮炮塔上的一次爆炸意外使47名军官与水手丧生，由于高层决定"依阿华"号与"新泽西"号将于1991年列入后备役而延迟了它的炮塔修复计划。事实上，"依阿华"号在1990年10月任务完成后即退役，而"新泽西"号则于1991年2月退役。

不过，"密苏里"号与"威斯康星"号依旧活跃，它们于1991年海湾战争时支援联合行动。在"沙漠风暴"的战斗期间，"威斯康星"号从它位于红海的部署位置上发射了很多BGM-109巡航导弹，而"密苏里"号则驶进波斯湾，加入其他军舰行列向科威特的伊拉克部队阵地进行炮击。起初，军舰从30千米的距离展开炮轰，可是一旦伊拉克"蚕"式反舰导弹的威胁被空袭扫除，它们便接近到20千米的距离。在这样的射程里它们的火炮极具威力。

有限行动

20世纪最后几年的海军行动，像支援联合国授权的在巴尔干、阿富汗、伊拉克与其他各地的作战为21世纪可能发生的冲突立下了一套限定性的模式。海战将不会是一成不变的。冷战时期在大洋上上演的声势浩大的作战剧本将永远不会再重演，取而代之的是，未来的海上战斗将是沿着海岸，对付那些在国际社会上形成威胁的国家或区域强权。航空母舰特遣舰队配合两栖部队作战仍会是关键要素，而另一方面，核导弹潜艇亦仍是威慑任何扬言以大规模杀伤性武器向世界勒索的独裁者的有力保障。

图书在版编目（CIP）数据

海战的历史：从第一次世界大战到今天 /（英）罗伯特·杰克逊著；张德辉译 . 一上海：上海三联书店，2021.4

（视觉历史）

ISBN 978-7-5426-7333-6

Ⅰ. ①海… Ⅱ. ①罗… ②张… Ⅲ. ①海战—战争史—世界 Ⅳ. ① E19

中国版本图书馆 CIP 数据核字（2021）第 019183 号

Sea Warfare

Copyright © 2008 Amber Books Ltd. London

Copyright of the Chinese translation © 2020 by Portico Inc.

Published by Shanghai Joint Publishing Company.

ALL RIGHTS RESERVED

版权合同登记号　图字：09-2020-523号

海战的历史

从第一次世界大战到今天

著　　者 / [英]罗伯特·杰克逊

译　　者 / 张德辉

审　　校 / 徐玉辉

责任编辑 / 李　英

装帧设计 / 西风文化

监　　制 / 姚　军

责任校对 / 张大伟　王凌霄

出版发行 / 上海三联书店

　　　　　（200030）中国上海市漕溪北路 331 号 A 座 6 楼

邮购电话 / 021-22895540

印　　刷 / 固安兰星球彩色印刷有限公司

版　　次 / 2021 年 4 月第 1 版

印　　次 / 2021 年 4 月第 1 次印刷

开　　本 / 710×1000　1/16

字　　数 / 510 千字

印　　张 / 36

书　　号 / ISBN 978-7-5426-7333-6/E·16

定　　价 / 168.00 元（全两册）

敬启读者，如发现本书有印装质量问题，请与印刷厂联系 010-62189683